제 3 판

컴퓨터구조론

김종현 지음

Computer Architecture

연세대학교 대학출판문화원

머 리 말

컴퓨터 기술은 현대의 과학기술들 중에서 가장 급속히 발전하고 있는 분야이다. 컴퓨터는 정보화 사회에서 필수적인 도구로 사용되고 있으며 응용 분야도 계속 확대되고 있기 때문에, 그러한 발전은 앞으로도 계속될 것이다. 그런데 컴퓨터 기술들 중에서도 가장 빠른 속도로 발전하고 있는 분야는 컴퓨터 구조, 즉 컴퓨터 하드웨어 분야일 것이다. 컴퓨터 구조는 시스템 소프트웨어와 더불어 컴퓨터시스템을 구성하는 가장 근간이 되는 핵심 기술이다. 따라서 컴퓨터 구조는 거의 모든 컴퓨터 관련 교육기관들의 교과과정에 필수적으로 포함되고 있다. 그러나 이러한 주요 기술의 강의에 사용되는 교재들 대부분이 외국에서 수입한 원서들이기 때문에 많은 학생들이 컴퓨터 구조의 주요 개념들과 새로운 기술을 이해하는 데 상당한 어려움을 느끼고 있을 것이다. 본 저자는 그러한 어려움을 해소하는 데 조금이나마 도움을 주고자 이 책을 저술하게 되었다.

현재 컴퓨터는 개인적 용도로 사용되는 PC로부터 시작하여 초고속 과학계산을 위한 슈퍼컴퓨터에 이르기까지, 크기와 가격 및 성능에 있어서 매우 다양한 종류의 컴퓨터들이 존재하고 있다. 그런데 흥미로운 것은 그러한 컴퓨터들의 기본 구조와 동작 원리는 거의 동일하다는 점이다. 본 저서에서는 컴퓨터 구조의 기본 원리와 핵심 기술들을 이해하기 쉽도록 간결하게 설명하였으며, 컴퓨터의 성능을 높이기 위하여 최근에 새로이 개발된 첨단 프로세서 구조들과 시스템 설계 기술들에 대해서도 전반적으로 소개하고 있다. 따라서 이 책의 내용을 충실히 공부한다면 현존하는 거의 모든 컴퓨터들의 설계 개념에 대하여 쉽게 이해할 수 있게 될 것이다. 또한 반드시 알아야 할 중요한 내용들만 발췌하여 설명함으로써 한 학기 동안에 마지막 장까지 공부하기에 무리가 없도록 분량을 조정하였다. 이 책의 수준은 대학 및 전문대학의 컴퓨터 관련학과들과 전자공학과에서 컴퓨터구조론 강의 교재로 사용하기에 적당하며, 컴퓨터시스템을 개발하는 연구소나 기업체의 연구원들에게도 직접적으로 도움이 되는 참고 서적이 될 것이다.

컴퓨터 하드웨어는 급속히 발전해가고 있는 분야이며, 실제로 컴퓨터의 성능을 향상시키기 위한 새로운 기술들이 끊임없이 출현하고 있다. 본 저자는 [초판]과 [개정판]에 이어,

이 시점에서 그동안 새로이 출현한 기술 및 설계 원리들에 대한 내용을 추가할 필요가 있을 것으로 판단되어 [제3판]을 집필하게 되었다. 본 저서의 전체적인 내용들을 파악하는 데 도움이 될 수 있도록 각 장의 주요 내용들을 간략히 소개하면 아래와 같으며, 내용 중에 청색으로 표시한 주제들은 이번 [제3판]에서 새로이 추가된 것들이다.

제1장 컴퓨터시스템 개요

컴퓨터의 기본 구조와 동작 원리에 대하여 설명하고, 개인용 컴퓨터부터 슈퍼컴퓨터에 이르기까지 각종 컴퓨터 분류들에 대한 최근 발전 동향에 대하여 살펴본 다음에, CPU, 기억장치 및 I/O 장치들을 포함한 전체 컴퓨터시스템의 구성 방법에 대하여 개괄적으로 설명한다.

제2장 CPU의 구조와 기능

CPU의 내부 구조와 명령어 실행 원리 및 파이프라이닝 기술에 대하여 자세히 설명한다. 그리고 CPU의 프로그램 처리 속도를 높이기 위한 첨단 구조인 슈퍼스칼라(super-scalar) 및 멀티-코어(multi-core) 프로세서의 설계 개념과 그에 따른 속도 향상에 대하여 세부적으로 분석하며, 마지막으로 명령어 세트의 구성 요소와 설계 방법에 대하여 설명한다.

제3장 산술논리연산장치

컴퓨터 산술 및 논리 연산장치인 ALU의 내부 구성을 살펴본다. 그리고 논리 연산의 원리를 공부한 다음에, 정수 및 부동소수점 수의 표현 방법과 산술 연산에 대하여 설명한다.

제4장 제어 유니트

CPU의 주요 구성요소인 제어 유니트의 내부 구조와 동작 원리를 분석하고, 마이크로프로그래밍 기법을 이용한 명령어 세트의 설계 방법에 대하여 설명한다.

제5장 기억장치

기억장치 계층을 분석함으로써 기억장치시스템을 전체적으로 이해하도록 한다. 그런 다음에 반도체 기억장치의 내부 조직을 살펴보고, 그들을 이용하여 기억장치 모듈을 설계하는 방법에 대하여 설명한다. 또한 기억장치 대역폭 향상을 위한 최신 기술인 DDR SDRAM에 대해서도 분석해본다. 그리고 주기억장치의 속도를 보완하기 위한 캐시 기억장치의 구조와 설계 원리에 대하여 공부한 다음에, 새로운 반도체 기억장치 유형인 PRAM, FRAM 및 MRAM의 원리에 대하여 공부한다.

제6장 보조저장장치

프로그램 처리 속도에 직접 영향을 주는 보조저장장치인 디스크의 구조와 동작 원리를 살펴보고, 속도와 신뢰도를 향상시키기 위한 디스크 배열, 즉 RAID의 내부 구조를 분석한다. 그리고 CD-R 및 R/W를 비롯하여, 최근에 컴퓨터 보조저장장치로도 사용되고 있는 DVD의 내부 구조와 동작 원리에 대하여 설명한다. 또한, 최근 HD급 동영상 저장매체로 개발되어 보급이 확산되고 있는 블루-레이 디스크(Blu-ray Disc)의 원리와 성능 및 특성에 대하여 분석한다.

제7장 시스템 버스, I/O 및 인터럽트

컴퓨터 구성요소들 간의 정보 교환을 위한 통로인 시스템 버스의 구성과 중재 방법에 대하여 분석하며, I/O 장치의 접속 방법과 인터럽트 메커니즘 및 DMA의 동작 원리에 대하여 설명한다.

제8장 고성능 컴퓨터시스템 구조

컴퓨터시스템의 성능 향상을 위한 핵심 기술인 병렬처리의 개념에 대하여 설명하고, 병렬컴퓨터시스템에 사용되는 각종 상호연결망들을 소개한다. 그리고 최근 서버급 시스템 및 슈퍼컴퓨터의 구성을 위하여 가장 널리 사용되고 있는 시스템통합 기술인 컴퓨터 클러스터링(computer clustering)의 원리에 대해서도 분석한다.

그 외에도 기술 발전에 따른 타이밍 및 파라미터들을 갱신하였으며, [연습문제]와 [기본문제]도 개편하였다. 해답집을 모두 첨부하는 것은 효과적인 학습에 도움이 되지 않을 것으로 판단되어, [기본문제]의 정답만 첨부하였으니 참고하시기 바란다.

본 저서의 초판과 개정판이 발행된 후, 많은 독자들로부터 분에 넘칠 정도로 좋은 평을 받았고 여러 대학들에서 컴퓨터구조론 강의의 교재로 사용되고 있는 점에 대하여 깊은 감사를 드린다. 본 저자가 처음 집필을 시작할 때 세웠던 목표가 컴퓨터 구조 분야에서 반드시 알아야 할 주요 내용들만을 간추려 이해하기 쉽게 설명하는 것이었는데, 그 동안 이 책을 강의 교재로 사용해오신 교수님들과 학생들 및 일반 독자들로부터의 평가를 통하여 그러한 목표가 상당 부분 달성되었다는 것을 확인하고 매우 큰 보람을 느끼고 있다. 앞에서 언급한 바와 같이 컴퓨터 구조는 매우 급속히 발전하는 분야이기 때문에, 새로운 기술이나 이론들이 계속 출현하게 될 것이다. 따라서 본 저자는 앞으로도 적절한 시기마다 새로운 내용들을 갱신하기 위하여 계속 노력할 것을 약속하며, 독자들의 아낌없는 조언이 있으시길 바란다.

마지막으로, 본 저서의 출판을 위하여 헌신적인 지원을 해주신 연세대학교 출판문화원장님과 김성수 팀장님, 그리고 최석철 팀장님을 비롯한 임직원 여러분들께 깊은 감사를 드린다.

2009년 1월 중순
저자 김 종 현

제 1 장 컴퓨터시스템 개요

제 2 장 CPU의 구조와 기능

제 4 장 제어 유니트

제 5 장 기억장치

제 6 장 보조저장장치

제 7 장 시스템 버스, I/O 및 인터럽트

제 8 장 고성능 컴퓨터시스템 구조

Computer Architecture

1 컴퓨터시스템 개요

컴퓨터시스템은 기본적으로 하드웨어와 시스템 소프트웨어(system software)로 구성되며, 그러한 시스템에 각종 응용 소프트웨어(application software)들이 탑재되어 사용자들과 대화하며 작업(job)을 수행하게 된다. 컴퓨터가 기능을 수행하기 위해서는 전기적 신호들로 변형된 정보들을 이동시키거나 혼합하여 새로운 정보를 생성해야 한다. 컴퓨터에서 각종 정보의 전송 통로를 제공해주고, 정보에 대한 처리가 실제 일어나게 해주는 물리적인 실체들을 하드웨어(hardware)라고 부른다. 컴퓨터 하드웨어는 그림 1-1과 같은 요소들로 이루어진다.

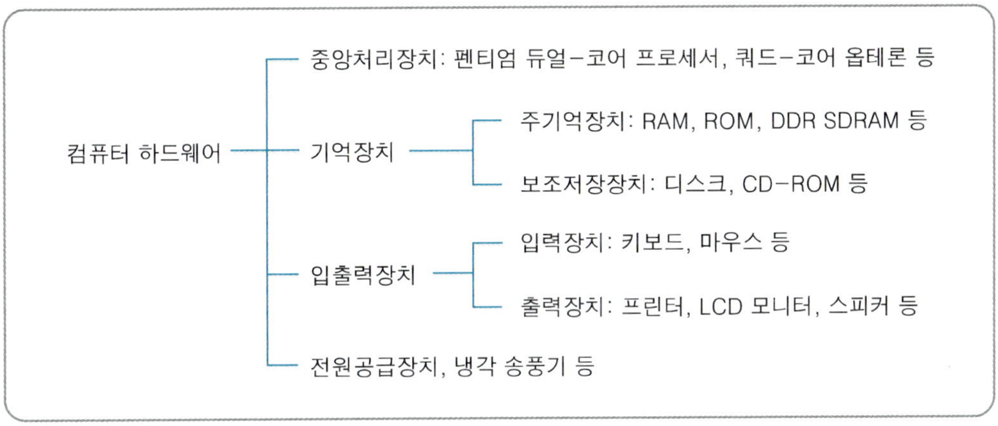

그림 1-1 컴퓨터 하드웨어의 주요 요소들

소프트웨어(software)란 정보들이 이동하는 방향과 정보 처리의 종류를 지정해주고 그러한 동작들이 일어나는 시간을 지정해주는 명령(command)들의 집합이라고 할 수 있다. 그런데 소프트웨어는 하드웨어에 의존적이다. 다시 말하면, 컴퓨터의 기본적인 능력은 하드웨어에 의해 결정되며, 소프트웨어는 하드웨어가 제공해주는 기능들을 이용하여 최종적인 결과를 얻을 수 있도록 도와주는 것일 뿐이다. 따라서 컴퓨터의 정보 처리 능력, 즉 얼마나 다양한 기능들을 어느 정도의 속도로 수행해줄 수 있는지는 근본적으로 하드웨어에 달려있으며, 다만 소프트웨어의 질에 따라 하드웨어의 사용 효율이 더 향상되거나 좀 더 편리한 사용 환경이 제공될 수는 있다.

컴퓨터의 근본적인 기능은 수치적 혹은 논리적 데이터를 적절히 처리하는 것이며, 이것을 위한 하드웨어는 반드시 전자 회로만으로 가능한 것은 아니다. 컴퓨터가 단순한 계산 기계로서만 작동하던 초기 시대에는 원형판이나 릴레이와 같은 기계 장치들에 의해

제1장 컴퓨터시스템 개요

그 기능들이 수행되었으며, 속도 향상과 기능 확장을 위하여 점차적으로 전자 장치들로 대체되어 왔다. 그러나 그러한 초기 컴퓨터들의 구조와 동작 원리를 분석해보면 현재의 컴퓨터들과 별로 다를 게 없으며, 다만 기능이 더 단순하고 구조가 간단했다는 차이가 있을 뿐이다.

이 장에서는 먼저 컴퓨터의 기본 구조와 원리를 간략하게 설명한 다음에, 컴퓨터 구조의 발전 과정을 살펴보고자 한다. 그런 다음에는 주요 컴퓨터 부품들의 발전 동향을 분석하고, 컴퓨터시스템들의 분류 및 그들의 구조적 특징을 개괄적으로 설명함으로써, 컴퓨터 구조에 관하여 전체적으로 이해하는 데 도움을 주고자 한다.

1.1 컴퓨터의 기본 구조

컴퓨터는 프로그램 코드들을 정해진 순서대로 실행하는데, 그 과정에서 (1) 필요한 데이터를 읽어서(read), (2) 처리(processing)하고, (3) 저장(store)한다. 이러한 기능들을 수행하는 컴퓨터 하드웨어는 여러 요소들이 그림 1-2와 같이 상호 연결되어 구성된다. 먼저 '프로그램 실행'과 '데이터 처리'라는 중추적인 기능의 수행은 중앙처리장치(Central Processing Unit : 이하 CPU라고 함)가 담당한다.

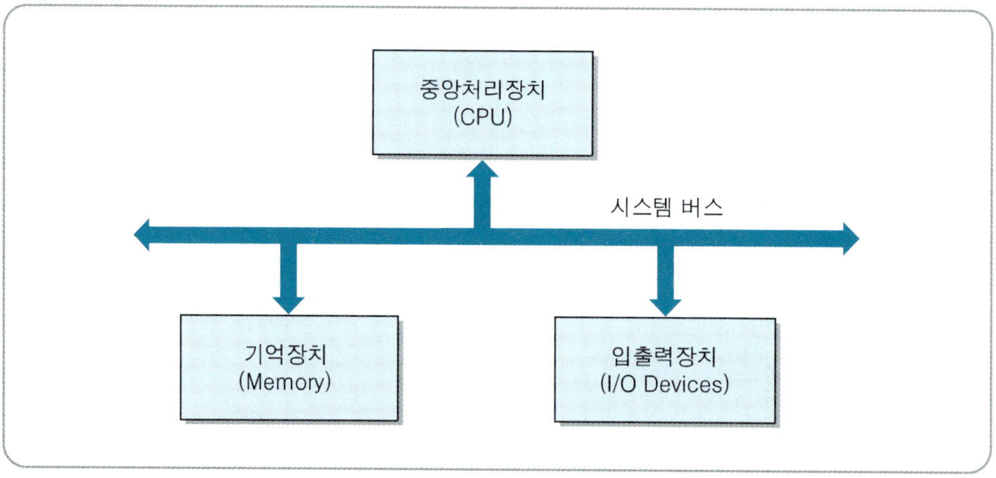

그림 1-2 컴퓨터의 기본 구조

CPU는 프로세서(processor)라고 불리기도 하며, 사실상 컴퓨터의 특성과 성능을 대부분 결정하게 된다. 예를 들어, CPU가 한 번에 처리하는 데이터의 길이(비트 수)에 따라 32-비트 컴퓨터 혹은 64-비트 컴퓨터 등으로 분류되며, 컴퓨터의 이론적인 처리 속도는 CPU의 속도에 의하여 결정된다(실제 속도는 시스템 내 다른 요소들의 영향을 받아서 약간 더 낮아지게 된다).

CPU가 처리할 프로그램 코드들과 데이터는 기억장치(memory ; 혹은 저장장치(storage device))에 저장되는데, 기억장치는 특성과 속도 및 용도에 따라 주기억장치와 보조저장장치로 나누어진다.

주기억장치(main memory)는 CPU 가까이에 위치하며 반도체 기억장치 칩(semiconductor memory chip)들로 이루어지기 때문에 고속 액세스가 가능하지만, 가격이 높고 면적을 많이 차지하므로 저장 용량을 크게 할 수 없다. 또한 영구 저장 능력이 없기 때문에 프로그램 실행 중에 일시적으로만 사용되는 기억장치이다.

보조저장장치(auxiliary storage device ; 2차 기억장치(secondary memory)라고도 함)는 디스크(disk)나 CD-ROM과 같은 영구 저장 능력을 가진 기억장치들을 말하며, 저장 밀도가 높고 비트당 가격이 낮지만 기계적인 장치가 포함되기 때문에 속도가 느리다. 보조저장장치는 주변장치(peripheral device)로 분류되기도 하는데, 그 이유는 CPU에 의해 직접 액세스되지 못하고 입출력장치들과 마찬가지로 별도의 제어기(controller)를 통하여 액세스되기 때문이다.

입출력장치(I/O device ; 이하 I/O 장치라 함)는 입력 장치(input device)와 출력 장치(output device)로 이루어진다. 이 장치들은 사용자와 컴퓨터간의 대화를 위한 도구라고 할 수 있는데, 키보드와 모니터 화면 및 프린터 외에도 다양한 장치들이 계속 개발되고 있다. 이들은 CPU와 직접 데이터를 교환할 수 없으며, 각 장치마다 별도의 제어기가 있어서 CPU로부터의 명령을 받아 장치의 동작을 제어하고 데이터를 이동시키는 일을 수행한다. 그림 1-2에서 입출력장치 블록에는 각종 I/O 장치들과 그들을 위한 제어기들이 포함된다.

1.2 정보의 표현과 저장

컴퓨터가 받아들이고 처리하는 정보의 종류로는 프로그램 코드(program code)와 데이터(data)가 있다. 디지털 컴퓨터에서 그러한 정보들은 모두 2진수(binary number)를 나타내는 비트(bit)들의 조합으로 표현된다. 여기서는 먼저 프로그램 코드를 2진 비트들로 표현하는 방법에 대하여 살펴보기로 한다.

컴퓨터 프로그램은 C, PASCAL, FORTRAN, COBOL 등과 같은 고급 언어를 이용하여 작성된다. 이렇게 작성된 프로그램은 영문자들과 숫자들로 이루어져 있어서 사람들이 이해하기는 쉽지만, 디지털 회로들로 이루어진 컴퓨터의 하드웨어 부품들은 전혀 이해하지 못한다. 따라서 이 프로그램은 컴파일러(compiler)라고 하는 소프트웨어에 의해 하드웨어 부품들이 이해할 수 있는 언어로 번역된다. 컴퓨터를 계산 기계(computing machine)라고 부르기도 하므로, 컴퓨터의 하드웨어가 이해할 수 있는 이러한 언어를 기계어(machine language) 혹은 기계 코드(machine code)라고 한다.

고급 언어들은 어느 컴퓨터에서 사용되든 거의 동일하지만, 기계어는 CPU마다 서로 다르다. 즉, CPU의 내부 구조에 따라 그 하드웨어가 이해할 수 있는 언어도 달라지는 것이다. 그러한 언어상의 차이를 해결하기 위하여 고급 언어와 기계어 사이에는 각 CPU 고유의 중간 언어가 존재하는데, 이 언어를 어셈블리 언어(assembly language) 혹은 어셈블리 명령어(assembly instruction)라고 부른다. 또한 그러한 언어로 작성된 프로그램을 어셈블리 프로그램(assembly program)이라고 한다. 그림 1-3에서 보는 바와 같이, 고급-언어 프로그램이 어떤 컴퓨터에서 처리되기 위해서는 일단 어셈블리 프로그램으로 번역되고, 그런 다음에 해당 CPU를 위한 기계어들로 번역되어야 한다.

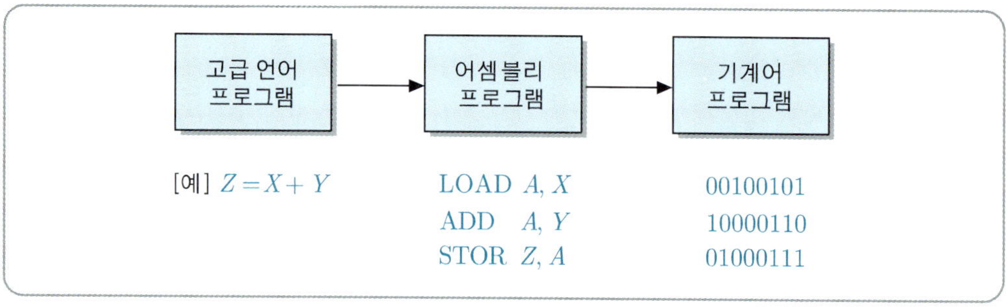

그림 1-3 고급-언어 프로그램이 기계어 프로그램으로 번역되는 과정

그림 1-3의 하단에는 각 단계에서의 프로그램 형태에 대한 간단한 예를 보여주고 있다. 고급-언어 프로그램은 X와 Y를 더하고, 결과 값을 기억장치의 Z 번지에 저장하라는 것이다. 그 문장을 어셈블리 프로그램으로 번역하면 다음과 같아진다.

LOAD A, X : 기억장치 X번지의 내용을 읽어서 레지스터 A에 적재(load)하라.
ADD A, Y : 기억장치 Y번지 내용을 읽어서 레지스터 A에 적재된 값과 더하고, 결과를 레지스터 A에 적재하라.
STOR Z, A : 레지스터 A의 내용을 기억장치 Z번지에 저장(store)하라.

여기서 각 어셈블리 명령어(간략히 명령어(instruction)라고도 함)가 지정하는 동작을 개략적으로 짐작할 수 있도록 하기 위하여 사용된 기호인 'LOAD', 'ADD' 및 'STOR'를 니모닉스(mnemonics)라고 한다. 명령어들은 CPU가 수행해야 할 동작뿐만 아니라 처리할 데이터가 저장된 기억장치 주소나 레지스터 번호도 구체적으로 지정해준다. 이와 같이 명령어들은 CPU의 내부 구조와 밀접한 관계가 있기 때문에, 어셈블리 프로그래머는 컴퓨터의 내부 구조를 알고 있어야 프로그램을 작성할 수 있다. 어셈블리 언어로 작성된 프로그램은 어셈블러(assembler)라는 소프트웨어가 기계어 프로그램으로 번역해준다.

컴파일의 마지막 결과인 기계어 프로그램은 그림 1-3에서 보는 바와 같이 2진수인 1과 0들의 조합으로 이루어진다. 이 예에서는 어셈블리 명령어들이 각각 8-비트 기계어로 번역되었다. 기계어의 비트들의 의미를 살펴보기 위하여 LOAD A, X 명령어에 대한 기계어의 예를 들어보면 아래와 같다.

연산코드	오퍼랜드
001	00101

이 경우에는 기계어가 두 개의 필드(field)들로 구성되는 것으로 가정하였는데, 연산 코드 필드(op code field)에 저장된 001은 '레지스터 A로 적재하라'는 연산을 지정해주는 비트들이며, 오퍼랜드 필드(operand field)의 00101은 적재될 데이터가 저장되어 있는 기억장치 주소를 가리킨다. 위의 기계어에서는 오퍼랜드가 5번지를 가리키고 있다. 따라서 이 기계어는 '기억장치 5번지의 내용을 읽어서 레지스터 A에 저장하라'는 명령을 나타내는 것이다.

명령어는 비트들의 수와 용도 및 주소 결정 방법에 따라 다양하게 구성될 수 있다. 만약 위의 예와 같이 연산 코드가 세 비트들로 이루어진다면, $2^3 = 8$가지의 연산들이 지정될 수 있다. 또한 오퍼랜드 비트들의 수가 다섯 개이므로, 주소를 지정할 수 있는 기억장소들의 최대 수는 $2^5 = 32$개가 된다. 이와 같은 비트들의 구성을 명령어 형식(instruction format)이라고 하는데, 그에 대해서는 제2장에서 자세히 설명하기로 한다.

번역된 기계어들은 순서대로 기억장치에 저장되는데, 그림 1-4는 기계어들이 데이터들과 함께 기억장치에 저장되어 있는 모습을 보여주고 있다. 그림에서 기계어들은 0번지부터 저장되어 있고, 계산에 사용될 데이터들은 각각 X번지와 Y번지에 저장되어 있다. 각 기억 장소에 저장되는 데이터 단위로서, CPU에 의해 한 번에 처리될 수 있는 비트들의 그룹을 단어(word)라고 한다. 이 예에서는 한 단어의 길이가 8비트, 즉 한 바이트(byte)인 것으로 가정하고 있다.

디지털 컴퓨터에서 데이터를 2진수로 표현하는 방법에는 여러 가지가 있는데, 그들에 대한 자세한 사항은 제3장에서 설명된다. 그림 1-4에는 X번지와 Y번지에 2의 보수(2's complement)로 표현된 +27과 −41이 각각 저장되어 있다.

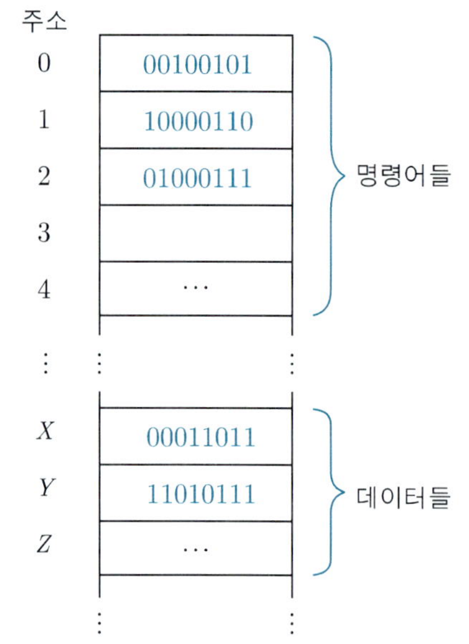

그림 1-4 프로그램과 데이터가 기억장치에 저장된 예

1.3 시스템의 구성

이 절에서는 컴퓨터의 주요 구성 요소들인 CPU와 기억장치 및 I/O 장치들이 어떻게 서로 접속되고 상호 작용하는지 분석함으로써, 컴퓨터시스템을 구성하는 방법과 동작 원리를 살펴보고자 한다.

1.3.1 CPU와 기억장치의 접속

그림 1-5는 CPU와 시스템 내의 다른 요소들 사이에 정보를 교환하는 통로가 되는 시스템 버스(system bus)를 보여주고 있다. 시스템 버스는 아래와 같은 세 가지 하부 버스들로 이루어진다.

주소 버스(address bus)는 CPU가 외부로 발생하는 주소 정보를 전송하는 신호 선들의 집합이다. 이 주소 선들의 수는 CPU와 접속될 수 있는 최대 기억장치 용량을 결정해준다. CPU가 발생하는 주소 비트들의 수를 주소 버스의 폭(width)이라고 하는데, 만약 그 폭이 16비트라면, 최대 $2^{16} = 65,536$개(즉, 64K개)의 기억 장소들의 주소를 지정해줄 수 있다.

데이터 버스(data bus)는 CPU가 기억장치 혹은 I/O 장치와의 사이에 데이터를 전송하기 위한 신호 선들의 집합이다. 데이터 버스의 폭은 CPU가 한 번에 전송할 수 있는 데이터 비트의 수를 결정해준다. 예를 들어, 데이터 버스가 32비트인 시스템에서는 CPU가 기억장치로부터 한 번에 32비트씩 읽어올 수 있다.

제어 버스(control bus)는 CPU가 시스템 내의 각종 요소들의 동작을 제어하는데 필요한 신호 선들의 집합이다. 제어 신호 선들의 수는 CPU에 따라, 혹은 시스템 구성에 따라 달라진다. 그들 중에서 가장 기본적인 제어 신호들로는 기억장치 읽기/쓰기(memory read/write) 신호와 I/O 읽기/쓰기(I/O read/write) 신호가 있다.

주소는 CPU에 의해 발생되어 기억장치와 I/O 장치로 보내지는 정보이기 때문에, 주소 버스는 단방향성(uni-directional)이다. 반면에 데이터 버스는 읽기와 쓰기 동작을 모두 지원해야 하므로 양방향 전송(bi-directional transfer)이 가능해야 한다.

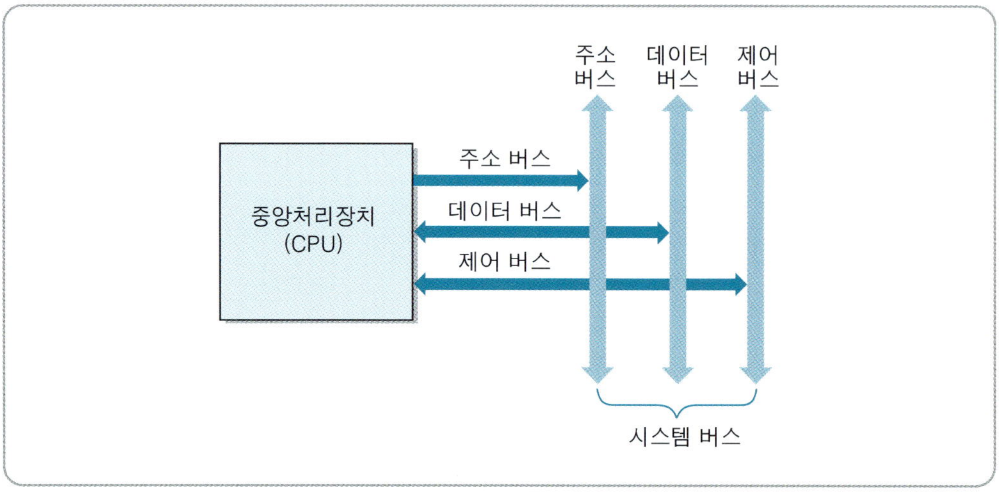

그림 1-5 CPU와 시스템 버스

CPU가 데이터를 기억장치의 특정 장소에 저장하거나 이미 저장되어 있는 내용을 읽는 동작을 액세스(access)한다고 말한다. 기억장치들은 액세스되는 방식에 따라 여러 가지로 분류될 수 있는데, 여기서는 반도체 기억장치들 중의 하나인 RAM(Random Access Memory)을 예로서 사용하기로 한다. 그림 1-6은 CPU가 주소 버스, 데이터 버스 및 제어 신호 선들을 통하여 기억장치와 접속된 모습을 보여주고 있다. CPU가 특정 기억 장소로부터 데이터를 읽고자 할 때 기억장치로 보내주어야 하는 정보는 주소와 읽기 신호이다. 그리고 기억 장소에 데이터를 저장하려는 경우에는 주소와 데이터 및 쓰기 신호를 보내주어야 한다. 따라서 CPU와 기억장치 사이에는 그러한 정보들의 전송 통로인 주소 버스, 데이터 버스 및 제어신호 선들이 접속되어야 한다.

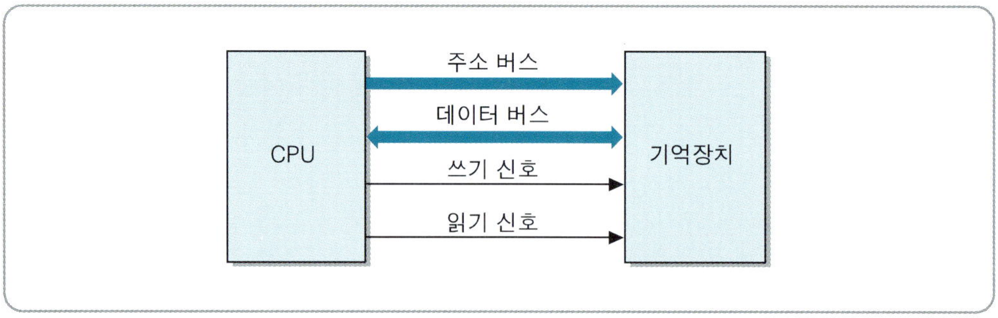

그림 1-6 CPU와 기억장치의 접속

이와 같이 접속된 상태에서 CPU가 기억장치로 데이터를 쓰는 동작의 시간 흐름도(timing diagram)를 보면 그림 1-7(a)와 같다. CPU는 데이터를 저장할 기억 장소의 주소와 저장할 데이터를 각각 주소 버스와 데이터 버스를 통하여 보내면서 동시에 쓰기 신호를 활성화(activate)시킨다. 이 신호들은 모두 기억장치 쓰기 동작이 완료될 때까지 그대로 유지되어 있어야 한다. CPU가 주소와 데이터를 보낸 순간부터 저장이 완료될 때까지의 시간을 기억장치 쓰기 시간(memory write time)이라고 한다.

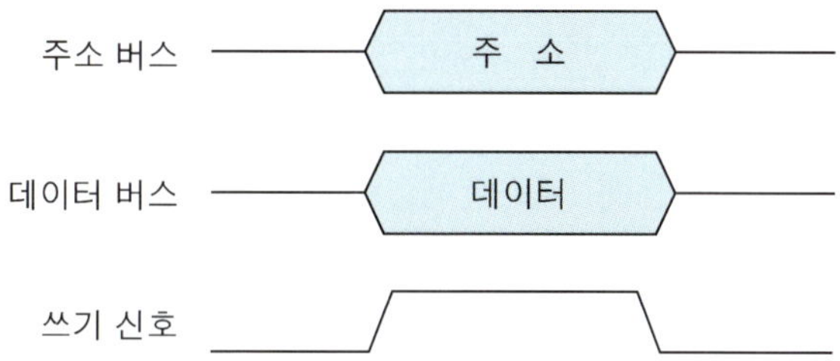

(a) 기억장치 쓰기 동작의 시간 흐름도

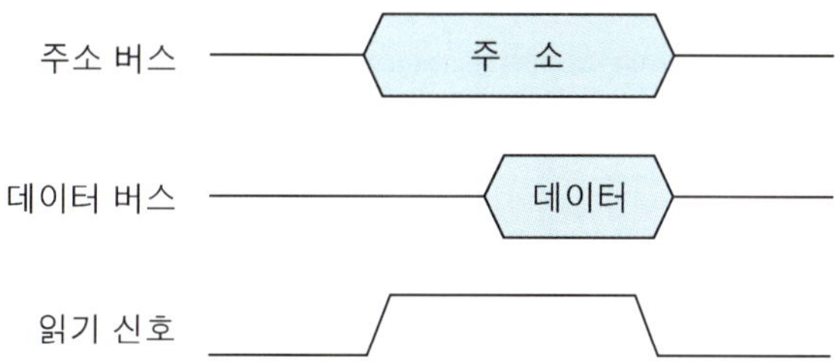

(b) 기억장치 읽기 동작의 시간 흐름도

그림 1-7 기억장치 액세스 동작의 시간 흐름도

CPU가 기억장치로부터 데이터를 읽는 동작의 시간 흐름도는 그림 1-7(b)와 같다. 이 동작을 위하여 CPU는 데이터가 저장되어 있는 기억 장소의 주소를 주소 버스를 통하여 보내면서 읽기 신호를 활성화시킨다. 그러면 일정 지연 시간이 경과한 후에 기억장치로부터 읽혀진 데이터가 데이터 버스 상에 실리며, CPU는 그 데이터를 버스 인터페이스 회로(bus interface circuit)를 통하여 읽어 들이게 된다. 여기서 지연 시간은 주소를 해독(decode)

하는데 걸리는 시간과 기억장치로부터 데이터를 인출하는데 걸리는 시간을 합한 시간이다. CPU가 주소를 발생한 시간부터 읽기 동작이 완료될 때까지의 시간을 기억장치 읽기 시간(memory read time)이라고 한다. 그림 1-7에서 각 버스의 신호들을 중복적으로 표시한 이유는 여러 개의 선들이 0 혹은 1의 값을 가진다는 것을 나타내기 위한 것이다.

1.3.2 CPU와 I/O 장치의 접속

I/O 장치에는 외부와의 데이터 입력 및 출력을 위한 각종 주변장치들이 모두 포함된다. 그리고 앞에서 언급한 바와 같이, 보조저장장치들도 CPU가 직접 제어하거나 액세스하지 못하고 I/O 장치들과 마찬가지로 별도의 인터페이스 회로(interface circuit) 혹은 제어기(controller)를 통해야 하기 때문에 I/O 장치들과 같은 방법으로 CPU와 접속되어야 한다. 이 절에서는 I/O 장치 및 보조저장장치를 CPU와 접속하는 기본 원리를 설명하고자 한다.

먼저 그림 1-8과 같이 키보드와 프린터가 각각 제어기를 통하여 시스템 버스와 접속되는 경우를 살펴보자.

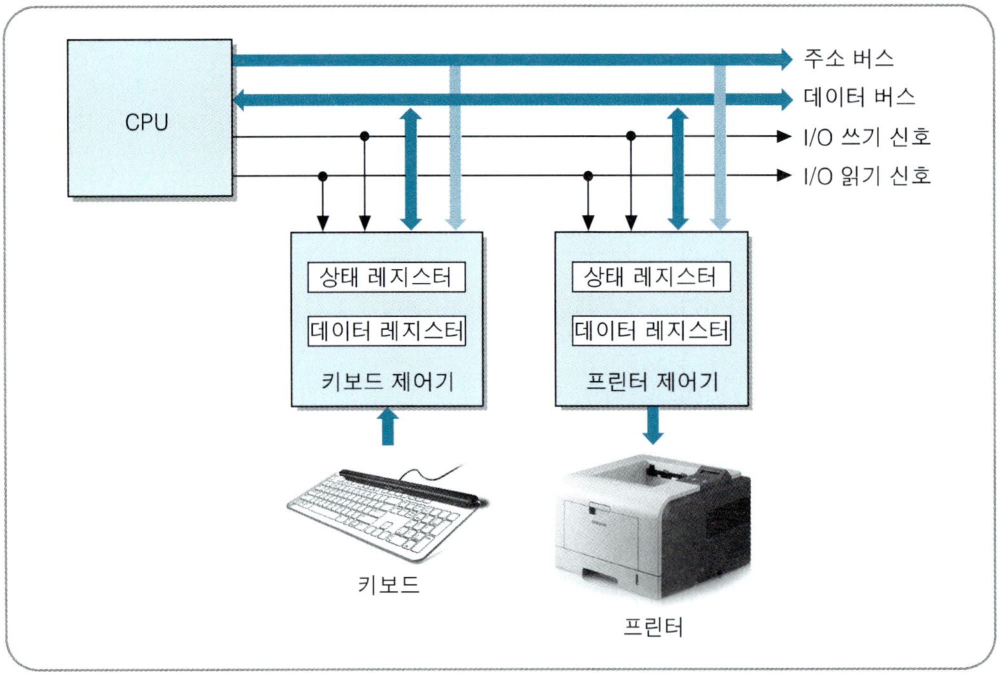

그림 1-8 CPU와 I/O 장치들 간의 접속

CPU가 키보드로부터 데이터를 읽어들이는 과정은 다음과 같다. 키보드의 어느 한 키(key)가 눌러지면 그에 대응되는 8-비트(ASCII 코드 7비트 + 패리티 비트) 데이터가 키보드 제어기로 전송되어 데이터 레지스터(data register)에 저장되며, 동시에 상태 레지스터(status register)의 지정된 비트가 세트된다. 이 비트는 입력 데이터가 준비되었다는 것을 가리키므로, 여기서는 In_RDY 비트라고 부르기로 한다. CPU는 데이터 입력을 원하는 시점에서 먼저 상태 레지스터를 읽어들여서 In_RDY 비트가 1로 세트되어 있는지를 검사한다. 만약 세트되어 있다면, 즉시 데이터 레지스터의 내용을 CPU로 읽어들임으로써 데이터 입력 과정이 완료된다. 그러나 만약 In_RDY 비트가 세트되지 않았다면, CPU는 상태 레지스터의 내용을 읽고 검사하는 동작을 반복하면서 기다린다. 이러한 반복 검사 과정은 In_RDY 비트가 세트될 때까지, 즉 키가 눌러져서 데이터가 들어올 때까지 계속된다. 그림 1-9는 지금까지 설명한 과정을 흐름도(flowchart)로 표현한 것이다.

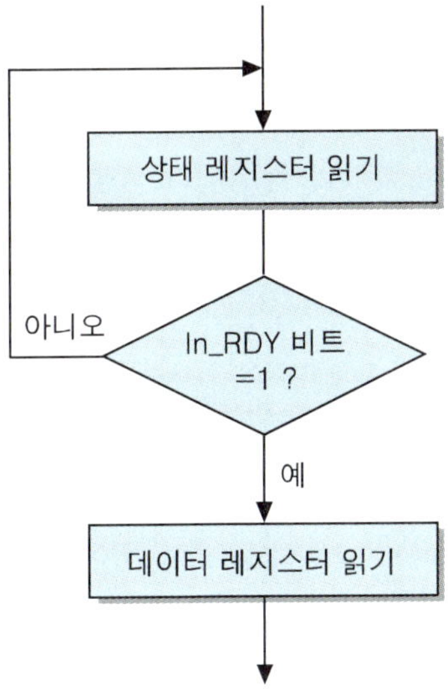

그림 1-9 키보드 데이터 입력 과정의 흐름도

CPU가 데이터를 프린트하는 과정도 유사하다. CPU는 데이터를 프린터로 보내기 전에 먼저 프린터 제어기 내의 상태 레지스터를 읽어서, 데이터 출력 준비(Out_RDY) 비트를 검사한다. 이것은 프린터가 이전에 받은 데이터에 대한 프린트 동작을 완료하고 다음 프린트 동작을 시작할 준비가 되었는지를 검사하는 절차이다. Out_RDY 비트가 1로 세트된 것이 확인되면, CPU는 프린트 할 데이터를 프린터 제어기의 데이터 레지스터로 쓰게 된다. 그러면 제어기는 프린터를 적절히 구동하여 그 내용을 프린트한다. 이 과정에서도, 만약 Out_RDY 비트가 세트되지 않았다면, CPU는 그 비트에 대한 검사를 반복하면서 기다린다. 여기서 데이터 레지스터는 CPU와 I/O 장치 사이에서 임시 저장 장소 역할을 하기 때문에 데이터 버퍼(data buffer)라고 부르기도 한다. 최근에는 이 버퍼의 용량을 크게 증가시켜 수 메가바이트 이상의 데이터를 저장할 수 있도록 함으로써, 프린트 동작에 대한 CPU의 개입을 줄여주고 있다.

하드 디스크(hard disk), CD-ROM 및 DVD와 같은 보조저장장치들도 각 장치를 위한 제어기를 통하여 이와 유사한 방법으로 접속된다. 그러나 키보드의 경우에는 데이터가 바이트(8비트) 단위로 전송되지만, 보조저장장치의 경우에는 블록(512바이트, 1024바이트, 혹은 4096바이트) 단위로 전송이 이루어지기 때문에, 제어기 내에 적어도 한 블록 이상을 임시 저장할 수 있는 데이터 버퍼가 준비되어야 한다. 디스크 제어기들 중에는 하드 디스크상의 한 트랙(track)의 내용을 모두 저장할 수 있는 용량의 트랙 버퍼(track buffer)를 가지고 있는 경우도 있다.

CPU는 시스템에 접속되어 있는 I/O 장치들을 직접 제어하지는 않지만, 각 장치의 제어기가 수행할 동작을 지정하는 명령(command)을 보내거나 상태 정보와 데이터를 주고받을 수 있어야 한다. 그를 위하여 CPU는 각 I/O 장치의 제어기를 구분하고 정보를 주고받을 수 있어야 한다. 그 방법은 각 제어기 내에 있는 상태 레지스터와 데이터 레지스터를 각각 한 단어 길이의 기억장치로 간주하고, 주소를 한 개씩 배정하는 것이다. 그러면 CPU는 그 레지스터들을 기억장치와 같은 방법으로 주소 지정하여 읽기 및 쓰기 동작을 수행할 수 있게 된다. 즉, CPU가 제어기 내부 레지스터들의 주소를 이용하여 해당 I/O 장치를 제어 할 수 있게 되는 것이다. 그림 1-8에서 주소 버스와 제어 신호들(I/O 읽기 신호와 I/O 쓰기 신호)이 I/O 제어기들로 연결되는 것도 그 이유 때문이다.

1.3.3 전체 시스템의 구성

이제 지금까지의 설명들을 종합하여 기본적인 구성 요소들을 모두 포함한 완전한 컴퓨터시스템을 구성해보자. 그림 1-10은 CPU, 주기억장치 및 I/O 장치들을 시스템 버스를 통해 서로 접속하여 전체 컴퓨터시스템을 구성한 모습을 보여주고 있다.

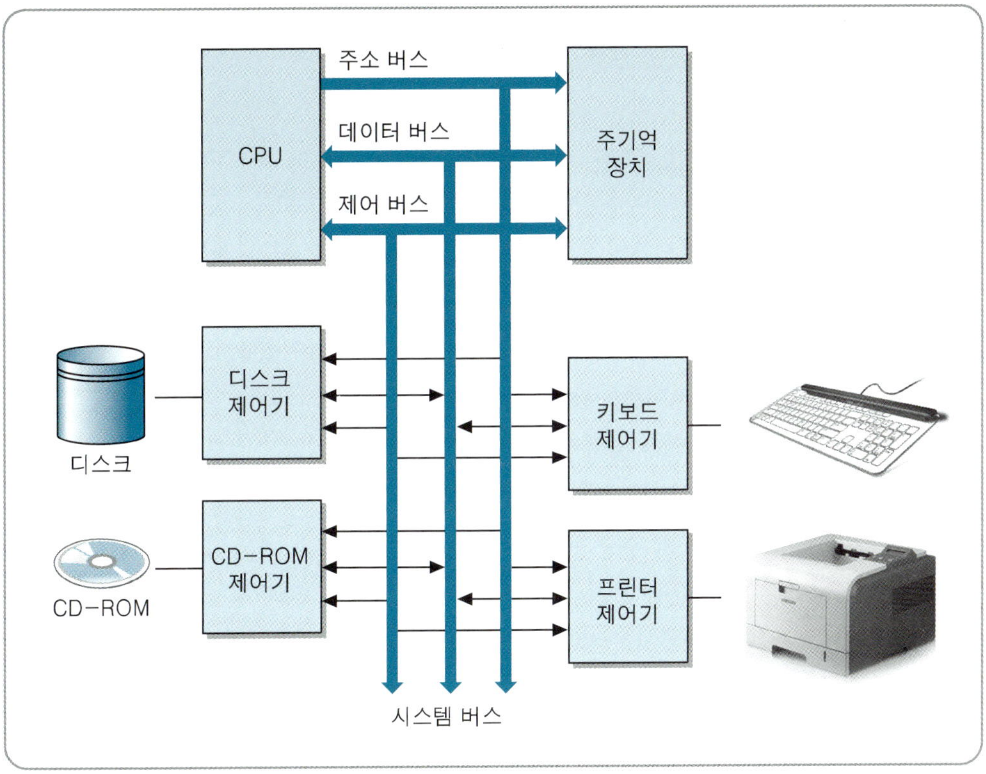

그림 1-10 컴퓨터시스템의 전체 구성도

이와 같이 구성된 컴퓨터시스템이 수행할 수 있는 기능들을 주요 요소들과 연관시켜 보면 다음과 같다.

- 프로그램 실행 : CPU가 주기억장치로부터 프로그램 코드를 읽어서 실행한다.
- 데이터 저장 : 프로그램 실행 결과로서 얻어진 데이터를 주기억장치에 저장한다.
- 데이터 이동 : 디스크 혹은 CD-ROM에 저장되어 있는 프로그램과 데이터 블록을 주기억장치로 이동한다.
- 데이터 입력 및 출력 : 사용자가 키보드를 통하여 보내는 명령이나 데이터를 읽어 들인다. 또한 CPU가 처리한 결과 값이나 기억장치의 내용을 프린터(혹은 모니터)로 출력한다.
- 제어 : 프로그램이 순서대로 실행되도록 혹은 필요에 따라 실행 순서를 변경하도록 조정하며, 각종 제어 신호들을 발생한다.

1.4 컴퓨터 구조의 발전 과정

1.4.1 초기 컴퓨터들의 구조

현재 수많은 종류의 컴퓨터들이 존재하고 있지만, 대부분은 앞 절에서 설명한 기본적인 구조와 동작 원리에 기반을 두고 있다. 초기의 컴퓨터들도 그러한 원리에 바탕을 두고 있었지만, 릴레이(relay)와 같은 기계식 부품들을 이용하여 만들어졌다. 그 후에 주요 부품들이 트랜지스터나 반도체 집적회로(semiconductor integrated circuit : IC) 칩으로 대체되면서, 컴퓨터의 처리 속도가 계속 높아지고 있다. 또한 반도체 기억장치 칩의 밀도가 높아짐에 따라 저장 용량도 크게 증가되고 있다. 특히 최근에는 시스템 성능을 높이기 위하여 한 시스템 내에 장착되는 CPU의 수를 증가시키거나, 하나의 칩에 여러 개의 CPU 코어들을 포함시키기도 하며, 구성 요소들 간의 연결 통로를 고속화하기 위한 새로운 상호연결 구조를 개발하는 등, 많은 개선이 이루어지고 있다. 그러나 흥미로운 사실은 이러한 발전이 계속되는 중에도 컴퓨터의 근본적인 설계 개념은 크게 바뀌지 않고 있다는 점이다.

그러면 수십 년간 계속되고 있는 컴퓨터 기술의 발전에도 불구하고, 거의 모든 컴퓨터 구조들의 근간이 되어온 그러한 설계 개념은 언제 누구에 의해 제안되었는가? 여기서는 그 개념이 제안되었던 당시에 구현된 초기 컴퓨터들의 구조를 간략히 분석하고 그 이후의 발전 경위를 살펴봄으로써, 앞으로의 공부에 도움을 주고자 한다.

컴퓨터의 역사는 기계들이 자동적으로 네 가지 기본 연산(덧셈, 뺄셈, 곱셈, 나눗셈)을 처음으로 할 수 있게 된 17세기로부터 시작된다. 관심을 가질만한 첫 번째 컴퓨터는 1642년에 프랑스의 철학자이며 과학자였던 Blaise Pascal에 의하여 만들어졌다. 이것은 덧셈과 뺄셈을 하는 기계적인 카운터였는데, 다이얼의 위치에 의하여 10진수를 표시하는 여섯 개의 원형판 두 세트로 구성되었다. 각 원형판은 일시적으로 숫자를 기억하는 레지스터로 사용되었다. 몇 년 후인 1671년에 독일의 철학자이며 수학자인 Gottfried Leibniz는 덧셈과 뺄셈뿐 아니라 곱셈과 나눗셈도 할 수 있는 계산기를 만들었다. Leibniz의 기계는 Pascal의 계산기에 두 개의 원형판들을 추가하여, 반복적 방법(iterative method)으로 곱셈과 나눗셈을 수행할 수 있게 하였다. Leibniz의 기계는 네 가지 기능을 가진 계산기라고도 불리며, 그 이후 많은 기계들의 조상이 되었다.

19세기가 되어 현대 컴퓨터의 할아버지로 불리는 Charles Babbage라는 영국인에 의하여 계산기 개발 기술은 새로운 단계로 접어들게 된다. 먼저 그는 간단하면서도 수없이 반복되는 수학 연산들을 사람 대신에 정확하게 계산해줄 수 있는 계산 기계의 개발을 시도하였는데, 첫 번째 기계는 Difference Engine이었다. Difference Engine은 표에 있는 수들을 자동적으로 계산하고, 그 결과를 금속천공기를 거쳐서 프린트하도록 설계되었다. Difference Engine은 파스칼의 계산기와 마찬가지로 덧셈과 뺄셈만 수행할 수 있었다.

이어서 Babbage는 어떠한 수학 연산도 자동적으로 수행할 수 있는 일반목적용 기계인 Analytical Engine을 개발하였다. 그림 1-11은 그 기계의 최종적인 설계 구조를 보여주고 있다. 주요 구성 요소로는 기본적인 네 가지 산술 연산들을 수행하는 연산 장치인 Mill과 기억장치인 Store가 있다. 그리고 입력장치로는 카드 판독기, 출력장치로는 프린터와 카드 천공기가 각각 접속되었다.

동작 원리를 보면, 연산 카드(operation card)에 의해 Mill이 수행할 연산이 지정되고, 그 연산에 사용될 데이터의 주소는 변수 카드(variable card)에 의해 지정된다. 그러면 Mill은 Store 내의 지정된 위치로부터 데이터를 읽어와서 레지스터에 저장하고, 연산을 수행한 후에 결과 값을 다시 Store에 저장한다. 여기서 연산 카드와 변수 카드의 내용을 합한 것이 현대 컴퓨터의 프로그램 코드에 해당한다.

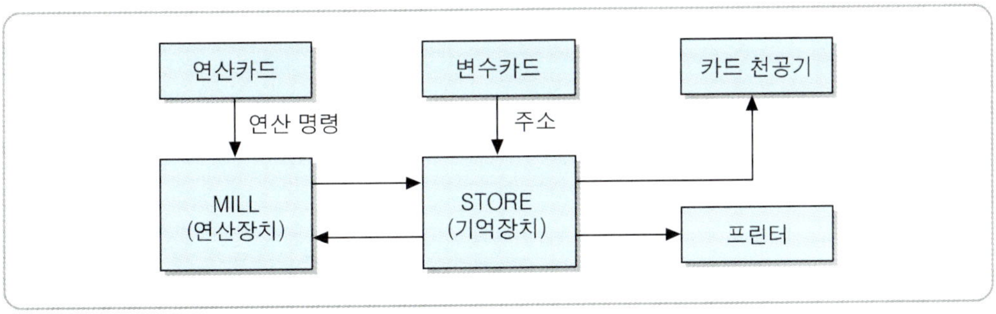

그림 1-11 Analytical Engine의 기본 구조

그 이전에 개발되었던 다른 계산 기계들에 비하여 이 기계의 주요 장점은 일반목적용이라는 점과 프로그래밍이 가능하다는 점이었다. 또다른 기술적인 혁신은 프로그램의 실행 순서를 변경할 수 있다는 것이었다. 그 방법은 수의 부호를 조사하여 그 결과에 따라 프로그램 실행 순서를 변경하는 것이다. 또한 제어 카드를 이용하여 원하는 명령어의 실

행 순서를 정방향(forward) 혹은 역방향(backward)으로 바꾸는 것도 가능하였다. 즉, 이 기계에서 Babbage는 조건 분기(conditional branch) 명령어를 고안하였던 것이다. 이와 같이 Analytical Engine은 현대 컴퓨터의 주요 요소들인 기억장치, CPU 및 I/O 장치를 모두 포함하고 있었으며, 프로그램 언어도 사용하였다.

Analytical Engine에서는 주요 부품들이 모두 기계적인 장치들이었기 때문에 속도가 느렸고 신뢰도가 낮다는 단점을 가지고 있었다. 그 후 1900년대에 들어와서 진공관이 발명되면서 그러한 단점들이 개선될 수 있었고, 진공관을 사용한 최초의 전자식 컴퓨터인 ENIAC(Electronic Numerical Integrator And Computer)이 펜실베니아 대학에서 개발되었다. 그러나 이 컴퓨터의 가장 큰 단점은 프로그램을 저장하고 변경하는 것이 불가능하다는 점이었다.

프로그램과 데이터를 기억장치에 저장하고 변경할 수도 있다면 컴퓨터를 훨씬 더 편리하게 사용할 수 있게 된다. 'Stored-program'으로 알려진 이 개념은 ENIAC의 설계자이며 수학자인 폰 노이만(von Neumann)에 의해 제안되었다. 연구 논문을 통하여 발표하였던 그의 설계 개념은 다음과 같다.

- 2진수 체계(binary number system)를 사용한다.
- 프로그램과 데이터를 내부에 저장한다.

이 개념은 폰 노이만이 새로운 컴퓨터인 EDVAC(Electronic Discrete Variable Computer)의 개발을 위하여 1945년에 처음 발표하였다.

1946년에 폰 노이만과 그의 동료들은 IAS 컴퓨터라고 불리는 새로운 컴퓨터 개발을 시작하였다. IAS 컴퓨터는 1952년에 완성되었으며, 그 이후에 출현한 거의 모든 일반목적용 컴퓨터들의 원형이 되었다. 그림 1-12는 IAS 컴퓨터의 일반적인 구조를 보여주고 있는데, 다음과 같은 부분들로 구성되어 있다 [BUR46][STA06].

- 프로그램 제어 유니트(Program Control Unit)
- 산술논리연산장치(ALU)
- 주기억장치
- 입출력장치

프로그램 제어 유니트는 주기억장치로부터 명령어들을 한 개씩 가져와서 실행함으로써 IAS를 작동시킨다. 주기억장치에는 명령어와 데이터가 모두 저장된다. 이 구조에서 특기할 사항으로는 주기억장치로부터 한 번에 읽혀오는 명령어의 수가 두 개씩이라는 점이다. 그 중의 하나는 즉시 프로그램 제어 유니트로 보내져 실행되며, 다른 하나는 일단 명령어 버퍼에 저장되어 있다가 다음 명령어 실행 사이클에서 실행되는데, 결과적으로 명령어 인출을 위한 기억장치 액세스 시간이 단축된다. 이 방법은 현대의 마이크로프로세서들에서도 사용되고 있는 명령어 선인출(instruction prefetch)과 유사한 것으로서, 이러한 개념이 그 당시에 이미 사용되었다는 것은 매우 놀라운 사실이다. 여기서 각 유니트의 내부 구조와 기능들에 대한 설명은 생략하기로 한다.

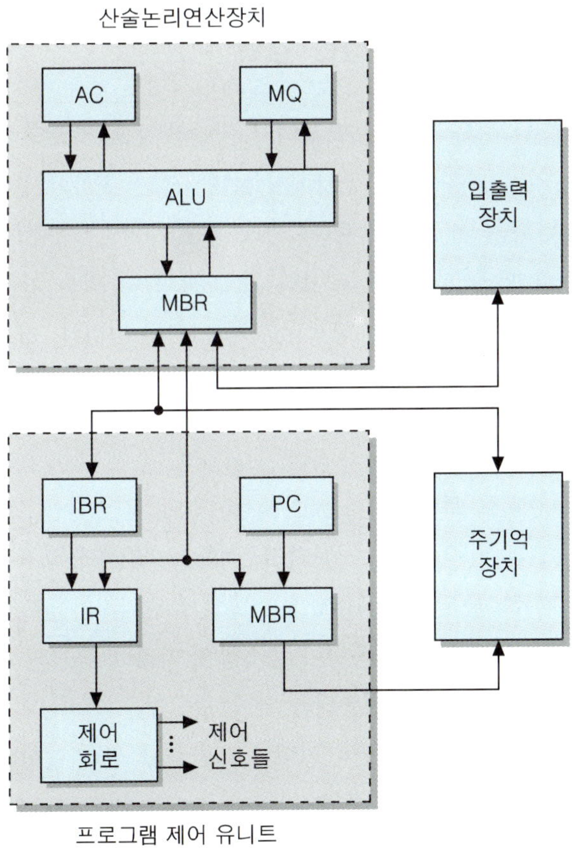

그림 1-12 IAS 컴퓨터의 구조

이와 같이 폰 노이만의 설계 개념이 적용되었던 초기의 컴퓨터인 IAS의 구조가 현대 컴퓨터들과 근본적으로는 차이가 없다는 것을 알 수 있다. 바꾸어 말하면, 그 때 제안되었던 설계 개념이 이후의 거의 모든 컴퓨터 설계들에 있어서 근간이 되어왔다. 이러한 컴퓨터들에서는 프로그램이 순차적으로 실행되었다. 즉, 특별한 이유가 없는 한 프로그램 코드들은 기억장치에 저장된 순서대로 실행되며, 그 주소는 CPU의 내부 레지스터인 프로그램 카운터(program counter)에 의하여 지정되었다. 이러한 구조 설계 개념을 폰 노이만 아키텍처(von Neumann Architecture)라고 부르는데, 이 개념에 근거한 컴퓨터들의 속도 한계를 극복하기 위하여 몇 가지 새로운 설계 개념들(예 : 데이터플로우 컴퓨터)이 연구되고 제안된 바가 있으나, 일반목적용 컴퓨터 구조로는 적합하지 않은 것으로 판단되어 더 이상 발전하지 못하고 있다.

1.4.2 주요 컴퓨터 부품들의 발전 경위

컴퓨터 구조의 발전 과정을 살펴보기 위해서는 먼저 주요 컴퓨터 부품들의 발전 과정과 동향을 파악하는 것이 도움이 된다. 앞에서 설명하였던 초기의 전자식 컴퓨터에 있어서 최초의 중요한 변화는 진공관을 트랜지스터(transistor)로 대체하는 데서 나타났다. 1940년대에 개발된 트랜지스터는 진공관보다 작고 싸며 더 적은 열을 발산하지만, 컴퓨터를 만드는 데 있어서 진공관과 같은 방식으로 사용될 수 있었다. 전선과 금속판들, 그리고 유리 캡슐과 진공을 필요로 하는 진공관과는 달리, 트랜지스터는 실리콘으로 만들어진 고체(solid-state) 장치이다.

컴퓨터의 주요 부품으로 트랜지스터들이 사용되면서, 진공관을 이용하여 구현되었던 기존의 컴퓨터들을 제1세대 컴퓨터로 구분하고, 이들을 제2세대 컴퓨터로 분류하게 되었다. 이 세대의 초기 컴퓨터들은 대략 1000개 정도의 트랜지스터들로 구성되었다. 그러나 컴퓨터의 기능이 확대되고 저장장치 용량이 증가함에 따라 부품들의 수는 계속 증가되었고, 트랜지스터를 이용하여 대용량 컴퓨터를 제작하는 것은 점차 더 어려워지게 되었다. 그러던 중 1958년에 전자공학의 혁명이 일어나고 반도체 공학 분야의 획기적인 새로운 발명품이 출현하였는데, 그것이 바로 집적회로(Integrated Circuit : IC)의 발명이었다. 그와 함께 컴퓨터 분류는 IC의 시대로 정의되는 제3세대로 넘어가게 된다.

이와 같이 컴퓨터의 세대는 주로 새로운 하드웨어 부품의 출현을 기준으로 분류되고 있다. 그런데 부품들의 집적도와 속도가 계속 높아지고 있기 때문에, 새로운 세대로 바뀔 때마다 컴퓨터는 이전 세대의 컴퓨터들 보다 더욱 고속화되고, 기억 용량이 증가되며, 크기는 줄어드는 특징을 보이고 있다.

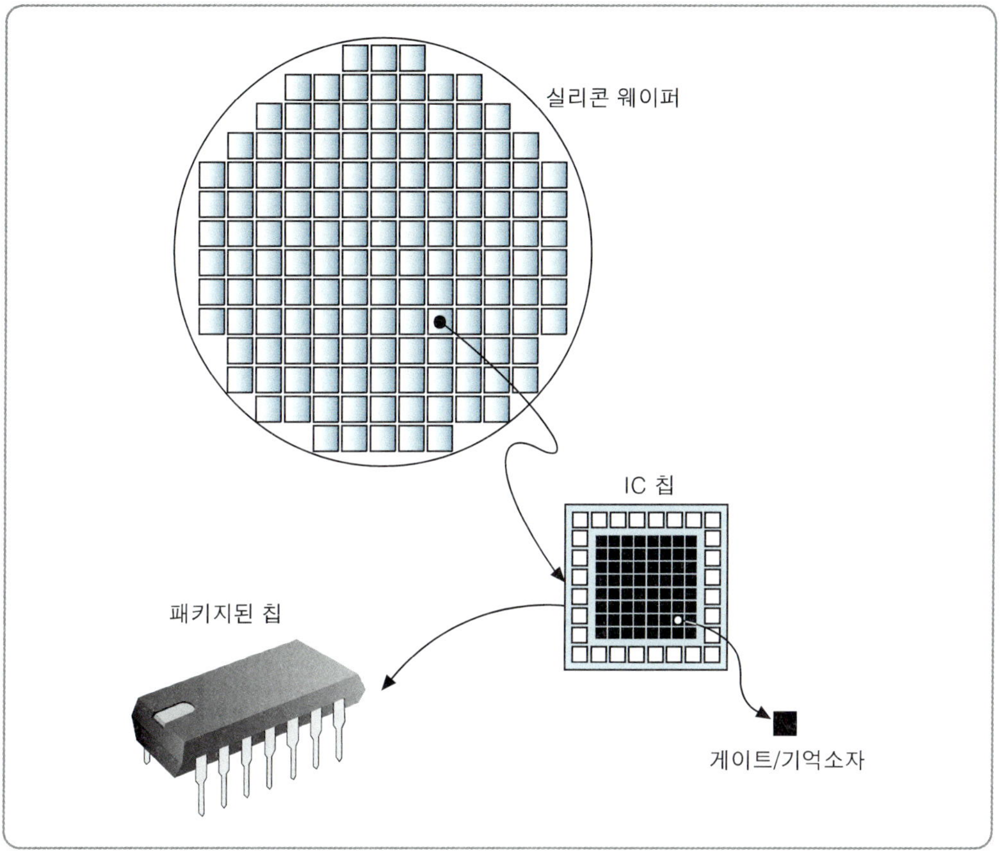

그림 1-13 IC 칩의 제조 과정

그림 1-13은 IC 칩(chip)의 제조 과정을 보여주고 있다. 먼저 반도체 재료인 실리콘(silicon : 규소)을 추출하여 만든 원기둥 모양의 실리콘 성형을 수평 방향으로 얇게 자르면 그림에서 보는 것과 같은 원형판 모양의 실리콘 웨이퍼(silicon wafer)를 만들 수 있다. 이 웨이퍼를 매트릭스 형태의 작은 영역들로 나누면 각각은 수 평방 밀리미터 크기의 사각형 평판이 된다. 이 사각형 평판 위에 동일한 회로 패턴을 집적(integrate) 시키면 여러 개의 게이트들을 포함하는 IC 칩이 제조되는 것이다. 그런 다음에는 이 칩의 회로 부분을 보호하기 위해 플라스틱과 같은 재료를 이용하여 패키징(packaging) 한 다음에, 외부와의 연

결을 위한 핀(pin)들을 부착한다. 이렇게 만들어진 칩들은 인쇄회로기판(printed-circuit board : PCB) 위에서 서로 연결되어, 더 크고 복잡한 회로를 구성하는 데 사용된다.

컴퓨터의 주요 부품으로 사용되고 있는 IC를 집적도에 따라 분류하면 다음과 같다.

- SSI(Small Scale IC) : 수십 개의 트랜지스터들이 집적되는 소규모 IC로서, 주로 기본적인 디지털 게이트(digital gate)들을 포함하는 칩으로 제조되고 있다.
- MSI(Medium Scale IC) : 수백 개의 트랜지스터들이 집적되는 IC로서, 카운터(counter), 해독기(decoder) 혹은 쉬프트 레지스터(shift register)와 같은 조합 회로나 순차 회로를 포함하는 칩으로 제조되고 있다.
- LSI(Large Scale IC) : 수천 개의 트랜지스터들이 집적되는 대규모 IC로서, 8-비트 마이크로프로세서 칩이나 소규모 반도체 기억장치 칩들이 이 분류에 속한다.
- VLSI(Very Large Scale IC) : 수만 내지 수십만 개 이상의 트랜지스터들이 집적되는 대규모 IC로서, 마이크로프로세서 칩들과 대용량 반도체 기억장치 칩들이 이 분류에 속한다.
- ULSI(Ultra Large Scale IC) : 수백만 개 이상의 트랜지스터들이 집적되는 32-비트급 이상의 마이크로프로세서 칩들과 수백 메가비트 이상의 반도체 기억장치 칩들 및 앞으로 출현할 고밀도 반도체 칩들을 지칭하기 위한 용어로서 VVLSI(Very Very Large Scale IC)라고도 불리지만, 공식적으로 통용되는 용어는 아니다.

이와 같이 높은 집적도의 IC들이 컴퓨터의 부품으로 사용됨에 따라 시스템은 다음과 같은 이점들을 얻을 수 있게 되었다.

- 회로들이 더 근접하여 위치하게 됨으로써 전기적 통로의 길이가 줄어들어 동작 속도가 크게 상승하게 되었다.
- 컴퓨터의 크기가 대폭 줄어들었다.
- 회로들 간의 상호 연결이 칩 내부에서 이루어지기 때문에 부품들의 신뢰성이 높아졌다.
- 전력 소모가 줄어들고 냉각 장치가 간단해졌다.
- 집적도가 높아져도 칩의 가격은 거의 변하지 않았기 때문에, 결과적으로 컴퓨터의 가격이 하락하게 되었다.

마이크로프로세서를 등장시킨 LSI 기술이 출현된 시점부터 컴퓨터 세대는 제4세대로 구분된다. 이 세대에서는 개인용 컴퓨터가 출현하였고, 초고속 슈퍼컴퓨터들이 개발되었다. 그 다음 세대인 제5세대는 아직 명확하게 구분되지 않고 있으나, 부품의 집적도 보다는 시스템 규모 혹은 인공 지능과 같은 획기적인 응용 소프트웨어의 출현에 의하여 정의될 가능성도 있다. 또한 광 컴퓨터(optical computer) 혹은 신경망 컴퓨터(neural computer) 등의 개발이 성공된다면, 새로운 컴퓨터 세대를 구분하게 되는 계기가 될 수도 있을 것이다.

1.4.3 컴퓨터시스템의 분류와 발전 동향

앞에서 소개하였던 초기의 컴퓨터들 및 그에 기반하여 IBM이 개발하였던 컴퓨터시스템들은 모두 그 당시로서는 대형급 시스템이었으며, 가격이나 크기 때문에 정부 기관이나 대규모 회사 혹은 대학에서만 보유할 수 있었다. 그 후 DEC가 개발한 PDP-8 시스템을 시작으로 미니컴퓨터(minicomputer) 시대가 열리면서 컴퓨터시스템들은 대형 컴퓨터와 미니컴퓨터라는 두 가지 분류로 나누어지게 되었다. 그 때부터 대학의 실험실이나 일반회사의 단위 부서에서도 컴퓨터를 별도로 보유할 수 있게 된 것이다.

1970년대에 들어와 마이크로프로세서(microprocessor)가 출현하면서 컴퓨터의 크기가 더욱 줄어들고 가격도 급속히 하락함에 따라, 1980년대 초부터 개인도 컴퓨터를 보유할 수 있게 되었다. 대형 메인프레임 시스템이 주류를 이루던 초기에 비하여 미니컴퓨터가 출현한 이후에 컴퓨터 시장과 응용 분야가 크게 확대되었던 것과 마찬가지로, 개인이 컴퓨터를 소유하게 되면서 컴퓨터 보급이 크게 확산되었을 뿐만 아니라 사회적으로 큰 변화가 일어나게 되었다. 즉, 그때까지 컴퓨터의 주요 용도는 고속 산술계산이나 데이터베이스 관리 등으로 한정되어 있었으나, 개인용 컴퓨터의 보급과 더불어 그러한 용도 외에도 문서 작성, 오락이나 취미 활동, 인터넷 활용 등으로 컴퓨터 응용 분야가 크게 확대되었다. 이러한 컴퓨터 기술의 발전은 컴퓨터 네트워크의 고속화와 연계하여 정보화 사회의 출현을 촉진하는 계기가 되었다.

이러한 변화 속에서 컴퓨터 설계자들과 제조회사들의 계속적인 목표는 더 빠르고 더욱 저렴한 컴퓨터를 개발하는 것이었다. 컴퓨터 사용자들은 용도와 예산에 맞추어 적절한 컴퓨터를 구입하기 원하였고, 그에 따라 다양한 성능과 가격대의 컴퓨터시스템들이 출현하게 되었다. 이 절에서는 성능, 크기 및 가격에 따라 분류되고 있는 여러 종류의 컴퓨터들의 구조적 특징을 개괄적으로 소개하고, 각각의 발전 동향에 대하여 살펴보고자 한다.

1) 개인용 컴퓨터

마이크로프로세서라는 획기적인 반도체 칩의 출현과 더불어 개발되기 시작한 개인용 컴퓨터(personal computer : PC)는 크기가 작고 가격도 저렴하지만, 구조적 측면에서 볼 때는 다른 컴퓨터 분류들과 근본적으로 다르지 않다. 즉, 컴퓨터의 기능을 수행하는데 필요한 기본적인 구성 요소들을 모두 갖추고 있다. 최근에 개발되고 있는 개인용 컴퓨터의 성능은 십여 년 전의 대형 메인프레임 컴퓨터의 성능을 앞지르고 있다. 이러한 성능 향상은 물론 고성능 마이크로프로세서의 개발에 기인하고 있지만, 그 이외 다른 부품들(기억장치, 상호연결망 등)의 고집적화와 고속화도 주요 요인이 되고 있다.

개인용 컴퓨터의 발전 과정에서 컴퓨터 구조상의 주요 동향을 분석해보면 다음과 같다(아래 설명에서 독자들에게 새로운 용어들이 있을 것이지만, 그들에 대해서는 이 책에서 단계적으로 설명될 것이다.).

- 매 2~3년마다 성능이 개선된 새로운 마이크로프로세서가 등장하고, 그에 따라 새로운 PC 모델이 개발되고 있다. 최초의 PC 모델은 8비트급이었으나, 그 이후 16-비트 및 32-비트 컴퓨터로 단어 길이가 증가하면서 발전하고 있다. 그러나 64-비트 마이크로프로세서들은 아직 PC의 CPU로 사용되지 않고 있다.
- 칩의 집적도가 높아지면서 주변 요소들(캐시, 기억장치관리유니트, 산술보조프로세서 등)이 CPU 칩 내부에 포함됨에 따라, 속도와 신뢰도가 크게 향상되었다.
- CPU 내부 구조가 다수의 ALU들 혹은 명령어 실행 유니트들을 포함하는 슈퍼스칼라(superscalar) 구조로 발전함에 따라, 명령어 실행 속도가 크게 향상 되었다. 또한 최근에는 하나의 칩 내에 여러 개의 CPU 코어(core : 핵심부)들을 포함시킨 듀얼-코어(dual-core) 및 쿼드-코어(quad-core) 프로세서들도 출현하면서 프로그램 처리 속도가 더욱 높아지고, 여러 응용 프로그램들을 동시에 처리하는 것도 가능하게 되었다.
- 문자뿐 아니라 영상 및 음성 정보들에 대한 입력과 출력, 저장 및 처리 능력을 보유하게 됨에 따라 멀티미디어 PC로 발전되어 왔다.
- 보다 더 편리한 그래픽 사용자 인터페이스(GUI)를 제공해주는 시스템 소프트웨어들이 탑재되어 왔다.

- 고속 I/O 장치들과의 인터페이스를 위한 새로운 버스 규격들이 제안되고 있다.
- 주기억장치와 보조저장장치의 용량이 크게 증가하고 있으며, 그 종류도 다양해지고 있다.

2) 임베디드 컴퓨터

기계 장치나 전자 장치들의 내부에 포함되어, 그 장치들의 동작을 제어(control)하는 컴퓨터들을 일컬어 임베디드 컴퓨터(embedded computer ; 내장 컴퓨터라고도 함)라고 부른다. 최근 컴퓨터 산업에서 수요가 가장 급속히 확대되고 있는 이 분류의 컴퓨터들은 각종 가전제품들이나 컴퓨터 주변기기들, 이동 전화기, 비디오 게임기 및 자동차 등에 내장되고 있다. 임베디드 컴퓨터는 프로세서와 기억장치 및 I/O 인터페이스 회로를 모두 하나의 칩에 집적시킨 8-비트 마이크로컨트롤러(micro-controller)를 이용한 초소형에서부터 32-비트 컴퓨터까지 처리 속도와 크기 면에서 매우 다양하다. 가격도 1달러 이하부터 수 백 달러에 이르기까지 다양하게 구성될 수 있는데, 일반적으로 최소의 비용으로 필요한 만큼의 성능을 가지도록 설계된다.

임베디드 컴퓨터들은 실시간(real-time)으로 프로그램을 처리해야 하는 경우가 많다. 즉, 외부 신호를 받아서 그에 대한 프로그램 처리를 반드시 정해진 시간 내에 완료해야 한다. 그 요구 조건을 만족시키기 위하여 일반적으로 각 응용에 맞게 특수 설계된 하드웨어와 소프트웨어를 결합한 형태를 가진다. 다른 주요 특징은 기억장치 용량과 전력 소모량을 최소화할 수 있도록 설계해야 한다는 점이다. 이와 같은 컴퓨터들은 앞으로 유비쿼터스 컴퓨팅(ubiquitous computing) 설비의 중심 요소로서 사용될 것으로 예측되고 있다.

3) 중형급 컴퓨터시스템

초기의 미니컴퓨터 수준의 시스템들이 최근에는 워크스테이션과 슈퍼미니컴퓨터로 구분되어 발전하고 있다. 먼저 워크스테이션(workstation)은 대부분 64-비트 마이크로프로세서를 CPU로 사용하고 있으며, 고속 그래픽 처리를 위한 하드웨어들을 가지고 있어서 3차원 동영상처리, 시뮬레이션, 혹은 컴퓨터를 이용한 설계(CAD)와 같은 응용들에 널리 사용되고 있다. 대부분의 워크스테이션들은 운영체제(OS)로서 UNIX나 LINUX를 사용하고 있다.

슈퍼미니컴퓨터(super-minicomputer)는 과거의 VAX-11으로 대표되는 미니컴퓨터들보다 수십 배 이상의 처리 속도를 가지는 시스템으로서, 그러한 성능을 가지기 위하여 한 시스템 내에 20개 이상의 프로세서들을 포함하는 다중프로세서시스템(multiprocessor system)으로 구성되고 있다. 일반적으로 채택되고 있는 시스템 구조는 그림 1-14에서 보는 바와 같이 하나의 시스템 버스에 다수의 프로세서들과 주기억장치 및 I/O 장치들이 모두 접속되어 있다(이 시스템 구조에 대해서는 제8장에서 자세히 설명할 것이다). 이러한 시스템의 프로세서로는 64-비트 마이크로프로세서들이 주로 사용되고 있다.

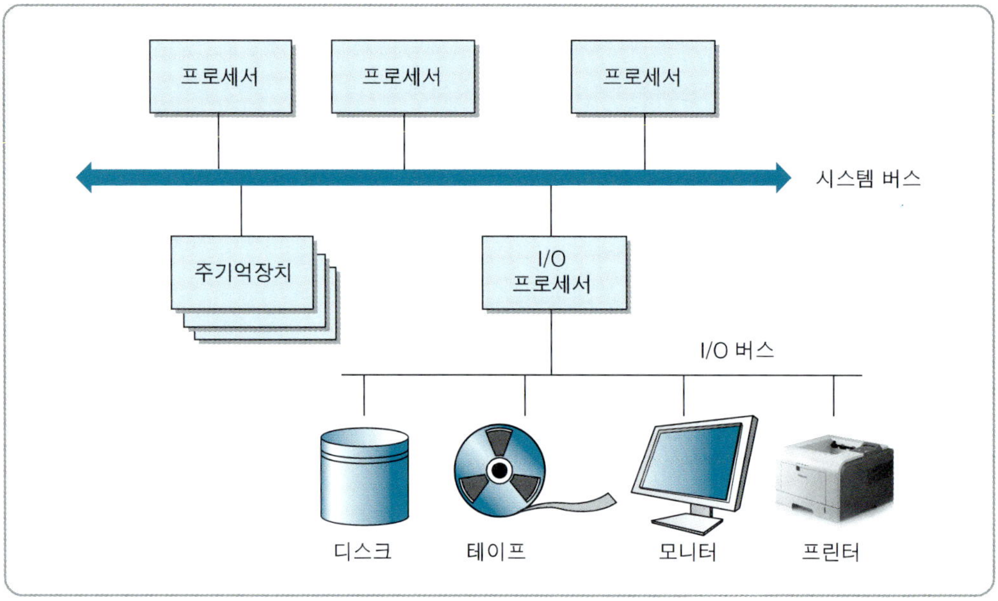

그림 1-14 다중프로세서시스템의 구조

최근에 네트워크 설비가 확충되고 중형급 시스템들의 성능과 저장 용량이 계속 상승함에 따라, 하나의 대형 시스템을 사용하기보다는 여러 개의 중형급 컴퓨터시스템들을 네트워크에 접속하여 응용(혹은 용도)별로 구분하여 사용하는 컴퓨팅 환경을 구축하는 경향으로 가고 있다. 이것을 컴퓨터의 다운사이징(downsizing)이라고 하며, 중형급컴퓨터들이 그러한 변화를 주도하고 있는 것이다. 그들은 최근에 인터넷 웹 서버로서 매우 널리 사용되고 있는데, 웹 사이트의 규모에 따라 다양한 시스템 사양(프로세서 수, 주기억장치 및 보조저장장치의 용량)의 선택이 용이하여 가격대성능비(cost/performance ratio)를 쉽게 조정할 수 있기 때문이다.

4) 대형 메인프레임 컴퓨터

초기의 컴퓨터 시장을 석권하였던 IBM이 개발한 360 및 370 계열의 메인프레임급 컴퓨터시스템들은 그 후에 3081, 3090 등으로 계속 발전해왔다. 이러한 시스템들은 대용량 저장장치를 보유하고 있고 다중 I/O 채널(multiple I/O channel)을 이용한 고속 I/O 처리 능력을 가지고 있기 때문에, 주로 은행이나 기업에서 대규모 데이터베이스 저장 및 관리용으로 사용되고 있다. 그러나 최근에는 슈퍼미니급 컴퓨터들과 가격대성능비 측면에서 경쟁하고 있으며, 점차적으로 시장 점유율이 낮아지고 있다.

5) 슈퍼컴퓨터

현존하는 컴퓨터들 중에서 속도가 현저히 높은 컴퓨터들을 슈퍼컴퓨터(supercomputer)라고 부른다. 슈퍼컴퓨터를 구분해주는 성능상의 수치는 명확히 정의되어 있지 않지만, 처리 속도와 기억장치 용량에 있어서 그 시대의 다른 컴퓨터들에 비하여 상대적으로 월등한 컴퓨터시스템들을 슈퍼컴퓨터로 분류하고 있다. 예를 들어, 1970년대 초에 개발된 최초의 슈퍼컴퓨터인 CRAY-1은 속도가 100 MFLOPS 정도였으며, 최근에는 그보다 수만 배 이상 빨라진 테라플롭스(TFLOPS) 급의 속도를 가져야 슈퍼컴퓨터로 분류될 수 있다.[1)] 현재 슈퍼컴퓨터로 분류되고 있는 시스템들도 수년 후에 더 높은 성능의 컴퓨터들이 개발되면 더 이상 슈퍼컴퓨터로 불리지 않게 될 것이다. 즉, 슈퍼컴퓨터에 대한 분류 기준은 계속 높아지고 있다.

슈퍼컴퓨터의 주요 응용 분야들을 보면, VLSI 회로 설계, 항공우주공학, 천문학(일기예보), 구조 공학, 유전 탐사, 핵 공학, 인공지능, 입체 영상처리 등과 같은 대규모 과학계산 및 시뮬레이션에 사용된다. 슈퍼컴퓨터는 구조적 특징에 따라 다음과 같이 세 가지로 구분될 수 있다.

- 파이프라인 슈퍼컴퓨터(pipeline supercomputer)
- 대규모 병렬컴퓨터(massively parallel computer)
- 클러스터 컴퓨터(cluster computer)

---

1) MFLOPS는 Mega Floating-Point Operations Per Second의 약어로서, 초당 백만(10^6)번의 부동소수점 연산을 처리하는 속도의 단위이다. 그리고 GFLOPS는 그것의 1000배 속도인 Giga(10^9) FLOPS를 가리키며, TFLOPS(Tera FLOPS)는 GFLOPS보다 1000배 더 빠른 10^{12} FLOPS의 속도를 나타낸다.

파이프라인 슈퍼컴퓨터는 하나의 CPU 내에 다수의 연산 장치들이 있으며, 각 연산 장치는 고도로 파이프라이닝 되어 있어서 매우 높은 계산 능력을 가지고 있다. 최근에는 그와 같은 초고속 CPU들을 여러 개 서로 연결하여 시스템을 구성함으로써 성능을 더욱 높이고 있다. 초기의 슈퍼컴퓨터들이 주로 이러한 구조를 가졌는데, 대표적인 시스템들로는 미국의 CRAY Y-MP, CRAY-2 및 일본의 Fujitsu VP2000, VPP500 등이 있다.

대규모 병렬컴퓨터는 한 시스템 내에 상호 연결된 수백 혹은 수천 개 이상의 프로세서들을 포함하고 있으며, 그들은 하나의 큰 작업을 나누어 동시에 수행하는 병렬처리(parallel processing) 기술을 사용한다. 이러한 시스템들은 점차 대형화되어 더욱 성능이 높아지고 있는 추세인데, 구조 설계에 있어서 핵심은 프로세서들 간의 통신 시간을 최소화할 수 있는 상호연결망(interconnection network)을 설계하는 것이다. 여기서는 이 분류에 속하는 시스템의 한 예로서, IBM BlueGene/L 슈퍼컴퓨터의 구성도(그림 1-15)를 간략히 살펴보기로 하자. 이 슈퍼컴퓨터는 국제공인 슈퍼컴퓨터 평가 웹사이트(www.top500.org)의 2008년 TOP500 리스트에 최상위로 랭크되어 있는 시스템이다.

BlueGene/L 시스템은 전체적으로 131,072개의 64-비트 PowerPC 프로세서를 이용하여 최대 성능 360 TFLOPS를 가지는 대규모 병렬컴퓨터이다 [BAR02]. 그림 1-15에서 보는 바와 같이, 이 시스템의 구성에서는 두 개의 PowerPC 프로세서들을 포함하고 있는 프로세서 칩(processor chip)이 기본 요소로 사용된다. 컴퓨트 카드(compute card)는 두 개의 프로세서 칩들과 0.5기가바이트(GByte) 기억장치들로 이루어지며, 그러한 컴퓨트 카드 16개를 이용하여 노드 보드(node board)가 구성된다. 따라서 각 노드 보드는 32개의 프로세서들과 8 기가바이트의 기억장치를 포함하게 된다. 그리고 32개의 노드 보드들을 하나의 캐비닛(cabinet)에 설치한 다음에, 고속 네트워크를 이용하여 캐비닛 64개를 접속하였다. 결과적으로, 전체 시스템은 $64 \times 32 \times 32 = 131.072$개의 프로세서들과 16테라바이트(TByte)의 기억장치를 포함하는 대규모 병렬컴퓨터로 구성되었다.

클러스터 컴퓨터란 고속 LAN이나 네트워크 스위치에 의해 서로 연결된 PC들 혹은 워크스테이션들의 집합체를 말한다. 클러스터 컴퓨터에서는 그러한 단위 컴퓨터를 노드(node)라고 부르며, 노드들에 포함된 모든 자원들을 단일 시스템 이미지(single system image : SSI)로 통합하여 사용한다 [BUY99][HWA99]. 즉, 클러스터 컴퓨터에 포함된 모든 노드들의 프로세서들과 주기억장치 및 디스크들이 S/W에 의해 통합되어 하나의 큰 시스템으로서 동작하게 된다. 따라서 어느 한 노드에서 로그인(log-in)한 사용자는 전체 클러스터 컴퓨터를 하나의 시스템으로 간주하고 사용할 수 있다. 그리고 만약 클러스터에 포함된 어느 한 컴퓨터에 고장이 발생하더라도 다른 컴퓨터가 그 기능을 대신할 수 있기 때문에, 시스템 신뢰도(system reliability)가 높아진다. 이와 같은 새로운 시스템 통합 기술을 이용하면 저렴한 가격으로 높은 성능과 신뢰도를 가진 병렬컴퓨팅 환경을 구축할 수 있기 때문에, 최근 대형 웹 서버 및 슈퍼컴퓨터 구성 개념으로 널리 도입되고 있다.

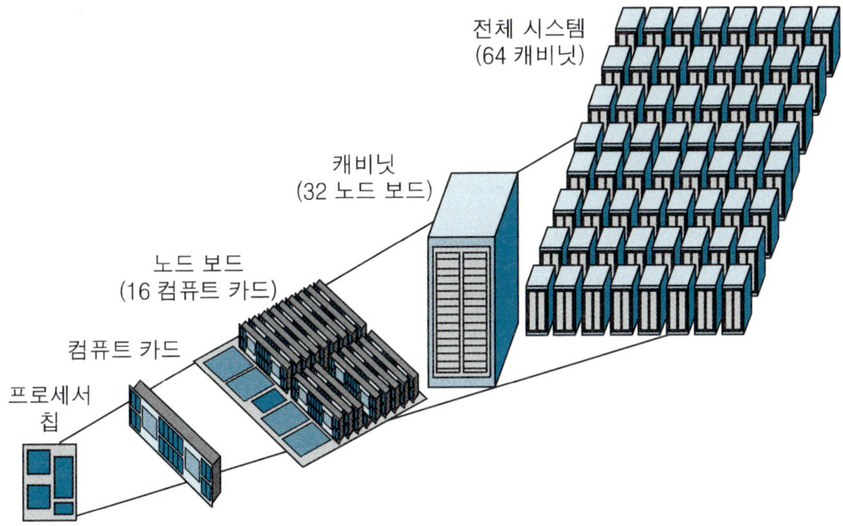

그림 1-15 IBM BlueGene/L 슈퍼컴퓨터의 구성도 [BAR02]

그림 1-16은 U.C. 버클리 대학 전산학과에서 수행된 NOW(Network of Workstations) 프로젝트 팀에서 구성한 클러스터 컴퓨터로서, 35개의 워크스테이션(그림에서 WS로 표시)들이 네트워크 스위치(S)들에 의해 접속되어 있는 모습을 보여주고 있다 [AND95]. 실제 시스템은 그와 같이 구성된 하위 클러스터들을 상위 네트워크를 이용해 연결함으로써, 전체적으로 105개의 워크스테이션들로 구현되었다. 이 시스템의 설계 과정에서 클러스터 컴퓨터를 위한 다양한 기술들이 제안되었으며, 그러한 방법에 근거하여 개발된 많은 클러스터 컴퓨터들이 최근 슈퍼컴퓨터 리스트에서 상위에 랭크되고 있다. 클러스터 컴퓨터에 대해서는 제8장에서 좀 더 자세히 설명하기로 한다.

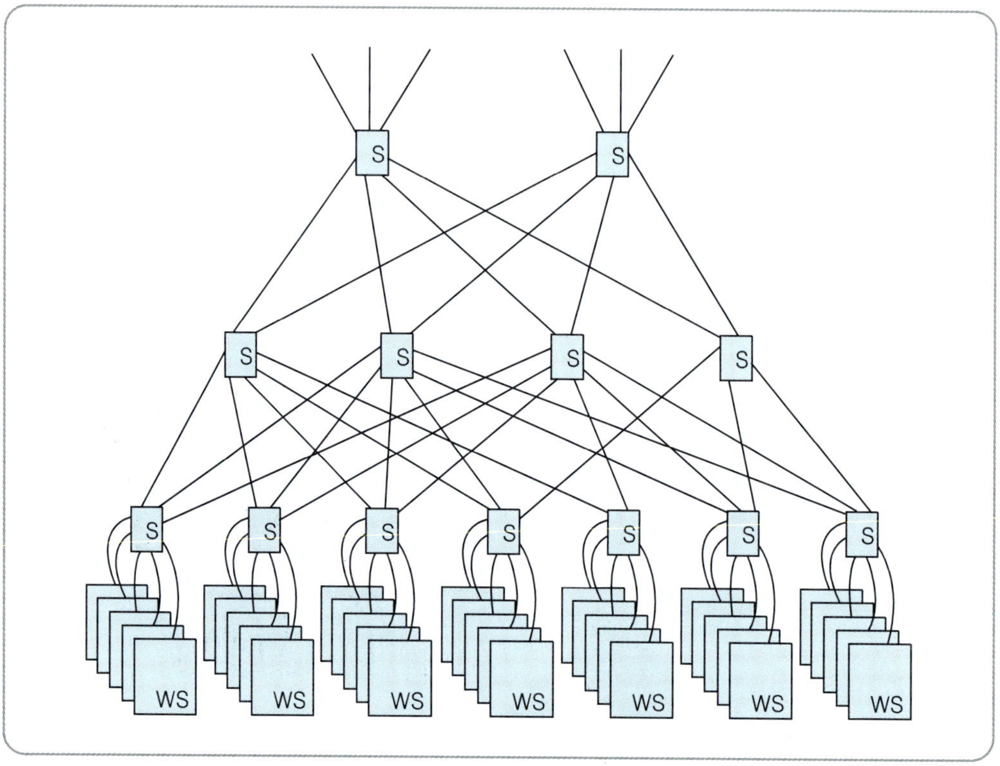

그림 1-16 NOW 클러스터시스템의 네트워크 구성도 [AND95]

기 본 문 제

1.1 다음 중에서 컴퓨터의 기본 구성요소로 볼 수 없는 것은?

가. CPU 나. 캐시
다. 입출력장치 라. 기억장치

1.2 컴퓨터의 단어(word)에 대한 일반적인 정의로 옳지 않은 것은?

가. CPU가 한 번의 연산에 의해 처리할 수 있는 데이터 비트 수이다.
나. CPU의 명령어(instruction) 길이와 같다.
다. I/O 전송의 기본 단위이다.
라. CPU가 기억장치로부터 한 번에 읽어올 수 있는 비트 수이다.

1.3 컴퓨터의 단어 길이로서 일반적으로 사용되지 않는 것은?

가. 16비트 나. 24비트
다. 32비트 라. 64비트

1.4 다음 중에서 주기억장치의 특징이 아닌 것은?

가. 주로 반도체 기억장치 칩이 사용된다.
나. 보조저장장치에 비하여 비트당 가격이 더 높다.
다. 영구 저장 능력이 있다.
라. 컴퓨터 전원이 공급되는 동안에만 사용될 수 있다.

1.5 기억장치에 8비트 정보가 저장되어 있다. 그 정보가 양의 정수를 나타내는 데이터라면, 표현할 수 있는 정수의 범위는?

가. 1 ~ 8 나. 0 ~ 127
다. 0 ~ 255 라. 0 ~ 511

1.6 12비트의 주소로 지정할 수 있는 기억 장소의 수는 모두 몇 개인가?

가. 12 나. 1024
다. 2048 라. 4096

1.7 명령어의 연산 코드(op code) 필드가 6비트라면, 이 CPU가 수행할 수 있는 연산의 종류는 최대 몇 가지인가?

가. 6 나. 32
다. 64 라. 256

1.8 비트(bit)에 대한 다음 설명 중에서 잘못 된 것은?

가. 0 혹은 1의 값을 가진다.
나. 컴퓨터의 정보를 표현하는 기본 단위이다.
다. Binary digit의 약어이다.
라. 데이터 표현에 사용되며, 프로그램 코드 표현에는 사용되지 않는다.

1.9 다음 중에서 CPU와 기억장치를 접속하는데 필요하지 않은 요소는 어떤 것인가?

가. 데이터 버스 나. 쓰기 신호
다. I/O 읽기 신호 라. 주소 버스

1.10 다음 중에서 시스템 버스에 속하지 않는 것은?

가. 주소 버스 나. 데이터 버스
다. I/O 버스 라. 제어 버스

1.11 다음 중에서 컴퓨터의 기본 기능이 아닌 것은?

가. 데이터 저장 나. 프로그램 실행
다. 데이터 입출력 라. 디스크 구동

1.12 I/O 장치에는 기본적으로 몇 개의 주소가 할당되는가?

가. 한 개　　나. 두 개
다. 세 개　　라. 네 개

1.13 키보드의 어느 한 키를 눌렀을 때 CPU로 전송되는 정보는 ASCII 코드 7비트에 한 비트가 더해져서 8비트가 된다. 그 한 비트는 무엇인가?

가. 제어 비트　　나. 부호 비트
다. 패리티 비트　　라. 올림수 비트

1.14 다음 중에서 최초의 전자식 컴퓨터는 어느 것인가?

가. EDVAC　　나. Difference Engine
다. ENIAC　　라. IAS

1.15 다음 중에서 폰 노이만이 제안한 설계 개념의 핵심 내용에 해당하는 것은?

가. 제어 카드와 연산 카드를 사용한다.
나. ALU를 사용하여 연산을 처리한다.
다. 프로그램과 데이터를 내부에 저장한다.
라. 명령어를 선인출 한다.

1.16 폰 노이만 구조에 기반한 컴퓨터들은 프로그램 코드를 기억장치에 저장된 순서대로 읽어서 실행한다. 이와 관련된 CPU 내부 레지스터는 다음 중에서 어느 것인가?

가. 프로그램 카운터　　나. 누산기
다. 명령어 레지스터　　라. MAR

1.17 다음 컴퓨터 부품들 중에서 컴퓨터의 세대를 분류하는 기준이 되지 않는 것은?

가. 트랜지스터　　나. 집적회로(IC)
다. LSI　　라. VLSI

1.18 다음 중에서 IC의 출현에 의해 나타난 특징이라고 볼 수 없는 것은?

가. 전력 소모가 줄어들었다.
나. 가격이 높아졌다.
다. 신뢰도가 높아졌다.
라. 컴퓨터의 크기가 감소하였다.

1.19 슈퍼컴퓨터에 관한 설명으로 적합하지 않은 것은?

가. 현존하는 컴퓨터들 중에서 성능이 월등한 컴퓨터들을 의미한다.
나. 수천 개 이상의 프로세서들로 구성되는 시스템도 있다.
다. I/O 처리 성능이 탁월하다.
라. 슈퍼컴퓨터의 분류 기준은 계속 변한다.

1.20 다음 중에서 슈퍼컴퓨터의 구성 형태가 아닌 것은?

가. 클러스터 컴퓨터
나. 임베디드 컴퓨터
다. MPP
라. 파이프라인 슈퍼컴퓨터

1.21 다음 중에서 클러스터 컴퓨터의 특징으로 볼 수 없는 것은?

가. PC 혹은 워크스테이션들을 고속 네트워크로 접속하여 구성한다.
나. 시스템 신뢰도가 높다.
다. 하나의 시스템으로 사용될 수 있다.
라. 유비쿼터스 컴퓨팅의 기본 요소로 사용될 전망이다.

연 습 문 제

1.1 아래 용어들의 의미를 설명하라.

(1) 기계어 프로그램　　(2) 어셈블리 명령어
(3) 니모닉스　　(4) 단어

1.2 16비트 명령어에서 6비트는 연산 코드로 사용되고, 나머지 비트들은 오퍼랜드로 사용된다.

(1) CPU가 수행할 수 있는 연산의 종류는 최대 몇 가지인가?
(2) 오퍼랜드가 기억장치 주소를 가리키고 각 기억 장소에는 한 바이트씩 저장된다면, 이 명령어에 의해 직접 주소지정 될 수 있는 기억장치의 용량은 몇 바이트인가?

1.3 그림 1-6과 같은 구성에서 CPU와 기억장치 간에 접속된 데이터 버스는 32비트이고, 주소 버스는 12비트라고 가정하자.

(1) CPU가 기억장치로부터 한 번에 읽어올 수 있는 데이터는 몇 바이트인가?
(2) 기억장치의 주소가 바이트 단위로 지정된다면, 최대 기억장치 용량은 몇 바이트가 되는가?

1.4 그림 1-6과 같은 구성에서 데이터 버스가 32비트이며, 기억장치의 용량은 64킬로바이트(KByte)라면, CPU와 기억장치 간에 접속되는 시스템 버스는 모두 몇 비트로 이루어져야 하는가?

1.5 CPU가 프린터를 이용하여 데이터를 프린트하는 과정에 대한 흐름도를 그림 1-9와 같은 형태로 표현하라. 단, 프린터 제어기에는 데이터 버퍼로서 블록 단위의 데이터를 저장할 수 있는 기억장치가 포함된 것으로 가정한다.

1.6 그림 1-11의 Analytical Engine의 기본 구조에서 아래의 컴퓨터 구성 요소에 대응되는 부분의 명칭을 쓰라.

(1) CPU
(2) 주기억장치
(3) 입력매체
(4) 출력장치

1.7 다음과 같은 분류에 속하는 컴퓨터들의 주요 용도를 열거하라.

(1) 임베디드 컴퓨터
(2) 슈퍼미니컴퓨터
(3) 슈퍼컴퓨터

Computer Architecture

2 CPU의 구조와 기능

이 장에서는 컴퓨터의 핵심 요소인 CPU의 구조와 동작 원리에 대하여 설명하고자 한다. CPU는 기억장치에 저장되어 있는 프로그램 코드인 명령어들을 실행함으로써 '프로그램 수행'이라는 컴퓨터의 기본적인 기능을 수행하는데, 그를 위하여 CPU가 수행해야 하는 세부적인 동작들을 순서대로 나열하면 다음과 같다.

(1) 명령어 인출(Instruction fetch) : 기억장치로부터 명령어를 읽어온다.
(2) 명령어 해독(Instruction decode) : 수행해야 할 동작을 결정하기 위하여 명령어를 해독한다.
(3) 데이터 인출(Data fetch) : 명령어 실행을 위하여 데이터가 필요한 경우에는 기억장치 혹은 I/O 장치로부터 그 데이터를 읽어온다.
(4) 데이터 처리(Data process) : 데이터에 대한 산술적 혹은 논리적 연산을 수행한다.
(5) 데이터 저장(Data store) : 수행한 결과를 저장한다.

위의 동작들 중에서 첫 번째 및 두 번째 동작은 모든 명령어들에 대하여 공통적으로 수행되지만, 세 번째부터 다섯 번째까지의 동작들은 명령어에 따라 필요한 경우에만 수행된다. 여기서는 먼저 그러한 동작들을 수행하기 위하여 CPU가 포함해야 하는 내부 구성 요소들을 살펴본 다음에, 명령어 실행 과정의 분석을 통하여 CPU의 동작 원리를 설명하기로 한다. 그리고 프로그램 처리 속도를 높이기 위한 기술인 파이프라이닝(pipelining)의 원리와 명령어 형식에 대해서도 분석한다.

2.1 • CPU의 기본 구조

CPU는 그림 2-1과 같은 내부 구성 요소들로 이루어져 있다. 즉, CPU는 산술논리연산장치(Arithmetic and Logical Unit : 이하 ALU라고 함)와 레지스터 세트(register set) 및 제어 유니트(control unit)로 구성된다.

ALU는 각종 산술 연산들과 논리 연산들을 수행하는 회로들로 이루어진 하드웨어 모듈이다. 여기서 산술 연산이란 덧셈, 뺄셈, 곱셈 및 나눗셈을 말하며, 논리 연산으로는 AND, OR, NOT 연산 등이 있다. ALU의 내부 회로와 연산 방법들에 대해서는 제3장에서 자세히 설명된다.

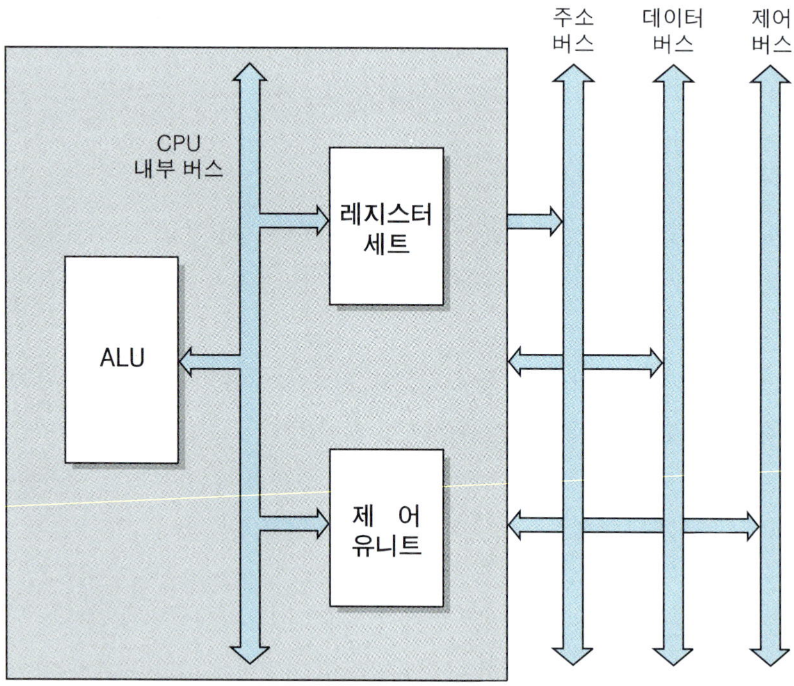

그림 2-1 CPU의 내부 구조 및 시스템 버스와의 접속

레지스터는 CPU 내부에 위치한 기억장치로서, 액세스 속도가 컴퓨터의 기억장치들 중에서 가장 빠르다. 그러나 레지스터는 내부 회로가 복잡하여 비교적 큰 공간을 차지하기 때문에, 많은 수의 레지스터들을 CPU의 내부에 포함시키기는 어렵다. 따라서 지정된 용도로만 사용되는 특수목적용 레지스터들과 적은 수의 일반목적용 레지스터들만이 포함된다.

제어 유니트는 프로그램 코드(명령어)를 해석하고, 그것을 실행하기 위한 제어 신호들(control signals)을 순차적으로 발생하는 하드웨어 모듈이다. 즉, 명령어 실행에 필요한 각종 정보들의 전송 통로와 방향을 지정해주고, CPU 내부 요소들과 시스템 구성요소들의 동작 시간도 결정해준다. 이들을 조정하기 위한 제어 신호들의 종류와 발생 시간은 명령어마다 서로 다르기 때문에, CPU가 제공하는 명령어들의 수가 많아질수록 제어 유니트의 내부 회로는 더 복잡해진다. 그와 같은 복잡도를 줄이기 위하여 제어 유니트의 동작을 소프트웨어로 처리해주는 방법이 마이크로프로그래밍(microprogramming ; 제4장에서 설명)이다. 그러나 이 방법을 이용하면 명령어 실행 시간이 길어지기 때문에, 최근에는 명령어의 수를 가능한 한 줄이고 명령어 형식을 단순화함으로써, 하드웨어만으로 명령어를 실행할 수 있도록 하는 RISC(Reduced Instruction Set Computer) 설계 개념도 많이 사용되고 있다.

그림 2-1에는 데이터와 제어 신호들의 전송 통로인 CPU 내부 버스(CPU internal bus)도 표시되어 있다. 이 버스는 ALU와 레지스터들 간의 데이터 이동을 위한 데이터 선들과 주소 선들, 그리고 제어 유니트로부터 발생되는 제어 신호들을 전송하는 선들로 구성된다. 이러한 내부 버스 선들은 외부의 시스템 버스와는 직접 연결되지 않으며, 반드시 버퍼 레지스터 혹은 인터페이스 회로를 통하여 시스템 버스와 접속된다.

2.2 명령어 실행

CPU는 기억장치에 저장되어 있는 명령어들을 인출하여 실행함으로써 실제적인 작업을 수행하게 된다. CPU의 구조와 동작 원리는 컴퓨터의 주요 구성 요소들이 명령어 실행을 위하여 어떻게 상호 작용을 하는지를 살펴봄으로써 명확하게 이해할 수 있다.

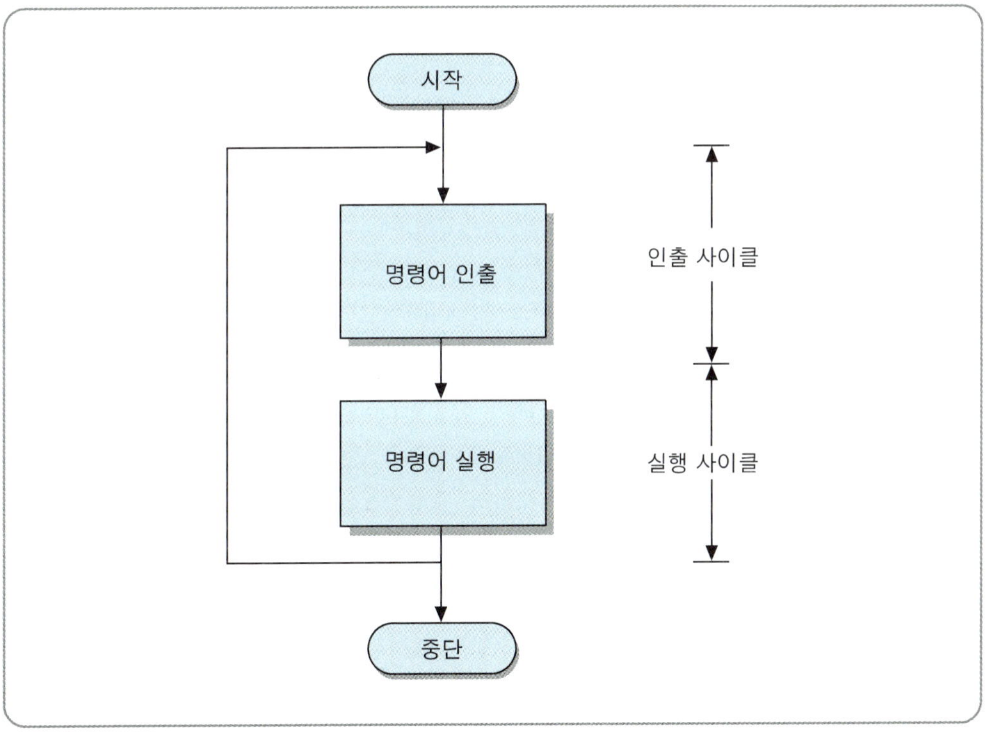

그림 2-2 기본 명령어 사이클

CPU가 한 개의 명령어를 실행하는 데 필요한 전체 과정을 명령어 사이클(instruction cycle)이라고 부른다. 그리고 명령어 사이클은 CPU가 기억장치로부터 명령어를 읽어 오는 명령어 인출(instruction fetch) 단계와 인출된 명령어를 실행하는 명령어 실행(instruction execution) 단계로 이루어진다. 그림 2-2는 그 두 단계를 각각 부사이클(subcycle)로 구분하여 명령어 사이클의 흐름도를 나타낸 것인데, 그 부사이클들은 각각 인출 사이클(fetch cycle)과 실행 사이클(execution cycle)이라고 부른다. 명령어 사이클은 CPU가 프로그램 실행을 시작한 순간부터 전원을 끄거나 회복 불가능한 오류가 발생하여 중단될 때까지 반복하여 수행된다.

명령어를 실행하기 위하여 기본적으로 필요한 CPU 내부 레지스터들을 살펴보면 아래와 같다.

- 프로그램 카운터(Program Counter : PC) : 다음에 인출될 명령어의 주소를 가지고 있는 레지스터이다. 각 명령어가 인출된 후에는 그 내용이 자동적으로 1(혹은 명령어 길이에 해당하는 주소 단위의 수만큼)이 증가되며, 분기(branch) 명령어가 실행되는 경우에는 그 목적지 주소로 갱신된다.
- 누산기(Accumulator : AC) : 데이터를 일시적으로 저장하는 레지스터이다. 이 레지스터의 비트 수는 CPU가 한 번에 연산 처리할 수 있는 데이터 비트의 수, 즉 단어 길이와 같다.
- 명령어 레지스터(Instruction Register : IR) : 가장 최근에 인출된 명령어가 저장되어 있는 레지스터이다.
- 기억장치 주소 레지스터(Memory Address Register : MAR) : 프로그램 카운터(PC)에 저장된 명령어 주소가 시스템 주소 버스로 출력되기 전에 일시적으로 저장되는 주소 레지스터이다. 즉, 이 레지스터의 출력 선들이 주소 버스 선들과 직접 접속된다.
- 기억장치 버퍼 레지스터(Memory Buffer Register : MBR) : 기억장치에 저장될 데이터 혹은 기억장치로부터 읽혀진 데이터가 일시적으로 저장되는 버퍼 레지스터이다. 이 레지스터의 입력 및 출력 선들은 데이터 버스 선들과 직접 접속된다.

이 레지스터들과 데이터 전송 통로들이 모두 표시된 CPU 내부 구조는 그림 2-3과 같다. 기억장치로부터 인출된 명령어는 MBR을 경유하여 IR에 저장되며, 실행 사이클에서 제어 유니트로 보내져 해독된다. MAR은 CPU 내부 주소 버스와 시스템 주소 버스 사이에서 버퍼(일시적 저장 장소) 역할을 하는 레지스터이며, MBR은 데이터에 대하여 같은 역할을 하는 버퍼 레지스터이다. 기억장치로부터 인출된 데이터는 MBR을 통하여 AC로 적재된다. 만약 명령어가 그 데이터에 대하여 산술 혹은 논리 연산을 수행하는 것이라면, AC의 내용이 ALU로 보내진다. 그리고 ALU의 연산 결과는 다시 AC에 저장된다. 그러면 이제 명령어 사이클의 각 부사이클에서 수행되는 동작들에 대하여 살펴보기로 하자.

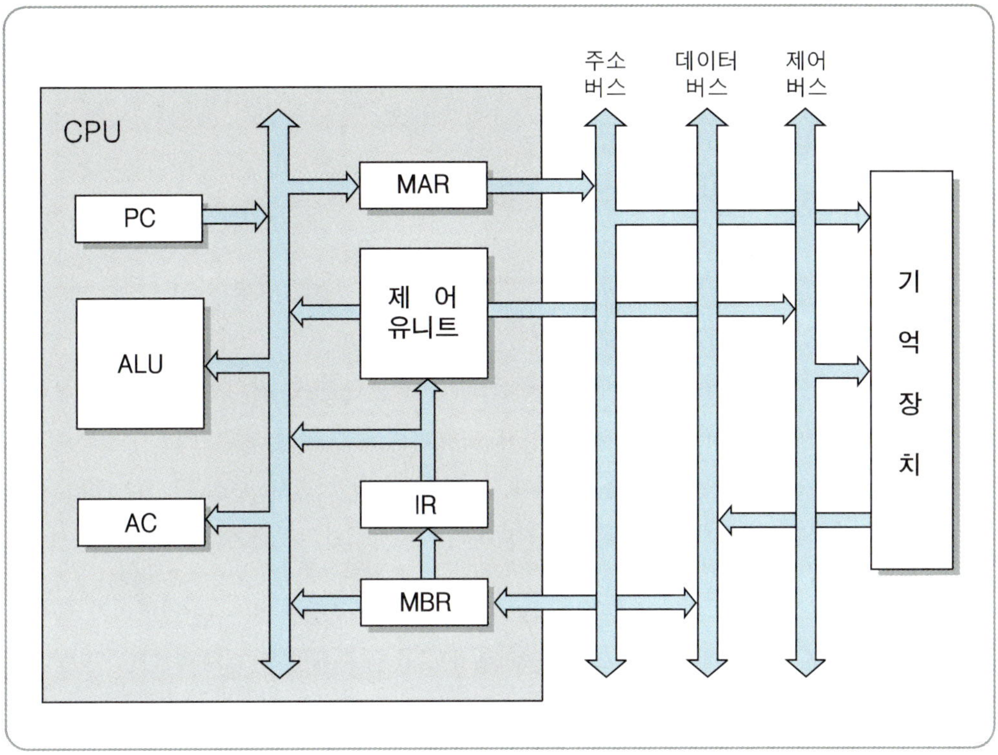

그림 2-3 주요 레지스터들과 데이터 통로가 표시된 CPU 내부 구조

2.2.1 인출 사이클

CPU는 각 명령어 사이클의 시작 단계에서 프로그램 카운터(PC)가 가리키는 기억장치의 위치로부터 명령어를 인출해 온다. 그런 다음에 CPU는 PC의 내용을 1씩 증가시킴으로써 명령어들을 기억장치에 저장되어 있는 순서대로 읽어올 수 있도록 해준다. 예를 들어, 어떤 컴퓨터에서 현재 PC의 내용이 '215'라고 가정하자. 명령어 사이클이 시작되면 CPU는 기억장치의 215번지에 저장되어 있는 명령어를 인출해오며, 그런 다음에 PC

의 내용을 '216'으로 증가시킨다. 그러면 다음 명령어 사이클에서는 216번지의 명령어가 인출된다. 이와 같은 과정이 반복되면 PC의 내용은 217, 218, 219, ...로 계속 증가되며, 그에 따라 CPU는 그 위치들로부터 차례대로 명령어들을 인출하게 된다. 이와 같이 기억장치의 지정된 위치로부터 명령어를 읽어오는 과정을 인출 사이클이라고 부른다.

인출 사이클에서 각 단계별로 수행되는 동작을 마이크로-연산(micro-operation)으로 표현하면 다음과 같다.

$$t_0 : \text{MAR} \leftarrow \text{PC}$$
$$t_1 : \text{MBR} \leftarrow \text{M[MAR]},\ \text{PC} \leftarrow \text{PC} + 1$$
$$t_2 : \text{IR} \leftarrow \text{MBR}$$

여기서 t_0, t_1 및 t_2는 CPU 클록의 각 주기를 가리킨다. 즉, 명령어 인출에는 세 개의 CPU 클록 주기만큼의 시간이 걸린다. 예를 들어, CPU의 클록 주파수가 $1GHz$라면 클록 주기가 $1ns$이므로, 인출 사이클은 $1ns \times 3 = 3ns$가 걸린다. 위의 마이크로-연산에서 보는 바와 같이, 인출 사이클에서 가장 먼저 수행되는 동작은 현재의 PC 내용을 CPU 내부 버스를 통하여 MAR로 보내는 것이다. 그렇게 되면, 시스템 주소 버스와 직접 접속된 MAR를 통하여 주소가 기억장치로 전송된다.

두 번째 주기에서는 그 주소가 지정하는 기억장치 위치로부터 읽혀진 명령어가 데이터 버스를 통하여 MBR로 적재되며, 그와 동시에 PC의 내용에 1을 더하여 다음 명령어의 주소를 가리키게 한다. 만약 이 컴퓨터에서 각 기억장치 주소가 바이트(8비트) 단위로 지정되고 명령어 길이는 16비트라면, 한 명령어는 두 개의 주소에 걸쳐 저장되어 있게 된다. 따라서 이 경우에는 한 명령어를 읽은 다음에 PC의 내용에 2를 더해야 다음 명령어가 저장된 위치를 지정할 수 있게 된다.

마지막 세 번째 주기에서는 MBR에 저장되어 있는 명령어 코드가 명령어 레지스터인 IR로 이동된다. 그림 2-4는 인출 사이클 동안에 주소와 명령어 코드가 이동하는 과정을 보여주고 있다. 그림에서 원으로 표시된 기호들은 각 동작이 발생하는 클록의 주기를 나타낸다.

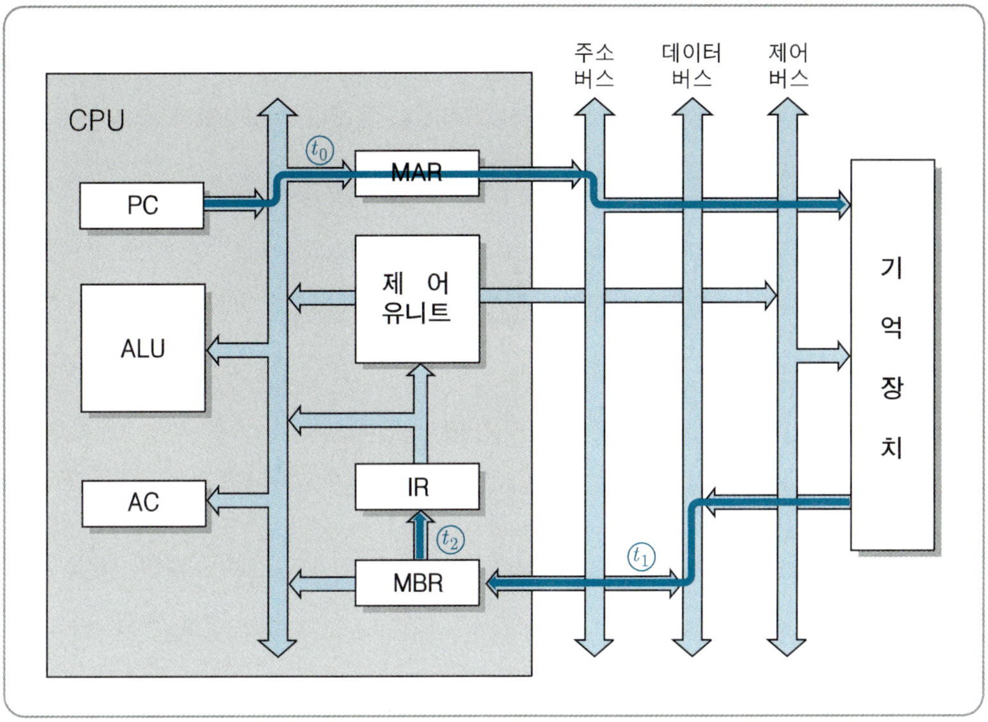

그림 2-4 인출 사이클에서의 주소 및 명령어 흐름도

2.2.2 실행 사이클

실행 사이클에서는 CPU가 인출된 명령어 코드를 해독(decode)하고, 그 결과에 따라 필요한 연산을 수행한다. CPU가 수행하는 연산들은 매우 다양한데, 그들은 크게 다음과 같은 네 가지로 분류할 수 있다.

- 데이터 이동 : CPU와 기억장치 간 혹은 CPU와 I/O 장치 간에 데이터를 이동한다.
- 데이터 처리 : 데이터에 대하여 산술 혹은 논리 연산을 수행한다.
- 데이터 저장 : 연산결과 데이터 혹은 입력장치로부터 읽어들인 데이터를 기억장치에 저장한다.
- 프로그램 제어 : 프로그램의 실행 순서를 결정한다.

실행 사이클에서 수행되는 마이크로-연산들은 명령어의 종류에 따라 서로 달라지므로, 여기서는 위의 각 분류에 해당하는 명령어를 한 개씩 예를 들어 설명하기로 한다. 이 설명을 위하여 먼저 어떤 가상적인 CPU의 명령어 형식을 정의하기로 하자. 명령어는 아래와 같이 CPU가 수행할 연산을 지정해주는 연산 코드와 그 연산의 수행에 필요한 오퍼랜드로 구성되며, 오퍼랜드(*addr*)는 명령어가 사용할 데이터가 저장되어 있는 기억장치의 주소를 가리킨다고 가정한다.

연산 코드	오퍼랜드(*addr*)

실행 사이클에서 첫 번째로 수행해야 할 연산은 IR에 저장된 명령어의 오퍼랜드, 즉 *addr*를 MAR을 통해 기억장치로 보내어 데이터를 인출하는 것이다. 먼저, 첫 번째 연산 분류인 '데이터 이동'을 위한 명령어의 한 예로서 LOAD *addr* 명령어의 경우를 살펴보자. 이 명령어는 기억장치에 저장되어 있는 데이터를 CPU 내부 레지스터인 AC로 이동하게 되는데, 그러한 동작을 위하여 실행 사이클 동안에 수행되어야 하는 마이크로-연산들을 보면 다음과 같다.

t_0 : MAR ← IR(*addr*)
t_1 : MBR ← M[MAR]
t_2 : AC ← MBR

첫 번째 주기에서는 명령어 레지스터 IR에 적재된 명령어의 오퍼랜드인 주소(*addr*)를 MAR를 통하여 기억장치로 보낸다. 두 번째 주기에서는 그 주소가 지정하는 기억 장소로부터 데이터를 인출하여 MBR에 저장하며, 그 데이터를 세 번째 주기 동안에 AC 레지스터에 적재함으로써 LOAD 명령어의 실행이 완료된다.

두 번째 분류인 '데이터 저장'을 위한 명령어의 예로서, AC 레지스터의 내용을 기억장치에 저장하기 위한 STA *addr* 명령어의 실행 사이클은 다음과 같은 마이크로-연산들로 이루어진다.

t_0 : MAR ← IR(*addr*)
t_1 : MBR ← AC
t_2 : M[MAR] ← MBR

여기서도 첫 번째 주기에서는 데이터를 저장할 기억 장소의 주소를 MAR로 보낸다. 다음 주기에서는 저장할 데이터를 버퍼 레지스터인 MBR로 이동시킨다. 결과적으로, 주소와 데이터가 모두 기억장치로 보내어졌다. 마지막 세 번째 주기에서는 그 주소가 지정하는 기억 장소에 데이터가 저장된다.

세 번째 분류인 '데이터 처리'를 위한 명령어의 예로서, 기억장치에 저장된 데이터를 AC 레지스터의 내용과 더하고, 그 결과를 다시 AC 레지스터에 저장하는 ADD *addr* 명령어의 마이크로-연산들은 다음과 같다.

t_0 : MAR ← IR(*addr*)
t_1 : MBR ← M[MAR]
t_2 : AC ← AC + MBR

이 명령어의 경우에는 첫 번째 주기 동안에 명령어의 오퍼랜드(*addr*)를 주소 버스를 통하여 기억장치로 보내고, 두 번째 주기에서 해당 기억 장소로부터 데이터를 인출하여 MBR에 적재한다. 그리고 세 번째 주기에서 그 데이터와 AC 레지스터의 내용을 더하고, 결과값을 다시 AC 레지스터에 저장한다. 그림 2-5는 이 명령어의 실행 과정에서 주소와 데이터가 이동되는 경로와 각 마이크로-연산이 수행되는 클록 주기를 보여주고 있다.

마지막으로, 네 번째 분류인 '프로그램 제어'를 위한 명령어의 예를 살펴보자. 일반적으로 명령어들은 기억장치에 저장되어 있는 순서대로 실행된다. 그런 경우에는 명령어 실행 순서를 결정하기 위하여 별도의 명령어가 필요하지 않고, 프로그램 카운터(PC)에 의해 자동적으로 순서가 결정된다. 그러나 그와 같은 순차적 실행이 아닌, 전혀 다른 위치에 있는 명령어를 실행해야 하는 경우도 있다. 그와 같이 프로그램 수행 순서를 조정해주는 동작을 위하여, 현재의 PC 내용이 가리키는 위치가 아닌 다른 위치의 명령어로 실행 순서를 바꾸도록 해주는 명령어들이 있다. 이러한 명령어들을 분기(branch) 명령어라고 부르는데, 한 예가 되는 JUMP *addr* 명령어는 다음과 같이 한 주기 만에 실행이 완료된다.

t_0 : PC ← IR(*addr*)

즉, 이 명령어에 포함된 오퍼랜드(*addr*)는 분기 목적지 주소(branch target address)를 가리키기 때문에, 실행 사이클에서는 그 주소를 PC로 적재하기만 하면 된다. 그렇게 되면, 다음 명령어 인출 사이클에서는 그 주소가 가리키는 기억 장소로부터 명령어가 인출되므로, 명령어 실행 순서가 바뀌게 되는 것이다.

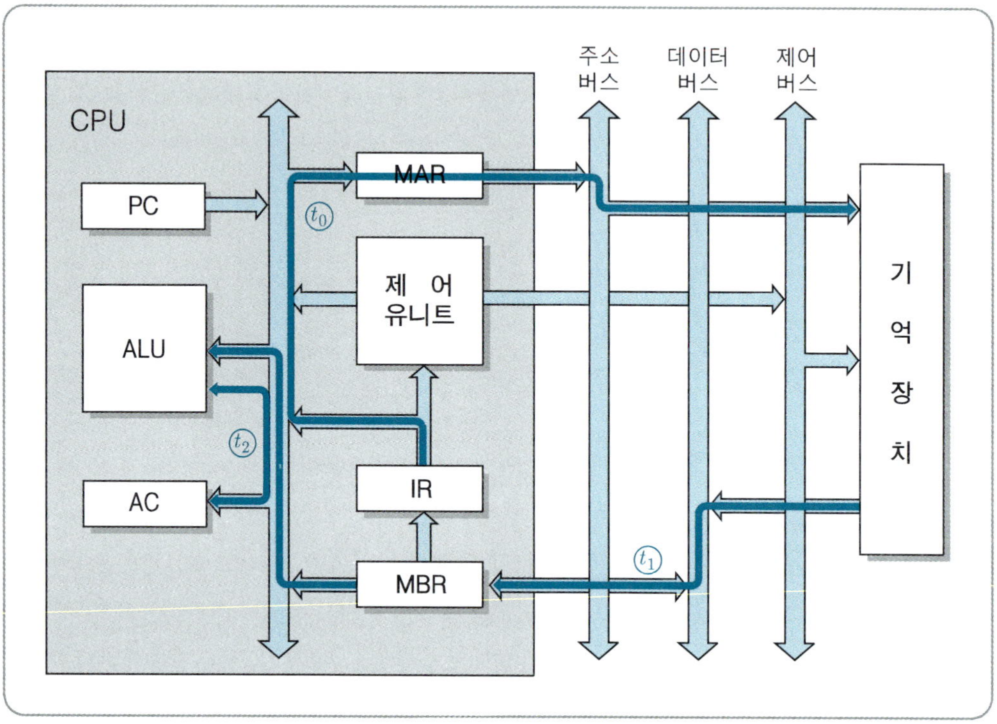

그림 2-5 ADD 명령어 실행 사이클에서의 주소 및 데이터 흐름도

지금까지 설명한 명령어 실행 과정을 아래와 같은 어셈블리 프로그램을 이용하여 좀 더 자세히 살펴보기로 하자.

주소	명령어	기계 코드
100	LOAD 250	1250
101	ADD 251	5251
102	STA 251	2251
103	JUMP 170	8170

이 프로그램의 명령어들은 우측과 같은 기계어 코드로 변환된 다음에, 기억장치 100번지부터 저장되어 있다(실제로는 기계어 코드가 2진수이지만, 여기서는 편의상 10진수

로 표시하였다). 연산 코드는 LOAD가 1, STA는 2, ADD는 5, 그리고 JUMP는 8로 가정하였다. 결과적으로, 기계 코드의 첫 번째 숫자들은 그에 따라 정해졌으며, 다음의 세 숫자들은 오퍼랜드로서 기억장치 주소를 나타낸다.

위의 프로그램은 기억장치 250번지의 내용을 AC 레지스터로 적재한 다음에, 251번지의 내용과 더하고, 결과값을 251번지에 저장한 후에, 170번지로 점프(분기)하라는 프로그램이다. 이 네 개의 어셈블리 명령어들을 차례대로 실행하기 위하여 인출 사이클과 실행 사이클이 순서대로 네 번씩 반복되는데, 그 과정을 그림 2-6에 표시된 바와 같이 단계별로 분석해보면 다음과 같다.

[단계 1] PC가 첫 번째 명령어의 주소인 '100'을 가지고 있다. 이 주소의 내용인 첫 번째 명령어 코드가 인출되어 명령어 레지스터 IR에 저장된다. 이 과정에서 MAR과 MBR도 사용되지만, 그림을 간략화하기 위하여 여기서는 그 레지스터들을 표시하지 않았다.

[단계 2] 인출된 명령어의 연산 코드는 AC 레지스터에 데이터를 적재하라는 것을 의미하고, 나머지 부분은 주소(250번지)를 나타낸다. 그에 따라 250번지의 데이터를 AC로 이동함으로써 첫 번째 명령어 실행이 완료되었다. 이때 PC의 내용도 증가되어 '101'이 된다.

[단계 3] 두 번째 명령어 코드인 '5251'이 101번지로부터 인출되어 IR에 저장된다.

[단계 4] 명령어 코드가 'ADD 251'을 의미하므로, AC의 내용과 251번지의 내용이 ALU로 보내져서 더해지고, 그 결과는 다시 AC에 저장된다. PC의 내용은 '102'로 증가된다.

[단계 5] 세 번째 명령어 코드인 '2252'가 102번지로부터 인출되어 IR에 저장된다.

[단계 6] 명령어 코드가 'STA 251'을 의미하므로, AC의 내용이 251번지에 저장되고, PC의 내용은 '103'으로 증가된다.

[단계 7] 네 번째 명령어 코드인 '8170'이 103번지로부터 인출되어 IR에 저장된다.

[단계 8] 명령어 코드가 'JUMP 170'을 의미하므로, 분기 목적지 주소인 IR의 하위 부분(170)이 PC로 적재된다(따라서 다음 명령어 인출 사이클에서는 170번지의 명령어가 인출될 것이다.).

그림 2-6은 위의 각 단계가 수행될 때 CPU 레지스터들과 기억장치의 내용이 변하는

과정을 보여주고 있다.

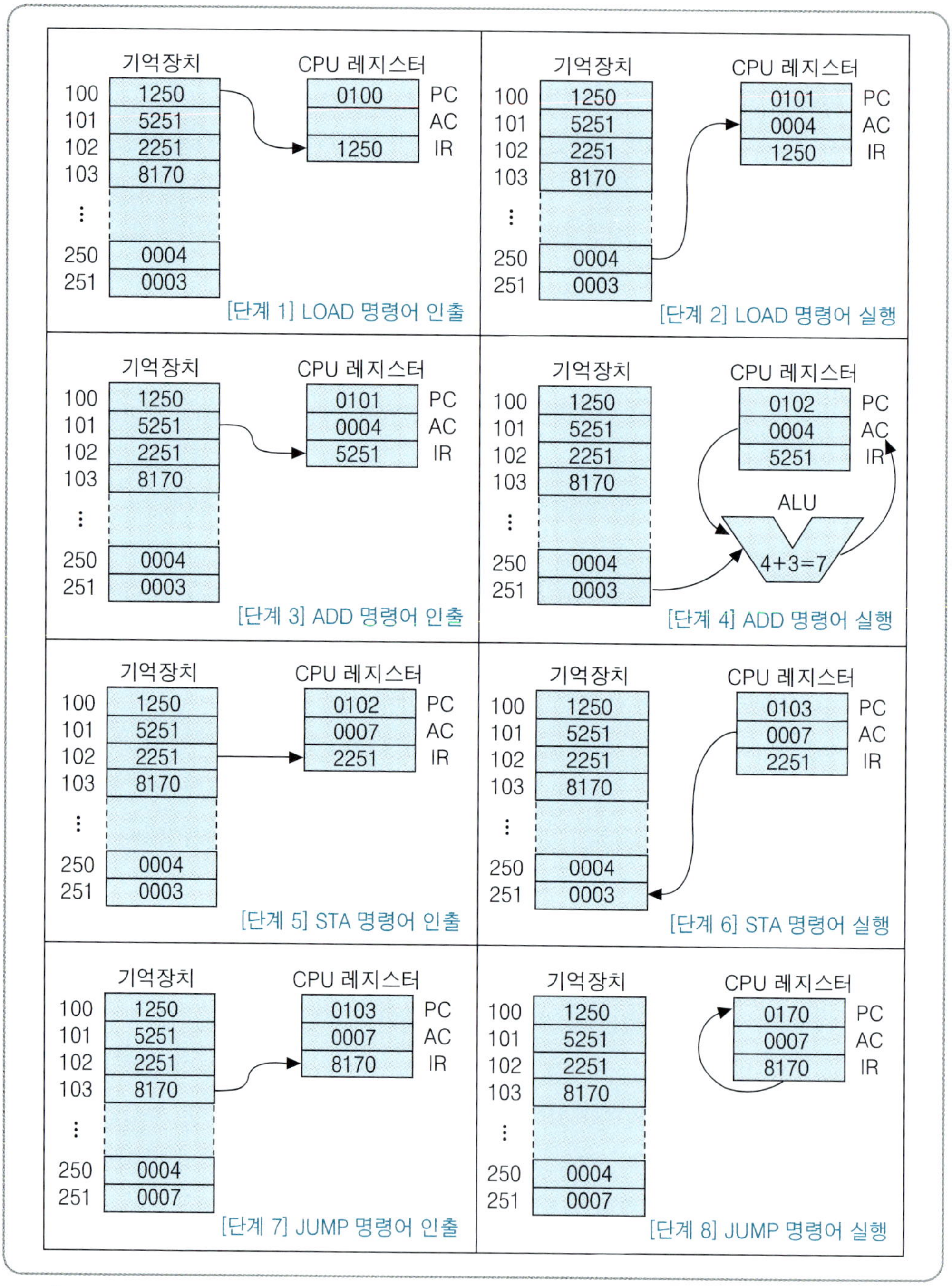

그림 2-6 프로그램 실행 과정의 예

2.2.3 인터럽트 사이클

대부분의 컴퓨터들은 프로그램 처리 중에 CPU로 하여금 순차적인 명령어 실행을 중단하고 다른 프로그램을 처리하도록 요구할 수 있는 메커니즘을 제공해준다. 이러한 메커니즘을 인터럽트(interrupt)라고 부르는데, 주프로그램(main program)의 관점에서 볼 때 이것은 단순히 정상적인 프로그램 처리의 흐름을 방해하는 동작이다. 그러나 인터럽트는 정전과 같은 긴급한 상황에 대처하거나 외부 장치들과의 상호 작용을 위하여 반드시 필요한 기능이다.

그림 2-7에서 보는 바와 같이 CPU가 어떤 프로그램을 순차적으로 수행하는 도중에 외부로부터 인터럽트 요구가 들어오게 되면, CPU는 원래의 프로그램 수행을 중단하고, 요구된 인터럽트를 처리해주기 위한 프로그램을 먼저 수행한다. 그러한 프로그램을 인터럽트 서비스 루틴(interrupt service routine : ISR)이라고 부른다. 그리고 인터럽트에 대한 처리가 끝나면, CPU는 원래의 프로그램으로 복귀(return)하여 그 수행을 계속한다.

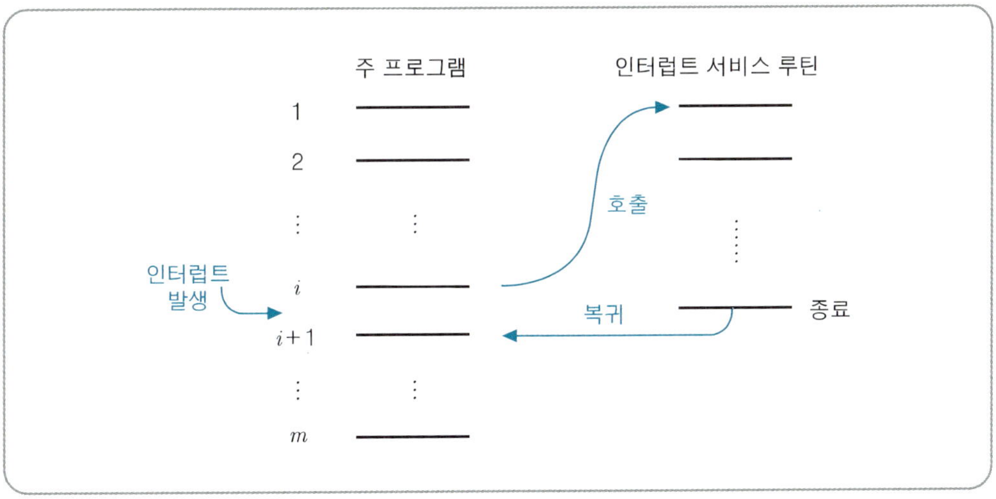

그림 2-7 인터럽트에 의한 제어의 이동

CPU는 인터럽트 요구가 들어오면 그것을 인식할 수 있어야 하며, 어떤 장치가 인터럽트를 요구하였는지 확인하여 해당 인터럽트 서비스 루틴을 수행하고, 중단하였던 원래 프로그램의 수행을 계속할 수 있어야 한다. 그를 위하여 CPU는 각 명령어의 실행 사이클을 종료하고 다음 명령어를 위한 인출 사이클을 시작하기 전에, 인터럽트 요구 신호가 들어와서 대기 중인지 검사해야 한다. 만약 인터럽트 요구가 들어왔다면, CPU는 아래와 같은 동작들을 수행한다.

① 다음에 실행할 명령어의 주소를 가리키는 현재의 PC 내용을 스택(stack)에 저장한다. 이것은 인터럽트 처리를 완료한 후에 복귀할 주소를 저장해두기 위한 절차이다.

② 해당 인터럽트 서비스 루틴을 호출하기 위하여 그 루틴의 시작 주소를 PC에 적재한다. 이때 시작 주소는 인터럽트를 요구한 장치로부터 전송되거나 미리 정해진 값으로 결정된다(자세한 사항은 7.4절에서 설명).

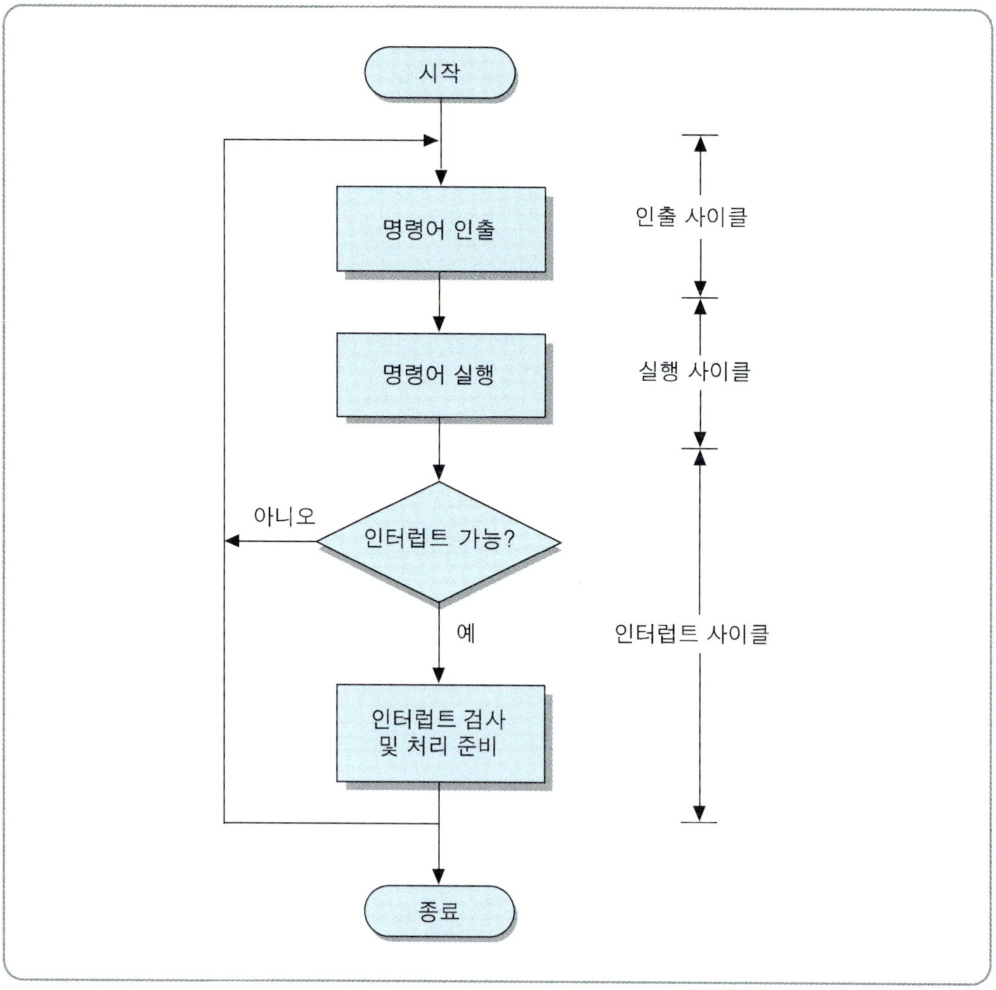

그림 2-8 인터럽트 사이클이 추가된 명령어 사이클

이와 같이 인터럽트 요구 신호를 검사하고, 현재의 PC 내용을 스택에 저장한 다음에, PC에 해당 ISR의 시작 주소를 적재하는 과정을 인터럽트 사이클(interrupt cycle)이라고 부른다. 그림 2-8은 그림 2-2의 기본적인 명령어 사이클에 인터럽트 사이클을 추가한 결과를 보여주고 있다. 그림 2-8에서 유의할 사항으로는 CPU가 인터럽트 사이클을 시작하기 전에, 인터럽트가 가능한 상태로 세트되어 있는지를 먼저 확인해야 한다는 것이다. 만약 중요한 프로그램이 실행되는 중이라서 CPU가 인터럽트를 받지 못하도록 세트되어 있는 경우라면, 인터럽트 사이클은 수행되지 않는다. 그렇지 않은 경우라면 CPU는 항상 인터럽트 사이클을 수행한다. 여기서 인터럽트를 받을 수 있는 상태를 '인터럽트 가능(interrupt enabled)' 상태라고 하며, 인터럽트를 받을 수 없는 상태를 '인터럽트 불가능(interrupt disabled)' 상태라고 부르는데, 이 상태는 CPU가 해당 명령어(EI 혹은 DI 명령어)를 수행함으로써 변경시킬 수 있다.

인터럽트 요구가 들어온 경우에, 인터럽트 사이클 동안 수행되는 동작들을 마이크로-연산으로 표현하면 다음과 같다.

t_0 : MBR ← PC

t_1 : MAR ← SP, PC ← ISR의 시작 주소

t_2 : M[MAR] ← MBR, SP ← SP − 1

여기서 SP는 CPU 내부에 있는 특수목적용 레지스터들 중의 하나인 스택 포인터(stack pointer)를 의미하는데, 그 내용은 항상 스택의 최상위(top of stack : TOS)의 주소를 가리킨다. 일반적으로 스택으로는 주기억장치의 끝 부분이 사용되기 때문에, SP의 초기값은 주기억장치의 마지막 주소로 세트된다. 인터럽트 사이클의 첫 번째 주기에서는 PC의 내용이 MBR로 보내진다. 두 번째 주기에서는 SP의 내용이 MAR을 통하여 주소 버스로 나가게 되며, PC에는 인터럽트 서비스 루틴의 시작 주소가 적재된다. 마지막 주기에서는 MBR에 저장되어 있던 원래의 PC 내용을 스택에 저장하며, 동시에 SP의 내용을 1 감소시켜 TOS의 주소를 수정한다(스택 동작에 대한 세부적 설명은 2.4.1절 참조).

이제 인터럽트 사이클이 종료되어 다음 인출 사이클이 시작되면, CPU는 인터럽트 서비스 루틴의 첫 번째 명령어부터 인출하면서 인터럽트 요구에 대한 서비스를 시작하게

된다. 그러면 여기서 지금까지 설명한 과정에 대한 예를 한 가지 살펴보기로 하자. 앞의 예에서 사용하였던 다음과 같은 어셈블리 명령어들이 순차적으로 실행되는 과정에서, 첫 번째 명령어인 100번지의 'LOAD 250' 명령어가 실행되는 동안에 인터럽트가 들어왔다고 가정하자. 그리고 스택 포인터(SP)에는 '999'가 저장되어 있으며, 인터럽트 서비스 루틴의 시작 주소는 650번지라고 가정한다.

```
100   LOAD   250
101   ADD    251
102   STA    251
103   JUMP   170
```

그림 2-9(a)는 LOAD 명령어에 대한 실행 사이클이 완료된 상태인 그림 2-6의 [단계 2]를 다시 보여주고 있다. 달라진 점으로는 기억장치의 스택 부분인 999번지와 SP 레지스터가 추가된 것이다. 실행 사이클이 끝난 후, 인터럽트 사이클에서 인터럽트 요구 신호가 인식되었다고 하자. 그러면 그림 2-9(b)에서와 같이 원래의 PC 내용(101)은 SP가 지정하는 스택의 최상위(기억장치 999번지)에 저장되고, PC의 내용은 인터럽트 서비스 루틴의 시작 주소인 '650'으로 변경된다. 그리고 SP의 내용은 1이 감소되어 '998'이 된다(그 이유는 2.4절에서 설명된다).

여기서 유의해야 할 것이 있다. LOAD 명령어가 실행된 결과로서 기억장치 250번지의 내용인 0004가 AC 레지스터에 적재되어 있는데, 만약 인터럽트 서비스 루틴이 수행되는 동안에 AC의 내용이 바뀌게 된다면, 나중에 원래의 프로그램 실행으로 돌아왔을 때 다음 명령어인 ADD 명령어의 실행 결과가 틀리게 된다. 이러한 문제점을 해결하기 위해서는 인터럽트 서비스 루틴의 시작 단계에서 레지스터들의 내용을 스택에 저장하였다가, 루틴의 마지막 단계에서 원래 프로그램으로 복귀하기 직전에 다시 그들을 복원(restore)시켜 주는 절차가 필요하다.

어떤 외부 장치를 위한 인터럽트 서비스 루틴의 명령어들이 실행되고 있는 동안에 다른 외부 장치가 인터럽트 요구를 발생할 수도 있는데, 이것을 다중 인터럽트(multiple interrupt)라고 한다. 다중 인터럽트를 처리하는 방법으로는 두 가지가 있다. 첫 번째 방법은 CPU가 인터럽트 서비스 루틴을 처리하고 있는 도중에는 새로운 인터럽트 요구가 들

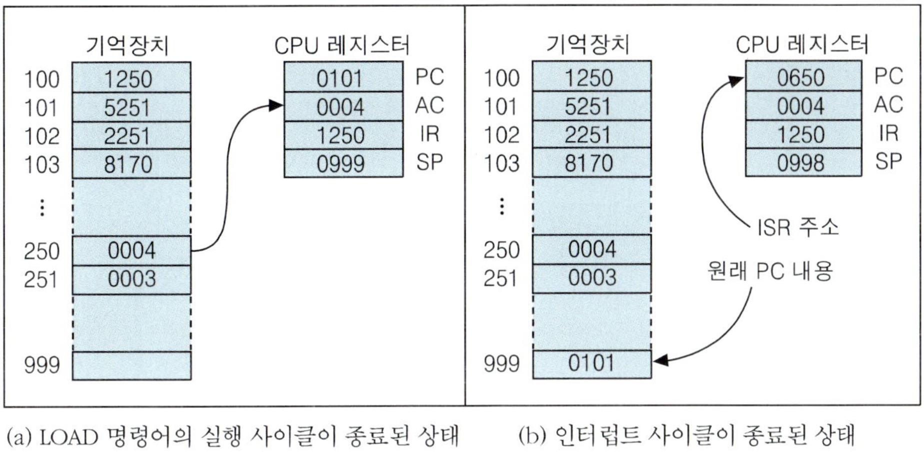

그림 2-9 인터럽트 요구가 들어온 경우의 상태 변화

어 오더라도 인터럽트 사이클을 수행하지 않도록 하는 것이다. 즉, 앞에서 설명한 바와 같이 인터럽트 불가능(interrupt disabled) 상태일 때는 CPU가 인터럽트 요구 신호를 검사하지 않도록 한다. 이렇게 되면, 그 루틴을 처리하는 동안에 발생한 인터럽트 요구는 대기 상태로 남아 있다가, CPU가 다시 인터럽트 가능(interrupt enabled) 상태로 바뀐 후에 인식된다.

다중 인터럽트를 처리하는 두 번째 방법은 인터럽트 요구들 간에 우선순위를 정하고, 우선순위가 낮은 인터럽트 요구를 처리하고 있는 동안에 우선순위가 더 높은 인터럽트 요구가 들어오면, 현재의 인터럽트 서비스 루틴의 수행을 중단하고 새로운 인터럽트를 처리하도록 하는 것이다. 이 경우에 PC의 내용을 저장하고 갱신하는 절차는 앞에서 설명한 단일 인터럽트의 경우와 동일하다. 그러나 스택에는 원래의 주프로그램(main program)으로 복귀하기 위한 주소뿐 아니라, 첫 번째 인터럽트 서비스 루틴으로 복귀하는데 사용될 주소도 저장되어야 한다. 그림 2-10은 장치 X를 위한 서비스 루틴인 ISR X를 처리하는 도중에, 우선순위가 더 높은 장치 Y로부터 인터럽트 요구가 들어와서 먼저 처리되는 경우에 대한 전체적인 순서도를 보여주고 있다.

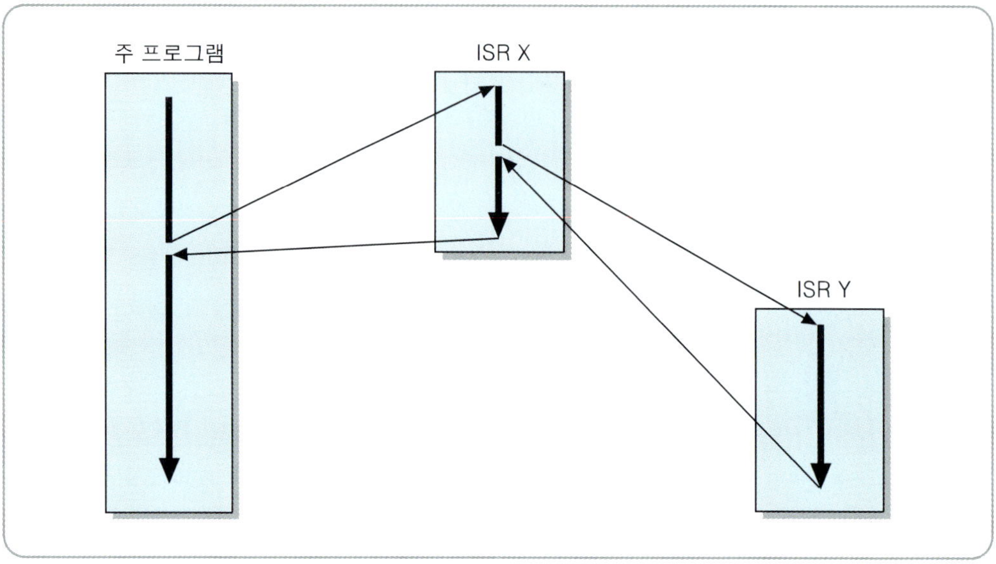

그림 2-10 다중 인터럽트에서 프로그램이 실행되는 순서

2.2.4 간접 사이클

'ADD 명령어'와 같이 데이터에 대한 연산을 수행하는 경우에, 만약 데이터가 기억장치에 저장되어 있다면, 명령어에는 그 데이터를 읽어오기 위한 기억장치 주소가 포함되어 있을 것이다. 그런데 어떤 명령어의 경우에는 포함하고 있는 주소가(데이터의 주소가 아니라) 데이터가 저장된 기억 장소의 주소를 가리킨다. 다시 표현하면, 연산에서 사용될 데이터의 주소가 기억장치의 어떤 위치에 저장되어 있고, 명령어에 포함되어 있는 주소는 그 위치를 가리키고 있는 것이다. 이와 같은 경우에는 실행 사이클이 시작되기 전에, 그 데이터의 실제 주소를 기억장치로부터 읽어오는 과정이 먼저 수행되어야 한다. 이 과정을 간접 사이클(indirect cycle)이라고 하며, 인출 사이클과 실행 사이클 사이에 위치하게 된다. 간접 사이클은 항상 수행되는 것이 아니며, 명령어 내의 특정 비트(예 : I 비트)가 1로 세트된 경우에만 수행된다. 이 사이클은 2.4.3절에서 설명할 간접 주소지정 방식(indirect addressing mode)에서 사용된다.

간접 사이클에서는 아래와 같은 마이크로-연산들이 수행된다. 즉, 인출 사이클에서 읽혀져 IR에 적재되어 있는 명령어의 주소 필드 내용을 다시 기억장치로 보내어서, 데이터의 실제 주소를 인출하여 IR의 주소 필드에 저장한다.

t_0 : MAR ← IR($addr$)
t_1 : MBR ← M[MAR]
t_2 : IR($addr$) ← MBR

2.3 명령어 파이프라이닝

CPU의 성능은 컴퓨터시스템의 프로그램 처리 시간에 직접 영향을 주기 때문에, 그 속도를 향상시키기 위하여 여러 가지 방법들이 사용되고 있다. 그 중에서 가장 간단하면서도 분명한 효과를 얻을 수 있는 방법이 명령어 파이프라이닝(instruction pipelining)이다. 이것은 명령어를 실행하는데 사용되는 하드웨어를 여러 개의 독립적인 단계(stage)들로 분할하고, 그들로 하여금 동시에 서로 다른 명령어들을 처리하도록 함으로써 CPU의 성능을 높여주는 기술을 말한다. 명령어 파이프라인은 분할되는 단계의 수가 많아질수록 처리 속도가 높아지는데, 최근에는 CPU의 속도를 더욱 높이기 위하여 여러 개의 명령어 파이프라인들을 설치하기도 한다. 이 절에서는 명령어 파이프라인을 구성하는 방법과 종류 및 그에 따른 특성을 살펴보기로 한다.

2.3.1 2-단계 명령어 파이프라인

그림 2-1에서 살펴본 바와 같이 명령어 사이클은 기본적으로 인출 사이클과 실행 사이클이라는 두 개의 단계로 이루어진다. 그런데 이들 각 사이클의 동작을 처리하는 하드웨어를 독립적인 모듈로 구성할 수 있다면, 각 모듈이 서로 다른 명령어를 동시에 처리할 수 있을 것이다. 즉, 그림 2-11에서 보는 바와 같이, 명령어를 실행하는 하드웨어를 인출 단계(fetch stage)와 실행 단계(execute stage)라는 두 개의 파이프라인 단계들로 분리하여 구성할 수 있다.

그런 다음에 두 파이프라인 단계들에 하나의 클록 신호를 동시에 인가한다면, 그 단계들의 동작 시간을 일치시킬 수 있다. 그리고 각 단계는 서로 다른 명령어에 대하여 각자의 동작을 수행할 수 있게 된다. 즉, 첫 번째 클록 주기 동안에 인출 단계가 첫 번째 명령어를 인출한다. 그리고 두 번째 주기에서는 그 명령어가 실행 단계로 보내어져 처리되며,

그와 동시에 인출 단계는 두 번째 명령어를 인출한다. 이 주기 동안에 실행 단계에서 처리될 명령어는 첫 번째 클록 주기 동안에 미리 인출되었기 때문에, 두 번째 클록 주기가 시작되는 즉시 실행이 시작될 수 있는 것이다. 이와 같이, 다음에 실행될 명령어를 미리 인출하는 것을 명령어 선인출(instruction prefetch) 혹은 인출 중복(fetch overlap)이라고 한다.

세 번째 클록 주기에서는 두 번째 명령어의 실행과 세 번째 명령어의 인출이 동시에 이루어지는데, 이러한 동시 처리는 그림 2-11의 시간 흐름도에서 보는 바와 같이 연속적인 명령어들에 대하여 계속 적용될 수 있다. 이와 같이 명령어 실행 하드웨어를 두 단계로 분리시킨 것을 2-단계 명령어 파이프라인(two-stage instruction pipeline)이라고 부른다.

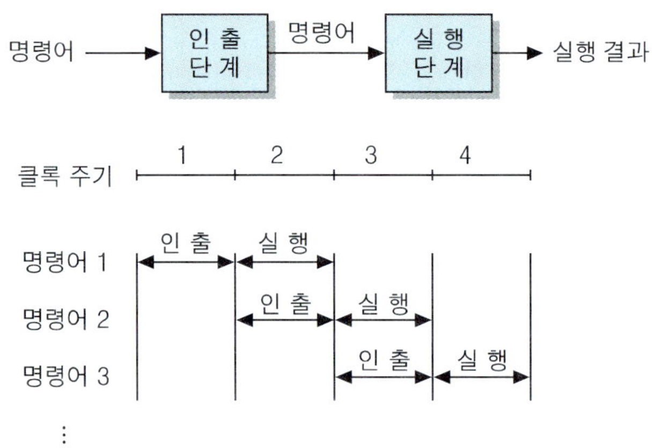

그림 2-11 2-단계 명령어 파이프라인과 시간 흐름도

명령어 파이프라이닝을 이용하여 속도 향상(speedup)을 얻을 수 있는 원리는 다음과 같다. 그림 2-11에서 보는 바와 같이 첫 번째 명령어의 실행은 두 클록 주기만에 종료되지만, 두 번째 명령어는 그 때부터 한 클록 후에 실행이 완료된다. 그리고 세 번째 및 네 번째 명령어들도 각각 한 주기씩만 지나면 실행이 종료된다. 즉, 각 명령어의 실행에 걸리는 시간은 모두 두 주기씩이지만, 파이프라이닝의 특성에 의해 두 번째 명령어부터는 한 주기만에 실행이 완료되는 것과 같은 효과를 얻을 수 있다. 그림 2-11에서 세 개의 명령어들을 실행하는 데는 모두 4개의 클록 주기가 소요되었다. 그런데 만약 파이프라인을 이용하지 않았다면 $(2 \times 3) = 6$ 클록 주기가 걸릴 것이므로, 2-단계 파이프라인을 이

용함으로써 얻게 된 속도 향상(Sp)은 $(6 \div 4) = 1.5$배인 것이다. 그리고 더 많은 수의 명령어들을 실행시키는 경우에 얻을 수 있는 최대 속도 향상은 파이프라인 단계의 수와 같은 2배에 접근하게 된다.

그러나 이와 같은 속도 향상은 명령어의 인출과 실행에 같은 길이의 시간이 소요되는 경우에만 얻을 수 있다. 실제 명령어 처리 과정을 분석해보면, 일반적으로 실행 단계에서 소요되는 시간이 인출 단계보다 더 길다. 그 이유는 실행 단계에서는 오퍼랜드를 읽거나 저장하기도 하고, 복잡한 연산을 수행하는 경우도 있기 때문이다. 결과적으로, 인출 단계는 하나의 명령어를 인출한 다음에 즉시 다음 명령어 인출을 시작하지 못하고, 실행 단계의 동작이 끝날 때까지 기다려야 한다. 2-단계 파이프라인을 이용하면 분명히 속도 향상을 얻을 수 있지만, 그러한 이유 때문에 실제로는 두 배만큼 빨라지지는 못한다.

2.3.2 4-단계 명령어 파이프라인

파이프라인 단계들의 처리 시간이 동일하지 않음으로 인하여 발생하는 효율 저하를 방지하는 방법은 처리 시간이 더 긴 파이프라인 단계를 여러 개로 분할함으로써, 단계들의 처리 시간이 거의 같아지도록 하는 것이다. 이와 같이 파이프라인 단계의 수를 늘리면 속도 향상도 더 높아진다. 예를 들어, 앞에서 살펴본 2-단계 파이프라인의 실행 단계를 세부적 동작에 따라 분할하여, 다음과 같이 파이프라인을 네 단계로 구성하는 경우를 고려해보자.

- 명령어 인출(IF) : 명령어를 기억장치로부터 인출한다.
- 명령어 해독(ID) : 해독기(decoder)를 이용하여 명령어를 해석한다.
- 오퍼랜드 인출(OF) : 기억장치로부터 오퍼랜드를 인출한다.
- 실행(EX) : 지정된 연산을 수행하고, 결과를 저장한다.

이와 같이 4-단계 명령어 파이프라인으로 구성하면, 각 단계에서 걸리는 시간들이 거의 같아질 수 있다. 여기서 편의상 모든 단계들에서 같은 시간이 걸린다고 가정한다면, 명령어들이 연속적으로 실행되는 경우의 시간 흐름도는 그림 2-12와 같아진다. 이러한 구성을 통하여 얻을 수 있는 속도 향상을 이해하기 위하여 [예제 2-1]을 살펴보기로 하자.

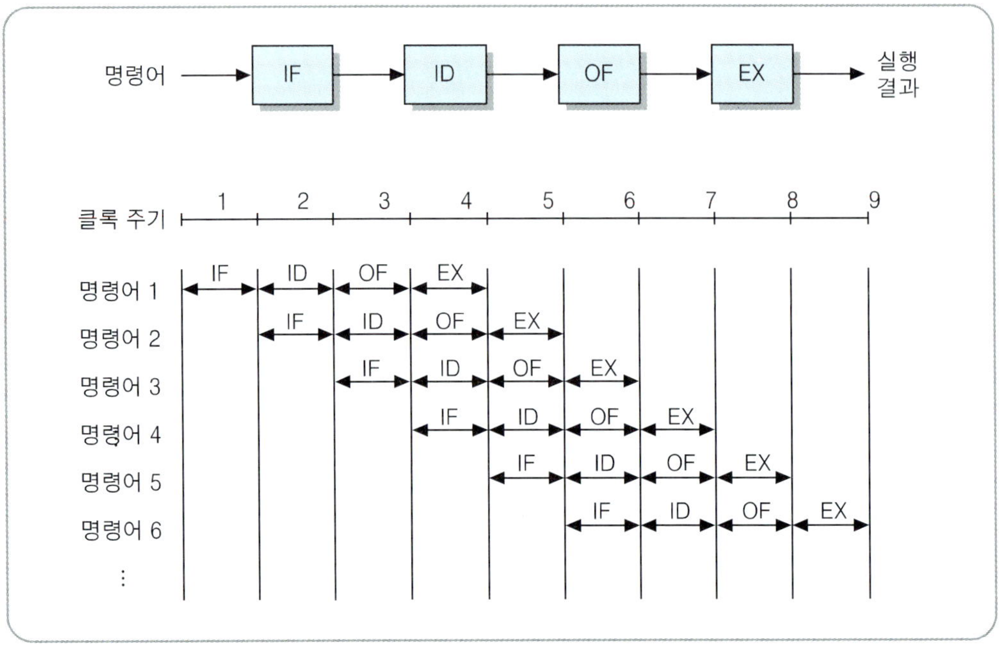

그림 2-12 4-단계 명령어 파이프라인과 시간 흐름도

예제 2-1

4-단계 명령어 파이프라인에 인가되는 클록 주파수가 1GHz일 때, 10개의 명령어들을 실행하는데 걸리는 시간과 속도 향상(Sp)을 구하라.

[풀이]

파이프라인 클록의 주파수가 $1GHz$이므로, 클록 주기는 $1/10^9 = 10^{-9}sec = 1ns$이다. 따라서 첫 번째 명령어의 실행에는 $4ns$가 걸리고, 그 다음 명령어들은 $1ns$마다 한 개씩 실행이 종료된다. 결과적으로, 10개의 명령어들을 모두 실행하는 데는 $\{4+(10-1)\}\times 1ns = 13ns$가 걸린다. 파이프라인을 이용하지 않는 경우에는 10개의 명령어를 실행하는데 $(4\times 10)\times 1ns = 40ns$가 걸리므로, 속도 향상 $Sp = 40 \div 13 \fallingdotseq 3.08$배가 된다.

파이프라이닝을 이용하여 얻을 수 있는 속도 향상을 일반적인 관계식으로 표현해보기로 하자. 먼저, 파이프라인 단계의 수를 k, 실행할 명령어들의 수를 N이라 하면, 파이프라이닝을 이용한 경우의 전체 명령어 실행 시간 T는 식 (2-1)과 같이 표현될 수 있다. 단, 각 파이프라인 단계는 한 클록 주기씩 걸린다고 가정한다.

$$T = k + (N - 1) \tag{2-1}$$

즉, 첫 번째 명령어를 실행하는 데는 k 주기가 걸리고, 나머지 $(N$-$1)$ 개의 명령어들은 각각 한 주기씩만 소요된다. 만약 파이프라인이 되지 않았다면 N개의 명령어들을 실행하는 데는 $k \times N$ 주기가 걸리므로, 파이프라이닝을 이용함으로써 얻을 수 있는 속도 향상(Sp)은 식 (2-2)와 같아진다.

$$Sp = \frac{k \times N}{k + (N - 1)} \tag{2-2}$$

4-단계 파이프라인으로 더 많은 수의 명령어들을 실행하는 경우에는 속도 향상이 어떻게 변화하는지를 분석하기 위하여 [예제 2-2]를 살펴보기로 하자.

예제 2-2

실행할 명령어의 수(N)가 10개, 100개, 1000개 및 10000개 일 때, 4-단계 파이프라인으로 얻을 수 있는 속도 향상을 각각 구하라. 단, 각 파이프라인 단계는 한 클록 주기씩 걸린다고 가정한다.

[풀이]

(1) $N = 10$개 일 때 : $Sp = 4 \times 10 / \{4 + (10 - 1)\} = 40 / 13 \fallingdotseq 3.08$

(2) $N = 100$개 일 때 : $Sp = 4 \times 100 / \{4 + (100 - 1)\} = 400 / 103 \fallingdotseq 3.88$

(3) $N = 1000$개 일 때 : $Sp = 4 \times 1000 / \{4 + (1000 - 1)\} = 4000 / 1003 \fallingdotseq 3.988$

(4) $N = 10000$개 일 때 : $Sp = 4 \times 10000 / \{4 + (10000 - 1)\} = 40000 / 10003 \fallingdotseq 3.9988$

[예제 2-2]의 결과에서 보는 바와 같이, 실행하는 명령어의 수가 증가함에 따라 Sp는 단계의 수인 4배에 접근하고 있다. 이 예를 통하여, k-단계 파이프라인을 이용하면 최대 k배의 속도 향상을 얻을 수 있다는 것을 다시 확인할 수 있다.

그러나 이와 같은 분석에 대하여 몇 가지 문제점들을 지적하면 다음과 같다. 첫째, 그림 2-12에서는 모든 명령어들이 네 개의 파이프라인 단계들을 모두 거친다고 가정하였지만, 항상 그렇지는 않다. 예를 들어, 어떤 명령어는 실행 과정에서 오퍼랜드를 인출할 필요가 없기 때문에 OF 단계는 수행되지 않아도 된다. 그러나 파이프라인 하드웨어를 단순화시키기 위해서는 모든 명령어들이 네 단계를 모두 통과하도록 해야 한다. 결과적으로 그러한 명령어의 실행 과정에서는 OF 단계를 수행하는 데 걸리는 시간이 필요 없이 소모되는 것이다.

둘째, 파이프라인 클록은 처리 시간이 가장 오래 걸리는 단계를 기준으로 정해져야 한다. 예를 들어, IF, ID 및 OF 단계의 처리에 각각 $1ns$씩 걸리고 EX 단계는 $1.5ns$가 걸린다면, 클록 주기는 $1.5ns$로 결정되어야 한다. 그 이유는 앞 단계의 처리가 종료되었더라도, EX 단계의 처리가 끝나기 전에는 그 결과를 보내주지 못하고 기다려야 하기 때문이다. 결과적으로, 앞의 세 단계에서는 처리된 결과들이 $0.5ns$ 동안 기다려야 하는데, 파이프라인을 이용하지 않는 경우에는 그러한 시간 소모가 발생하지 않으므로 실제 속도 향상은 더 낮아진다.

셋째, 이 분석에서는 모든 단계들이 동시에 수행될 수 있으며, 특히 기억장치 충돌(memory conflict)은 없다고 가정하였다. 그러나 IF 단계와 OF 단계는 모두 기억장치(혹은 캐시)를 액세스해야 하는데, 하나의 기억장치 모듈을 두 단계가 동시에 액세스할 수 없기 때문에 둘 중의 하나는 지연될 수밖에 없다. 그러나 그림 2-12에서는 모든 액세스들이 동시에 일어날 수 있다고 가정하였다.

네 번째 문제는 조건에 따라 다른 위치로 분기하도록 하는 조건 분기 명령어(conditional branch instruction)가 실행된다면, 미리 인출되어 파이프라인에서 처리되고 있던 명령어들이 무효화될 수 있다는 것이다. 인터럽트가 들어오는 경우에도 이와 유사한 결과를 가져온다. 그림 2-13은 조건 분기의 영향을 예를 들어 보여주고 있다. 이 예에서는 명령어 3이 명령어 12로 분기하는 조건 분기 명령어라고 가정하고 있다. 명령어 3의 실행 과정에서 조건을 검사하여 다음에 실행할 명령어가 어떤 것인지를 알게 되는 것은 EX 단계가 종료되는 시점이다. 만약 검사 결과로서 분기 조건이 만족하지 않는다면, 순서대로 다음 명령어들을 실행하게 되므로 그림 2-12와 동일한 결과가 된다. 그러나 만약 조건이 만족하여 분기가 발생하게 된다면, 그림 2-13에서 보는 바와 같이 그 동안 인출하여 처리 중이던 명령어들(명령어 4, 5, 6)은 실행될 필요가 없는 것들이므로 파이프라인으로부터 제거되고, 명령어 12부터 새로이 인출하여 실행해야 한다. 즉, 일곱 번째 주기에서 IF 단계가 (명령어 7이 아니라) 명령어 12를 인출함으로써 분기가 이루어지는 것이다. 결과적으로, 매 주기마다 한 개씩의 명령어 실행이 종료되던 것이 주기 7부터 9 사이에서는 비게 되어, 세 사이클이 낭비되는 것이다.

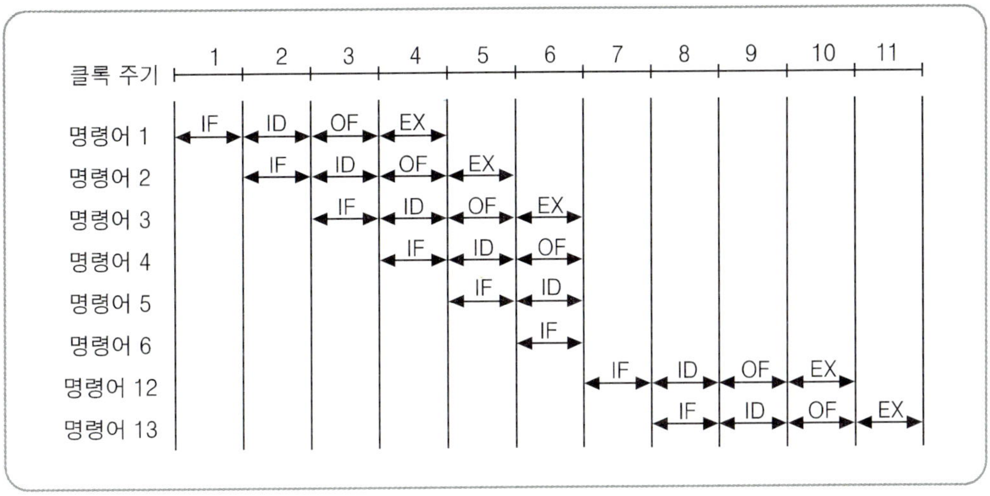

그림 2-13 조건 분기가 존재하는 경우의 시간 흐름도

앞에서 지적된 문제점들은 파이프라이닝 구조가 가지고 있는 근본적인 것이기 때문에 완전히 해결할 수는 없지만, 그들을 보완하기 위한 많은 노력이 이루어지고 있다. 먼저, 두 번째 문제점을 보완하기 위한 방법으로서, 파이프라인 단계들을 더욱 작게 분할함으로써 처리 시간의 차이를 최소화 시켜주는 슈퍼파이프라이닝(superpipelining) 기술이 널리 사용되고 있다. 최근에는 대부분의 프로세서들이 10 단계 이상의 단계들로 분할된 명령어 파이프라인 구조를 사용하고 있다. 세 번째 문제점을 보완하기 위하여 파이프라인의 IF 단계와 OF 단계가 직접 액세스하는 CPU 내부 캐시(internal cache)를 명령어 캐시와 데이터 캐시로 분리시키는 방법이 사용되고 있다(여기에 대해서는 제5장에서 자세히 설명됨).

조건 분기 때문에 발생하는 네 번째 문제점도 완전히 해결할 수는 없지만, 그로 인한 성능 저하를 최소화시키기 위하여 다음과 같은 방법들이 사용되고 있다.

- 분기 예측(branch prediction) : 분기가 일어날 것인지를 예측하고, 그에 따라 어느 경로의 명령어를 인출할 지를 결정하는 확률적 방법이다. 최근의 분기 결과들을 저장하여 두는 분기 역사 표(branch history table)를 참조하여 예측하는 방법이 가장 널리 사용되고 있다.
- 분기 목적지 선인출(prefetch branch target) : 조건 분기가 인식되면, 분기 명령어의

다음 명령어뿐 아니라, 조건이 만족될 경우에 분기하게 될 목적지(branch target)의 명령어도 함께 인출하는 방법이다. 그렇게 하면, 만약 분기가 이루어지더라도 목적지의 명령어가 이미 인출되어 있는 상태이기 때문에 지연 시간을 줄일 수 있다. 이 방법을 사용하기 위해서는 분기 목적지 명령어를 별도로 저장해둘 수 있는 기억장소가 추가되어야 한다.

- 루프 버퍼(loop buffer) 사용 : 이 버퍼는 파이프라인의 명령어 인출 단계에 포함되어 있는 작은 고속 기억장치인데, 가장 최근에 인출된 일정 개수의 명령어들이 순서대로 저장되어 있다. 만약 분기가 발생하면, 하드웨어는 먼저 분기 목적지의 명령어가 버퍼에 있는지를 검사한다. 만약 있다면, 다음 명령어는 버퍼로부터 인출된다. 반복 루프가 크지 않다면 그 전체가 루프 버퍼에 저장될 수 있기 때문에, 이 방법은 작은 반복 루프들이 포함된 프로그램을 처리하는 경우에 효과가 높다.
- 지연 분기(delayed branch) : 프로그램 내의 명령어들을 재배치함으로써 파이프라인의 성능을 개선하는 방법이다. 즉, 분기 명령어의 위치를 적절히 조정하여 원래보다 나중에 실행되도록 재배치함으로써, 그로 인한 성능 저하를 최소화하는 것이다.

조건 분기 명령어에서 사용하는 조건들은 CPU 내부의 상태 레지스터(status register)에 저장되어 있다. 각 조건의 상태를 나타내는 비트를 플래그(flag)라고 부르는데, 그들이 모여 있는 레지스터가 상태 레지스터이다. CPU는 실행 사이클 동안에 조건 분기 명령어가 지정하는 플래그의 값을 검사하여 분기 여부를 결정하게 된다. 일반적으로 상태 레지스터에 포함된 조건 플래그들을 보면 다음과 같다.

- 부호(S) 플래그 : 직전에 수행된 산술 연산 결과값의 부호(sign) 비트로 세트된다. 일반적으로 0은 양수를, 1은 음수를 나타낸다.
- 영(Z) 플래그 : 연산 결과값이 0(zero)이면, 이 플래그가 1로 세트된다.
- 올림수(C) 플래그 : 덧셈이나 뺄셈에서 올림수(carry)나 빌림수(borrow)가 발생한 경우에 세트된다.
- 동등(E) 플래그 : 두 수를 비교한 결과가 동일(equal)한 경우에 세트된다.
- 오버플로우(V) 플래그 : 산술 연산 과정에서 오버플로우(overflow)가 발생한 경우에 세트된다.

- 인터럽트(I) 플래그 : 인터럽트 가능(interrupt enabled) 상태이면 0, 인터럽트 불가능(interrupt disabled) 상태이면 1로 세트된다.
- 슈퍼바이저(P) 플래그 : CPU가 슈퍼바이저 모드(supervisor mode)와 사용자 모드(user mode) 중의 어느 모드에서 프로그램을 실행하고 있는지를 나타내는 데 사용된다. 슈퍼바이저 모드는 운영체제(OS)를 포함한 시스템 프로그램을 수행하는 모드를 말하며, 사용자 모드는 사용자 프로그램 혹은 응용 프로그램이 수행되는 모드이다.

그림 2-14는 위의 조건 플래그들이 포함된 상태 레지스터의 예를 보여주고 있다. 그림에서 X로 표시된 비트는 사용되지 않는 비트를 나타낸다.

S	Z	C	X	E	V	I	P

그림 2-14 8-비트 상태 레지스터의 플래그들

2.3.3 슈퍼스칼라

슈퍼스칼라(superscalar)는 CPU의 처리 속도를 더욱 높이기 위하여 내부에 두 개 혹은 그 이상의 명령어 파이프라인들을 포함시킨 구조를 말한다. 그렇게 설계된 CPU는 매 클록 주기마다 각 명령어 파이프라인이 별도의 명령어를 인출하여 동시에 실행할 수 있기 때문에, 이론적으로는 프로그램 처리 속도가 파이프라인의 수만큼 높아질 수 있다.

그림 2-15(a)는 비교를 위하여 앞에서 설명한 네 개의 단계들로 구성되어 있는 일반적인 명령어 파이프라인의 시간 흐름도(timing diagram)를 다시 보여주고 있다. 이 구조에서는 각 클록 주기마다 명령어가 한 개씩 인출되어 순차적으로 실행된다. 그림 2-15(b)는 (a)와 동일한 파이프라인 구조를 가진 명령어 유니트를 두 개 포함하고 있는 슈퍼스칼라 프로세서의 명령어 실행에 대한 시간 흐름도를 보여주고 있다. 이와 같이 두 개의 파이프라인들로 이루어진 구조를 2-way 슈퍼스칼라라고 부르는데, 이 경우에는 매 주기마다 명령어가 두 개씩 인출되어 동시에 처리된다는 것을 확인할 수 있다.

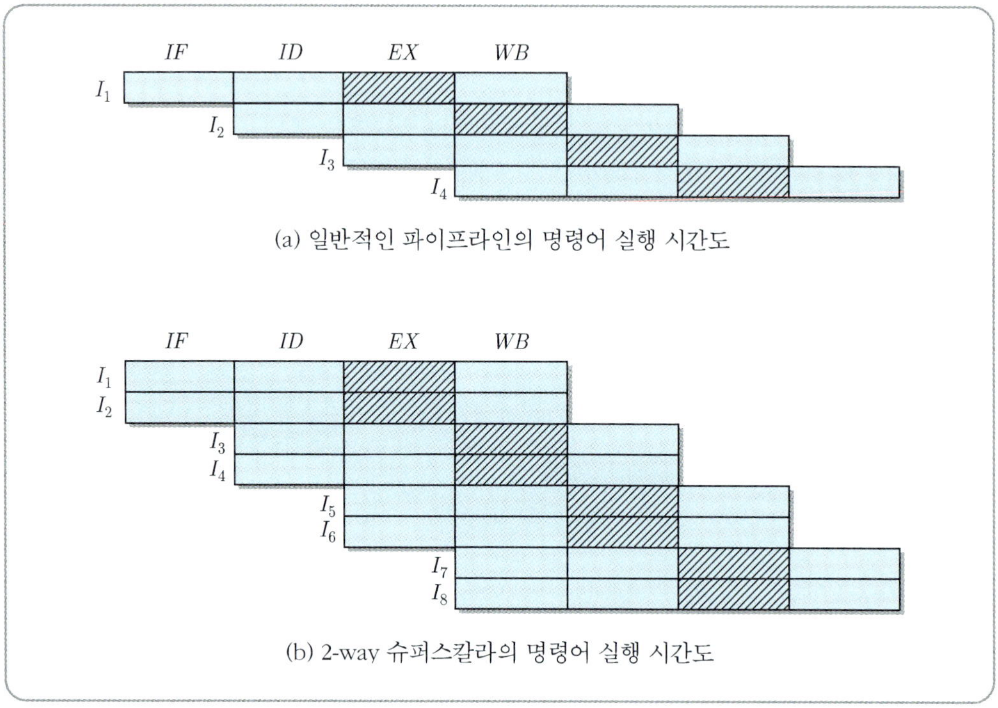

그림 2-15 일반적인 명령어 파이프라인과 슈퍼스칼라 구조의 명령어 실행 흐름도 [JOH91]

그림 2-15에서는 명령어 실행 흐름을 쉽게 파악할 수 있도록 하기 위하여 EX 단계를 빗금으로 표시하였다. 그런데 그림 2-15(b)의 2-way 슈퍼스칼라 프로세서에서 유의할 점으로는 동시에 처리할 명령어들이 서로 간에 영향을 받지 않고 독립적으로 실행될 수 있어야 한다는 것이다. 다시 표현하면, 두 명령어들 사이에 데이터 의존성(data dependency)[2)]이 존재하지 않아야 그들을 동시에 실행할 수 있다. 그러한 조건이 만족된다면, 이 슈퍼스칼라의 명령어 실행 속도는 하나의 명령어 파이프라인에 비하여 두 배가 될 수 있다. 한 예로서, 그림 2-15(a)에서는 일곱 주기 동안에 4개의 명령어들에 대한 실행을 완료하였지만, (b)에서는 같은 주기 동안에 8개의 명령어 실행이 완료되었다. 이와 같은 속도 향상 관계를 좀 더 구체적으로 분석해보면 아래와 같다.

k개의 단계들로 구성된 명령어 파이프라인을 한 개 사용하여 N개의 명령어들을 실행하는 데 걸리는 시간을 $T(1)$로 나타낸다면, 그 값은 식 (2-1)과 같이 $T(1) = k + N - 1$이 된다. 그런데 동일한 단계들로 구성된 m개의 명령어 파이프라인들을 가진 m-way

2) 한 명령어를 처리한 다음에, 그 결과값을 보내주어야 다른 명령어의 실행이 가능한 관계를 말한다.

슈퍼스칼라 프로세서에서 같은 수(N)의 명령어들을 실행한다면, 처음 m개의 명령어들을 실행하는 데는 마찬가지로 k 주기가 소요되지만, 그 다음부터는 매 주기마다 m개씩의 명령어들이 동시에 실행을 완료하게 된다. 따라서 이 슈퍼스칼라 프로세서가 N개의 명령어들을 실행하는 데 걸리는 전체 시간 $T(m)$은 식 (2-3)과 같아진다.

$$T(m) = k + \frac{N-m}{m} \tag{2-3}$$

결과적으로 일반적인 파이프라인 프로세서와 비교했을 때, 슈퍼스칼라 프로세서로 얻을 수 있는 속도 향상(Sp)은 식 (2-4)와 같아진다.

$$Sp = \frac{T(1)}{T(m)} = \frac{k+N-1}{k+(N-m)/m} = \frac{m(k+N-1)}{N+m(k-1)} \tag{2-4}$$

그런데 식 (2-4)에서 $N \rightarrow \infty$라면, $Sp \rightarrow m$이 된다. 즉, 실행되는 명령어들의 수가 매우 많아진다면, 속도 향상은 명령어 파이프라인의 수인 m배에 접근한다는 것이다. 전체적으로 분석하면, 슈퍼스칼라 프로세서의 속도는 파이프라인을 사용하지 않은 프로세서에 비하여 최대 mk배까지 얻을 수 있다. 한 예로서, 그림 2-15(b)와 같은 2-way 슈퍼스칼라 프로세서는 파이프라인 되지 않은 프로세서에 비하여 명령어 처리 속도가 8 배 더 높아진다. 그리고 4-way 슈퍼스칼라 프로세서는 16배까지 더 빨라질 수 있다. 결과적으로, 명령어 실행 속도를 높이려면 그만큼 더 많은 수의 명령어 파이프라인들을 포함시키면 된다는 것을 알 수 있다.

CPU가 동시에 처리할 수 있는 명령어들의 수가 늘어나게 되면, 기억장치와 레지스터에 대한 충돌이 발생하지 않을 수 있도록 하드웨어도 그만큼 추가되어야 한다. 또한 실제 프로그램 처리 과정에서는 독립적으로 실행될 수 있는 명령어들이 파이프라인의 수만큼 존재하지 않거나, 명령어들 간에 데이터 의존성이 존재하는 상황이 발생하게 된다. 그러한 경우에는 파이프라인들의 일부 단계들이 유휴(idle) 상태에 들어가기 때문에, 속도 향상은 이론적인 수치보다는 더 낮아진다. 그와 같은 문제점들이 있기는 하지만, 최근에 개발되는 대부분의 고성능 프로세서들이 슈퍼스칼라 구조를 채택하고 있다.

2.3.4 듀얼 코어 및 멀티 코어

서버급 컴퓨터시스템에서는 프로그램 처리 속도를 높이기 위하여 한 시스템 내에 여러 개의 CPU들을 탑재하는 다중프로세서 구조(multiprocessor architecture)가 널리 사용되어 왔다. 그런데 최근 반도체 제조 기술이 계속 발전하여 하나의 실리콘 칩에 더욱 많은 수의 회로들을 집적시킬 수 있게 됨에 따라, 하나의 칩에 두 개 혹은 그 이상의 CPU 코어(CPU core)들을 포함시킬 수 있게 되었다. 여기서 CPU 코어란 기존의 CPU 칩에 포함되던 하드웨어 중에서 명령어 실행에 반드시 필요한 핵심 모듈들을 말하는데, 명령어 파이프라인들로 이루어진 슈퍼스칼라 모듈과 ALU 및 레지스터 세트 등을 말한다. 그러한 CPU 코어 여러 개를 하나의 칩에 넣은 것을 멀티-코어 프로세서(multi-core processor)라고 부른다. 그 중에서 두 개의 CPU 코어들을 넣은 프로세서 칩을 듀얼-코어 프로세서(dual-core processor)라고 하며, 네 개를 포함시킨 칩은 쿼드-코어 프로세서(quad-core processor)라고 부른다.[3] 이들은 칩-레벨 다중프로세서(chip-level multiprocessor) 혹은 단일-칩 다중프로세서(multiprocessor-on-a-chip)라고 불리기도 한다.

듀얼-코어 프로세서의 각 CPU 코어는 앞에서 설명한 슈퍼스칼라 구조로 구성되기 때문에, 그러한 코어 두 개를 한 칩에 포함시키면 슈퍼스칼라 프로세서에 비하여 두 배 더 빨라질 것으로 기대할 수 있을 것이다. 그런데 듀얼 코어에서는 각 CPU 코어가 슈퍼스칼라의 명령어 파이프라인에 비하여 독립성이 더 높다. 다시 표현하면, 그림 2-16과 같이 각 CPU 코어는 별도의 하드웨어 모듈로 구현된 상태로 하나의 칩에 포함되며, 시스템 버스 인터페이스와 내부 캐시(internal cache)[4]만 공유한다. 따라서 각 CPU 코어는 프로그램 실행을 독립적으로 수행하며, 필요한 경우에만 공유 캐시를 통해 정보를 교환한다. 결과적으로, 하나의 프로그램에 포함된 명령어들을 명령어 파이프라인의 수만큼씩 인출하여 동시에 실행하는 슈퍼스칼라 프로세서와는 달리, 듀얼 코어 프로세서에서는 독립적인 처리가 가능한 단위로 분할된 태스크 프로그램들이 CPU 코어들에 의해 동시에 처리된다. 이와 같은 프로그램 동시처리 기술을 멀티-태스킹(multi-tasking) 혹은 멀티-스레딩(multi-threading)이라고 부르는데, 더 많은 수의 CPU 코어들을 포함하고 있는 멀티-코어 프로세서는 그 수만큼의 태스크 프로그램들을 동시에 처리할 수 있게 된다.

---

3) 향후 6개 혹은 8개의 CPU 코어들이 탑재된 헥사-코어(hexa-core) 및 옥타-코어(octa-core) 프로세서들도 출시될 것으로 예상되고 있다.

4) 프로세서 칩 내부에 포함된 캐시를 말하는데, 제5장에서 자세히 설명된다.

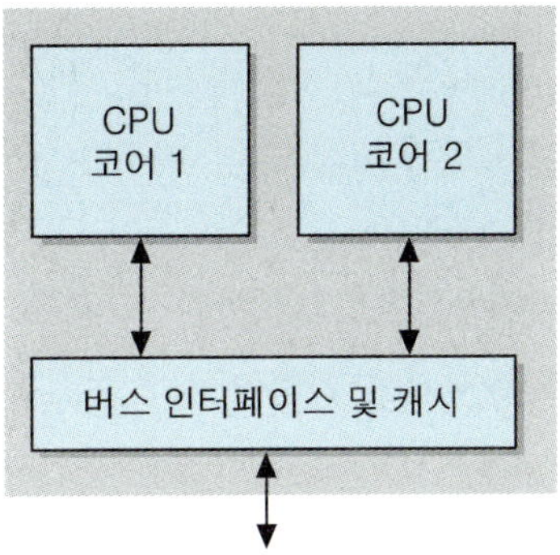

그림 2-16 듀얼-코어 프로세서의 내부 구성도

2.4 명령어 세트

CPU의 기능은 명령어들에 의하여 결정된다. 명령어들의 종류와 수는 CPU마다 약간씩 다른데, 어떤 한 CPU를 위해 정의되어 있는 명령어들의 집합을 명령어 세트(instruction set)라 한다. 명령어 세트를 설계하기 위해서는 다음과 같은 사항들을 먼저 결정해야 한다.

- 연산 종류(operation repertoire) : CPU가 수행할 연산들의 수와 종류 및 복잡도
- 데이터 형태(data type) : 연산이 수행될 데이터들의 형태. 즉, 데이터의 길이(비트 수)와 수의 표현 방식(정수, 부동소수점 수) 등
- 명령어 형식(instruction format) : 명령어의 길이, 오퍼랜드 필드들의 개수와 길이 등
- 주소지정 방식(addressing mode) : 오퍼랜드의 주소를 지정하는 방식

이들 중에서 데이터 형태에 대해서는 제3장에서 자세히 분석하기로 하고, 이 절에서는 그 외의 사항들에 대하여 설명하고자 한다.

2.4.1 연산의 종류

CPU가 수행할 수 있는 연산(혹은 동작)들의 종류는 컴퓨터에 따라 매우 다양하다.

그러나 어떤 컴퓨터든 반드시 수행 할 수 있어야 하는 기본적인 연산들이 있는데, 그들을 분류하여 설명하면 다음과 같다.

데이터 전송

레지스터와 레지스터 간, 레지스터와 기억장치 간, 혹은 기억장치와 기억장치 간에 데이터를 이동하는 동작이다. 이 과정에서 기억장치의 주소를 계산해야 하는 경우도 있다.

산술 연산

덧셈, 뺄셈, 곱셈 및 나눗셈과 같은 기본적인 산술 연산들을 말한다. 이 연산들은 부호를 가진 정수들에 대해서는 물론이고, 부동소수점 수(floating-point number)에 대한 산술적 연산도 포함된다. 산술 연산들에 대해서는 제3장에서 자세히 설명한다.

논리 연산

데이터의 각 비트들 간에 대한 AND, OR, NOT 및 exclusive-OR 등과 같은 논리 연산을 수행한다. 이 연산들에 대해서도 제3장에서 자세히 설명한다.

입출력(I/O)

CPU와 외부 장치들 간의 데이터 이동을 위한 동작들이 수행된다. 이를 위해서는 특수한 I/O 명령어들과 주소지정 방식이 필요하며, 자세한 사항은 제7장에서 설명한다.

프로그램 제어

명령어 실행 순서를 변경하는 연산들이 필요하다. 이 분류의 연산들로는 분기(branch)와 서브루틴 호출(subroutine call) 등이 있다. 분기에 대해서는 앞에서 이미 설명한 바가 있으므로, 여기서는 서브루틴 호출에 대하여 살펴보기로 한다. 이 연산들을 처리하기 위해서는 다음과 같은 두 가지 기본적인 명령어들이 필요하다.

- CALL 명령어 : 서브루틴을 호출(call)하는 명령어
- RET 명령어 : 서브루틴으로부터 원래 프로그램으로 복귀(return)시키는 명령어

그림 2-17(a)는 서브루틴 호출들을 포함하고 있는 프로그램의 예를 보여주고 있다. 이 예에서 주프로그램(main program)은 200번지부터 시작되며, 250번지에서 시작되는 서브루틴인 SUB1을 호출하기 위한 CALL 명령어를 포함하고 있다. 이 CALL 명령어가 실행되면, CPU는 주프로그램의 실행을 중단하고 250번지로부터 다음 명령어를 인출함으로써 SUB1 프로그램의 수행을 시작한다. SUB1 내에서는 300번지에 위치한 서브루틴인 SUB2가 두 번 호출된다. 각 호출 때마다 SUB1의 실행은 일시 중단되고, SUB2가 실행된다.

RET 명령어는 서브루틴의 마지막에 수행되는 명령어로서, 그 서브루틴을 호출하기 전에 CPU가 원래 수행하던 프로그램으로 되돌아가서 CALL 명령어 다음에 위치한 명령어부터 계속 실행하도록 해준다. 그림 2-17(b)는 그림 2-17(a)의 프로그램들이 수행되는 동안의 제어 흐름도를 보여주고 있다.

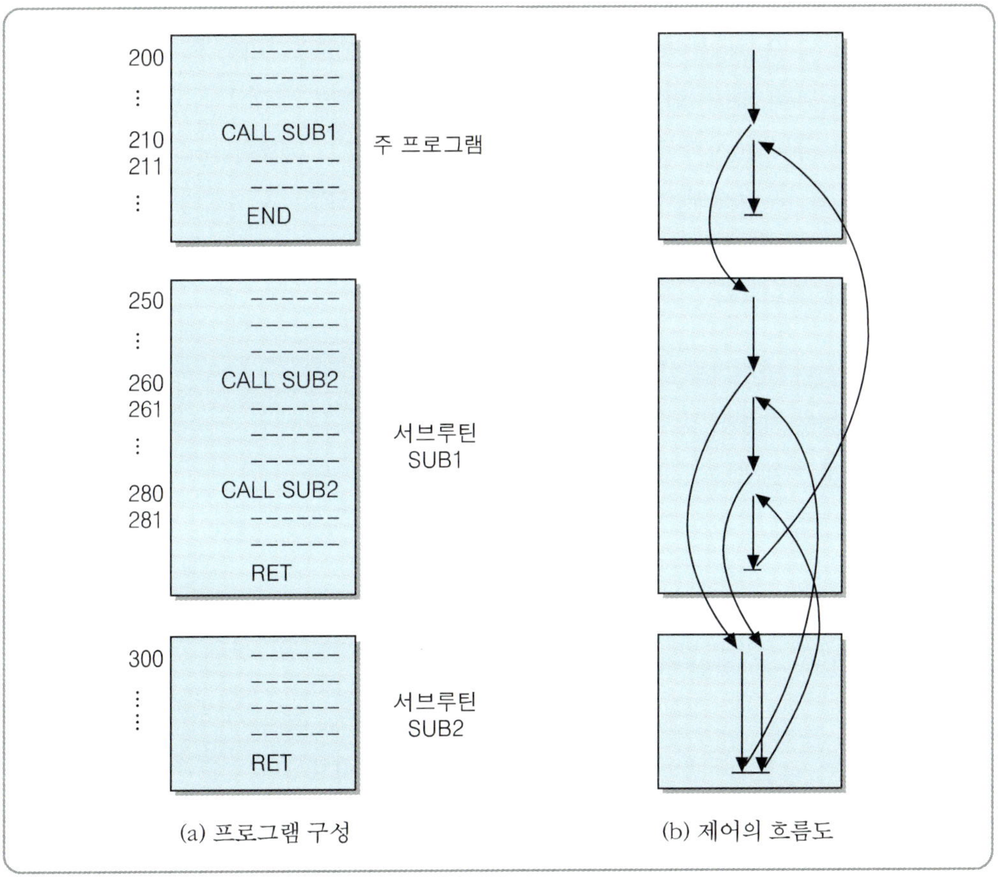

그림 2-17 서브루틴들이 포함된 프로그램이 실행되는 순서

CALL 및 RET 명령어들이 실행될 때는 스택을 반드시 사용해야 되기 때문에, 그 과정을 좀 더 자세히 살펴보기로 한다. 먼저, X번지에 위치한 서브루틴을 호출하는 CALL X 명령어의 실행 과정을 분석해보자. CALL 명령어가 실행되어 서브루틴으로 분기될 때는 인터럽트의 경우와 마찬가지로 복귀할 주소(return address)를 스택에 저장해야 한다. 복귀 주소는 CALL 명령어의 다음에 위치한 명령어의 주소이므로, CALL 명령어가 실행되고 있는 현재 PC에 저장되어 있는 내용이다. 그러므로 CALL X 명령어에 대한 마이크로-연산들은 아래와 같아진다.

t_0 : MBR ← PC
t_1 : MAR ← SP, PC ← X
t_2 : M[MAR] ← MBR, SP ← SP - 1

여기서 SP는 스택 포인터를 의미한다. 위의 마이크로-연산들을 보면, 현재의 PC 내용인 복귀 주소는 첫 번째 및 두 번째 주기 동안에 SP가 지정하는 스택의 최상위(TOS)에 저장된다. 여기서 유의할 사항은 SP는 항상 스택의 비어있는 최상위 주소를 가리키므로, 일단 복귀 주소를 그 장소에 저장한 다음에는 SP의 값을 1만큼 감소시켜야 한다. 그런데 만약 주소지정 단위가 바이트이고, 저장될 주소는 16비트라면, SP의 값은 2를 감소시켜야 한다는 것에 유의하라.

RET 명령어의 마이크로-연산은 다음과 같다. 첫 번째 주기에서 SP의 내용을 1 증가시켜 복귀 주소가 저장된 스택 위치를 가리키게 한 다음에, 복귀 주소를 스택으로부터 인출하여 PC에 적재한다.

t_0 : SP ← SP + 1
t_1 : MAR ← SP
t_2 : PC ← M[MAR]

그림 2-18은 그림 2-17의 프로그램들이 수행될 때, 서브루틴 호출과 복귀가 이루어지기 위하여 복귀 주소들이 스택에 저장되거나 인출되는 과정을 보여주고 있다. 그림 2-18의 각 상태 변화에 대한 설명은 다음과 같다.

(a) 초기 상태에서 SP는 스택으로 사용되는 기억장치 영역의 가장 아래 위치를 가리키고 있다.
(b) 서브루틴 SUB1이 호출되면서 원래의 PC 내용(주프로그램에서 다음 명령어의 주소)인 '211'이 스택에 저장된다. 그리고 SP는 1이 감소되어 그 위의 빈 장소, 즉 새로운 TOS를 가리킨다.
(c) SUB2가 호출되면서 다시 PC의 내용(SUB1에서 다음 명령어의 주소)인 '261'이 스택에 저장되며, SP는 다시 1만큼 감소된다.
(d) SUB2의 수행이 완료되었을 때, SUB1으로 복귀할 주소가 스택으로부터 인출된다. 이 동작은 RET 명령어에 의해 다음과 같이 이루어진다. SP의 내용을 1만큼 증가시키고, 그 내용이 가리키는 위치로부터 복귀 주소(261)를 인출하여 PC로 적재한다.
(e) 다시 SUB2가 호출되면서 PC의 내용(281)이 스택에 저장된다.
(f) SUB2로부터 SUB1으로 복귀할 때, 스택으로부터 복귀 주소(281)가 인출되어 PC로 적재된다.
(g) SUB1으로부터 주프로그램으로 복귀할 때, 복귀 주소(211)가 인출되어 PC로 적재된다. 스택은 비워지며, SP는 처음과 같은 값을 가지게 된다.

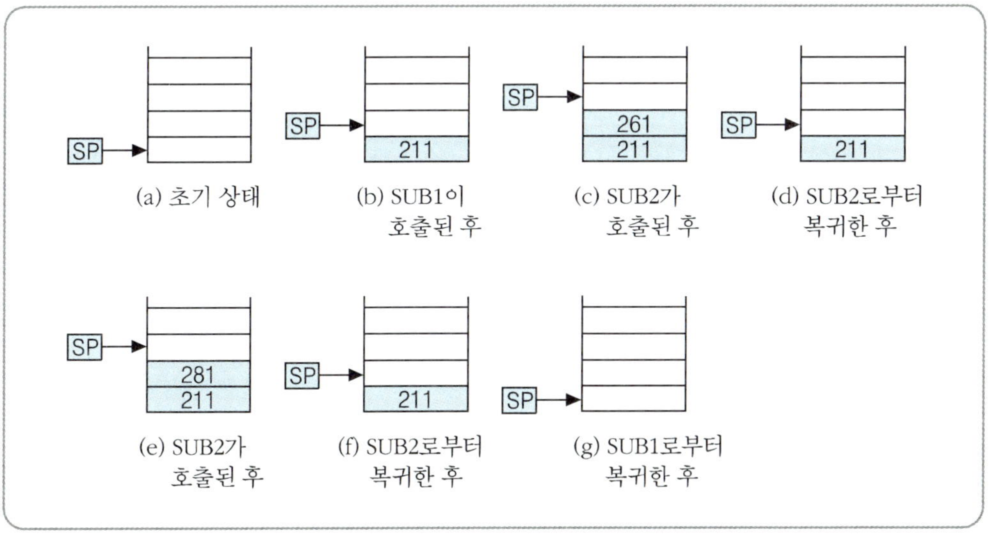

그림 2-18 그림 2-17의 수행 과정에서 스택에 저장되는 내용들

2.4.2 명령어 형식

각 명령어는 CPU에 의해 실행될 때 제공해야 할 모든 정보를 포함하고 있어야 하는데, 그들 중에서 가장 기본적인 요소들을 나열하면 다음과 같다.

- 연산 코드(Operation Code) : 수행될 연산을 지정해준다(예 : LOAD, ADD 등).
- 오퍼랜드(Operand) : 연산을 수행하는 데 필요한 데이터 혹은 데이터의 주소를 나타낸다. 각 연산은 한 개 혹은 두 개의 입력 오퍼랜드들과 한 개의 결과 오퍼랜드를 가질 수 있다. 데이터는 CPU 레지스터 혹은 기억장치에 위치한다.
- 다음 명령어 주소(Next Instruction Address) : 현재의 명령어 실행이 완료된 후에 다음 명령어를 인출할 위치를 나타낸다. 순차적으로 다음 명령어가 실행되는 경우에는 이 부분이 필요하지 않으며, 분기 혹은 호출 명령어와 같이 실행 순서를 변경하는 경우에만 필요하다.

각 명령어는 일련의 비트들에 의해 표현되며, 비트의 수는 위의 정보들을 나타내는데 필요한 만큼 사용된다. 명령어를 구성하는 비트들은 용도에 따라 몇 개의 필드(field)들로 나눌 수 있는데, 필드의 수와 배치 방식 및 각 필드에 포함되는 비트 수를 정의한 것을 명령어 형식(instruction format)이라 한다. 그런데 명령어의 길이, 즉 비트 수는 일반적으로 CPU가 한 번에 처리할 수 있는 데이터(즉, 단어)의 길이와 같다. 예를 들어, 16비트 CPU는 한 번에 16비트 단위의 데이터 처리가 가능한데, 그 CPU의 명령어 길이도 16비트이다(CPU에 따라 단어 길이의 두 배 혹은 그 이상의 길이를 가진 명령어가 제공되기도 한다). 따라서 명령어의 각 필드의 수와 길이는 그 범위 내에서 결정되어야 한다. 예를 들어, 두 개의 오퍼랜드를 필요로 하는 연산을 위하여, 그림 2-19와 같이 16-비트 명령어가 세 개의 필드들로 구성된 경우를 고려해보자.

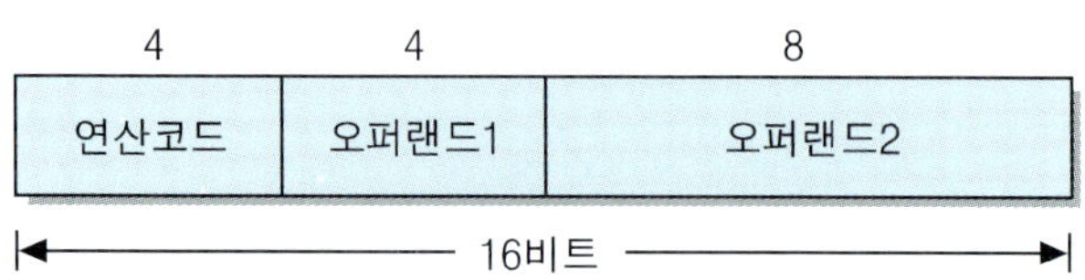

그림 2-19 16-비트 명령어 형식의 예

그림 2-19와 같은 명령어 형식에서는 연산 코드 필드에 4비트, 오퍼랜드1 필드에 4비트, 그리고 오퍼랜드2 필드에 8비트씩 각각 할당되었다. 연산 코드의 비트 수는 CPU가 수행할 수 있는 연산들의 수를 결정해준다. 이 예에서는 연산 코드 필드의 길이가 4비트이므로, CPU는 $2^4 = 16$가지의 연산들을 수행할 수 있다.

연산 코드의 비트 수가 증가되면 그 만큼 더 많은 종류의 연산들을 지정할 수 있다. 예를 들어, 그림 2-19의 형식에서 연산 코드가 5비트로 늘어난다면, 연산의 종류는 32가지로 늘어난다. 그러나 이 경우에는 오퍼랜드 필드들 중 어느 하나의 길이가 한 비트 줄어들어야 한다. 즉, 명령어의 길이가 고정된 상태에서 어느 한 필드의 비트 수를 증가시키면, 다른 필드의 비트 수는 그만큼 줄어들게 된다.

오퍼랜드 필드는 오퍼랜드가 아래와 같은 세 가지 중의 어떤 것인지에 따라 필요한 비트 수가 달라질 수 있으며, 배정되는 비트들의 수에 따라 각각의 범위가 결정된다.

- 데이터 : 표현 가능한 수의 크기가 결정된다.
- 기억장치 주소 : CPU가 오퍼랜드 인출을 위하여 직접 주소를 지정할 수 있는 기억장치 영역의 범위가 결정된다.
- 레지스터 번호 : 데이터 저장에 사용될 수 있는 내부 레지스터들의 수가 결정된다.

예를 들어, 그림 2-19의 형식에서 오퍼랜드1은 레지스터 번호를 지정하고, 오퍼랜드2는 기억장치 주소를 지정한다고 가정하자. 일반적으로 CPU 내부 레지스터의 수는 많지 않으므로 오퍼랜드1에는 4비트를 할당하고, 오퍼랜드2에는 나머지 8비트를 할당하였다. 그 결과, 사용할 수 있는 레지스터는 16개가 되고, 주소지정 가능한 기억장치의 주소 범위는 0번지부터 255번지까지가 되었다.

오퍼랜드를 한 개만 필요로 하는 명령어의 경우에는 두 개의 오퍼랜드 필드들을 합하여 12비트를 사용할 수 있다. 이 경우에 만약 오퍼랜드가 2의 보수로 표현되는 데이터라면, 그 표현 범위는 (-2048 ~ +2047)이 되고, 기억장치 주소라면 최대 $2^{12} = 4096$개의 기억장치 주소를 지정할 수 있다. 이와 같이 명령어를 구성하는 각 필드의 비트 수에 따라, 연산의 수와 데이터의 표현 범위 혹은 주소지정이 가능한 기억장치 영역이 결정된다.

예제 2-3

(1) 그림 2-19의 형식에서 연산 코드 필드를 5비트, 오퍼랜드1은 2비트, 오퍼랜드2는 나머지 9비트로 각각 변경하였을 때, 연산의 수와 사용 가능한 레지스터 수 및 주소지정할 수 있는 기억장치 주소 영역을 각각 구하라.

(2) 만약 오퍼랜드1 필드와 오퍼랜드2 필드를 합하여 하나의 오퍼랜드 필드로 하고, 2의 보수 데이터를 저장한다면, 그 데이터의 표현 범위는 어떻게 되는가?

[풀이]

(1) 연산 종류 : $2^5 = 32$ 가지, 레지스터 수 : $2^2 = 4$개, 기억장치 주소 영역 : 0 ~ 511번지

(2) 오퍼랜드 필드는 11비트가 되므로, 데이터 표현 범위는 $-2^{10} \sim +(2^{10}-1) = (-1024 \sim +1023)$이 된다.

이제 그와 같이 제한된 수의 비트들을 이용하여 명령어 형식을 설계하는 방법을 살펴보기로 하자. CPU가 처리할 수 있는 연산의 종류는 명령어 세트와 하드웨어 설계 과정에서 결정한다. 먼저, 명령어의 비트들을 연산의 종류와 수에 따라 필요한 만큼 연산 코드 필드에 배정하고, 나머지 비트들은 오퍼랜드들을 위해 적절히 배정하면 된다. 이 설명을 위하여, 두 개의 데이터에 대하여 덧셈을 수행하는 다음과 같은 ADD 명령어를 고려해보자.

$$\text{ADD} \quad X \qquad ; \text{AC} \leftarrow \text{AC} + \text{M}[X]$$

여기서, X는 데이터가 저장되어 있는 기억장치 주소를 나타낸다. 따라서, 이 명령어는 '기억장치 X번지의 내용과 누산기(AC)의 내용을 더하고, 그 결과를 다시 AC에 저장하라'는 명령어이다. 즉, 연산에 사용되는 두 개의 오퍼랜드들 중의 하나는 AC의 내용이 되고, 결과값도 항상 AC에 저장되도록 하고 있다. 그렇게 되면 명령어 코드는 주소 X만 포함하면 되므로, 오퍼랜드 필드의 모든 비트들이 주소지정에 사용될 수 있어서 더 넓은 영역의 주소들을 지정할 수 있게 된다. 이와 같이 명령어가 한 개의 오퍼랜드만 포함하는 것을 1-주소 명령어(one-address instruction)라 한다.

예제 2-4

길이가 16비트인 1-주소 명령어에서 연산 코드가 5비트일 때의 명령어 형식을 정의하고, 주소지정 가능한 기억장치 용량을 결정하라. 단, 주소가 지정되는 각 기억 장소에는 한 바이트씩 저장된다고 가정한다.

[풀이]

(a) 명령어 형식

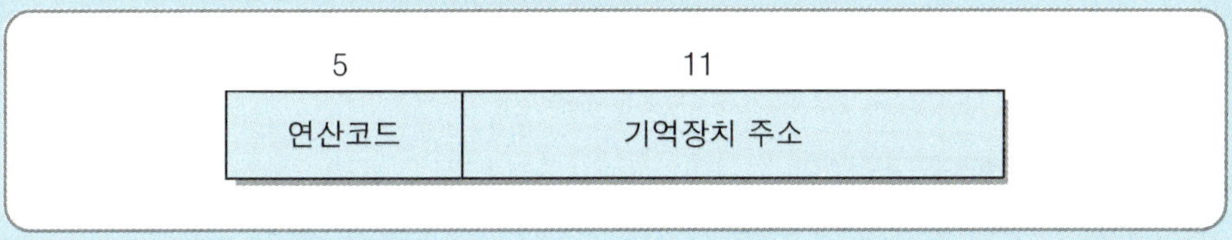

그림 2-20 1-주소 명령어 형식의 예

(b) 주소지정 가능한 기억장치 용량 : $2^{11} = 2048$바이트

다른 형태의 명령어로서, 두 개의 레지스터들을 이용하여 덧셈을 수행하는 경우를 고려해보자. 즉, 덧셈에 사용될 데이터들은 레지스터 R1과 R2에 적재되어 있다. 예를 들어, 다음 명령어는 그 두 레지스터의 내용을 더하고, 결과값을 레지스터 R1에 저장한다.

$$\text{ADD R1, R2} \qquad ; \text{R1} \leftarrow \text{R1} + \text{R2}$$

이와 같은 경우에는 오퍼랜드 필드가 두 개의 레지스터 번호들만 포함하면 되기 때문에, 비트 수가 절약된다. 또한 레지스터의 길이가 16비트라면, 데이터들은 모두 16비트의 길이를 가질 수 있다. 이와 같이 입력 데이터가 저장된 레지스터들 중의 하나에 연산의 결과값을 저장한다면, 명령어에는 두 개의 오퍼랜드 필드만 있으면 된다. 이와 같은 명령어를 2-주소 명령어(two-address instruction)라고 한다. 물론 이 경우에 결과값이 저장되는 레지스터의 원래 내용은 지워진다는 것을 유의해야 한다.

2-주소 명령어의 다른 형태로서, 다음과 같이 오퍼랜드들 중의 하나는 레지스터에 저장되어 있고, 다른 하나는 기억장치로부터 인출하여 덧셈을 수행하는 명령어 형식도 고려할 수 있다.

$$\text{ADD R1, } X \qquad ; \text{R1} \leftarrow \text{R1} + \text{M}[X]$$

그런데 위와 같은 명령어의 경우에는 명령어 코드 내에 레지스터 번호와 기억장치 주소가 모두 포함되어야 하므로, 주소지정 할 수 있는 기억장치 영역이 상당히 제한된다.

두 개의 주소를 이용하는 다른 명령어의 예로서 'MOV R1, R2'가 있다. 이 명령어는 R1 ← R2, 즉 레지스터 R2의 내용을 R1으로 이동하는 명령어이며, 이 경우에도 R1의 원래 내용은 지워진다.

예제 2-5

2-주소 명령어 형식을 사용하는 16-비트 CPU에서 연산 코드가 5비트이고, 레지스터의 수는 8개이다. (a) 두 개의 오퍼랜드들이 모두 레지스터 번호인 경우와, (b) 오퍼랜드들 중의 하나는 기억장치 주소인 경우의 명령어 형식을 각각 정의하라.

[풀이]

16개의 명령어 비트들 중에서 연산 코드로 사용되는 5개를 제외하면, 오퍼랜드로 사용될 수 있는 비트로는 11개가 남게 된다. (a)의 경우에는 그림 2-21(a)에서 보는 바와 같이 두 개의 레지스터 번호를 가리키기 위하여 각각 3비트씩 배정하면, 마지막 5비트는 사용되지 않는다. (b)의 경우에는 그림 2-21(b)와 같이 기억장치 주소를 위하여 8비트가 배정될 수 있다.

5	3	3	5
연산코드	레지스터1	레지스터2	(사용안됨)

(a) 두 개의 레지스터 오퍼랜드를 가지는 경우

5	3	8
연산코드	레지스터	기억장치 주소

(b) 한 오퍼랜드는 기억장치 주소인 경우

그림 2-21 2-주소 명령어의 형식들

마지막으로, 아래와 같이 세 개의 오퍼랜드들을 명령어 내에 포함하는 3-주소 명령어(three-address instruction)를 살펴보자.

ADD R1, R2, R3 ; R1 ← R2 + R3

이 명령어는 세 개의 오퍼랜드들을 포함하지만, 각각은 레지스터 번호이기 때문에 비트 수가 많이 소요되지는 않는다. 예를 들어 명령어의 길이가 16비트라면, 각 필드에는 아래와 같이 각각 4비트씩 할당할 수 있으므로, 최대 16개의 레지스터들이 각 오퍼랜드를 저장하는 데 사용될 수 있다. 이러한 경우에는 3-주소 명령어에 대한 명령어 형식이 그림 2-22(a)와 같아진다. 그리고 이와 같은 형식을 사용하는 위의 명령어 예에서 ADD의 연산 코드를 '0101'이라고 가정한다면, 명령어에 실제 저장되는 비트들은 그림 2-22(b)와 같아진다.

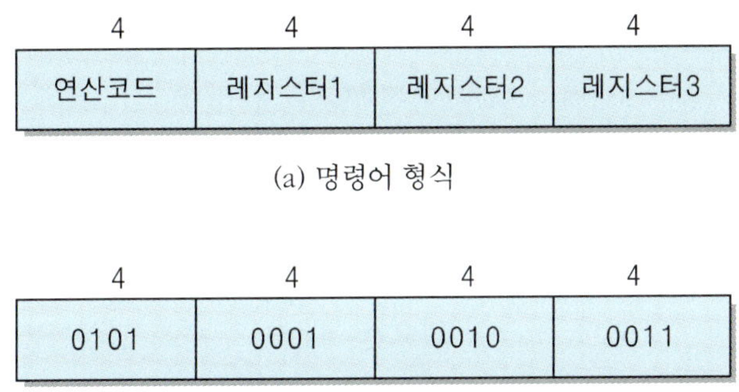

(a) 명령어 형식

(b) ADD R1, R2, R3 명령어의 비트 배열식

그림 2-22 3-주소 명령어 형식과 예

지금까지 설명한 바와 같이, 명령어에 포함되는 오퍼랜드의 수에 따라 여러 가지 명령어 형식들이 존재할 수 있는데, 이러한 형식은 프로그램의 길이에 직접적인 영향을 미친다. 그것을 확인하기 위한 실제 예로서, 아래의 계산을 수행하는 프로그램을 앞에서 설명한 명령어 형식들을 사용하여 작성해보기로 하자.

$$X = (A + B) \times (C - D)$$

이 예에서는 다음과 같은 니모닉스를 가진 명령어들을 사용하기로 한다.

ADD : 덧셈
SUB : 뺄셈
MUL : 곱셈
DIV : 나눗셈
MOV : 데이터 이동(레지스터와 기억장치 간)
LOAD : 기억장치로부터 데이터를 읽어서 누산기(AC)에 적재
STOR : AC의 내용을 기억장치에 저장

1) 1-주소 명령어들을 사용한 프로그램

```
LOAD  A    ;  AC ← M[A]
ADD   B    ;  AC ← AC + M[B]
STOR  T    ;  M[T] ← AC
LOAD  C    ;  AC ← M[C]
SUB   D    ;  AC ← AC − M[D]
MUL   T    ;  AC ← AC × M[T]
STOR  X    ;  M[X] ← AC
```


여기서, M[i]는 기억장치 i번지의 내용을 나타낸다. 또한, 이 프로그램에서 T는 기억장치 내 임시 저장 장소의 주소이다. 이것이 필요한 이유는 1-주소 명령어를 사용하는 CPU에는 내부 레지스터로서 누산기(AC)만 있기 때문에, 계산 과정에서 중간 결과를 기억장치의 T번지에 임시로 저장하는 것이다. 이와 같이 1-주소 명령어들을 사용한 경우에는 프로그램이 7개의 명령어들로 이루어진다.

2) 2-주소 명령어를 사용한 프로그램

```
MOV  R1, A    ;  R1 ← M[A]
ADD  R1, B    ;  R1 ← R1 + M[B]
MOV  R2, C    ;  R2 ← M[C]
SUB  R2, D    ;  R2 ← R2 − M[D]
MUL  R1, R2   ;  R1 ← R1 × R2
MOV  X, R1    ;  M[X] ← R1
```

2-주소 명령어는 레지스터 번호를 포함하기 때문에 여러 개의 CPU 레지스터들을 사용할 수 있게 되어, 프로그램의 길이가 6개 명령어로 줄어들었다.

3) 3-주소 명령어를 사용한 프로그램

```
ADD R1, A, B    ; R1 ← M[A] + M[B]
SUB R2, C, D    ; R2 ← M[C] - M[D]
MUL X, R1, R2   ; M[X] ← R1 × R2
```

3-주소 명령어를 사용함으로써, 세 개의 명령어만으로 위의 계산을 위한 프로그램을 작성할 수 있게 되었다. 즉, 3-주소 명령어를 사용하면 프로그램이 가장 짧아진다는 장점이 있다. 그러나 레지스터의 수와 기억장치 용량이 고정된 상태에서 이 명령어 형식을 사용하면 명령어의 비트 수가 늘어나게 된다. 결과적으로 프로그램 길이는 줄어들지만 프로그램을 저장하기 위한 기억장치 용량은 별로 줄어들지 않으며, 명령어 해독 과정이 더 복잡해지는 단점도 있다.

2.4.3 주소지정 방식

앞 절에서 설명한 바와 같이 명령어의 길이가 늘어나면 오퍼랜드 필드의 수와 각 필드의 비트 수가 증가될 수 있다. 그러나 일반적으로 명령어 비트의 수는 CPU가 처리하는 단어(word)의 길이와 같도록 제한된다. 그와 같이 제한된 수의 명령어 비트들을 이용하여 사용자(혹은 프로그래머)로 하여금 가능한 한 다양한 방법으로 오퍼랜드를 지정하고 더 큰 용량의 기억장치를 사용할 수 있도록 하기 위하여 여러 가지 주소지정 방식(addressing mode)들이 제안되어 있다. 그 방식의 종류와 수는 매우 다양하고 CPU마다 다르기 때문에, 이 절에서는 그들 중에서 가장 중요하고 기본적인 것들에 대해서만 설명하고자 한다. 그 설명을 위하여 다음과 같은 표기들을 사용하기로 한다.

EA : 유효 주소(effective address). 즉, 데이터가 저장된 기억장치의 실제 주소

A : 명령어 내의 주소 필드 내용(오퍼랜드가 기억장치 주소인 경우)

R : 명령어 내의 레지스터 번호(오퍼랜드가 레지스터 번호인 경우)

(A) : 기억장치 A번지의 내용
(R) : 레지스터 R의 내용

명령어가 실행되는 과정에서 주소지정 방식에 따라 유효 주소인 EA가 결정되며, EA는 실제 데이터를 읽어오기 위한 주소로 사용된다. 주소지정 방식이 복잡해질수록 EA를 결정하는 데 걸리는 시간이 더 길어진다.

1) 직접 주소지정 방식

직접 주소지정 방식(direct addressing mode)은 명령어 내 오퍼랜드 필드의 내용이 데이터의 유효 주소로 사용되는 가장 간단한 방식이다. 즉, $EA = A$가 된다.

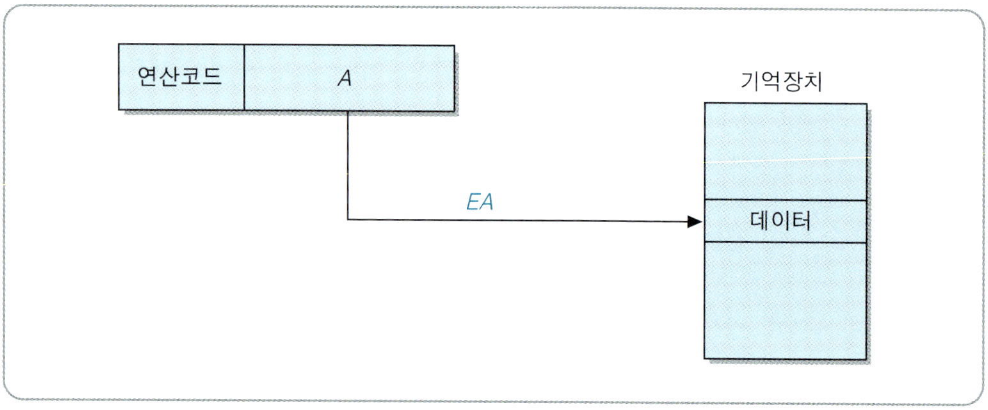

그림 2-23 직접 주소지정 방식

이 방식을 이용하면 데이터 인출을 위하여 한 번의 기억장치 액세스만 필요하며, 유효 주소 결정을 위한 다른 절차나 계산이 필요하지 않다. 그런데 명령어에서 일정 부분은 연산 코드를 위해 사용되기 때문에 남은 비트들만 주소 비트로 사용될 수 있다. 만약 명령어의 길이가 n비트이고, 그 중에서 연산 코드의 비트들이 p개라면, 직접 주소지정 방식을 이용하여 지정할 수 있는 기억장소의 수는 최대 2^{n-p}개가 된다. 이와 같이 직접 액세스할 수 있는 기억장치 주소 공간이 오퍼랜드 필드의 비트 수에 의해 제한되는 것이 이 방식의 단점이다.

예제 2-6

CPU 내부 레지스터들과 주기억장치에 그림 2-24와 같은 값들이 저장되어 있다고 가정하자. 여기서, CPU 레지스터 및 기억 장소의 길이는 16비트이며, 그림에서 모든 값들은 편의상 10진수로 표시하였다(그림 2-24는 [예제 2-7] 및 [예제 2-9]에서도 공통적으로 사용됨).

(1) 직접 주소지정 방식을 사용하는 명령어의 주소 필드(*A*)에 저장된 내용이 150일 때, 유효 주소(*EA*) 및 그에 의해 인출되는 데이터를 구하라.

(2) 명령어 길이가 16비트이고 연산 코드가 5비트라면, 이 명령어에 의해 직접 주소지정 될 수 있는 기억장치 용량은 얼마인가?

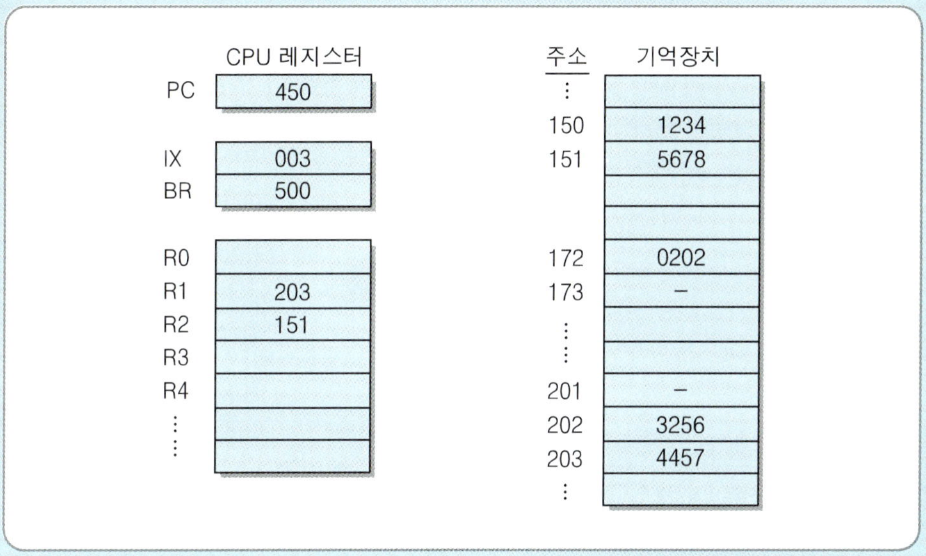

그림 2-24 예제 2-6, 2-7, 2-9를 위한 그림

[풀이]

(1) $EA = 150$이므로, 기억장치 150번지에 저장된 데이터 '1234'가 인출된다.

(2) 주소 필드가 11비트이므로, 직접 주소지정 할 수 있는 기억장치 용량은 $2^{11} = 2048$ 단어가 된다. 그런데 각 기억 장소에 저장되는 데이터의 비트 수가 16비트(2바이트)이므로, 기억장치 용량은 4096바이트로 표현할 수도 있다.

2) 간접 주소지정 방식

직접 주소지정 방식의 문제점은 주소 필드의 길이가 짧기 때문에 주소를 지정할 수 있는 기억장치 범위가 제한된다는 것이었다. 이에 대한 해결책으로서, 그림 2-25에서 보는 바와 같이 명령어의 오퍼랜드 필드의 기억장치 주소(A)가 가리키는 기억 장소에 실제 사용할 데이터의 유효 주소(EA)를 저장해 두는 방법이 있다. 그렇게 되면 최대 기억장치 용량이 그 기억 장소에 저장된 전체 비트 수에 의해 결정되므로, 그 범위가 더욱 확장될 수 있다. 즉, 기억장치의 단어 길이가 n비트라면, 이 명령어에 의해 직접 주소지정 될 수 있는 기억 장소들의 수는 최대 2^n개가 될 수 있다. 이 방식을 간접 주소지정 방식(indirect addressing mode)이라 하며, 유효 주소는 $EA = (A)$로 표현된다.

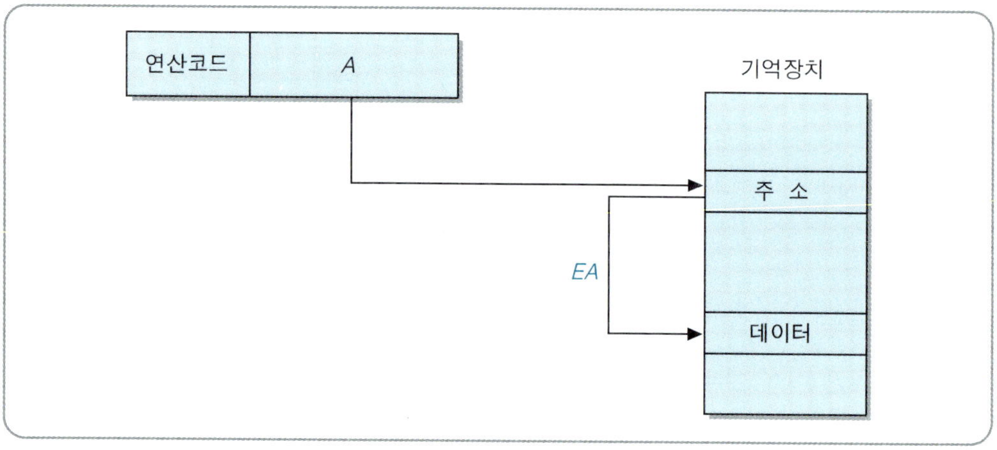

그림 2-25 간접 주소지정 방식

이 방식을 위하여 명령어 형식은 그림 2-26과 같이 간접 비트(I)가 포함되어야 한다. 만약 I비트가 0이라면, 직접 주소지정 방식을 나타내므로 오퍼랜드 자체가 유효 주소(EA)이다. 그러나 만약 I비트가 1이라면, 간접 주소지정 방식이므로 오퍼랜드가 지정하는 위치로부터 유효 주소를 인출해 와야 한다.

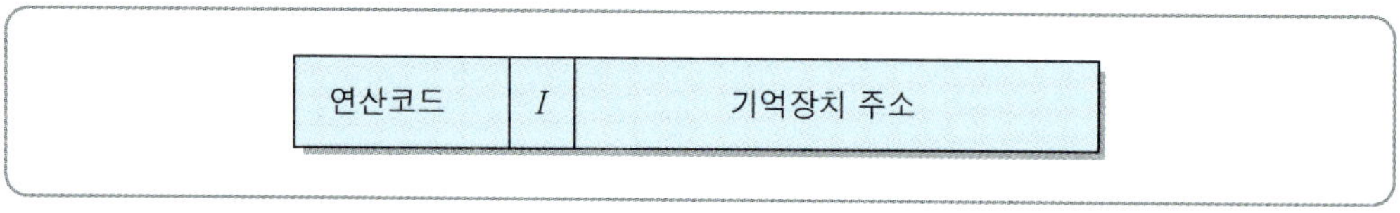

그림 2-26 간접 비트가 포함된 명령어 형식

간접 주소지정 방식의 단점은 실행 사이클 동안에 두 번의 기억장치 액세스가 필요하다는 점이다. 첫 번째 액세스는 주소를 읽어오기 위한 것이고, 두 번째는 그 주소가 지정하는 위치로부터 실제 데이터를 인출하기 위한 것이다.

예제 2-7

CPU 레지스터들과 주기억장치에 그림 2-24와 같은 값들이 저장되어 있을 때 아래 물음에 답하라.

(1) 간접 주소지정 방식을 사용하는 명령어의 주소 필드(A)에 저장된 내용이 '172'라고 가정했을 때, 유효 주소(EA) 및 그에 의해 인출되는 데이터를 구하라.
(2) 이 명령어에 의해 주소지정 될 수 있는 기억장치 용량은 얼마인가?

[풀이]

(1) EA는 그림 2-24의 기억장치 172번지에 저장되어 있는 '202'이다. 따라서 명령어 실행에 사용될 데이터로는 기억장치 202번지에 저장되어 있는 '3256'이 인출된다.
(2) 주소(EA)의 길이가 16비트인 것으로 가정하였으므로, 주소지정 할 수 있는 기억장치 용량은 $2^{16} = 64$K 단어(혹은 128 KByte)가 된다.

간접 주소지정 방식에서는 여러 단계의 간접 지정도 가능하다. 이러한 방식을 다단계(multi-level) 혹은 연속적(cascaded) 간접 주소지정 방식이라고 부르며, 유효 주소는 다음과 같이 표현될 수 있다.

$$EA = ((..(A)..))$$

이 방식은 특별한 프로그래밍 기법을 위해 사용되기도 하지만, 한 개의 오퍼랜드를 인출하기 위하여 세 번 혹은 그 이상의 기억장치 참조들이 필요하다는 단점이 있다.

3) 묵시적 주소지정 방식

묵시적 주소지정 방식(implied addressing mode)에서는 명령어 실행에 필요한 데이터의 위치를 지정하지 않더라도 이미 묵시적으로 정해져 있다. 예를 들어, SHL 명령어는 누산기(AC)의 내용을 좌측으로 쉬프트(shift)하라는 명령어로서, 오퍼랜드 필드가 없지만 자동적으로 누산기에 대하여 연산이 수행된다.

이 주소지정 방식에는 지정된 내용을 자동적으로 스택에 저장하는 PUSH 명령어나 스택의 최상위의 내용을 인출하는 POP 명령어도 포함된다. 예를 들어, 'PUSH R1' 명령어는 레지스터 R1의 내용을 스택에 저장하는데, 이때 스택 포인터(SP)의 내용이 스택의 위치를 지정하는 유효 주소로 사용된다. 이 방식의 가장 큰 장점은 오퍼랜드가 없거나 한 개뿐이기 때문에 명령어 길이가 짧다는 점이다.

4) 즉치 주소지정 방식

즉치 주소지정 방식(immediate addressing mode)을 사용하는 명령어는 연산에서 사용할 데이터를 명령어 코드 내에 포함하고 있다. 즉, 그림 2-27에서와 같이 오퍼랜드 필드의 내용이 연산에 즉시 사용될 수 있는 실제 데이터이다. 따라서 데이터 인출 과정이 별도로 필요하지 않다. 이 방식은 프로그램에서 레지스터나 변수의 초기 값을 어떤 상수값(constant value)으로 세트하는 데 주로 사용된다. 만약 저장되는 값이 2의 보수로 표현되는 수라면, 오퍼랜드 필드의 가장 좌측 비트가 부호(sign) 비트로 사용된다.

연산코드	데 이 터

그림 2-27 즉치 주소지정 방식을 위한 명령어 형식

즉치 주소지정 방식의 장점은 데이터를 인출하기 위하여 기억장치를 액세스할 필요가 없기 때문에 실행 사이클이 짧아진다는 점이다. 단점으로는 사용할 수 있는 수의 크기가 오퍼랜드 필드의 비트 수에 의해 제한된다는 점이다.

예제 2-8

(1) 즉치 주소지정 방식이 사용되는 16-비트 명령어에서 연산 코드가 5비트일 때, 이 명령어가 가질 수 있는 데이터의 범위를 구하라.

(2) 그림 2-27의 명령어 형식으로 'LOAD -43' 명령어에 대한 2진수 비트 패턴을 구하라. 단, AC에 10진수 '-43'을 적재하는 이 명령어의 연산 코드는 '00101'이라고 가정한다.

[풀이]

(1) 일반적으로 2의 보수로 표현되므로, 데이터의 범위는 (-1024 ~ +1023)이 된다.

(2) 아래와 같이 -43에 대한 2의 보수 표현이 오퍼랜드 필드에 저장된다.

00101	11111010101

5) 레지스터 주소지정 방식

레지스터 주소지정 방식(register addressing mode)에서는 그림 2-28에서 보는 바와 같이 연산에 사용될 데이터가 레지스터에 저장되어 있다. 따라서 오퍼랜드 필드의 내용은 레지스터 번호로 사용되며, 그 번호가 가리키는 레지스터의 내용이 명령어 실행 과정에서 데이터로 사용된다. 따라서 $EA = R$이 된다.

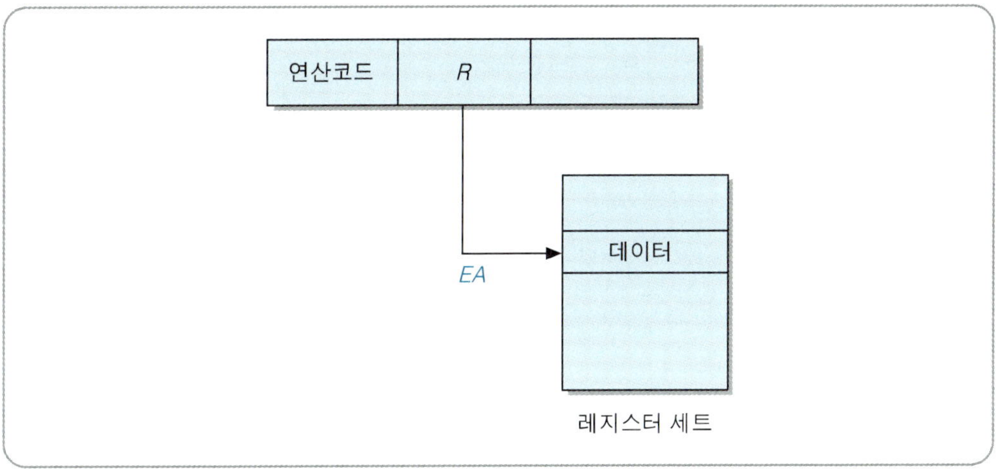

그림 2-28 레지스터 주소지정 방식

이 방식에서 사용될 수 있는 레지스터들의 수는 오퍼랜드 필드의 비트 수에 의해 결정된다. 만약 그 필드가 k비트라면, 2^k개의 레지스터들이 이 방식을 위하여 사용될 수 있다. 일반적으로 레지스터를 지정하는 오퍼랜드 필드의 길이는 3~4비트이므로, 8~16개의 레지스터들을 지정할 수 있다.

레지스터 주소지정 방식의 장점으로는 명령어 형식에서 오퍼랜드 필드의 비트 수가 적어도 되고, 데이터 인출을 위하여 기억장치를 액세스할 필요가 없다는 점이다. CPU 내부 레지스터에 대한 액세스 시간이 주기억장치 액세스 시간보다 훨씬 더 짧기 때문에, 명령어 실행 시간도 짧아진다. 그러나 이 방식을 사용하면 데이터가 저장될 수 있는 위치가 CPU 내부 레지스터로 제한된다는 단점이 있다.

6) 레지스터 간접 주소지정 방식

레지스터 간접 주소지정 방식(register-indirect addressing mode)에서는 오퍼랜드 필드(레지스터 번호)가 가리키는 레지스터의 내용이 유효 주소가 된다. 즉, $EA = (R)$이다. 따라서 그림 2-29에서 보는 바와 같이, 지정된 레지스터의 내용이 기억장치 주소로 사용되어 실제 데이터를 인출하게 된다.

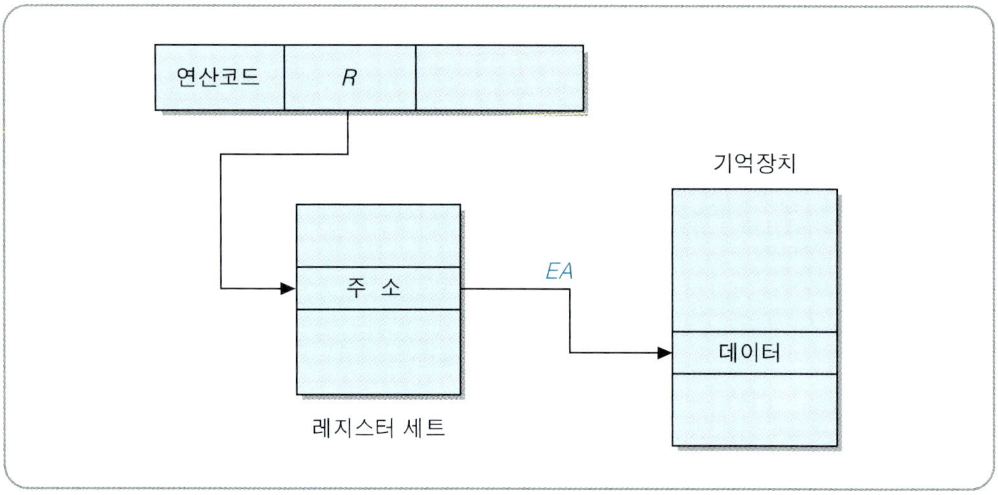

그림 2-29 레지스터 간접 주소지정 방식

레지스터 간접 주소지정 방식을 이용하는 경우에 주소를 지정할 수 있는 기억장치 영역은 레지스터의 길이에 달려있다. 예를 들어, 레지스터의 길이가 16비트라면 $2^{16} = 64$ KByte, 32비트라면 $2^{32} = 4$ GByte의 기억장치 영역을 주소지정 할 수 있다. 이 방식을 이용하면 데이터 인출을 위하여 한 번의 기억장치 액세스가 필요하다.

예제 2-9

CPU 내부 레지스터들과 주기억장치에 그림 2-24와 같은 값들이 저장되어 있고, 그림 2-28과 2-29의 명령어 형식에서 레지스터 필드 R에는 '2'가 저장되어 있다고 가정하자.

(1) 레지스터 주소지정 방식이 사용된다면, 연산 처리 과정에서 어떤 데이터가 사용될 것인가?
(2) 레지스터 간접 주소지정 방식이 사용된다면, 어떤 데이터가 사용될 것인가?

[풀이]

(1) R2에 저장되어 있는 데이터 '151'이 사용된다.
(2) 기억장치 151번지에 저장되어 있는 데이터 '5678'이 사용된다.

7) 변위 주소지정 방식

직접 주소지정 방식과 레지스터 간접 주소지정 방식을 조합하면 변위 주소지정 방식(displacement addressing mode)이라는 유연성이 높은 방식을 만들 수 있다. 이 방식은 유효 주소 결정을 위해 사용되는 레지스터에 따라 여러 가지 명칭으로 불리지만, 기본 메커니즘은 동일하다. 이들에 대한 EA의 일반적인 표현은 다음과 같다.

$$EA = A + (R)$$

변위 주소지정 방식을 사용하는 명령어는 두 개의 오퍼랜드를 가진다. 그들 중의 하나는 변위를 나타내는 주소 A이고, 다른 오퍼랜드는 레지스터 번호 R이다. 유효 주소(EA)는 R이 가리키는 레지스터의 내용을 A와 더함으로써 결정된다.

사용되는 레지스터에 따라 여러 종류의 변위 주소지정 방식들이 정의될 수 있으며, 가장 널리 사용되고 있는 대표적인 것들로는 다음과 같은 세 가지가 있다.

- 상대 주소지정 방식(relative addressing mode) : 이 방식에서는 레지스터로서 프로그램 카운터(PC)가 사용된다. 따라서 $EA = A + (PC)$, 즉 PC의 내용과 변위 A를 더하여 유효 주소가 결정된다. 그런데 현재 PC의 내용은 다음에 실행할 명령어의 주소이므로, 변위는 그 명령어의 위치를 기준으로 한 상대적인 값이 된다. A는 일반적으로 2의 보수로 표현된다. 이 방식은 주로 분기 명령어에서 사용되는데, 변위가 양수인 경우에는

앞(forward) 방향으로 분기하고, 음수인 경우에는 뒤(backward) 방향으로 분기한다. 그림 2-30은 이 주소지정 방식을 사용하는 분기 명령어가 실행된 결과를 보여주고 있는데, PC의 내용이 새로운 분기 목적지 주소인 EA로 갱신된다는 것을 알 수 있다.

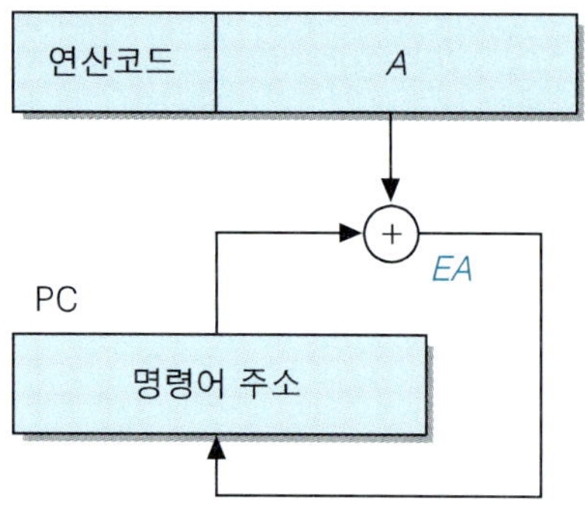

그림 2-30 상대 주소지정 방식을 사용하는 분기 명령어가 실행된 결과

이 방식을 사용하면 변위의 범위가 오퍼랜드 필드의 비트 수에 의하여 제한되지만, 전체 기억장치 주소가 명령어에 포함되어야 하는 일반적인 분기 명령어보다 적은 수의 비트만 있으면 된다는 장점이 있다. 또한 레지스터로서 PC가 묵시적으로 지정되기 때문에, 그림 2-28의 명령어 형식에서 R 필드가 필요하지 않다. 따라서 R 필드와 A 필드가 모두 주소 필드(A)로 사용될 수 있다.

예제 2-10

상대 주소지정 방식을 사용하는 JUMP 명령어가 450번지에 저장되어 있다.

(1) 만약 오퍼랜드 A = '21'이라면, 몇 번지로 점프하는가?
(2) 만약 오퍼랜드 A = '−50'이라면, 몇 번지로 점프하는가?

[풀이]

(1) 이 명령어가 인출된 후에는 PC의 내용이 451로 증가된다. 따라서 $451 + 21 = 472$ 번지로 점프하게 된다.
(2) (1)번과 같은 원리로, $451 - 50 = 401$번지로 점프하게 된다.

- **인덱스 주소지정 방식(indexed addressing mode)** : 이 방식에서는 인덱스 레지스터의 내용과 변위 A를 더하여 유효 주소를 결정한다. 인덱스 레지스터는 인덱스(index) 값을 저장하는 특수 레지스터이다. 이 레지스터를 IX이라고 하면, $EA = A + (IX)$가 된다.

일반적으로 주소 A는 기억장치에 저장된 데이터 배열(data array)의 시작 주소를 가리킨다. 그리고 인덱스 레지스터의 내용은 그 배열의 시작 주소로부터 각 데이터까지의 거리를 나타낸다. 따라서 데이터 배열을 처리하는 프로그램 루프(program loop) 내에서 인덱스 레지스터의 내용을 증가 혹은 감소시킨다면, 동일한 명령어를 사용하여 배열 내의 데이터들을 순차적으로 액세스하는 것이 가능해진다.

그에 대한 예를 들어보기로 하자. 그림 2-31에는 데이터 배열이 기억장치의 500번지부터 저장되어 있고, 그 시작 주소를 가리키기 위하여 명령어의 주소 필드에 '500'이 저장되어 있다. 그리고 배열의 시작 주소로부터 각 데이터까지의 거리를 나타내는 인덱스 값은 인덱스 레지스터에 저장되어 있다. 그림 2-31은 인덱스 레지스터에 '3'이 저장되어 있어서 네 번째 데이터가 액세스되는 경우를 보여주고 있다.

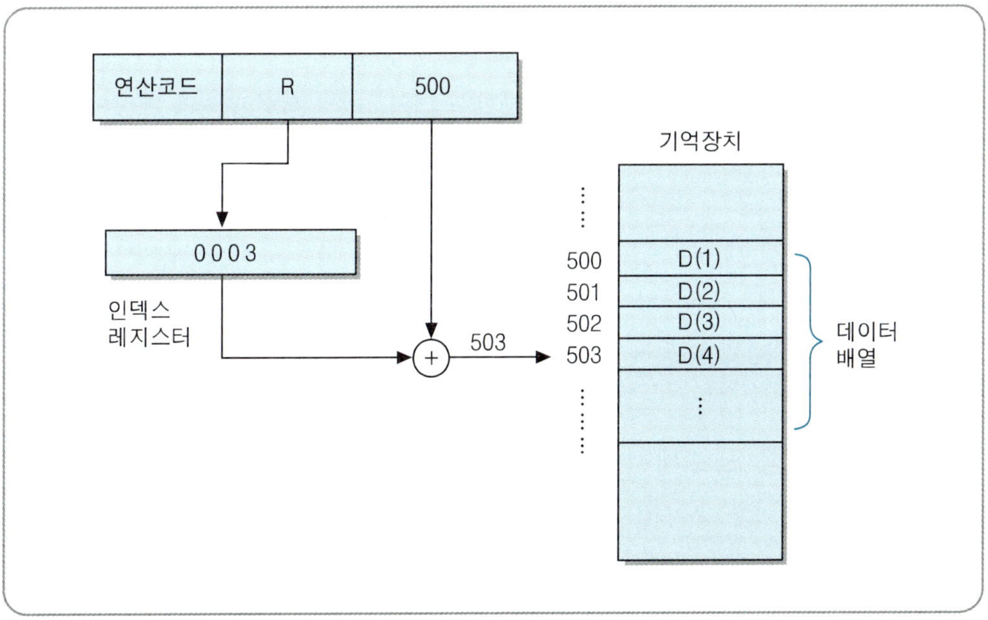

그림 2-31 인덱스 주소지정 방식의 예

그 데이터에 대한 처리를 수행한 후에 그 다음 데이터들을 순차적으로 액세스하려면, 인덱스 레지스터의 내용만 1씩 증가시키면 된다.

이와 같이 연속된 데이터들을 차례대로 액세스하는 경우를 위하여 명령어 사이클 동안에 인덱스 레지스터의 내용이 자동적으로 증가 혹은 감소되도록 할 수도 있는데, 이것을 자동 인덱싱(autoindexing)이라고 한다. 이 경우에는 유효 주소가 결정될 때마다 아래와 같은 두 연산들이 연속적으로 수행된다.

$$EA = A + (\mathrm{IX})$$
$$\mathrm{IX} \leftarrow \mathrm{IX} + 1$$

- 베이스-레지스터 주소지정 방식(base-register addressing mode) : 이 방식에서는 베이스 레지스터의 내용과 변위 A를 더하여 유효 주소를 결정한다. 즉, 베이스 레지스터를 BR이라고 하면, $EA = A + (\mathrm{BR})$이 된다. 이 방식은 인덱스 주소지정 방식과 유사한데, 두 방식의 차이점은 레지스터가 사용되는 방법에 있다. 인덱스 레지스터에는 명령어에 포함된 주소 A를 기준으로 한 인덱스 값이 저장되는 반면에, 베이스 레지스터에는 기준이 되는 명령어의 주소가 저장된다. 용도상의 차이를 보면, 인덱스 주소지정 방식은 데이터 배열의 액세스에 주로 사용되지만, 베이스-레지스터 주소지정 방식은 프로그램의 시작 위치를 지정하는 데 사용된다.

  사용 예를 보면, 다중프로그래밍시스템에서 기억장치의 어떤 위치에 저장되어 있는 프로그램들과 데이터들을 다른 위치로 이동시켜야 하는 경우가 있다. 이런 경우에는 프로그램 내의 분기 명령어나 데이터 액세스 명령어들의 주소 필드 값도 이동된 후의 프로그램 및 데이터 위치를 가리키도록 바뀌어야 한다. 그러나 베이스-레지스터 주소지정 방식을 사용하면 그 명령어들의 주소 필드는 변경할 필요가 없고, 베이스 레지스터의 내용만 이동될 위치의 시작 주소로 변경하면 된다.

2.4.4 실제 상용 프로세서들의 명령어 형식

지금까지 설명한 명령어 형식과 주소지정 방식들에 대한 이해를 돕기 위하여, 실제 상용화된 시스템들의 프로세서들을 예로서 살펴보기로 한다. 먼저 간단한 예로서 초기의 대표적인 미니컴퓨터였던 DEC사의 PDP 계열 프로세서들의 명령어 형식들을 분석하고,

다음으로 최근 개인용 컴퓨터의 프로세서로 널리 사용되고 있는 펜티엄(Pentium) 계열 프로세서의 경우를 살펴보기로 한다.

1) PDP 계열 프로세서

PDP-10 시스템의 프로세서는 단어의 길이가 36비트이며, 명령어의 길이도 36비트이다. 그리고 명령어 형식은 그림 2-32와 같다. 이 형식에서 연산 코드는 9비트이며, 따라서 최대 512 종류의 연산들이 허용된다. 실제로는 전체 365개의 명령어들이 정의되어 있다. 대부분의 명령어들은 레지스터 번호를 가리키는 두 개의 오퍼랜드 필드들을 가지고 있는데, 이들은 각각 일반목적용 레지스터들 혹은 인덱스 레지스터들 중의 하나를 가리킨다. 프로세서 내부 레지스터의 수는 16개이기 때문에, 이 오퍼랜드 필드들은 각각 4비트로 구성된다. 그 두 오퍼랜드 필드들 사이에는 간접 주소지정을 나타내는 *I*비트가 위치하고 있다.

다른 오퍼랜드 필드로는 18비트 길이의 기억장치 주소 필드가 있다. 이것은 즉치 데이터(immediate data) 혹은 기억장치 주소로서 사용될 수 있다. 기억장치 주소로 사용되는 경우에는 인덱싱과 간접 주소지정이 모두 허용된다.

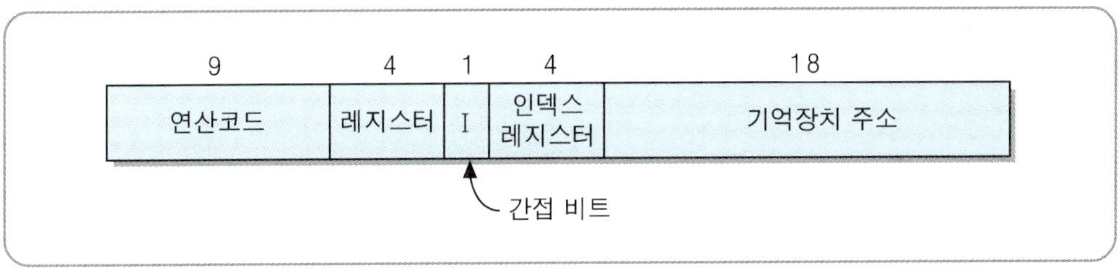

그림 2-32 PDP-10 프로세서의 명령어 형식

이와 같이 PDP-10 프로세서는 명령어의 길이가 한 가지로 고정되어 있는 경우에 해당하는데, 서로 다른 길이를 가진 여러 가지 명령어 형식들을 사용하는 프로세서들도 있다. 그런 경우에는 길이가 서로 다른 더 많은 종류의 연산 코드들과 오퍼랜드들을 쉽게 제공해줄 수 있기 때문이다. 그 대표적인 예로는 PDP-11 미니컴퓨터의 프로세서를 들 수 있다.

PDP-11은 16-비트 미니컴퓨터라는 한계 속에서도 강력하고 유연성이 높은 명령어 세트를 제공하도록 설계되었다. 그림 2-33은 이 컴퓨터의 명령어 형식들을 보여주고 있다. PDP-11 명령어들의 길이는 대부분 한 단어(16비트)이다. 몇 가지 명령어들은 하나 또는 두 개의 기억장치 주소 필드들이 추가되어, 길이가 32비트 혹은 48비트인 경우도 있다. 명령어 형식의 종류로는 13 가지가 사용되었는데, 여기에는 0-, 1- 및 2-주소 명령어 형식들이 모두 포함되어 있다. Op Code는 연산 코드 필드를 나타내며, 길이는 4비트부터 16비트까지 다양하다.

레지스터 필드는 각각 오퍼랜드의 근원지(Source) 혹은 목적지(Dest)가 되는 레지스터의 번호와 주소지정 방식 비트들을 포함하고 있으며, 길이는 6비트이다. 이 프로세서는 8개의 16-비트 일반목적용 레지스터들을 가지고 있기 때문에, 레지스터 필드의 6비트들 중의 3비트는 레지스터 번호를 지정하고, 나머지 3비트는 주소지정 방식을 가리킨다. 그림 2-33에서 Offset은 상대 주소지정 방식을 위한 변위, R은 주소지정 방식의 구분이 필요하지 않은 경우의 레지스터 번호, FP는 부동소수점 레지스터 번호, 그리고 CC는 조건 코드 필드를 각각 의미한다. 각 형식 아래의 숫자들은 필드의 길이를 가리킨다.

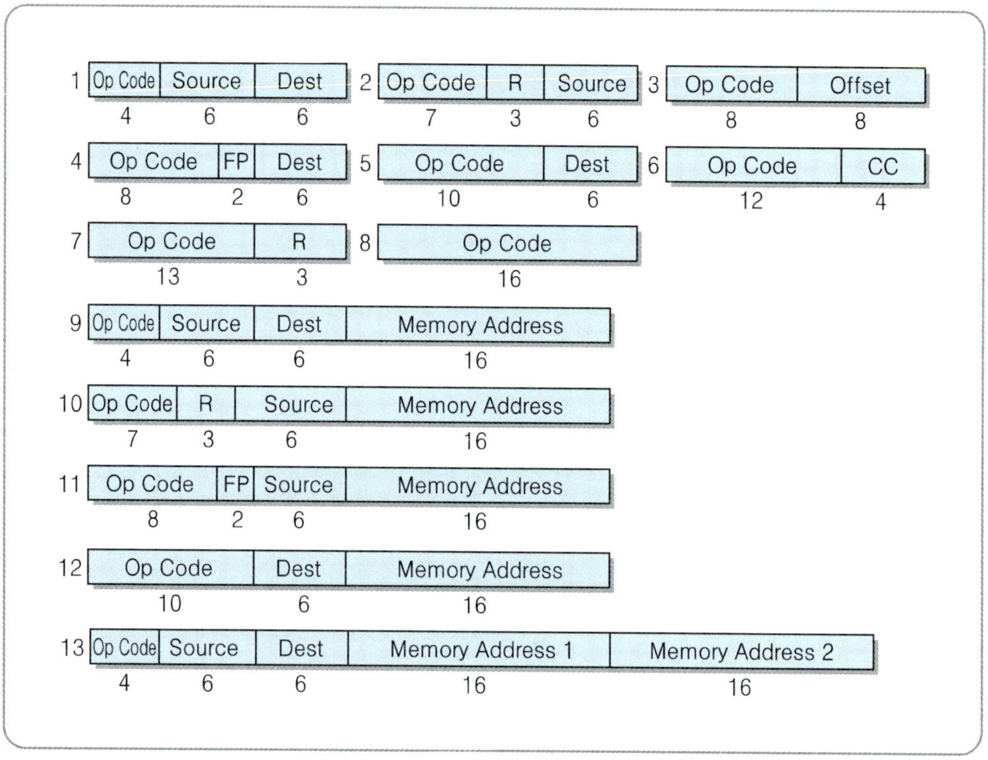

그림 2-33 PDP-11의 명령어 형식들

2) 펜티엄 계열 프로세서

CISC(Complex Instruction Set Computer)로 분류되는 펜티엄 계열 프로세서들도 다양한 종류의 명령어 형식들을 사용하고 있는데, 이들을 이해하기 위해 먼저 주소지정 방식들을 살펴보기로 한다. 펜티엄은 C나 FORTRAN과 같은 고급 언어가 효율적으로 실행될 수 있도록 하기 위해 여러 종류의 주소지정 방식들을 제공하고 있다. 기억장치 공간은 세그먼트(segment) 단위로 분리되어 액세스되는데, 그들은 세그먼트 레지스터(SR)에 의하여 구분된다. 세그먼트 레지스터는 6개가 있으며, 각 세그먼트 레지스터는 해당 세그먼트의 시작 주소를 가지고 있다. 그 외에도 베이스 레지스터(BR)와 인덱스 레지스터(IX)가 주소지정에 사용된다.

펜티엄 계열 프로세서에서는 일단 유효 주소(EA)가 결정되면, 해당 세그먼트의 시작 주소와 유효 주소를 더하여 실제 기억장치를 액세스하는 데 사용되는 선형 주소(linear address : LA)를 생성한다. [표 2-1]은 펜티엄의 주소지정 방식들과 유효주소 EA 및 선형주소 LA를 계산하는 관계식들을 보여주고 있다. 단, 표에서 A는 명령어의 오퍼랜드 필드의 내용을 가리키며, 다른 표기들은 앞 절에서와 같다.

[표 2-1] 펜티엄 계열 프로세서의 주소지정 방식들

주소지정 방식	유효 주소(EA)	선형 주소(LA)
즉치 방식	데이터 = A	
레지스터 방식	EA = R	$LA = R$
변위 방식	$EA = A$	LA = (SR) + EA
베이스 방식	EA = (BR)	LA = (SR) + EA
변위를 가진 베이스 방식	EA = (BR) + A	LA = (SR) + EA
변위를 가진 인덱스 방식	EA = (IX) + A	LA = (SR) + EA
인덱스와 변위를 가진 베이스 방식	EA = (IX) + (BR) + A	LA = (SR) + EA
상대 방식	EA = (PC) + A	$LA = EA$

즉치 방식(immediate mode)에서는 데이터가 명령어에 포함되어 있다. 이 데이터의 길이는 바이트, 단어(word) 혹은 2중 단어(double word) 중에서 필요에 따라 결정될 수 있다.

레지스터 방식(register mode)에서는 유효 주소가 레지스터에 들어 있다. 데이터 전송이나 산술 혹은 논리 명령어와 같은 일반적인 명령어들에서 데이터는 32-비트 일반 레지스터들(EAX, EBX, ECX, EDX, ESI, EDI, ESP, EBP), 16-비트 일반 레지스터들(AX, BX, CX, DX, SI, DI, SP, BP) 혹은 8-비트 일반 레지스터들(AH, BH, CH, DH, AL, BL, CL, DL) 중의 하나에 들어있다. 부동소수점 연산을 위한 64-비트 데이터들은 두 개의 32-비트 레지스터들을 짝(pair)으로 사용하여 저장된다.

변위 방식(displacement mode)에서는 8-, 16-, 혹은 32-비트의 변위값이 명령어의 한 부분으로 포함되어 있다. 명령어 내의 모든 주소들은 세그먼트 내에서의 변위로서 된다. 따라서 [표 2-1]에서 보는 바와 같이, 이 변위값은 세그먼트 레지스터 SR의 내용과 더해져서 선형주소 LA를 생성하여 기억장치를 액세스하게 된다. 변위 주소지정 방식을 사용하면 명령어가 길어진다. 펜티엄의 경우에 변위값의 최대 길이는 32비트이며, 그 경우에 명령어의 길이는 6 바이트가 된다. 이 방식은 전역 변수 참조에 유용하게 사용될 수 있다.

나머지 주소지정 방식들은 모두 간접 주소지정에 해당하는데, 명령어의 주소 부분은 프로세서가 주소를 찾기 위해 어떤 레지스터를 참조해야 하는 지를 가리킨다. 베이스 방식(base mode)은 유효 주소를 포함하고 있는 8-, 16- 혹은 32-비트 레지스터들 중의 하나를 지정해준다. 이것은 앞에서 설명하였던 레지스터 간접 주소지정 방식과 동일하다.

변위를 가진 베이스 방식(base with displacement mode)에서는 어떤 레지스터든 베이스 레지스터로 사용될 수 있다. 이 방식은 루프 프로그램과 같이 명령어들을 반복적으로 인출하는 경우에 유용하게 사용될 수 있다. 변위를 가진 인덱스 방식(index with displacement mode)에서는 명령어가 인덱스 레지스터에 더해질 변위값을 포함하고 있다. 인덱스 레지스터로는 ESP 레지스터 외에는 어떤 레지스터든 사용될 수 있다. 이 방식은 데이터 배열을 순차적으로 검색하는 데 매우 유용하게 사용될 수 있다.

인덱스와 변위를 가진 베이스 방식(base with index and displacement mode)에서는 베이스 레지스터와 인덱스 레지스터의 내용과 변위를 모두 더하여 유효 주소를 결정한다. 어떤 레지스터든 베이스 레지스터로 사용될 수 있고, ESP를 제외한 어떤 레지스터든 인덱스 레지스터로 사용될 수 있다. 이 방식은 특정 지역 내의 데이터 배열을 액세스하는 데 유용하게 사용될 수 있다.

마지막으로, 상대 방식(relative mode)에서는 변위값이 프로그램 카운터의 값과 더해지며, 그 값은 다음 명령어의 주소로 사용된다. 이 경우에 변위값으로는 부호를 가진 바이트, 단어 또는 2중 단어가 사용될 수 있다.

펜티엄 계열 프로세서는 이와 같이 다양한 명령어 형식들을 가지고 있는데, 그림 2-34는 그들 중의 대표적인 명령어 형식을 한 가지 보여주고 있다. 이 명령어 형식은 다음과 같은 필드들을 포함하고 있다.

- 연산 코드(Op code) : 길이가 1 또는 2바이트로서, 연산의 종류를 지정한다. 이 코드에는 데이터 길이가 8, 16 혹은 32비트인지를 나타내는 비트들과, 데이터 연산의 방향(기억장치로 또는 기억장치로부터)을 가리키는 비트들도 포함되어 있다.
- MOD R/M : 이 필드는 주소지정 방식을 지정해주는데, 세 개의 필드들로 구성되어 있다. MOD 필드(2비트)는 그 뒤의 R/M 필드와 결합하여 32가지(8가지 레지스터 방식과 24가지 인덱싱 방식)의 주소지정 방식들을 가질 수 있게 해주며, Reg/Op Code 필드(3비트)는 레지스터 번호를 가리키거나 MOD 필드와 결합하여 주소지정 방식의 변형이 가능하게 해준다.
- SIB : 이 필드는 MOD R/M 필드와 결합하여 주소지정 방식을 완성시켜준다. SIB 바이트는 다음과 같은 세 개의 필드들로 나누어진다. SS 필드(2비트)는 인덱싱을 위한 스케일 계수를 지정하며, 인덱스 필드(3비트)는 인덱스 레지스터를 가리키고, 베이스 필드(3비트)는 베이스 레지스터를 지정한다.
- 변위(displacement) : 변위 방식인 경우에 8, 16 혹은 32-비트의 부호화된 정수가 저장된다.
- 즉치(immediate) : 즉치 방식의 경우에 8, 16 혹은 32-비트 데이터가 저장된다.

그림 2-32에서 형식의 위 부분에 표시된 숫자는 해당 필드의 바이트 수를 나타내는데, 다양하게 변할 수 있다는 것을 가리키고 있다. 펜티엄의 명령어 형식에서는 인덱싱을 위한 변위의 길이가 1바이트뿐 아니라 2바이트 혹은 4바이트가 될 수도 있다. 변위가 길어지면 명령어가 더 길어지지만, 더 큰 데이터나 스택의 주소를 지정할 수 있게 해준다. 이와 같이 펜티엄에서는 명령어의 길이가 필요에 따라 매우 다양하게 변경될 수 있다.

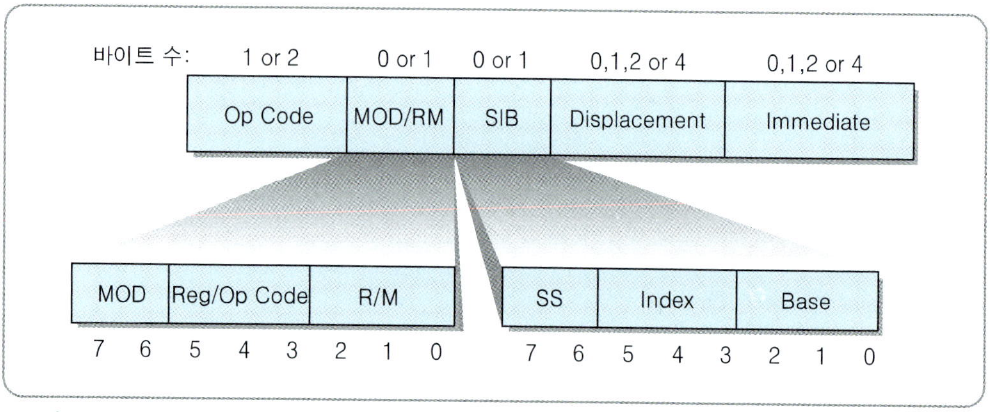

그림 2-34 펜티엄 계열 프로세서의 명령어 형식

기본문제

2.1 산술 연산 및 논리 연산을 수행하는 CPU 구성요소는 어느 것인가?

가. 스택　　나. 제어 유니트
다. 레지스터 세트　　라. ALU

2.2 다음 중에서 제어 유니트의 기능이 아닌 것은?

가. 명령어 해독　　나. 정보의 일시 저장
다. 제어 신호의 발생　　라. 각종 정보들의 전송 통로 및 방향 지정

2.3 다음 중에서 명령어 사이클에 속하는 부사이클(subcycle)이 아닌 것은?

가. 인출 사이클　　나. 간접 사이클
다. 제어 사이클　　라. 실행 사이클

2.4 기억장치로부터 인출된 명령어 코드를 제어 유니트에 의해 해독되기 전에 일시적으로 저장하고 있는 레지스터는 어느 것인가?

가. PC　　나. MAR
다. IR　　라. AC

2.5 클록 주파수가 2GHz 인 CPU에서 인출 사이클에 소요되는 시간은 얼마인가?

가. $0.5ns$　　나. $1.5ns$
다. $2ns$　　라. $6ns$

2.6 기억장치 주소가 바이트 단위로 지정되고 명령어 길이는 32비트인 CPU에서는 인출 사이클 동안에 PC가 얼마만큼 증가되는가?

가. 1　　나. 2
다. 4　　라. 32

2.7 다음 중에서 인터럽트 사이클 동안에 수행되는 동작이 아닌 것은?

가. 복귀할 주소를 스택에 저장한다.
나. ISR의 시작 주소를 PC에 적재한다.
다. 인터럽트 요구 신호를 검사한다.
라. 인터럽트 플래그를 세트한다.

2.8 CPU가 어떤 장치에 대한 인터럽트를 처리하는 도중에 우선순위가 더 낮은 인터럽트 요구가 들어왔다면, 어떤 일이 발생하는가?

가. 원래의 주프로그램으로 복귀한다.
나. 인터럽트 플래그를 리셋 시킨다.
다. 현재 인터럽트 서비스 루틴의 수행을 계속한다.
라. 현재 인터럽트 서비스 루틴의 수행을 중단하고 새로운 인터럽트 요구를 처리한다.

2.9 간접 사이클 동안에는 어떤 동작이 수행되는가?

가. 기억장치로부터 데이터를 인출한다.
나. 기억장치로부터 데이터의 주소를 인출한다.
다. 기억장치로부터 명령어를 인출한다.
라. 기억장치로부터 명령어의 주소를 인출한다.

2.10 4-단계 명령어 파이프라인에서 첫 번째 명령어의 실행이 완료되는 데 걸리는 시간과 두 번째 명령어의 실행에 걸리는 시간을 올바로 짝지은 것은 어느 것인가?

가. 1 사이클 – 1 사이클　　나. 4 사이클 – 1 사이클
다. 1 사이클 – 4 사이클　　라. 4 사이클 – 4 사이클

2.11 4-단계 파이프라인에서 10개의 명령어들을 실행하는 데는 모두 몇 사이클이 소요되는가?

가. 10　　나. 13
다. 14　　라. 40

2.12 4-way 슈퍼스칼라 프로세서에서는 매 사이클마다 몇 개씩의 명령어들이 실행될 수 있는가?

가. 1개　　나. 2개
다. 4개　　라. 8개

2.13 '직전에 실행된 산술 명령어의 결과값이 음수이면 점프(jump)하라'는 명령어(예 : JN *addr*)가 검사할 조건 비트는 어느 것인가?

가. Z 플래그　　나. E 플래그
다. S 플래그　　라. V 플래그

2.14 서브루틴을 호출하는 'CALL 명령어'가 실행되는 동안에 수행되는 동작이 아닌 것은?

가. 복귀할 주소를 스택에 저장한다.
나. 호출할 주소를 PC에 적재한다.
다. 스택 포인터 내용을 감소시킨다.
라. 호출할 주소를 스택으로부터 인출한다.

2.15 기억장치 주소를 나타내는 오퍼랜드 필드가 14비트라면, 이 명령어에 의해 직접 주소지정 될 수 있는 기억장치 용량은 얼마인가? 단, 단어의 길이는 8비트이다.

가. 1 KByte　　나. 2 KByte
다. 4 KByte　　라. 16 KByte

2.16 어떤 CPU의 내부에 32개의 레지스터들이 있다면, 명령어 형식에서 레지스터 번호를 가리키는 필드는 몇 비트로 구성되어야 하는가?

가. 4비트　　나. 5비트
다. 6비트　　라. 32비트

2.17 다음 중에서 3-주소 명령어의 장점에 해당하는 것은?

가. 명령어 길이가 짧다.
나. 프로그램 길이가 짧아진다.
다. 임시 저장 장소가 필요하다.
라. 주소지정 할 수 있는 기억장치 주소 영역이 증가한다.

2.18 간접 주소지정 방식을 사용하는 명령어는 실행 사이클 동안에 기억장치를 몇 번 액세스하는가?

가. 한 번　　나. 두 번
다. 세 번　　라. 액세스하지 않는다

2.19 묵시적 주소지정 방식을 사용하는 산술 명령어는 주로 어떤 레지스터의 내용을 이용하여 연산을 수행하는가?

가. PC　　나. MBR
다. AC　　라. SP

2.20 기억장치 130번지에 상대 주소지정 방식을 사용하는 분기 명령어 'JR −15'가 저장되어 있다. 이 명령어 다음에는 몇 번지의 명령어가 실행되는가?

가. 15번지　　나. 115번지
다. 116번지　　라. 135번지

연습문제

2.1 클록 주기가 2*ns*인 CPU가 'ADD *addr*' 명령어를 인출하고 실행하는 데 걸리는 시간은 모두 몇 *ns* 인가? 단, 직접 주소지정 방식이 사용되며, 인터럽트는 없다고 가정한다.

2.2 인터럽트 서비스 루틴을 수행하는 도중에 더 높은 우선순위를 가진 인터럽트 요구가 들어오더라도 그 루틴의 수행이 중단되지 않도록 하는 방법을 설명하라.

2.3 인터럽트 사이클은 반드시 실행 사이클이 종료된 다음에 수행되어야 하는 이유는 무엇인가? 만약 인출된 명령어를 위한 실행 사이클이 수행되는 도중에 들어오는 인터럽트 요구에 대하여 CPU가 즉시 응답을 한다면, 어떤 문제가 발생하게 되는가?

2.4 인터럽트 사이클이 그림 2-9(b)와 같이 종료된 다음에 처리되는 인터럽트 서비스 루틴에서 누산기(AC)의 내용을 스택에 저장하였다. 그 값이 저장될 기억장치의 주소를 쓰고, SP의 내용은 어떤 값으로 변경되는지 쓰라.

2.5 4-단계 명령어 파이프라인으로 100개의 명령어들을 모두 실행하려면 몇 클록 주기가 걸리는가? 그리고 만약 이 파이프라인의 클록 주기가 10*ns*라면, 그에 소요되는 전체 시간은 몇 *ns* 인가?

2.6 어떤 마이크로프로세서가 12-단계 명령어 파이프라인으로 구성되어 있고, 클록 주기는 2*ns*라고 하자. 10000개의 명령어를 실행하는 데 걸리는 시간과 속도 향상(*Sp*)을 구하라.

2.7 클록 주기가 2*ns*인 5-단계 명령어 파이프라인에 대하여 아래 물음에 답하라.

(1) 명령어의 수 $N = 10$, 100, 1000, 10000개를 처리하는 데 걸리는 시간을 각각 구하라.

(2) 파이프라이닝 되지 않은 경우에는 각 명령어의 실행에 걸리는 시간이 $2ns \times 5 = 10ns$가 된다. 파이프라이닝을 이용함으로써 얻게 되는 속도 향상(Sp)을 각 N 값에 대하여 구하라.

(3) 위 (2)번의 결과에 대한 그래프를 그려라. 단, X축은 명령어의 수 N으로 하되, $\log_{10}N$ 눈금을 사용하라.

2.8 어떤 CPU의 명령어 파이프라인이 네 개의 단계들로 이루어져 있고, 1*GHz*의 공통 클록이 사용되고 있다. 이 CPU가 처리할 프로그램이 100개의 명령어들로 이루어져 있는데, 그 중의 20%는 파이프라인의 두 단계만 실제 필요하고, 30%는 세 단계만 필요하며, 나머지는 네 단계 모두가 필요하다고 하자.

(1) 파이프라인을 이용하지 않은 경우에, 이 프로그램을 처리하는 데 걸리는 시간을 구하라.

(2) 파이프라인을 이용하여 이 프로그램을 처리하는 데 걸리는 시간을 구하라.

(3) 파이프라이닝으로 얻어진 속도 향상(Sp)과 효율(E)을 구하라. 단, 효율은 ($Sp \div$ 단계 수) $\times$ 100[%]로 구한다.

2.9 어떤 CPU에서 명령어 실행 과정이 네 개의 사이클들로 이루어진다고 하자. 첫 번째 사이클의 처리에 걸리는 시간이 0.2*ns*, 두 번째와 세 번째 사이클은 0.15*ns* 씩, 그리고 마지막 사이클은 0.25*ns*가 각각 걸린다고 하자.

(1) 한 명령어를 실행하는 데 걸리는 시간은?

(2) 각 사이클을 처리하는 하드웨어 모듈을 독립적인 파이프라인 단계로 구현한다면, 네 개의 단계들로 이루어지는 명령어 파이프라인 구조가 된다. 파이프라인의 모든 단계들은 공통의 파이프라인 클록(pipeline clock)에 동기 되어 수행된다. 파이프라인 클록의 주기[*ns*]와 주파수[*GHz*]를 구하라.

(3) 이 파이프라인으로 한 개의 명령어를 실행하는 데 걸리는 시간을 구하고, (1)번의 결과와 비교하라.

(4) (1)번과 (3)번의 조건에서 100개의 명령어들을 실행하는 데 걸리는 시간을 각각 구하고, 파이프라이닝을 이용함으로써 얻게 되는 속도 향상(Sp)을 구하라.

2.10 그림 2-12와 같은 4-단계 명령어 파이프라인에서 각 단계의 실제 처리 시간이 아래와 같다고 하자. (단, $ps = 10^{-12}sec$)

IF 단계 : 500ps
ID 단계 : 400ps
OF 단계 : 500ps
EX 단계 : 450ps

(1) 파이프라인 클록의 주파수는 몇 GHz로 결정하면 되는가?
(2) 이 파이프라인으로 100개의 명령어들을 순차적으로 실행하는데 걸리는 시간을 구하라.
(3) ALU의 속도를 향상시켜 EX 단계의 처리 시간을 400ps로 단축시킨다면, 전체 파이프라인의 성능을 높이는 데 도움이 되는가? 그 이유를 설명하라.
(4) 반대로, ALU에 새로운 기능을 추가한 결과로서 EX 단계의 처리 시간이 600ps로 길어졌다면, 파이프라인의 성능에 어떤 영향을 미치는가? 명령어 100개를 실행하는 경우에 대하여 전체 소요 시간을 계산하고, (2)번의 결과와 비교하여 설명하라.

2.11 4-단계 파이프라인 단계들로 구성된 명령어 실행 유니트에서 12개의 명령어들을 처리하고자 한다. 그런데 만약 다섯 번째 명령어가 분기 명령어였다면, 분기한 후에 7개의 명령어들을 더 실행하여 모두 12개의 명령어들을 실행하는 데는 전체적으로 몇 사이클이 걸리는가?

2.12 다섯 개의 파이프라인 단계들로 이루어진 명령어 실행 유니트가 있다.

(1) 100개의 명령어들을 실행하는 데 소요되는 시간(클록 주기의 수)을 구하라.

(2) 만약 파이프라인을 한 개 추가하여 2-way 슈퍼스칼라 구조로 변경한 경우에 100개의 명령어들을 실행하는 데 걸리는 시간을 구하고, (1)번 결과와 비교한 속도 향상을 구하라. 단, 동시에 실행되는 명령어들 간에 데이터 의존성은 존재하지 않는 것으로 가정한다.

2.13 네 개의 5-단계 명령어 파이프라인들로 이루어진 4-way 슈퍼스칼라 프로세서를 이용한다면, 파이프라이닝도 되지 않은 기본적인 프로세서에 비하여 최대 몇 배의 속도 향상을 얻을 수 있는가?

2.14 듀얼-코어 프로세서에서 하나의 독립적인 응용 프로그램을 처리하는 경우에는 일반적인 프로세서에 비하여 처리 시간을 별로 단축시키지 못하는 이유를 설명하라. 그리고 듀얼-코어 및 멀티-코어 프로세서가 내부 CPU 코어 수만큼의 성능 향상을 얻을 수 있는 경우는 어떤 프로그램 처리 환경인지 설명하라.

2.15 16-비트 컴퓨터에서 현재 SP의 내용이 'FFF2'이고, 스택의 최상위에는 '5A14'가 저장되어 있다(모든 수는 16진수로 표기). 두 단어 길이인 서브루틴 호출(CALL) 명령어의 연산 코드가 013E 번지에, 서브루틴의 시작 주소 '67AE'는 013F 번지에 각각 저장되어 있다. 아래의 각 순간에 PC와 SP의 내용을 각각 구하고, 스택에 저장되는 내용들을 그림 2-18과 같은 방법으로 표시하라.

(1) CALL 명령어가 실행되기 전

(2) CALL 명령어가 실행된 후

(3) 서브루틴으로부터 복귀한 후

(4) 다시 한 번 RET 명령어가 실행된 후

2.16 다음 수식을 계산하기 위한 프로그램을 아래의 명령어들을 사용하여 작성하고, 프로그램의 길이를 비교하라. (단, 명령어들의 니모닉스는 2.4.2절 참조)

$$X = (A + B) \,/\, (D - E \times F + G \times H)$$

(1) 1-주소 명령어

(2) 2-주소 명령어

(3) 3-주소 명령어

2.17 스택을 이용한 연산이 가능한 CPU가 있다고 하자. 이 CPU에서 'PUSH *A*' 명령어는 기억장치 *A* 번지의 내용을 읽어서 스택의 최상위(TOS)에 저장하며, 'POP *B*' 명령어는 TOS의 내용을 인출하여 기억장치 *B* 번지에 저장한다. 또한 산술 명령어들은 오퍼랜드를 가지지 않는 0-주소 명령어이다. 예를 들어, ADD 명령어는 그림 2-35와 같이 TOS와 그 아래에 있는 두 개의 데이터들을 더하고, 결과값은 다시 TOS에 저장한다.

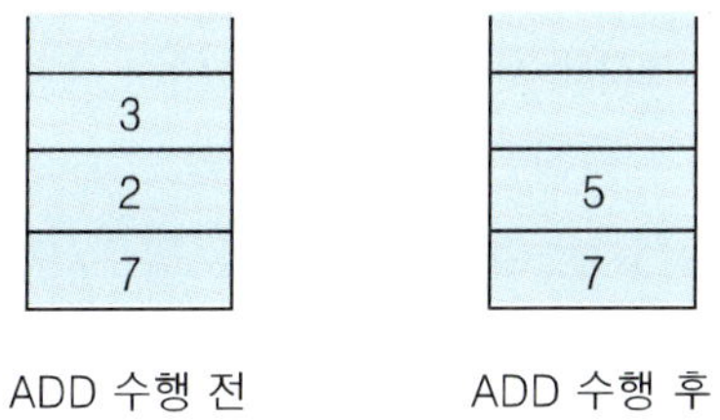

그림 2-35 스택을 이용한 ADD 연산

스택 명령어들(PUSH, POP)과 0-주소 산술 명령어들(ADD, SUB, MUL)을 이용하여 아래의 수식을 계산하는 프로그램을 작성하라.

$$X = (A + B) \times (C - D)$$

2.18 문제 2-17에서와 같은 스택 연산에 대하여 다음과 같은 reverse Polish (혹은 postfix) 표기가 사용될 수 있다.

$$a + b \quad \rightarrow \quad a\ b\ +$$
$$a + (b \times c) \quad \rightarrow \quad a\ b\ c \times +$$
$$(a - b) \times c \quad \rightarrow \quad a\ b - c \times$$

아래 식들을 reverse Polish 표기를 사용하여 변환하라.

(1) $A + B - C - D + E$
(2) $(A + B) \times (C - D) + E$
(3) $(A \times B) + (C \times D) - E$
(4) $(A - B) \times (((C - D \times E) / F) / G) \times E$

2.19 16-비트 명령어에서 6비트가 연산 코드로 사용되고, 나머지 비트들은 2의 보수로 표현되는 데이터를 저장하는 오퍼랜드 필드이다. 이 명령어에 저장될 수 있는 데이터의 범위를 구하라.

2.20 32-비트 CPU가 128가지의 연산들을 수행하며, 내부 레지스터의 수는 32개라고 하자. 이 CPU의 명령어 형식은 연산 코드 필드와 레지스터 번호를 나타내는 오퍼랜드1 및 나머지 비트들로 구성되는 주소 필드(오퍼랜드2)로 이루어진다.

(1) 명령어 형식을 표시하라.
(2) 이 명령어에 의해 직접 주소지정 될 수 있는 기억장치의 용량을 구하라. 단, 기억장치 주소는 바이트 단위로 지정된다고 가정한다.

2.21 아래와 같은 주소지정 방식을 사용하는 명령어를 인출하고 실행하기 위해서는 모두 몇 번의 기억장치 액세스가 필요한가?

(1) 즉치 주소지정 방식
(2) 레지스터 주소지정 방식
(3) 간접 주소지정 방식
(4) 인덱스 주소지정 방식

2.22 32-비트 컴퓨터에서 명령어가 지정할 수 있는 연산의 종류를 256가지로 결정하고, 직접 주소지정 방식을 사용하는 경우에, 시스템이 가질 수 있는 기억장치의 최대 용량을 구하라. 단, 기억장치의 주소는 바이트 단위로 지정된다.

2.23 프로그램 카운터의 내용을 X1이라 하고, 기억장치 X1번지에 저장된 명령어의 주소 부분을 X2라고 하자. 그 명령어를 실행하는 데 필요한 데이터는 기억장치 X3번지에 저장되어 있으며, 인덱스 레지스터의 내용은 X4이다. 명령어가 아래와 같은 주소지정 방식을 사용하는 경우에 유효 주소(EA)에 대한 관계식을 변수들을 이용하여 쓰라.

(1) 직접 주소지정 방식
(2) 간접 주소지정 방식
(3) 상대 주소지정 방식
(4) 인덱스 주소지정 방식

2.24 어떤 명령어의 주소 부분을 X1이라고 하자. 그 명령어를 실행하는 데 필요한 오퍼랜드는 기억장치 X2번지에 저장되어 있으며, 인덱스 레지스터는 X3를 가지고 있다. 명령어가 아래와 같은 주소지정 방식을 사용하는 경우에 변수들 간의 관계식을 쓰라. 단, 기억장치 A번지의 내용은 (A)로 표시한다.

(1) 간접 주소지정 방식
(2) 인덱스 주소지정 방식

2.25 그림 2-30과 같은 상대 주소지정 방식을 사용하는 분기 명령어가 453번지에 저장되어 있다. 이 컴퓨터에서 명령어의 길이는 32비트이며, 기억장치 주소는 단어(32비트) 단위로 지정된다. 분기 명령어의 주소 부분에 '36'이 저장되어 있다면, 이 명령어의 실행이 종료된 후에 PC의 내용은 어떤 값으로 바뀌게 되는가?

2.26 상대 주소지정 방식을 사용하는 분기 명령어가 250번지에 저장되어 있다. 명령어의 길이는 16비트이며, 그 중에서 6비트는 연산 코드이다. 그리고 기억장치의 주소는 바이트 단위로 지정된다고 할 때, 아래의 물음에 답하라.

(1) 분기 명령어가 실행된 다음에 284번지로 분기되도록 하기 위하여 분기 명령어의 주소 필드에 넣어야 할 내용을 2의 보수로 표현하라.

(2) 232번지로 분기되도록 하는 경우에 분기 명령어의 주소 필드에 넣어야 할 내용을 2의 보수로 표현하라.

2.27 기억장치 200번지부터 50개의 요소들로 이루어진 데이터 배열이 저장되어 있다. 인덱스 주소지정 방식을 사용하는 명령어를 이용하여 12 번째 데이터 요소를 인출하려는 경우에, 명령어의 오퍼랜드 필드 및 인덱스 레지스터에 저장되어야 할 값은 각각 무엇인가?

2.28 레지스터-간접 주소지정 방식과 인덱스 주소지정 방식으로 결정한 유효 주소 (*EA*)가 같아질 수 있는 조건은 무엇인가?

Computer Architecture

3 컴퓨터 산술과 논리 연산

컴퓨터의 가장 근본이 되는 기능은 수치에 대한 산술적 계산과 논리 데이터에 대한 연산이라고 할 수 있다. 산술적 계산은 일반적으로 정수(integer)와 부동소수점 수(floating-point number)라는 두 가지 형태의 수들에 대하여 수행되며, 논리 연산은 0과 1의 배열로 표현되는 2진 데이터(binary data)에 대하여 이루어진다. 이 장에서는 수의 표현 방법과 산술 및 논리 연산에 대하여 살펴본 다음에, 그러한 연산들을 처리하는 산술논리연산장치(Arithmetic and Logical Unit ; 이하 ALU라 함)의 내부 조직에 대하여 공부하기로 한다.

3.1 ALU의 구성 요소

CPU의 내부 구성요소들 중의 하나인 ALU는 수치 및 논리 데이터에 대하여 실제적으로 연산을 수행하는 하드웨어 모듈이다. 컴퓨터시스템의 다른 요소들인 제어 유니트, 레지스터, 기억장치 및 I/O 장치는 사실상 ALU에 의해 처리될 데이터를 가져오거나 그 결과를 저장하고 출력시키는 역할을 할뿐이다.

그림 3-1은 ALU의 내부 요소들을 보여주고 있다. 각 요소들의 주요 기능을 보면 다음과 같다.

- 산술 연산장치 : 산술 연산들(+, −, ×, ÷)을 수행한다.
- 논리 연산장치 : 논리 연산들(AND, OR, XOR, NOT 연산 등)을 수행한다.
- 시프트 레지스터(shift register) : 비트들을 좌측 혹은 우측으로 이동시키는 기능을 가진 레지스터이다.
- 보수기(complementer) : 데이터에 대하여 2의 보수를 취한다(음수화 한다).
- 상태 레지스터(status register) : 연산 결과의 상태를 나타내는 플래그(flag)들을 저장하는 레지스터이다.

이 요소들에 의해 처리될 데이터들은 레지스터 혹은 기억장치로부터 ALU로 입력되고, 그 결과는 일반적으로 레지스터들 중의 하나에 저장된다. ALU는 연산의 결과에 따라 상태 레지스터내의 해당 플래그들을 세트하는데, 이 플래그들은 조건 분기 명령어 혹은 산술 명령어들에 의해 사용된다. 입력 데이터에 대하여 연산을 수행할 내부 요소의 선택과 ALU 내외로의 데이터 이동을 제어하는 신호들은 제어 유니트로부터 제공된다.

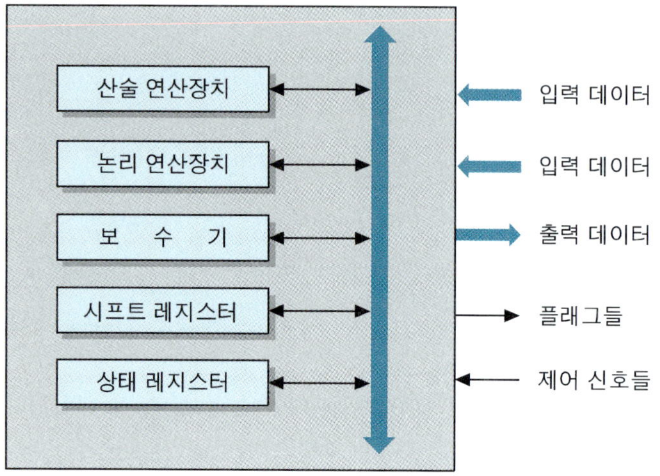

그림 3-1 ALU의 내부 구성 요소들

3.2 정수의 표현

2진수 체계(binary number system)에서는 어떤 수를 0과 1, 부호 및 소수점으로 표현한다. 예를 들어, 10진수 -13.625는 2진수로 -1101.101로 표현된다. 그러나 컴퓨터가 데이터를 저장하거나 처리하는 과정에서는 부호와 소수점을 사용할 수 없으며, 0과 1만 사용할 수 있다. 따라서 양수 혹은 음수를 나타내는 부호도 0이나 1을 사용하여 표시해야 하며, 소수점도 필요에 따라 특정 위치에 있는 것으로 가정하여 수를 표현하게 된다.

만약 부호 없는 정수, 즉 양수만 사용한다면 표현 방법은 간단하다. 예를 들어, 0에서 255까지의 정수들 중에서 몇 가지를 8-비트 길이의 2진수로 표현하면 [예제 3-1]과 같다.

예제 3-1

아래와 같은 정수들을 8-비트 길이의 2진수로 표현하라.

(a) 1 (b) 57

(c) 128 (d) 255

[풀이]

(a) 1 = 00000001 (b) 57 = 00111001

(c) 128 = 10000000 (d) 255 = 11111111

n개의 비트들로 표현된 2진수가 부호 없는 정수 A로 해석된다면, 그 수에 대한 10진수는 식 (3-1)과 같은 일반식을 이용하여 변환할 수 있다.

$$A = a_{n-1} \times 2^{n-1} + a_{n-2} \times 2^{n-2} + \cdots + a_1 \times 2^1 + a_0 \times 2^0 \qquad (3\text{-}1)$$

위의 경우에는 최하위 비트인 a_0의 우측에 2진 소수점(binary point ; 이하 소수점이라 함)이 있다고 가정한 경우이다. 만약 2진수 A를 최상위 비트인 a_{n-1}의 좌측에 소수점이 있는 소수(fraction)[1]로 가정한다면, 그 수를 10진수로 변환하는 일반식은 식 (3-2)와 같다.

$$A = a_{n-1} \times 2^{-1} + a_{n-2} \times 2^{-2} + \cdots + a_1 \times 2^{-(n-1)} + a_0 \times 2^{-n} \qquad (3\text{-}2)$$

즉, 소수점의 바로 우측 비트는 2^{-1}, 그 다음 비트는 2^{-2}, ... 등의 자리수(weight ; 가중치라고도 함)를 가진다. 이제 식 (3-1)과 식 (3-2)를 이용하여 소수점이 아래와 같이 비트들의 중간에 위치한 2진수를 10진수로 변환해보기로 하자.

$2^3 \ 2^2 \ 2^1 \ 2^0 \ \ 2^{-1} \ 2^{-2} \ 2^{-3}$: 자리수

$$\begin{aligned} 1\ 1\ 0\ 1\ .\ 1\ 0\ 1 &= 1\times2^3+1\times2^2+0\times2^1+1\times2^0+1\times2^{-1}+0\times2^{-2}+1\times2^{-3} \\ &= 8+4+1+0.5+0.125 \\ &= 13.625 \end{aligned}$$

1) 실수(real number)에서 정수 부분을 제외한, 소수점 이하의 수 부분을 말한다.

컴퓨터는 양수뿐만 아니라 음수도 처리하기 때문에 음수를 표현하는 방법이 필요하다. 그 방법에는 여러 가지가 있는데, 모든 방법들에서 공통적인 것은 2진수의 맨좌측 비트(leftmost bit)가 부호 비트(sign bit)로 사용된다는 점이다. 만약 부호 비트가 0이면 그 수는 양수이고, 1이면 음수이다. 부호 비트를 사용하는 2진수 표현으로는 다음과 같은 세 가지 방법들이 있다.

- 부호화-크기 표현(signed-magnitude representation)
- 1의 보수 표현(1's complement representation)
- 2의 보수 표현(2's complement representation)

3.2.1 부호화-크기 표현

세 가지 음수 표현 방법들 중에서 가장 간단한 것은 부호화-크기 표현이다. 이 표현 방식에서는 수를 표현하는 단어의 비트 수가 n이라면, 맨좌측 비트가 부호 비트이고, 나머지 (n-1)개의 비트들은 수의 크기(magnitude)를 나타낸다. 여기서 수의 크기 부분은 부호 없는 정수에 대한 2진수 표현과 같은 방법으로 변환된다. 8-비트 정수에 대한 부호화-크기 표현의 예를 들면 다음과 같다.

예제 3-2

정수 9와 35에 대한 양수 및 음수를 부호화-크기 표현으로 나타내라.

[풀이]

(a) $+\ 9 = 0\ 0001001$

$-\ 9 = 1\ 0001001$

(b) $+\ 35 = 0\ 0100011$

$-\ 35 = 1\ 0100011$

부호화-크기로 표현된 2진수를 10진수로 변환하는 방법은 식 (3-3)과 같다. 즉, 부호 비트에 대한 처리 외에는 식 (3-1)과 동일하다. [예제 3-3]은 위의 예제에서 표현된 2진수들을 식 (3-3)을 이용하여 다시 10진수로 변환하는 과정을 보여주고 있다.

$$A = (-1)^{a_{n-1}}(a_{n-2} \times 2^{n-2} + a_{n-3} \times 2^{n-3} + \ldots + a_1 \times 2^1 + a_0 \times 2^0) \qquad (3\text{-}3)$$

예제 3-3

아래와 같이 부호화-크기로 표현된 수들을 10진수로 변환하라

(a) 0 0001001　　(b) 1 0001001

(c) 0 0100011　　(d) 1 0100011

[풀이]

(a) 0 0001001 $= (-1)^0\ (1 \times 2^3 + 1 \times 2^0) = (8 + 1) = 9$

(b) 1 0001001 $= (-1)^1\ (1 \times 2^3 + 1 \times 2^0) = -(8 + 1) = -9$

(c) 0 0100011 $= (-1)^0\ (1 \times 2^5 + 1 \times 2^1 + 1 \times 2^0) = (32 + 2 + 1) = 35$

(d) 1 0100011 $= (-1)^0\ (1 \times 2^5 + 1 \times 2^1 + 1 \times 2^0) = -(32 + 2 + 1) = -35$

그런데 부호화-크기 표현에는 몇 가지 결점들이 있다. 첫째, 덧셈과 뺄셈을 수행하기 위해서는 부호 비트와 크기 부분을 별도로 처리해야 한다는 점이다. 예를 들어, 두 수의 덧셈 과정은 다음과 같아진다.

① 두 수의 부호를 비교한다.
② 부호가 같은 경우에는 크기 부분들을 더하고, 다른 경우에는 크기 부분의 차이를 구한다.
③ 크기 부분의 절대값이 더 큰 수의 부호를 결과값의 부호로 세트한다.

이 표현 방법의 두 번째 결점은 0에 대한 표현이 다음과 같이 두 가지라는 점이다.

0 0000000 $= +0$
1 0000000 $= -0$

이러한 경우에는 데이터가 '0'인지 검사하는 과정이 더 복잡해지며, n-비트 2진수로 표현할 수 있는 수들이 2^n개가 아니라 (2^n-1)개로 줄어든다.

3.2.2 보수 표현

부호화-크기 표현의 결점들을 해결하기 위하여 보수 표현(complement representation)이 개발되었다. 어떤 양수에 대하여 1의 보수와 2의 보수로 표현한 결과는 동일하다. 그러나 양수를 음수로 바꾸는 음수화(negation) 방법에 있어서는 다음과 같은 차이가 있다.

- 1의 보수 표현 : 모든 비트들을 반전한다(0 → 1, 1 → 0).
- 2의 보수 표현 : 모든 비트들을 반전하고, 결과값에 1을 더한다.

이 표현들의 음수화 방법에 대한 예를 들면, 아래와 같다.

예제 3-4

두 가지 보수 표현을 이용하여 아래의 양수들을 음수로 표현하라.

(a) 9 (b) 35

[풀이]

(a) +9 = 0 0001001
 −9 = 1 1110110 (1의 보수)
 −9 = 1 1110111 (2의 보수)

(b) +35 = 0 0100011
 −35 = 1 1011100 (1의 보수)
 −35 = 1 1011101 (2의 보수)

변환하는 과정은 1의 보수가 더 간단하지만, 일반적으로 컴퓨터들에서 2의 보수가 더 많이 사용되고 있다. 그 이유는 2의 보수 경우에 같은 길이의 비트들로 표현할 수 있는 수의 개수가 하나 더 많기 때문이다. 1의 보수의 표현 개수가 하나 더 적은 이유는 부호화-크기 표현과 마찬가지로 '0'에 대한 표현이 두 가지이기 때문이다. 예를 들어, 8비트를 이용하여 1의 보수와 2의 보수로 표현할 수 있는 수들을 보면 [표 3-1]과 같다.

[표 3-1] 8-비트 보수로 표현된 정수들

10진수	1의 보수	2의 보수
127	01111111	01111111
126	01111110	01111110
:	:	:
1	00000001	00000001
+0	00000000	00000000
−0	11111111	−
−1	11111110	11111111
−2	11111101	11111110
:	:	:
−126	10000001	10000010
−127	10000000	10000001
−128	−	10000000

2의 보수 표현을 이용하여 n-비트 2진수로 표현할 수 있는 양수의 범위는 0부터 $(2^{n-1}-1)$까지이고, 음수는 -1부터 -2^{n-1}까지이다. 예를 들어, 8-비트 2진수로 표현할 수 있는 10진수의 범위는 아래와 같아진다.

1의 보수 : $-(2^7-1) \sim (2^7-1) = -127 \sim 127$

2의 보수 : $-2^7 \sim (2^7-1) = -128 \sim 127$

2의 보수로 표현된 2진수에서 부호 비트 $a_{n-1}=0$인 양수를 10진수로 변환하는 방법은 식 (3-4)와 같다.

$$A = a_{n-2} \times 2^{n-2} + a_{n-3} \times 2^{n-3} + \ldots + a_1 \times 2^1 + a_0 \times 2^0 \qquad (3\text{-}4)$$

그리고 부호 비트 a_{n-1}=1인 음수를 10진수로 변환하는 일반식은 식 (3-5)와 같다.

$$A = -2^{n-1} + (a_{n-2} \times 2^{n-2} + a_{n-3} \times 2^{n-3} + \ldots + a_1 \times 2^1 + a_0 \times 2^0) \qquad (3\text{-}5)$$

예를 들어, 2의 보수로 표현된 8-비트 음수 '10101110'에 대한 10진수는 [예제 3-5]와 같이 구할 수 있다.

예제 3-5

2의 보수로 표현된 '10101110'을 10진수로 변환하라.

[풀이]

$$A = -128 + (1 \times 2^5 + 1 \times 2^3 + 1 \times 2^2 + 1 \times 2^1)$$
$$= -128 + (32 + 8 + 4 + 2)$$
$$= -82$$

2의 보수 표현을 10진수로 변환하는 다른 방법으로서 [예제 3-6]에서 보는 바와 같이, ① 2의 보수로 표현된 음수를 그에 대응되는 양수 표현으로 변환한 다음에, ② 그 표현에 대한 10진수를 계산하고, − 부호를 붙이는 것도 가능하다.

예제 3-6

2의 보수로 표현된 '10101110'을 먼저 양수로 바꾼 다음에 10진수로 변환하라.

[풀이]

① 10101110 → 01010010

② $A = -(1 \times 2^6 + 1 \times 2^4 + 1 \times 2^1)$
$$= -(64 + 16 + 2)$$
$$= -82$$

2의 보수 표현이 사람들에게는 익숙하지 못하지만, 컴퓨터에게는 가장 중요한 산술 연산인 덧셈과 뺄셈을 더 편리하게 처리할 수 있게 해준다(3.5절 참조). 그 이유 때문에 거의 모든 컴퓨터에서 2의 보수 표현이 사용되고 있다.

3.2.3 부호-비트 확장

컴퓨터에서 어떤 수가 기억장치에 저장되어있을 때의 길이와 CPU 연산 과정에서의 길이가 서로 다른 경우가 있다. 예를 들어, 기억장치에 8-비트 길이로 저장되어 있는 데이터를 읽어와서 16-비트 레지스터에 저장하는 경우에는, 읽어온 8-비트 데이터를 16비트 단어로 확장해야 한다. 부호화-크기 표현에서는 단순히 부호 비트를 새로운 맨좌측 위치로 이동시키고, 그 외의 위치들은 0으로 채우면 된다. 이 방법에 대한 몇 가지 예를 보면, [예제 3-7]과 같다.

예제 3-7

10진수 '21'과 '-21'에 대한 8-비트 길이의 부호화-크기 표현을 16-비트 길이로 확장하라.

[풀이]

+21 = 00010101 (8-비트 부호화-크기 표현)
+21 = 0000000000010101 (16-비트 부호화-크기 표현)
−21 = 10010101 (8-비트 부호화-크기 표현)
−21 = 1000000000010101 (16-비트 부호화-크기 표현)

반면에, 2의 보수인 경우에는 확장되는 상위 비트들을 부호 비트와 같은 값으로 세트해야 된다. 즉, 양수의 경우에는 모든 상위 비트들을 0으로 세트하고, 음수의 경우에는 1로 세트한다. 이것을 부호-비트 확장(sign-bit extension)이라고 부른다. 이 방법에 대한 몇 가지 예를 보면, [예제 3-8]과 같다.

예제 3-8

10진수 '21'과 '-21'에 대한 8-비트 길이의 2의 보수 표현을 16-비트 길이로 확장하라.

[풀이]

+21 = 00010101 (8-비트 2의 보수)
+21 = 0000000000010101 (16-비트 2의 보수)
−21 = 11101011 (8-비트 2의 보수)
−21 = 1111111111101011 (16-비트 2의 보수)

이 절에서 설명한 모든 정수 표현들은 고정소수점 수(fixed-point number)라고 불리기도 한다. 그 이유는 2진 소수점이 맨우측 비트의 우측에 고정되어 있기 때문이다. 그리고 2진 소수점의 위치를 묵시적으로 조정한다면, 2진 소수(binary fraction)도 같은 방법으로 표현할 수 있다. 예를 들어, n-비트 2진수에서 소수점이 부호 비트의 우측에 위치한다고 가정한다면, 그 다음 비트들은 각각 2^{-1}, 2^{-2}, ..., $2^{-(n-1)}$의 자리수를 가지게 된다.

3.3 논리 연산

ALU가 수행하는 기본적인 연산으로는 산술 연산과 논리 연산이 있는데, 먼저 논리 연산에 대하여 살펴보기로 한다. 컴퓨터가 처리하는 데이터의 형태들 중에서 수(number)를 나타내는 데이터는 단어(word) 단위로 취급된다. 만약 데이터 단어의 길이가 16비트라면, 모든 산술적 연산은 16-비트 단위로 수행된다. 반면에 논리적 데이터(logical data)에서는 단어 내의 각 비트 단위로 의미를 가지며, 연산도 비트 단위로 처리된다. 두 개의 비트 A와 B에 대하여 처리될 수 있는 기본적인 논리 연산들을 보면 [표 3-2]와 같다.

[표 3-2] 기본적인 논리 연산들

A	*B*	NOT *A*	NOT *B*	*A* AND *B*	*A* OR *B*	*A* XOR *B*
0	0	1	1	0	0	0
0	1	1	0	0	1	1
1	0	0	1	0	1	1
1	1	0	0	1	1	0

[표 3-2]와 같은 비트 단위의 논리 연산들을 위한 하드웨어 모듈은 그림 3-2와 같이 구성될 수 있다. 그림에서 입력 비트들은 일단 모든 게이트들을 통과하여 각 논리 연산의 출력을 발생한다. 그리고 두 개의 선택 신호들에 의해 선택된 연산의 출력만 4×1 멀티플렉서의 출력으로 나가게 된다.

n-비트 데이터들에 대하여 위와 같은 논리 연산들을 수행하는 장치는 그림 3-2와 같은 모듈을 n개 이용하여 구성할 수 있다. 한 예로서, 4-비트 데이터를 위한 논리 연산장치는 그림 3-3과 같다.

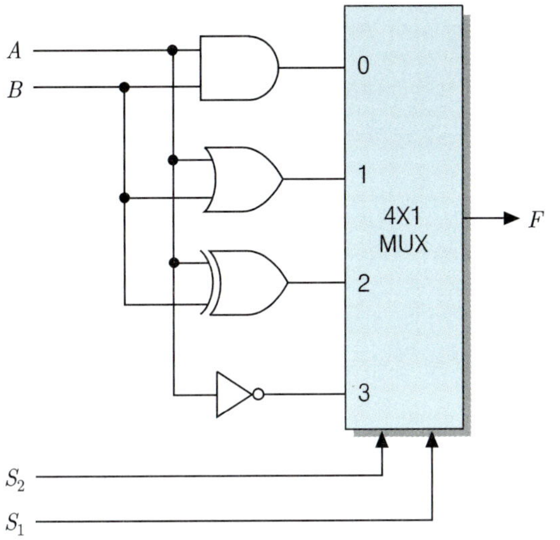

S_2	S_1	출력	연산
0	0	$F = A \wedge B$	AND
0	1	$F = A \vee B$	OR
1	0	$F = A \oplus B$	XOR
1	1	$F = \overline{A}$	NOT

그림 3-2 논리 연산을 위한 하드웨어 모듈

그림 3-3의 각 논리 모듈로는 두 단어에서 같은 위치에 있는 비트들이 입력되며, 연산 선택 신호인 S_1과 S_2는 모든 모듈들에 공통으로 인가된다. 논리 연산에서는 대응되는 비트들 간에 독립적으로 연산이 수행되므로, 모듈간의 데이터 전송 통로는 필요하지 않다.

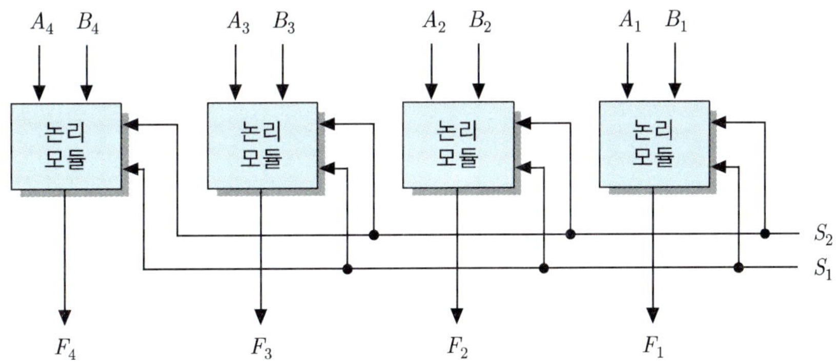

그림 3-3 4-비트 논리 연산장치

실제 CPU에서는 위에서 설명한 논리 연산들 외에도 다양한 연산들이 더 제공되기 때문에 그림 3-2의 모듈은 더 확장된다(연습문제 3-4 참조). 그리고 단어의 길이가 32비트인 CPU에 포함되는 ALU에는 그러한 모듈들 32개가 그림 3-3과 같은 형태로 배열된다. 논리 연산들은 레지스터에 저장된 데이터 단어의 전체가 아닌 일부 비트들에 대해서만 수행될 수도 있으며, 일부 비트들의 값을 변경하는데도 유용하게 사용될 수 있다. 대표적인 몇 가지 논리 연산들이 수행되는 과정을 구체적으로 살펴보면 다음과 같다.

1) AND 연산

이 연산은 두 개의 데이터에서 같은 위치에 있는 비트들 간에 AND 연산을 수행하는 것이다. 즉, 두 비트들이 모두 1인 경우에는 결과 데이터의 해당 비트가 1이 되고, 어느 하나라도 0이면 그 비트는 0이 된다. 이 연산에서 처리되는 데이터들은 논리 데이터(logical data)로서, 각 비트가 1(true) 혹은 0(false)라는 논리적 의미를 가진다. [예제 3-9]는 두 개의 레지스터들(A 및 B)에 저장되어 있는 8-비트 데이터들 간에 AND 연산이 수행되는 예를 보여주고 있다.

예제 3-9

아래와 같은 데이터들을 각각 저장하고 있는 두 레지스터들 간에 AND 연산을 수행하라.

$$A = 10110101, \quad B = 00111011$$

[풀이]

$$\begin{array}{rcl} A & = & 1\ 0\ 1\ 1\ 0\ 1\ 0\ 1 \\ B & = & 0\ 0\ 1\ 1\ 1\ 0\ 1\ 1 \\ \hline & & 0\ 0\ 1\ 1\ 0\ 0\ 0\ 1 \end{array} \quad \text{(AND 연산 결과)}$$

2) OR 연산

이 연산은 두 개의 데이터에서 같은 위치에 있는 비트들 간에 OR 연산을 수행하는 것이다. 즉, 두 비트들 중의 어느 하나만 1이면 결과 데이터의 해당 비트가 1이 되고, 두 비트들이 모두 0이면 그 비트는 0이 된다. [예제 3-10]은 두 개의 레지스터들(A 및 B)에 저장되어 있는 8-비트 데이터들 간에 OR 연산이 수행되는 예를 보여주고 있다.

예제 3-10

아래와 같은 데이터들을 각각 저장하고 있는 두 레지스터들 간에 OR 연산을 수행하라.

$$A = 10010101, \quad B = 00111011$$

[풀이]

A = 1 0 0 1 0 1 0 1

B = 0 0 1 1 1 0 1 1

1 0 1 1 1 1 1 1 (OR 연산 결과)

3) XOR 연산

이 연산은 두 개의 데이터에서 같은 위치에 있는 비트들 간에 exclusive-OR 연산(이하 XOR 연산이라고 함)을 수행하는 것이다. 즉, 두 비트들이 서로 다른 값을 가지면 결과 데이터의 해당 비트가 1이 되고, 같은 값을 가지면 그 비트는 0이 된다. [예제 3-11]은 A 레지스터와 B 레지스터에 저장된 데이터들 간에 XOR 연산을 수행하는 예를 보여주고 있다.

예제 3-11

아래와 같은 데이터들을 각각 저장하고 있는 두 레지스터들 간에 XOR 연산을 수행하라.

$$A = 10010101, \quad B = 00111011$$

[풀이]

A = 1 0 0 1 0 1 0 1

B = 0 0 1 1 1 0 1 1

1 0 1 0 1 1 1 0 (XOR 연산 결과)

4) NOT 연산

이 연산을 수행하면 데이터 단어의 모든 비트들이 반전(invert)된다. 즉, 비트의 값이

1이면 0으로, 0이면 1로 바뀐다. [예제 3-12]는 A 레지스터에 저장되어 있는 데이터에 대하여 NOT 연산을 수행하는 예를 보여주고 있다.

예제 3-12

데이터 '10010101'을 저장하고 있는 A 레지스터에 대하여 NOT 연산을 수행하라.

[풀이]

A = 1 0 0 1 0 1 0 1 (연산 전)

A = 0 1 1 0 1 0 1 0 (연산 결과)

지금까지 설명한 기본적인 논리 연산들 외에도, 특정 비트들이 적절히 세트된 다른 데이터와 연산을 수행함으로써 원래의 데이터를 필요에 따라 변경할 수 있는 응용된 논리 연산들이 있다. 그러한 연산들을 몇 가지 소개하면 다음과 같다.

5) 선택적-세트 연산

선택적-세트(selective-set)는 데이터 내 특정 비트들을 1로 세트해주기 위한 동작으로서, 데이터가 저장된 A 레지스터와 세트될 비트들의 위치를 지정해주는 B 레지스터 간에 OR 연산을 수행하면 된다. 이 연산이 수행되면, B 레지스터의 비트들 중에서 값이 1인 비트들과 같은 위치에 있는 A 레지스터의 비트들이 1로 세트된다. 그러나 B 레지스터에서 값이 0인 비트들의 위치에 대응되는 A 레지스터의 비트들은 변화가 없다. [예제 3-13]은 A 레지스터의 하위 네 비트들을 모두 1로 세트하고, 상위 네 비트들은 원래의 값을 그대로 유지시키는 연산의 예를 보여주고 있다.

예제 3-13

A 레지스터에 '10010010'이 저장되어 있을 때, 하위 네 비트를 1로 세트하는 선택적-세트 연산을 수행하라.

[풀이]

B 레지스터에 '00001111'을 저장한 후, 아래와 같이 A 레지스터와 OR 연산을 수행한다.

A	=	1 0 0 1 0 0 1 0	(연산 전)
B	=	0 0 0 0 1 1 1 1	
A	=	1 0 0 1 1 1 1 1	(연산 결과)

[예제 3-13]에서 B 레지스터의 우측 네 비트들이 1이므로, A 레지스터의 우측 네 비트들은 모두 1로 세트되었다(네 비트들 중에서 한 개는 원래 1이었으므로, 다른 세 비트들만 세트되었다). 그리고 B 레지스터에서 값이 0인 비트들의 위치에 대응되는 A 레지스터의 좌측 네 비트는 변화가 없다.

6) 선택적-보수 연산

선택적-보수(selective-complement)는 데이터 내 특정 비트들의 값을 보수화($1 \rightarrow 0$, $0 \rightarrow 1$) 하기 위한 동작으로서, 데이터가 저장된 A 레지스터와 반전시킬 비트들의 위치를 지정해주는 B 레지스터 간에 XOR 연산을 수행하면 된다. 이 연산이 수행되면, B 레지스터의 비트들 중에서 값이 1인 비트들과 같은 위치에 있는 A 레지스터의 비트들은 반대되는 값으로 바뀌게 된다. 그러나 B 레지스터에서 값이 0인 비트들의 위치에 대응되는 A 레지스터의 비트들은 변화가 없다. [예제 3-14]는 A 레지스터의 하위 네 비트들을 모두 반전시키고, 상위 네 비트들은 원래의 값을 그대로 유지시키는 선택적-보수 연산의 예를 보여주고 있다.

예제 3-14

A 레지스터에 '10010101'이 저장되어 있을 때, 하위 네 비트의 값들을 반전시키는 선택적-보수 연산을 수행하라.

[풀이]

B 레지스터에 '00001111'을 저장한 후, 아래와 같이 A 레지스터와 XOR 연산을 수행한다.

A	=	1 0 0 1 0 1 0 1	(연산 전)
B	=	0 0 0 0 1 1 1 1	
A	=	1 0 0 1 1 0 1 0	(연산 결과)

[예제 3-14]에서 B의 우측 네 비트들이 1이므로, A의 우측 네 비트들이 각각 보수로 바뀌었다(두 비트는 0에서 1로, 다른 두 비트는 1에서 0으로 바뀌었다). 그리고 B에서 0으로 세트된 비트들의 위치에 대응되는 A의 좌측 네 비트는 변화가 없다.

7) 마스크 연산

마스킹(masking)은 데이터 내 특정 비트들의 값을 0으로 리셋 시키기 위한 동작으로서, 데이터가 저장된 A 레지스터와 리셋 될 비트들의 위치를 지정해주는 B 레지스터 간에 AND 연산을 수행하면 된다. 이 연산이 수행되면, B 레지스터의 비트들 중에서 값이 0인 비트들과 같은 위치에 있는 A 레지스터의 비트들은 0으로 리셋 된다. 그러나 B 레지스터에서 값이 1인 비트들의 위치에 대응되는 A 레지스터의 비트들은 변화가 없다. [예제 3-15]는 A 레지스터의 상위 세 비트의 값들을 모두 0으로 리셋 시키고, 하위 다섯 비트들은 원래의 값을 그대로 유지시키는 마스크 연산이 수행되는 예를 보여주고 있다.

예제 3-15

A 레지스터에 '11110101'이 저장되어 있을 때, 상위 세 비트의 값들을 0으로 리셋 시키라.

[풀이]

B 레지스터에 '00011111'을 저장한 후, A 레지스터와 AND 연산을 수행한다.

A = 1 1 1 1 0 1 0 1 (연산 전)
B = 0 0 0 1 1 1 1 1
A = 0 0 0 1 0 1 0 1 (연산 결과)

[예제 3-15]에서 B의 상위 세 비트들이 0이므로, A의 상위 세 비트들의 값이 모두 0으로 리셋 되는 마스크 연산이 수행되었다. 그리고 B에서 1로 세트된 비트들의 위치에 대응되는 A의 우측 다섯 비트들은 원래의 값을 그대로 가지고 있게 된다. 이 연산은 데이터 내의 특정 비트들을 선택적으로 리셋 시키는 데 사용된다.

8) 삽입 연산

삽입(insert)이란 데이터 내의 일부 비트들을 새로운 값들로 대체시키기 위한 동작으로서, 두 단계로 이루어진다. 첫 번째 단계에서는 삽입하고자 하는 비트들에 대하여 마스크 연산을 수행하여, 그들을 모두 0으로 리셋 시킨다. 두 번째 단계에서는 새로이 삽입할 비트들과 그 결과 데이터 간에 OR 연산을 수행한다. [예제 3-16]은 8-비트 데이터의 좌측 네 비트에 새로운 비트들(1110)을 삽입하는 예를 보여주고 있다.

예제 3-16

A 레지스터에 '10010101'이 저장되어 있을 때, 상위 네 비트를 '1110'으로 대체시키라.

[풀이]

첫 번째 단계로서, *B* 레지스터에 '00001111'을 저장하고 *A* 레지스터와 AND 연산을 수행하여, 대체시킬 비트들을 모두 마스킹(0으로 리셋) 시킨다. 그런 다음에, 새로이 삽입할 값들을 해당 위치에 포함시킨 비트 열인 '11100000'을 *B* 레지스터에 저장하고, *A* 레지스터와 OR 연산을 수행하면 된다.

①	*A* =	1 0 0 1 0 1 0 1	
	B =	0 0 0 0 1 1 1 1	마스킹(AND 연산)
	A =	0 0 0 0 0 1 0 1	첫 단계 결과
②	*A* =	0 0 0 0 0 1 0 1	
	B =	1 1 1 0 0 0 0 0	삽입(OR 연산)
	A =	1 1 1 0 0 1 0 1	최종(삽입) 결과

9) 비교(compare) 연산

이 연산은 *A*와 *B* 레지스터의 내용을 비교하고, 만약 두 레지스터에서 대응되는 비트들의 값이 같으면, *A* 레지스터의 해당 비트를 0으로 세트한다. 그러나 만약 서로 다르다면, *A* 레지스터의 해당 위치의 비트를 1로 세트한다. 비교 연산은 두 레지스터들 간에 XOR 연산을 수행함으로써 구현할 수 있으며, [예제 3-17]은 이 연산의 예를 보여주고 있다.

예제 3-17

아래와 같은 데이터를 저장하고 있는 두 레지스터들을 비교하고, 같은 위치의 비트들이 같은 값을 가진다면 A 레지스터의 해당 비트를 0으로 리셋하라.

$$A = 11010101, \quad B = 10010110$$

[풀이]

아래와 같이 두 레지스터들의 대응되는 비트들 간에 XOR 연산을 수행한다.

$$\begin{array}{lcl} A & = & 1\ 1\ 0\ 1\ 0\ 1\ 0\ 1 \\ B & = & 1\ 0\ 0\ 1\ 0\ 1\ 1\ 0 \\ \hline A & = & 0\ 1\ 0\ 0\ 0\ 0\ 1\ 1 \end{array} \quad \text{(비교 결과)}$$

만약 두 레지스터의 모든 비트들이 동일하다면 A 레지스터의 모든 비트들이 0으로 리셋 되는데, 그런 경우에는 이 연산이 종료됨과 동시에 상태 레지스터에 있는 Z(zero) 플래그가 1로 세트된다. 따라서 두 레지스터의 내용을 비교한 결과는 Z 플래그를 검사함으로써 확인할 수 있다.

3.4 시프트 연산

1) 논리적 시프트

논리적 시프트(logical shift) 연산이란 레지스터 내의 데이터 비트들을 왼쪽 혹은 오른쪽으로 한 칸씩 이동시키는 것을 말한다. 예를 들어, 그림 3-4와 같이 4-비트 레지스터에 저장된 데이터 $A = A_4A_3A_2A_1$에 대하여 좌측-시프트(shift-left) 연산을 수행하면, 비트들이 왼쪽으로 한 칸씩 이동된다. 그리고 맨우측 비트로는 0이 들어온다.

$$A_4 \leftarrow A_3,\ A_3 \leftarrow A_2,\ A_2 \leftarrow A_1,\ A_1 \leftarrow 0$$

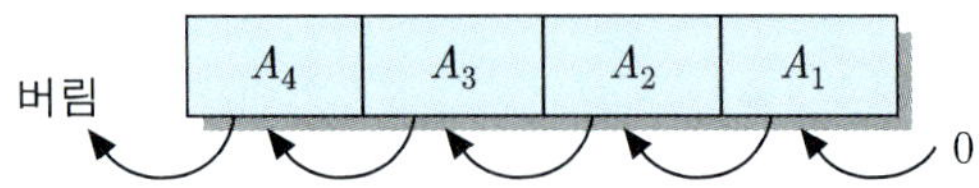

그림 3-4 4-비트 레지스터에서의 좌측-시프트

4-비트 레지스터는 네 개의 플립-플롭들로 구성되므로, 좌측-시프트는 각 플립-플롭의 출력이 왼편의 플립-플롭으로 입력된다는 것을 의미한다. 여기서 유의할 사항은 최하위 비트(A_1)로는 0이 들어오고, 최상위 비트(A_4)는 버리게(drop out) 된다는 점이다.

반대 방향의 연산인 우측-시프트(shift-right) 연산에서는 모든 비트들이 우측으로 한 칸씩 이동하게 된다. 이 경우에는 최상위 비트(A_4)로 0이 들어오고, 최하위 비트(A_1)는 버린다.

어떤 레지스터에 '0100'이 저장되어 있을 때, 우측-시프트 연산을 수행하면 '0010'이 되어서 원래의 수를 2로 나눈 값이 된다. 반대로, 좌측-시프트를 수행하면 '1000'이 되어, 2를 곱한 결과가 된다. 이와 같이 시프트는 간단한 곱셈과 나눗셈에도 사용될 수 있다.

그림 3-5는 D 플립-플롭을 이용한 시프트 레지스터(shift register)의 내부 구성도를 보여주고 있다. 좌측 시프트를 원하는 경우에는 제어 신호 L을 1로 세트하면, 그 신호가 접속된 AND 게이트들의 한쪽 입력이 1로 세트되어서, 각 플립-플롭은 우측 플립-플롭의 출력을 D 입력으로 받을 수 있게 된다. 맨우측 AND 게이트로는 0이 입력된다. 입력되는 값들은 클록 신호가 들어오는 순간에 각 플립-플롭에 저장된다. 우측-시프트의 경우에는 제어 신호 R을 1로 세트하면, 각 D 플립-플롭이 좌측 플립-플롭의 출력을 입력으로 받게 된다. 그리고 맨좌측 AND 게이트로는 0이 입력된다.

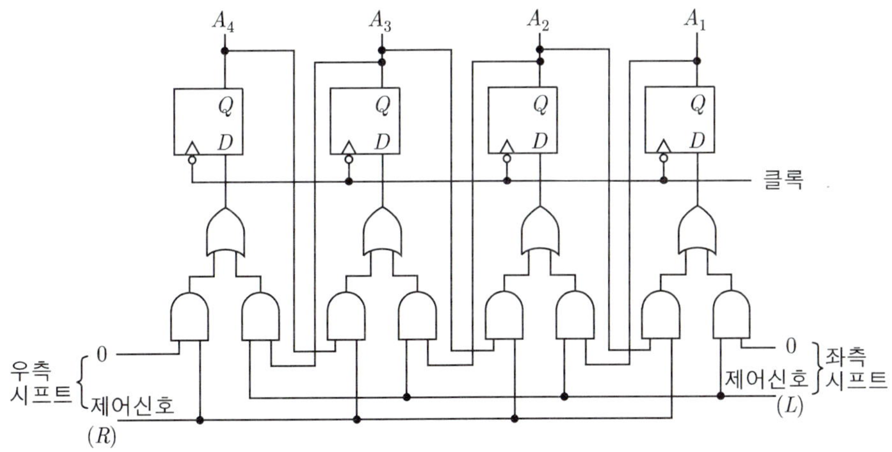

그림 3-5 4-비트 시프트 레지스터의 내부 구성도

지금까지 설명한 시프트 연산은 논리적 시프트(logical shift)라고 부른다. 시프트 연산에는 그 외에도 다음과 같은 몇 가지 종류들이 더 있다.

2) 순환 시프트

회전(rotate)이라고도 부르는 순환 시프트(circular shift) 연산은 앞에서 설명한 논리적 시프트와 근본적으로 같지만, 최상위 혹은 최하위 비트를 버리지 않고 반대편 끝에 있는 비트 위치로 들어가게 한다는 것이 다르다. 즉, 순환 좌측-시프트(circular shift-left) 연산은 그림 3-6에서 보는 바와 같이 최상위 비트인 A_4가 최하위 비트 위치인 A_1으로 이동한다.

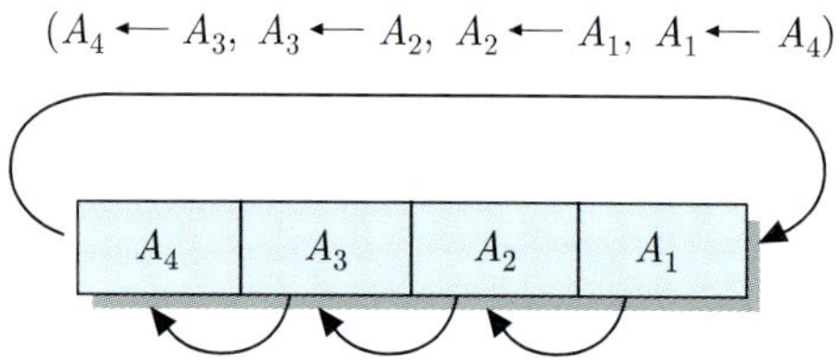

그림 3-6 4-비트 레지스터에서의 순환 좌측-시프트

순환 우측-시프트(circular shift-right) 연산의 경우에는 비트들 간의 이동이 $A_4 \rightarrow A_3$, $A_3 \rightarrow A_2$, $A_2 \rightarrow A_1$, $A_1 \rightarrow A_4$와 같이 이루어진다. 즉, 논리적 시프트와는 달리 외부로부터 0은 들어오지 않게 된다.

논리적 시프트 연산과 순환 시프트 연산을 이용하면, 두 레지스터들 간에 직렬 데이터 전송(serial data transfer)이 가능해진다. 이 동작은 시프트 연산을 데이터 수만큼 연속적으로 수행함으로써 두 레지스터들 사이에 한 개의 선을 통하여 전체 데이터를 이동시키기 위한 것이다. 한 예로서, 그림 3-7과 같이 A 레지스터의 내용을 B 레지스터로 직렬 전송하는 경우를 살펴보자.

이와 같은 직렬 전송에서는 각 클록 주기마다 한 번씩의 시프트 연산이 일어난다. 따라서 4-비트 레지스터들 간의 직렬 전송을 위해서는 A 레지스터에서 네 번의 순환 시프트가 연속적으로 수행되고, B 레지스터에서는 네 번의 논리적 시프트가 수행되어야 한다. 예를 들어 A 레지스터에 '1011'이 저장되어 있는 경우에, B 레지스터로 직렬 전송이 수행되는 과정을 클록 주기별로 보면 [예제 3-18]과 같다.

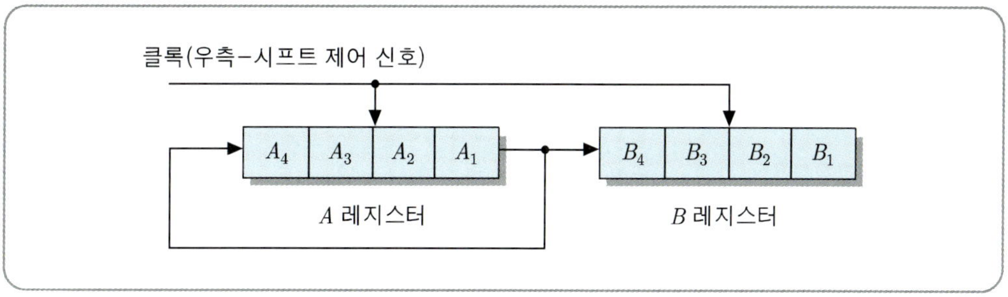

그림 3-7 시프트 레지스터를 이용한 직렬 데이터 전송

예제 3-18

그림 3-7과 같이 두 개의 4-비트 레지스터들이 직렬로 접속된 상태에서 *A* 레지스터에 저장되어 있는 데이터인 '1011'을 네 클록 주기 후에 모두 *B* 레지스터로 전송하고, *A* 레지스터는 원래의 데이터를 그대로 유지하게 되는 과정을 표시하라.

	A_4	A_3	A_2	A_1	B_4	B_3	B_2	B_1
초기상태	1	0	1	1	0	0	0	0
t_1	1	1	0	1	1	0	0	0
t_2	1	1	1	0	1	1	0	0
t_3	0	1	1	1	0	1	1	0
t_4	1	0	1	1	1	0	1	1

3) 산술적 시프트

산술적 시프트(arithmetic shift) 연산은 레지스터에 저장된 데이터가 부호를 가진 정수인 경우에 부호 비트를 고려하여 수행되는 시프트를 말한다. 이 연산에서 중요한 것은 시프트 과정에서 부호 비트는 그대로 두고, 수의 크기를 나타내는 비트들만 시프트 시킨다는 점이다.

예를 들어, 2의 보수로 표현된 4-비트 데이터에서 맨좌측 비트(A_4)가 부호 비트인 경우에 산술적 시프트는 다음과 같이 이루어진다.

산술적 좌측-시프트 : A_4 (불변), $A_3 \leftarrow A_2$, $A_2 \leftarrow A_1$, $A_1 \leftarrow 0$
산술적 우측-시프트 : A_4 (불변), $A_4 \rightarrow A_3$, $A_3 \rightarrow A_2$, $A_2 \rightarrow A_1$

이와 같이 두 방향의 시프트에서 모두 부호 비트는 변하지 않는다. 특히 산술적 우측-시프트에서는 부호 비트가 그 우측의 비트로 복사되는데, 이것은 3-2절에서 설명한 부호-비트 확장(sign-bit extension)과 같은 결과를 얻게 해준다. 예를 들어, 2의 보수로 표현된 -2 (1110)에 대하여 한 번의 산술적 좌측-시프트와 두 번의 산술적 우측-시프트 연산을 연속적으로 수행한 결과를 보면 [예제 3-19]와 같다.

예제 3-19

10진수 −2에 대한 4−비트 2진수에 대하여 산술적 좌측−시프트를 수행한 후, 그 결과값에 대하여 두 번의 산술적 우측−시프트를 수행하라.

$A =$	1 1 1 0	(−2)	(초기 상태)
	1 1 0 0	(−4)	(산술적 좌측-시프트 결과)
	1 1 1 0	(−2)	(첫 번째 산술적 우측-시프트 결과)
	1 1 1 1	(−1)	(두 번째 산술적 우측-시프트 결과)

4) C 플래그를 포함한 시프트 연산

실제 CPU에서는 일반적으로 시프트 연산에 올림수(C) 플래그가 포함된다. 즉, 그림 3-8(a)에서 보는 바와 같이 C 플래그를 포함한 좌측-시프트(SHLC : shift left with carry) 연산에서는 최상위 비트인 A_4가 버려지지 않고 C 플래그로 이동된다. 이때 원래의 C 플래그 값은 지워진다. 그리고 C 플래그를 포함한 우측-시프트(SHRC : shift right with carry) 연산의 경우에는 그림 3-8(b)와 같이 C 플래그의 값이 A_4로 이동하고, 다른 비트들은 모두 우측으로 한 칸씩 이동한다. 이 경우에 LSB인 A_1은 버린다.

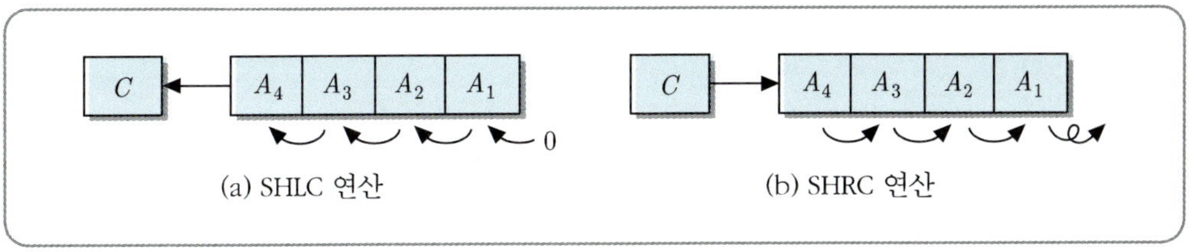

그림 3-8 C-플래그를 포함한 좌측 및 우측 시프트 연산

C 플래그를 포함하는 순환 시프트, 즉 회전 연산의 경우에는 그림 3-9와 같이 회전 방향에 따라 C 플래그로 데이터의 최상위 비트 혹은 최하위 비트의 값이 들어온다. 그리고 C 플래그의 원래 값은 지워지지 않고 최상위 혹은 최하위 비트로 이동한다. 그림 3-9(a)는 RLC(rotate left with carry) 연산으로서, 비트 이동이 레지스터와 C 플래그가 포함된 전체 루프에 대하여 이루어지는 것을 볼 수 있다. 즉, 레지스터의 최상위 비트인 A_4가 C 플래그로 들어가고, C 플래그의 원래 값은 레지스터의 최하위 비트(A_1)로 이동한다. 우측으로 회전하는 RRC(rotate right with carry) 연산에서는 그림 3-9(b)에서 보는 바와 같이 방향만 반대일 뿐, 모든 동작은 좌측 회전의 경우와 같다.

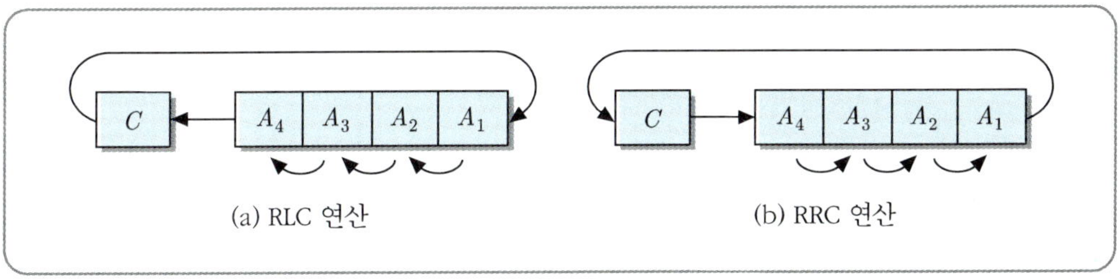

그림 3-9 C-플래그를 포함한 좌측 및 우측 회전 연산

산술적 시프트 연산에서도 C 플래그가 포함될 수도 있는데, 그러한 연산에서 비트들의 이동 동작은 논리적 시프트 연산과 동일하다. 그런데 산술적 우측 시프트에서 C 플래그의 값이 포함되는 경우에, 그 값이 원래의 부호 비트 값과 다른 경우에는 데이터의 부호가 변경되는 문제가 발생한다. 이런 경우에는 오버플로우(V) 플래그를 세트함으로써 그 사실을 알리도록 하거나, C 플래그가 레지스터로 들어오지 못하게 함으로써 부호 비트가 그대로 유지되도록 해야 한다.

3.5 정수의 산술 연산

컴퓨터가 처리하는 기본적인 산술 연산들의 종류를 마이크로-연산으로 표현하면 [표 3-3]과 같다.

[표 3-3] 기본적인 산술 연산들

$A \leftarrow \overline{A} + 1$	; 보수화(2의 보수 변환)
$A \leftarrow A + B$	; 덧셈
$A \leftarrow A - B$	; 뺄셈
$A \leftarrow A \times B$	; 곱셈
$A \leftarrow A \div B$	; 나눗셈
$A \leftarrow A + 1$	; 증가(increment)
$A \leftarrow A - 1$	; 감소(decrement)

이 절에서는 실제 컴퓨터들에서 가장 널리 사용되고 있는 2의 보수 표현에 대한 일반적인 산술 방법들과 그러한 연산들을 위한 회로의 구성에 대하여 살펴보기로 한다.

3.5.1 덧 셈

2의 보수로 표현된 수들 간의 덧셈 방법은 먼저 두 수를 더하고, 만약 올림수가 발생하면 버리면 된다. [예제 3-20]은 이 연산의 몇 가지 예들을 보여주고 있다. 이러한 과정은 더 많은 비트들로 이루어진 데이터에 대해서도 동일하게 적용된다. 만약 덧셈 결과값의 부호가 1이라면, 그 값은 2의 보수로 표현된 음수를 나타낸다.

이러한 덧셈을 수행하는 하드웨어는 병렬 가산기(parallel adder)라고 부른다. 병렬 가산기는 데이터 비트 수만큼의 전가산기(full-adder)들로 구성된다. 예를 들어, 4-비트 병렬 가산기는 그림 3-10과 같이 네 개의 전가산기들로 이루어진다. 전가산기들은 올림수 비트(carry bit)를 전송하는 선에 의해 연결되는데, 하위 단계의 전가산기에서 발생한 올림수가 상위 단계 전가산기의 올림수 입력으로 들어가도록 연결된다. 비트 수가 더 많은 데이터들을 위한 가산기는 같은 방법으로 전가산기를 계속 연결함으로써 구성할 수 있다.

예제 3-20

아래와 같은 2진수 덧셈들을 수행하고, 10진수 덧셈의 결과와 비교하라.

[풀이]

(a) $(+3) + (+4) = +7$

$$\begin{array}{r} 0011 \\ +\ 0100 \\ \hline 0111 = +7 \end{array}$$

(b) $(-3) + (+3) = 0$

$$\begin{array}{r} 1101 \\ +\ 0011 \\ \hline (1)\ 0000 = 0 \end{array}$$

버림

(c) $(-6) + (+2) = -4$

$$\begin{array}{r} 1010 \\ +\ 0010 \\ \hline 1100 = -4 \end{array}$$

(d) $(-4) + (-1) = -5$

$$\begin{array}{r} 1100 \\ +\ 1111 \\ \hline (1)\ 1011 = -5 \end{array}$$

그림 3-10은 4-비트 데이터 $(A_4A_3A_2A_1)$과 $(B_4B_3B_2B_1)$을 더하여 합$(S_4S_3S_2S_1)$을 출력하는 병렬 가산기와 주변 회로들을 보여주고 있다. 그림에서 점선으로 표시된 부분이 병렬 가산기이며, 그 외는 덧셈 결과에 따라 상태 레지스터에 포함된 플래그들을 세트해주는 회로들이다. 먼저, 합의 최상위 비트는 부호 비트이므로 부호(S) 플래그로 직접 연결된다. 따라서 양수이면 S 플래그가 0으로, 음수이면 1로 세트된다. 덧셈 결과에 대한 올림수(C) 플래그는 최상위 단계의 전가산기로부터 발생하는 올림수(C_4)에 의해 세트된다. 또한 합의 모든 비트들을 NOR 게이트를 통과시켜서, 영(zero)을 나타내는 Z 플래그를 세트한다. 즉, 합의 모든 비트들이 0이면, Z 플래그가 1로 세트된다.

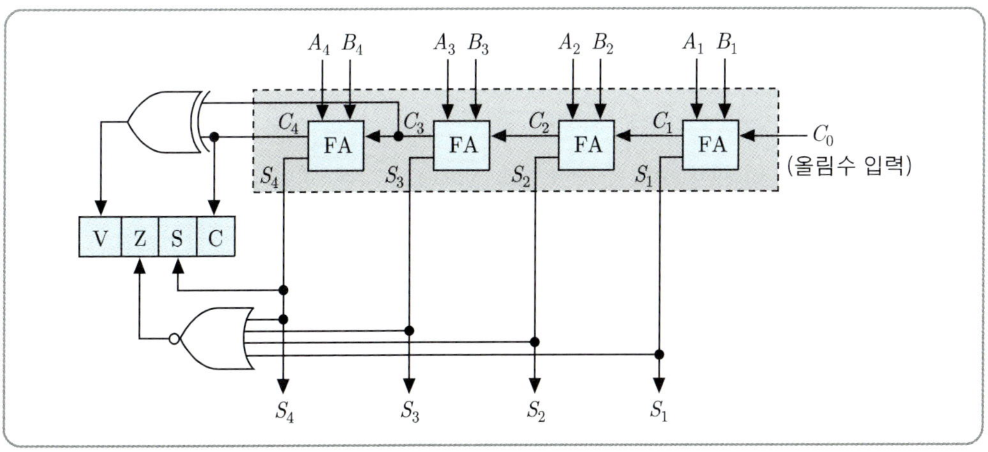

그림 3-10 4-비트 병렬 가산기와 상태 비트 제어회로

그런데 덧셈 과정에서 수의 표현 범위를 초과하는 경우에는 전혀 틀린 결과를 산출하게 된다. 예를 들어, 2의 보수로 표현된 4-비트 데이터의 표현 범위는 −8부터 +7까지이지만, [예제 3-21]에서와 같이 덧셈 결과가 그 범위를 초과하게 되면 결과값이 틀리게 되는데, 이것을 오버플로우(overflow)라고 한다. 이 예제에서는 합의 예상 값들(+9와 −13)이 4-비트 데이터의 표현 범위를 초과하기 때문에 오버플로우가 발생하여 잘못된 결과들이 산출된 것이다.

예제 3-21

아래의 덧셈에서 오버플로우가 발생하는지 확인하라.

[풀이]

(a) (+6) + (+3) = +9

```
   0110
 + 0011
 ------
   1001 = −7 (오버플로우)
```

(b) (−7) + (−6) = −13

```
    1001
  + 1010
  ------
 (1) 0011 = +3 (오버플로우)
```


오버플로우는 덧셈 과정에서 최상위 비트들 및 그 다음 비트들의 덧셈 과정에서 발생하는 올림수들(그림 3-10의 C_4와 C_3)이 서로 다른 경우에 발생한다. 따라서 덧셈 과정에서의 오버플로우(V)는 다음과 같이 두 올림수들 간의 exclusive-OR를 수행하여 검출할 수 있다.

$$V = C_4 \oplus C_3$$

[예제 3-21]의 (a)에서는 $C_4 = 0$, $C_3 = 1$이고, (b)에서는 $C_4 = 1$, $C_3 = 0$이므로, 각각 오버플로우가 검출될 수 있다. 이 경우에는 그림 3-10의 회로에서 오버플로우를 나타내는 V 플래그가 1로 세트되며, CPU는 그 결과값이 다른 연산에 사용되지 않도록 적절한 조치를 취해야 한다. 그림 3-10에는 XOR 게이트를 이용하여 오버플로우(V) 플래그를 세트하는 회로도 포함되어 있다.

3.5.2 뺄 셈

정수들의 뺄셈은 다음과 같이 덧셈을 이용하여 수행할 수 있다. 즉, A(피감수 : minuend)

로부터 B(감수: subtrahend)를 빼려면, B를 음수화 한 다음에 A와 더하면 된다.

$$A-(+B)=A+(-B)$$
$$A-(-B)=A+(+B)$$

2의 보수로 표현된 수들의 뺄셈도 같은 방법으로 처리할 수 있다. 즉, 감수 B에 대한 2의 보수를 구하여 피감수 A와 더하면 된다. 뺄셈 연산의 몇 가지 예를 보면 [예제 3-22]와 같다. 여기서도 덧셈에서와 마찬가지로 올림수는 버린다.

예제 3-22

2의 보수를 이용하여 아래와 같은 2진수 뺄셈들을 수행하라.

[풀이]

(a) $(+2)-(+6)=(+2)+(-6)=-4$

```
   0010
 + 1010
 ------
   1100 = -4
```

(b) $(+7)-(+4)=(+7)+(-4)=+3$

```
   0111
 + 1100
 ------
 ① 0011 = +3
```

위의 예에서 보는 바와 같이 뺄셈은 덧셈을 이용하여 수행된다. 그러므로 일반적으로 ALU에 뺄셈을 위한 하드웨어를 별도로 두지 않고 가산기를 이용하여 뺄셈을 수행한다. 그림 3-11은 덧셈과 뺄셈에 겸용으로 사용될 수 있는 하드웨어의 구성도를 보여주고 있다. 이 회로에서 A 레지스터로부터 들어오는 수(A)는 병렬 가산기로 직접 입력되고, B 레지스터로부터 들어오는 수(B)는 보수기(complementer)를 통하여 병렬 가산기로 들어온다. 보수기는 입력 데이터에 대한 2의 보수를 출력하는 회로이다. 그리고 병렬 가산기는 그림 3-10의 모든 회로들을 포함하고 있다.

보수기로는 제어 신호가 가해지는데, 덧셈인 경우에는 그 신호가 '0'이 되어 입력 데이터 A를 그대로 통과시킨다. 뺄셈인 경우에는 제어 신호로 '1'이 가해져서 입력 데이터 B가 보수기에 의해 2의 보수로 변환된 다음에 병렬 가산기로 입력된다. 덧셈 결과는 일반적으로 다른 레지스터가 아닌, 두 레지스터들 중의 어느 하나(여기서는 A 레지스터)에 저장된다.

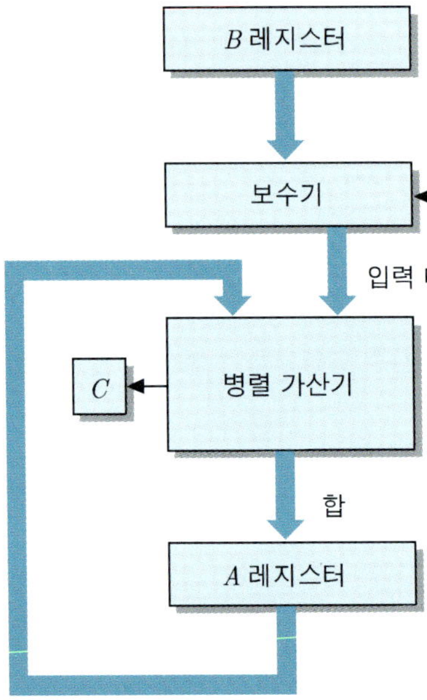

그림 3-11 덧셈과 뺄셈 겸용 하드웨어의 블록 구성도

뺄셈에서도 그 결과가 표현가능한 범위를 초과하는 경우에는 오버플로우가 발생하는데, [예제 3-23]은 그 사례들을 보여주고 있다. 뺄셈도 가산기를 이용하여 이루어지므로, 뺄셈 과정에서 발생하는 오버플로우도 덧셈에서와 같은 검출 회로를 이용하여 검출할 수 있다.

예제 3-23

2의 보수를 이용하여 수행하는 아래의 뺄셈들에서 오버플로우가 발생하는지 검사하라.

[풀이]

(a) $(+6)-(-4)=(+6)+(+4)=+10$

$$\begin{array}{r} 0110 \\ +\ 0100 \\ \hline 1010 \end{array} = -6 \quad (C_4 \oplus C_3 = 0 \oplus 1 = 1 \text{ : 오버플로우 발생})$$

(b) $(-7)-(+6)=(-7)+(-6)=-13$

```
     1001
   + 1010
   ------
  ① 0011 = +3
```

$(C_4 \oplus C_3 = 1 \oplus 0 = 1$: 오버플로우 발생)

3.5.3 곱 셈

덧셈이나 뺄셈에 비하여, 곱셈은 하드웨어로 처리되든 소프트웨어로 처리되든 복잡한 연산이다. 곱셈을 위한 여러 가지 알고리즘들이 제안되어 왔는데, 이 절에서는 가장 널리 사용되고 있는 방법들만 소개하기로 한다. 먼저 부호 없는 정수들을 곱셈하는 간단한 경우를 살펴본 다음에, 2의 보수로 표현된 수들의 곱셈 알고리즘에 대하여 설명한다.

[예제 3-24]는 부호 없는 4-비트 2진수들을 곱하는 과정을 보여주고 있다. 곱셈은 승수(multiplier)의 최하위 비트에 대한 검사부터 시작되는데, 만약 그 비트의 값이 '1'이면 부분 적(partial product)은 피승수(multiplicand)와 같아지고, '0'이면 부분 적은 '0000'이 된다. 이와 같은 과정은 승수의 각 비트들에 대하여 차례대로 수행되는데, 승수의 각 비트에 대하여 한 자리씩 좌측으로 시프트 되면서 발생되는 부분 적들을 모두 더하면 최종 결과가 산출된다. 따라서 두 개의 n-비트 정수들을 곱하면, 결과값의 길이는 최대 $2n$ 비트가 된다.

예제 3-24

2진수 곱셈(1101×1011)을 수행하고, 결과값이 10진수 곱셈의 결과(13×11=143)와 일치하는지 확인하라.

[풀이]

```
     1101      (피승수 = 13)
   × 1011      (승수 = 11)
   ------
     1101  ┐
    1101   │
   0000    │   부분 적들(partial products)
  1101     ┘
 --------
 10001111      (최종 결과 = 143)
```

[예제 3-24]에서는 마지막 단계에서 모든 부분 적들을 더하여 최종 결과를 구하는 것으로 표시되었다. 그러나 이 계산을 컴퓨터에서 수행할 때는 부분 적이 발생할 때마다 합을 계산함으로써, 중간 결과인 부분 적을 저장해두기 위한 레지스터를 별도로 사용하지 않도록 하고 있다. 또한 검사하는 승수의 비트가 1일 경우에는 덧셈과 시프트를 수행하지만, 0인 경우에는 시프트만 하면 되기 때문에 처리 시간을 더욱 단축시킬 수 있다.

이러한 곱셈 알고리즘을 처리하기 위한 하드웨어 구성은 그림 3-12와 같다. 이 곱셈기의 중심에는 병렬 가산기가 위치하고, 그 입력들은 피승수가 저장되어 있는 M 레지스터와 A 레지스터로부터 들어온다. 그리고 가산기의 출력은 다시 A 레지스터에 저장된다. 이때 덧셈 과정에서 발생한 올림수는 하나의 플립-플롭으로 구현되는 C 플래그에 저장된다. 그림의 회로에서 보는 바와 같이 C 플래그와 A 레지스터 및 Q 레지스터는 모두 직렬(C-A-Q)로 연결되어서, 전체적으로 시프트 연산을 수행할 수 있도록 구성된다.

곱셈 과정은 승수의 최하위 비트부터 시작하여 한 비트씩 차례대로 검사하면서 수행된다. 검사 동작을 위하여, Q 레지스터에 저장된 승수의 최하위 비트인 Q_0 비트가 제어 회로로 입력된다. 그러면 제어 회로는 Q_0 비트를 검사하고, 그 결과에 따라 적절한 제어 신호들을 발생함으로써 덧셈과 시프트를 수행하거나($Q_0 = 1$인 경우), 혹은 시프트만 시킨다($Q_0 = 0$인 경우). 그런 다음에 C-A-Q 레지스터의 모든 비트들을 한 비트씩 우측으로 시프트 시키면, 클록의 한 사이클 동안에 수행되는 모든 동작이 완료된다. 이러한 사이클 동작이 승수의 비트 수만큼 반복되면서, 곱셈 연산이 순차적으로 수행된다.

[예제 3-24]의 곱셈이 그림 3-12의 곱셈기에 의해 수행되는 동안에 각 사이클에서 발생되는 세부적인 동작들은 아래와 같으며, 각 레지스터들이 가지게 되는 값들은 그림 3-13에 표시되어 있다.

[초기 상태] M 레지스터에 피승수인 1101, Q 레지스터에 승수인 1011을 각각 저장하며, 결과값이 저장될 A 레지스터의 모든 비트들과 올림수(C) 비트를 0으로 초기화한다.

[사이클 1] Q 레지스터의 최하위 비트(Q_0)를 제어 회로로 보내어 검사한다. 이 예제에서는 그 비트가 '1'이므로 M 레지스터의 피승수(1101)를 A 레지스터의 내용과 더하고, 그 결과는 다시 A 레지스터에 저장한다. 그런 다음에, 직렬 연결된 상태인 A 레지스터와 Q 레

지스터를 하나의 8-비트 ($A-Q$) 레지스터로 간주하여 오른쪽으로 한 비트씩 시프트 한다. 이때 올림수 C 비트는 A 레지스터의 최상위 비트로 들어오며(shift-in), Q 레지스터의 최하위 비트는 버린다(drop-out).

[사이클 2] 다음 Q_0도 '1'이므로 앞에서와 같이 피승수를 A 레지스터의 내용과 더하고, $A-Q$ 레지스터를 오른쪽으로 한 비트씩 시프트 한다.

[사이클 3] 다음 Q_0는 '0'이므로, (덧셈은 하지 않고) $A-Q$ 레지스터를 오른쪽으로 한 비트씩 시프트 한다.

[사이클 4] 마지막 Q_0(원래 승수의 최상위 비트)가 '1'이므로, [사이클 1]에서와 같이 피승수를 A 레지스터의 내용과 더하고, $A-Q$ 레지스터를 오른쪽으로 한 비트씩 시프트 한다. 결과를 보면, A 레지스터에는 최종 결과값의 상위 네 비트인 '1000', 그리고 Q 레지스터에는 하위 네 비트인 '1111'이 각각 저장되어 있다.

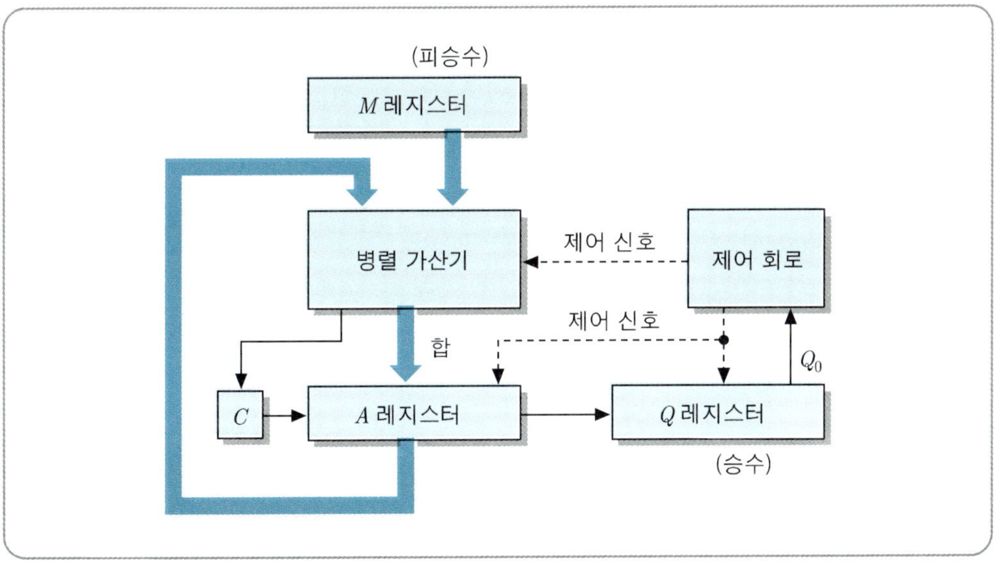

그림 3-12 부호 없는 2진수 곱셈기의 구성도

	$\underline{C}$	$\underline{A}$	$\underline{Q}$	
[초기 상태]	0	0000	1011	
[사이클 1]	0	1101	1011	; $Q_0 = 1$이므로, $A \leftarrow A+M$
	0	0110	1101	; 우측 시프트(C-A-Q)
[사이클 2]	1	0011	1101	; $Q_0 = 1$이므로, $A \leftarrow A+M$
	0	1001	1110	; 우측 시프트(C-A-Q)
[사이클 3]	0	0100	1111	; $Q_0 = 0$이므로, 우측 시프트(C-A-Q)만 수행
[사이클 4]	1	0001	1111	; $Q_0 = 1$이므로, $A \leftarrow A+M$
	0	1000	1111	; 우측 시프트(C-A-Q)

그림 3-13 [예제 3-24]의 곱셈이 수행되는 과정에서의 레지스터 내용들

2의 보수들 간의 곱셈은 상당히 복잡하기 때문에 특별한 알고리즘이 개발되어 있다. 여기서는 가장 널리 사용되고 있는 Booth 알고리즘(Booth's algorithm)에 대하여 살펴보기로 한다. 그림 3-14는 Booth 알고리즘의 흐름도를 보여주고 있는데, 이것은 양수와 음수의 어떤 조합들에 대해서도 적용될 수 있다. Booth 알고리즘을 구현한 Booth 곱셈기의 하드웨어 구성은 그림 3-12의 회로를 다음과 같이 수정하면 된다.

- M 레지스터와 병렬 가산기 사이에 보수기(complementer)를 추가한다.
- Q 레지스터의 우측에 Q_{-1}이라고 부르는 1-비트 레지스터를 추가하고, 그 출력이 Q_0와 함께 제어 회로로 입력되도록 한다. Q 레지스터가 우측 시프트 될 때, Q_0 비트가 이 레지스터에 저장된다.

앞에서 설명한 부호 없는 곱셈의 경우와 마찬가지로 피승수와 승수는 M 레지스터와 Q 레지스터에 각각 저장된다. Q 레지스터의 최하위 비트인 Q_0 의 오른쪽에는 Q_{-1} 이라는 한 비트 길이의 레지스터가 추가된다(이것의 용도는 뒤에서 설명한다). A 레지스터와 Q_{-1} 비트는 0으로 초기화되며, 곱셈의 결과는 A 및 Q 레지스터에 저장된다.

제어 회로는 승수의 비트들을 검사할 때, Q_0 뿐만 아니라 그 우측 비트(Q_{-1})도 함께 검사한다. 즉, 제어 회로는 Q_0 와 Q_{-1} 을 동시에 입력하여 검사한다. Q_{-1} 은 처음에는

'0'이지만, 한 단계가 끝나면 한 비트씩 우측으로 시프트 되므로 이전 단계의 Q_0가 Q_{-1}으로 이동한다. 그림 3-14에서 보는 바와 같이, 만약 그 두 비트들의 값이 서로 같으면 (11 또는 00), 단순히 A, Q 및 Q_{-1} 레지스터들의 모든 비트들을 우측으로 한 비트씩 시프트 한다. 그러나 만약 그 두 비트들이 서로 다른 값을 가지고 있다면, 다음과 같은 연산들이 수행된다. '01'일 경우는 피승수를 A 레지스터에 더하고, '10'일 경우에는 A로부터 피승수를 뺀다. 그런 다음에는 A, Q 및 Q_{-1} 레지스터들에 대하여 한 비트씩 산술적 우측-시프트를 수행한다.

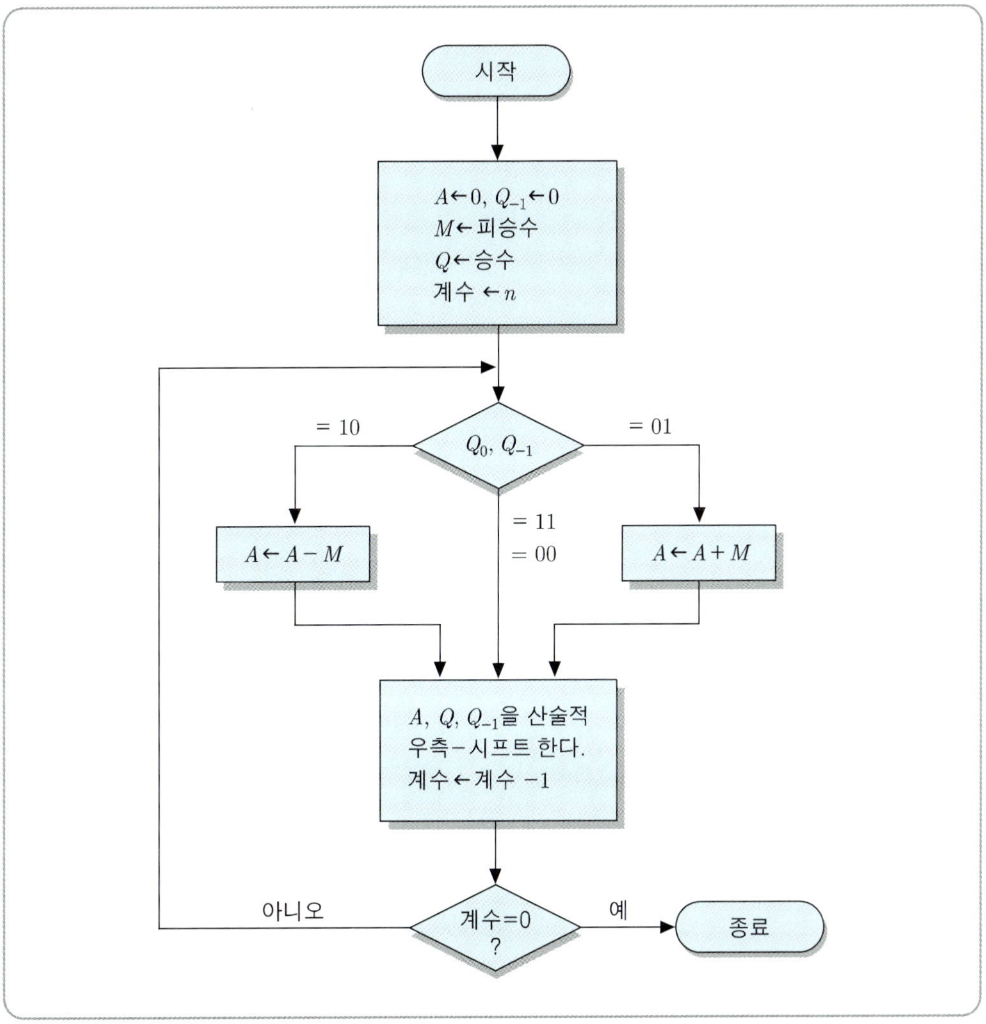

그림 3-14 Booth 알고리즘의 흐름도

이러한 과정은 승수의 비트 수 만큼인 n번 반복된다. 이를 위하여 초기화 단계에서 계수(count) 값을 n으로 세트하고, 각 승수 비트에 대한 연산이 종료되면 계수 값을 1씩 감소시킨다. [예제 3-25]는 Booth 알고리즘으로 $(-7) \times 3$의 곱셈을 수행하는 과정을 보여주고 있다.

예제 3-25

Booth 알고리즘을 이용하여 2진수 곱셈 $\{(-7) \times 3\}$을 수행하라.

[풀이]

M 레지스터에 피승수 -7에 대한 2의 보수 표현인 '1001'을 저장하고, 승수 '0011'은 A 레지스터에 저장한다. 4-비트 데이터들 간의 곱셈이므로 계수(n)은 4로 세트하고, Q_{-1}는 0으로 초기화 한 다음에, 그림 3-14의 알고리즘에 따라 아래와 같은 연산들을 순차적으로 수행하면 된다.

		Q_{-1}	계수	
(M)	1001			; 초기값 : $A = 0000$, $Q_{-1} = 0$, 계수(n) = 4
(Q)	× 0011			
(A Q)	0111 0011	0		; Q_0Q_{-1} = '10'이므로, A로부터 피승수(1001)를 뺀다. (실제로는 그 보수인 0111을 더한다)
	0011 1001	1	3	; A-Q-Q_{-1}에 대하여 산술적 우측-시프트를 수행하고, 계수에서 1을 뺀다.
	0001 1100	1	2	; Q_0Q_{-1} = '11'이므로, A-Q-Q_{-1}에 대하여 산술적 우측-시프트만 수행하고, 계수에서 1을 뺀다.
	1010 1100	1		; Q_0Q_{-1} = '01'이므로, A에 피승수(1001)를 더한다.
	1101 0110	0	1	; A-Q-Q_{-1}에 대하여 산술적 우측-시프트를 수행하고, 계수에서 1을 뺀다.
	1110 1011	0	0	; Q_0Q_{-1} = '00'이므로, A-Q-Q_{-1}에 대하여 산술적 우측-시프트를 수행한다. 계수에서 1을 빼면 0이므로, 계산을 종료한다.

→ −21 (곱셈 결과)

3.5.4 나눗셈

나눗셈은 곱셈보다 다소 더 복잡하지만 같은 원리에 근거를 두고 있다. 즉, 곱셈에서와 마찬가지로, 나눗셈의 알고리즘도 반복적인 시프트와 덧셈 또는 뺄셈으로 이루어진다. 먼저, 나눗셈을 수식으로 표현하면 다음과 같다.

$$A \div B = q \quad \cdots \ r$$

위의 식에서 A는 나누어지는 수인 피제수(dividend)이고, B는 나누는 수인 제수(divisor)이다. 그리고 q와 r은 각각 몫(quotient)과 나머지 수(remainder)를 나타낸다.

그림 3-15는 부호 없는 2진 정수에 대한 나눗셈의 한 예를 보여주고 있다. 이 예는 피제수 '10010011'을 제수 '1011'로 나누는 과정을 보여주고 있다. 먼저, 피제수의 비트들을 좌측에서부터 우측으로 차례대로 검사하여, 그 비트들이 나타내는 값이 제수보다 같거나 큰 경우가 될 때(제수가 피제수를 나눌 수 있게 될 때)까지 한 비트씩 이동하면서 검사를 반복한다. 그렇게 될 때까지 몫으로는 좌에서 우로 가면서 '0'을 채운다. 나눌 수 있게 되면, 몫의 해당 비트를 '1'로 쓰고, 부분 피제수(partial dividend)의 값에서 제수를 뺀다. 그 결과를 부분 나머지 수(partial remainder)라 한다.

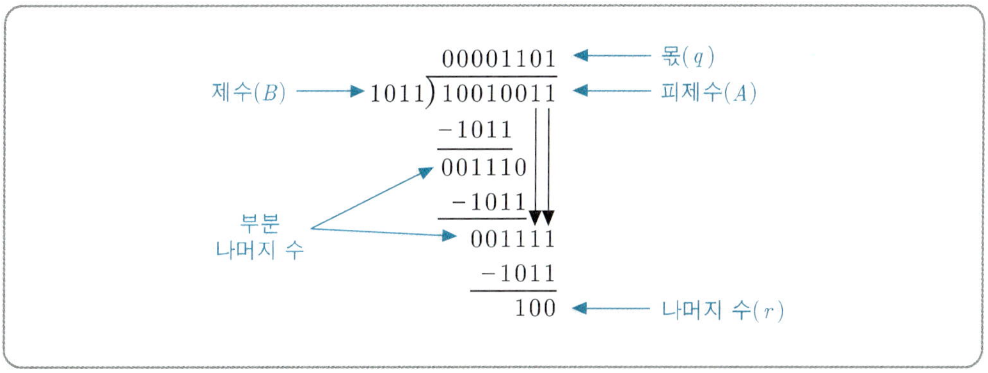

그림 3-15 부호 없는 2진수 나눗셈의 예

여기서부터 나눗셈은 사이클 형태를 이룬다. 각 사이클에서 피제수로부터의 한 비트씩이 부분 나머지 수에 추가되며, 그 결과값이 제수와 같거나 커질 때까지 그 과정이 반복된다. 그리고 새로운 부분 나머지 수를 얻기 위하여, 그 수로부터 제수를 뺀다. 이 과정은 피제수의 모든 비트들에 대하여 적용될 때까지 계속된다.

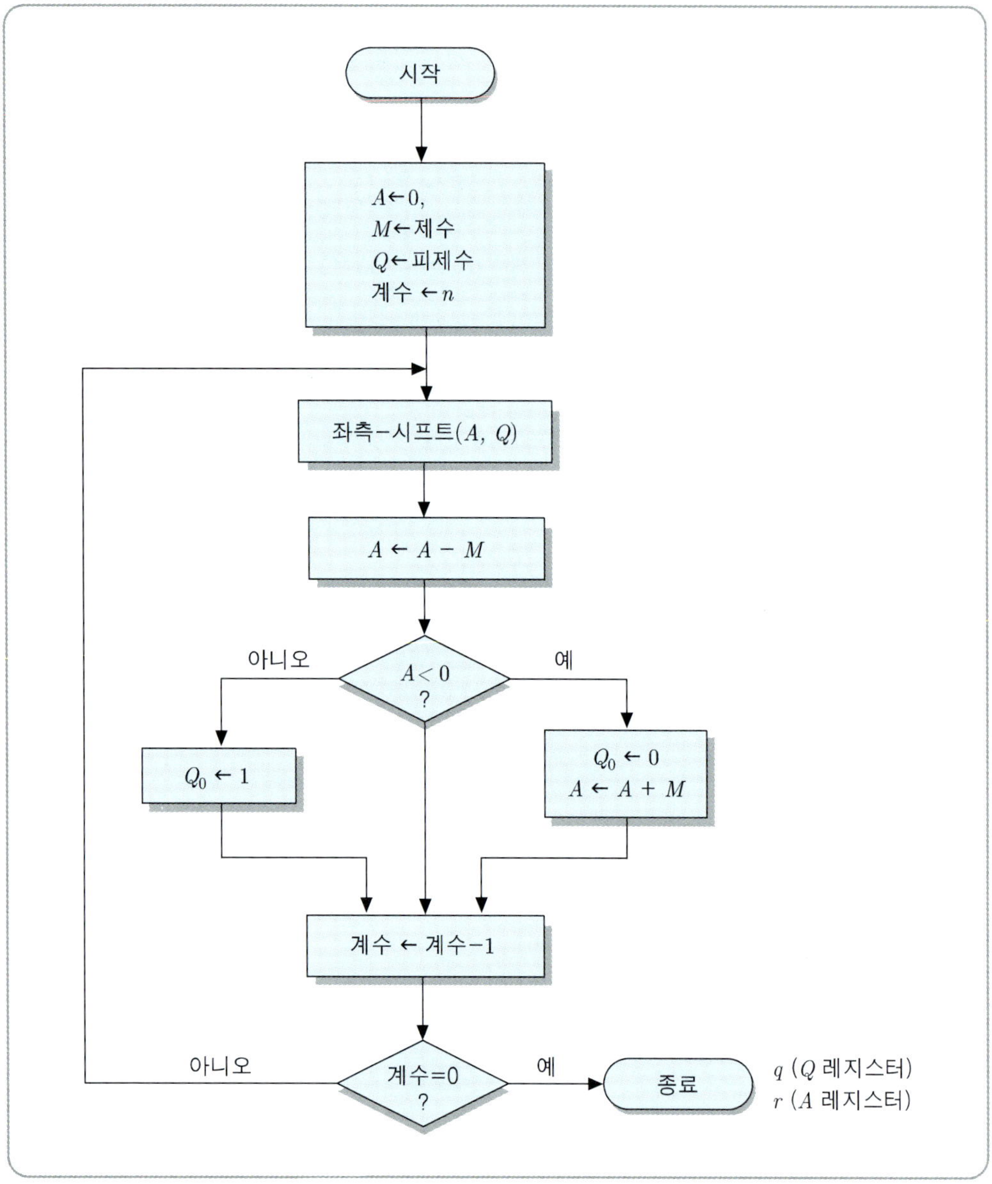

그림 3-16 부호 없는 2진 나눗셈 알고리즘의 흐름도

그림 3-16은 나눗셈에 대한 컴퓨터 알고리즘을 보여주고 있다. 제수는 M 레지스터에, 피제수는 Q 레지스터에 각각 저장한다. 각 단계에서 A와 Q 레지스터 모두 왼쪽으로

한 비트씩 시프트 된다. A가 부분 나머지 수를 나눌 수 있는지 알기 위하여 A로부터 M을 뺀다. 만약 그럴(나눌 수 있는) 경우, Q_0는 1의 값을 가진다. 그렇지 않은 경우에는 Q_0는 0이 되고, M의 이전 값을 복구시키기 위하여 M을 A에 다시 더한다. 이 과정이 끝나면 계수(count) 값에서 1을 뺀다. 이와 같은 과정을 n번 반복하면, 최종적으로 몫(q)은 Q 레지스터에, 나머지 값(r)은 A 레지스터에 남게 된다.

위의 알고리즘을 약간 수정하면 제수나 피제수가 음수인 경우에도 적용할 수 있다. 2의 보수로 표현된 수들간의 나눗셈 과정을 단계별로 나누어 설명하면 다음과 같다.

[초기 상태] 제수는 M 레지스터에, 피제수는 A와 Q 레지스터에 저장한다. 각 레지스터가 n비트일 때, 피제수는 $2n$비트 길이의 2의 보수로 표현한다.

[사이클 1] A와 Q 레지스터를 좌측으로 한 비트씩 시프트 한다.

[사이클 2] 만약 M과 A의 부호가 같다면 $A \leftarrow A - M$을 수행하고, 다르다면 $A \leftarrow A + M$을 수행한다.

[사이클 3] 연산 전과 후에서 A의 부호가 같다면, 위의 연산은 성공이다.
- (a) 연산이 성공이거나 $A = 0$이면, $Q_0 \leftarrow 1$로 세트한다.
- (b) 연산이 실패이고 $A \neq 0$이면, $Q_0 \leftarrow 0$으로 세트하고, A를 이전의 값으로 복구한다.

[사이클 4] Q 레지스터에 비트가 남아있다면, 단계 2에서 4까지를 반복한다.

[사이클 5] 나머지 수는 A에 남는다. 만약 제수와 피제수의 부호가 같다면 몫은 Q 레지스터의 값이 되고, 그렇지 않다면 Q 레지스터의 내용에 대한 2의 보수가 몫이 된다.

[예제 3-26]은 위의 알고리즘을 적용하여 $\{(+7) \div (-3)\}$을 수행하는 과정을 보여주고 있다.

예제 3-26

2의 보수 나눗셈 {7÷(−3)}을 수행하라.

[풀이]

제수 (−3)에 대한 2의 보수 표현인 '1101'을 M 레지스터에 저장하고, 아래의 연산을 순차적으로 수행하면 된다.

A	Q	$M = 1101\ (-3)$
0000	0111	; 초기 상태
0000	1110	; 좌측-시프트($A-Q$)
1101		; A와 M의 부호가 서로 다르므로, $A \leftarrow A+M$
0000	1110	; A의 부호가 바뀌었으므로, A의 원래값을 복구
0001	1100	; 좌측-시프트($A-Q$)
1110		; A와 M의 부호가 서로 다르므로, $A \leftarrow A+M$
0001	1100	; A의 부호가 바뀌었으므로, $Q_0 \leftarrow 0$으로 세트하고 A의 원래값을 복구
0011	1000	; 좌측-시프트($A-Q$)
0000		; A와 M의 부호가 서로 다르므로, $A \leftarrow A+M$
0000	1001	; $A = 0$이므로, $Q_0 \leftarrow 1$로 세트
0001	0010	; 좌측-시프트($A-Q$).
1110		; A와 M의 부호가 서로 다르므로, $A \leftarrow A+M$
0001	0010	; A의 부호가 바뀌었으므로, $Q_0 \leftarrow 0$으로 세트하고 A의 원래값을 복구

연산 결과 : 몫(q) = Q의 내용(0010)에 대한 2의 보수인 '1110' (−2)
나머지(r) = A 레지스터의 내용인 '0001' (+1)

3.6 부동소수점 수의 표현

3.2절에서 설명한 2진수 표현 방법들을 사용하면 양수와 음수를 모두 나타낼 수 있다. 또한, 그 표현 방식에서 2진 소수점(binary point)이 있다고 가정한다면, 1보다 더 작은 수들도 표현할 수 있다. 그러나 그 방법으로는 표현가능한 수의 범위에 한계가 있어서, 아주 큰 수나 아주 작은 수는 표현할 수 없다.

10진수에서는 과학적 표기(scientific notation)를 사용하여 그러한 문제를 극복할 수 있다. 예를 들어, 274,000,000,000,000은 2.74×10^{14}으로, 0.00000000000274는 2.74×10^{-12}으로 표기할 수 있다. 이 방법은 10진 소수점의 위치를 적절히 이동시키고, 소수점의 위치는 지수(exponent)를 이용하여 표시하는 것이다. 위의 예에서는 14와 -12가 각 수의 지수를 나타낸다. 이와 같이 소수점의 위치를 필요에 따라 이동시키는 표현 방법을 부동소수점 표현(floating-point representation)이라고 하며, 그와 같이 표현된 수를 부동소수점 수(floating-point number)라고 부른다. 이 표현 방법을 사용하면 매우 큰 수나 매우 작은 수도 간결하게 표현할 수 있다.

부동소수점 수의 일반적인 형태는 다음과 같이 나타낼 수 있다.

$$N = (-1)^S M \times B^E \qquad (3\text{-}6)$$

여기서 S는 수의 부호, M은 가수(mantissa), B는 기수(base), 그리고 E는 지수(exponent)를 각각 나타낸다. 이들 중에서 B는 10진수에서는 10으로, 2진수에서는 2로 (묵시적으로) 고정되므로, 데이터 표현 형식에는 포함시키지 않아도 된다. 앞에서 보았던 2.74×10^{14}의 경우에는 가수 $M = 2.74$, 지수 $E = +14$, 그리고 기수 $B = 10$이다.

디지털 컴퓨터에서는 2진수 체계가 사용되므로 위의 방식으로 표현하는 수는 2진 부동소수점 수(binary floating-point number)가 된다. 이 경우에도 구성 요소는 10진수의 경우와 동일하며, 기수 $B = 2$인 것만 다르다. 2진 부동소수점 수는 사용되는 비트 수에 따라 32-비트 형식 혹은 64-비트 형식으로 표현된다. 그림 3-17은 전형적인 32-비트 부동소수점 수의 형식을 보여주고 있다. 이 형식은 1-비트 부호, 8-비트 지수 필드, 그리고 23-비트 가수 필드로 구성되어 있다.

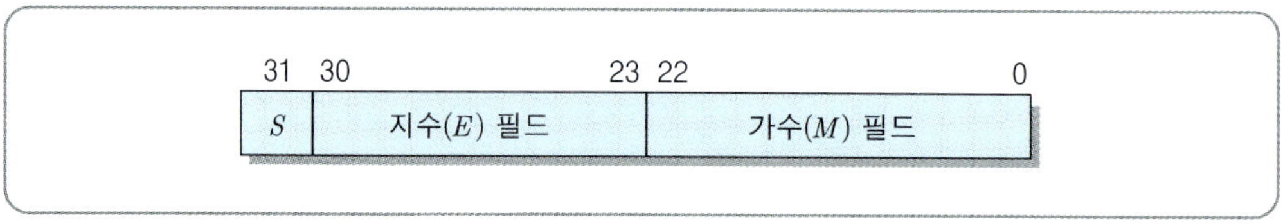

그림 3-17 32-비트 부동소수점 형식의 예

이러한 형식에서 가수(M)는 정밀도(precision)를 결정해주고, 지수(E)는 표현 가능한 수의 범위(range)를 결정한다. 즉, 가수 필드의 비트 수가 많아질수록 수를 더 정확하게 표현할 수 있으며, 지수 필드의 비트 수가 많아지면 $|2^E|$의 최대값이 커지므로 표현할 수 있는 수의 범위가 증가하게 된다. 그러나 데이터 길이가 고정된 상태에서 어느 한 필드의 비트 수를 증가시키면 다른 필드의 비트 수가 감소하므로, 적절히 조정하는 것이 필요하다.

그림 3-17의 데이터 형식으로 표현할 수 있는 수의 범위와 정밀도 사이의 관계를 살펴보자. 이 형식에서 지수가 2의 보수로 표현된다면, 그 범위는 $-2^7 \sim (2^7-1)$이 된다. 가수 필드의 맨좌측 비트의 왼쪽에 소수점이 있다고 가정한다면, 23-비트 가수로는 소수점 아래 23번째 자리 수(2^{-23})까지 표현할 수 있다. 만약 지수 필드의 길이를 한 비트 증가시킨다면, 지수의 범위는 두 배인 $-2^8 \sim (2^8-1)$로 확장된다. 그러나 가수 필드는 한 비트가 줄어들기 때문에 소수점 아래 22번째 자리 수(2^{-22})까지만 표현할 수 있게 되어, 정밀도가 그만큼 떨어진다.

수의 표현 범위와 정밀도를 동시에 늘릴 수 있는 방법은 데이터 표현에 더 많은 비트들을 사용하는 것이다. 최근의 컴퓨터들은 32-비트 길이의 단일-정밀도 수(single-precision number)와 64-비트 길이의 복수-정밀도 수(double-precision number)를 위한 형식들을 모두 제공하고 있다. 따라서 사용자는 필요에 따라 선택하여 사용할 수 있다.

부동소수점 수 표현에서는 어느 한 수에 대하여 여러 개의 표현들이 존재할 수 있다. 예를 들어, 아래의 표현들은 모두 같은 값을 나타낸다.

$$0.1101 \times 2^5$$
$$11.01 \times 2^3$$
$$0.001101 \times 2^7$$

그로 인한 혼란을 막는 방법은 한 가지 표준 형식을 정하여 사용하는 것이다. 한 가지 방법은 아래와 같은 정규화된 표현(normalized representation)으로 나타내는 것이다.

$$\pm\ 0.1bbb...b \times 2^{\mathrm{E}}$$

위의 표현에서 b는 임의의 값(0 혹은 1)을 가진 비트를 의미한다. 이와 같이, 정규화된 표현이란 소수점의 바로 오른 편에 있는 비트가 반드시 '1'이 되도록 위치를 조정하는 것을 말하며, 그에 따라 지수가 결정된다. 결과적으로 위의 예에 대한 정규화된 표현은 0.1101×2^5이 된다.

이제 그와 같이 정규화된 수 0.1101×2^5을 그림 3-17의 형식으로 표현하는 방법을 살펴보기로 하자. 그 표현에서 소수점의 좌측에 있는 '0'은 저장할 필요가 없고, 소수점의 우측에 있는 비트들만 가수(M) 필드에 넣으면 된다. 따라서 가수의 크기는 항상 $0.5 \leq M < 1.0$ 이 된다. 그리고 전체 수에 대한 부호는 맨좌측 비트로 표현되기 때문에, 가수 필드에는 단순히 소수(fraction)의 크기를 나타내는 비트들만 넣으면 된다. 그리고 지수 필드에는 지수 5에 대한 8-비트 값을 넣으면 된다. 결과적으로, 0.1101×2^5을 그림 3-17의 형식으로 표현하면 아래와 같아진다.

부호(S) 비트 = 0
지수(E) 필드 = 00000101
가수(M) 필드 = 1101 0000 0000 0000 0000 000

	S	E	M
데이터 표현 :	0	00000101	11010000000000000000000

그런데 이러한 정규화된 표현의 경우에 2진 소수점 아래의 첫 번째 비트는 항상 1이 되기 때문에, 이 비트를 반드시 저장할 필요는 없다. 다만, 나중에 그 수를 이용한 산술 계산 과정에서 그 비트가 있는 것으로 처리해주면 되는 것이다. 그렇게 한다면, 23-비트 가수 필드를 이용하여 소수점 아래 24번째 비트까지 저장할 수 있게 된다.

부동소수점 표현에서는 정수 '0'에 대한 표현이 문제가 된다. 가수는 물론 0이 되어야 하지만, $0 \times 2^{\mathrm{E}} = 0$이므로 지수는 어떤 수가 되어도 상관없다. 그러나 프로그램 실행 과정에서 빈번히 이루어지는 0-검사(zero-test)에서 데이터의 모든 비트들이 0이 아닌 경우에는 검사 과정이 복잡해진다. 따라서 그러한 검사가 용이해지도록 하기 위해서는 (고정소수점 수에서의 0에 대한 표현과 같이) 그림 3-17 형식의 모든 비트들이 0이 되는 것이 바람직하다.

그런데 만약 E의 값이 아주 큰 음수라면 2^E의 절대값이 거의 0에 가까워질 것이다. 이러한 사실에 근거하여 제안된 방법이 지수를 바이어스된 수(biased number)로 표현하는 것이다. 바이어스된 수란 어떤 수에 바이어스 값이 더해진 수를 말한다. 예를 들어, 바이어스가 3이라면, '1000'이 '1011'로 표현된다(이것을 excess-3 코드라 한다). [표 3-3]은 바이어스가 127(excess-127 코드) 혹은 128(excess-128 코드)인 경우에 8-비트 지수의 비트 패턴들이 실제 어떤 지수값을 나타내는지를 보여주고 있다.

[표 3-3] 8-비트 바이어스된 지수값들(8-bit biased exponents)

지수 비트 패턴	절대값	실제 지수값	
		바이어스 = 127	바이어스 = 128
11111111	255	+128	+127
11111110	254	+127	+126
⋮	⋮	⋮	⋮
10000001	129	+2	+1
10000000	128	+1	0
01111111	127	0	−1
01111110	126	−1	−2
⋮	⋮	⋮	⋮
00000001	1	−126	−127
00000000	0	−127	−128

바이어스가 128인 경우에 지수 필드에 들어갈 비트 패턴을 구하는 방법을 예를 들어 설명하면 다음과 같다. $M \times 2^{+2}$라는 수에 대한 지수 비트들은 +2(00000010)에 128 (10000000)을 더하여 '10000010'이 된다. 그리고 $M \times 2^{-2}$에 대한 지수 비트들은 −2 (11111110)에 128(10000000)을 더하여 '01111110'이 된다.

반대의 경우로서, 이 형식에 따라 표현된 지수 비트 패턴으로부터 실제 지수값을 찾아내는 방법은 다음과 같다. 예를 들어, 지수 필드가 129인 '10000001'이라면, 실제 지수값은 128(10000000)을 뺀 +1(00000001)이 되어서, 실제 수의 계산에서는 $M \times 2^{+1}$로 처리된다. 다른 예로서, 지수 필드가 126(01111110)일 때, 128을 빼면 -2가 되므로 $M\times2^{-2}$로 처리된다.

특히, 지수의 모든 비트들이 0인 '00000000'의 경우에는 $M\times2^{-128}$이 되어서 수의 크기는 가수 M의 크기에 상관없이 0에 근접한 매우 작은 수를 나타내게 된다. 그리고 만약 가수 필드의 모든 비트들도 0이라면(첫 번째 1을 저장하지 않는 경우), 32비트가 모두 0이 되므로 앞에서 언급하였던 '0-검사' 문제도 해결된다.

이와 같이 표현되는 지수를 바이어스된 지수(biased exponent)라고 한다. 지금까지 설명한 사항들을 이용하여 -13.625를 그림 3-17의 부동소수점 형식으로 표현하면 [예제 3-27]과 같다. 단, 여기서 바이어스는 128이고, 소수점 아래의 첫 번째 비트는 저장하지 않는 것으로 가정한다.

예제 3-27

10진수 $N=-13.625$에 대한 32-비트 부동소수점 표현을 구하라.

[풀이]

$13.625_{10} = 1101.101_2 = 0.1101101\times2^4$

부호(S) 비트 = 1 (−)

지수(E) = 00000100 + 10000000 = 10000100 (바이어스 128을 더한다)

가수(M) = 10110100000000000000000 (소수점 우측의 첫 번째 '1'은 제외)

<결과>

S	E	M
1	10000100	10110100000000000000000

그림 3-18은 32-비트로 나타낼 수 있는 정수와 부동소수점 수의 범위를 보여주고 있다. 그림의 (a)에서 보는 바와 같이, 2의 보수를 이용한 정수 표현으로는 -2^{31}부터 $2^{31}-1$ 사이에 있는 2^{32} 개의 서로 다른 수들을 표현할 수 있다. 그러나 그림의 (b)에서 보는 바와 같이 부동소수점 형식을 이용하면 다음과 같은 범위의 수들을 표현할 수 있다.

- 0.5×2^{-128}에서 $(1-2^{-24}) \times 2^{127}$ 사이의 양수들
- $-(1-2^{-24}) \times 2^{127}$에서 -0.5×2^{-128} 사이의 음수들

위의 범위에서 다음과 같은 다섯 영역들은 제외된다.

- $-(1-2^{-24}) \times 2^{127}$보다 작은 음수 : 음수 오버플로우(negative overflow)
- -0.5×2^{-128} 보다 큰 음수 : 음수 언더플로우(negative underflow)
- 0
- 0.5×2^{-128} 보다 작은 양수 : 양수 언더플로우(positive underflow)
- $(1-2^{-24}) \times 2^{127}$ 보다 큰 양수 : 양수 오버플로우(positive overflow)

오버플로우는 산술 연산 결과값이 지수의 최대 양수인 127로도 나타낼 수 없을 정도로 클 경우(예 : $2^{120} \times 2^{100} = 2^{220}$)에 발생한다. 언더플로우는 결과값이 지수 -128로도 나타낼 수 없을 정도로 작을 경우(예 : $2^{-120} \times 2^{-100} = 2^{-220}$)에 발생한다. 언더플로우는 그 결과값 자체가 거의 '0'에 근접한 작은 크기이기 때문에 별로 심각한 문제는 아니다.

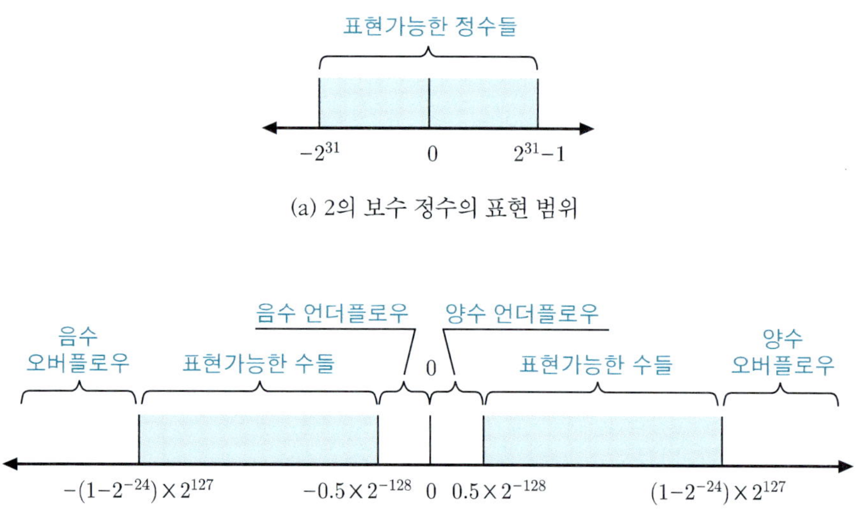

(a) 2의 보수 정수의 표현 범위

(b) 부동소수점 수의 표현 범위

그림 3-18 32-비트 데이터 형식으로 표현 가능한 수의 범위

IEEE 754 표준 부동소수점 수의 형식

부동소수점 수를 위한 형식과 표현 방법은 컴퓨터 회사 혹은 컴퓨터 기종마다 서로 다르게 정의되고 사용되어 왔다. 그에 따른 사용자들의 혼란과 불편을 줄이고, 컴퓨터들 간의 데이터 호환성(data compatibility)을 높이기 위하여 미국전기전자공학회(IEEE)에서는 부동소수점 표현에 대한 국제 표준인 IEEE 754 부동소수점 표준 형식들을 제안하였고, 그 이후 컴퓨터 회사들에 의해 널리 채택되고 있다.

IEEE 754 부동소수점 표준 형식에서는 8-비트 길이의 지수를 가지는 32-비트 단일-정밀도 형식과 11-비트 길이의 지수를 가지는 64-비트 복수-정밀도 형식이 정의되어 있다(그림 3-19). 이 형식들에서 기수는 2이다.

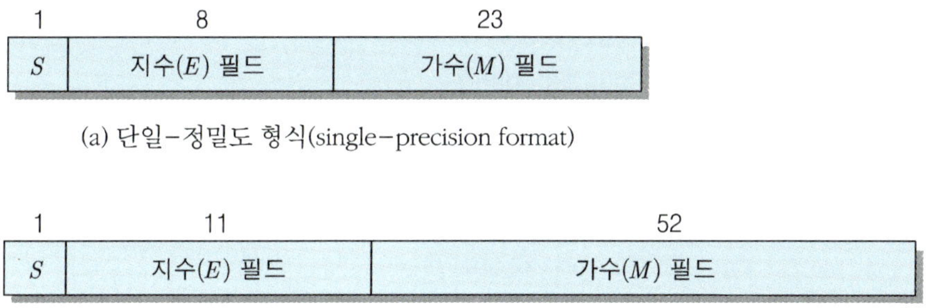

(a) 단일-정밀도 형식(single-precision format)

(b) 복수-정밀도 형식(double-precision format)

그림 3-19 IEEE 754 표준 부동소수점 형식

32-비트 단일-정밀도 형식에 대하여 먼저 분석해보기로 하자. 지수가 8비트이므로, 부호 비트를 제외하면 23비트가 가수를 표현하는 데 사용될 수 있다. 가수는 부호 비트와 함께 부호화-크기 표현으로 나타낸다. 이 형식에서도 가수가 정규화 된 형태를 가지며, 첫 번째 '1'은 포함시키지 않는다. 그런데 앞에서 설명한 것과는 달리 IEEE 표준에서는 가수가 $1.M \times 2^E$의 형태를 가진다. 그리고 소수점 위의 1은 나타내지 않고(이 비트를 hidden bit라고 부른다), 소수점 아래의 M 부분만 가수 필드에 실제로 표현된다. 지수 필드는 바이어스된 2진수로 표현되며, 바이어스 값은 127이다. 따라서 지수 필드에 들어갈 비트 패턴은 지수에 127(01111111)을 더하면 된다. 지금까지의 설명을 종합하면, IEEE 754 표준 형식으로 표현된 32-비트 수에 대한 10진수는 식 (3-7)을 이용하여

변환할 수 있다.

$$N = (-1)^S \ 2^{E-127} \ (1.M) \qquad (3\text{-}7)$$

식 (3-7)과 같은 형식으로 10진수 -13.625에 대한 IEEE 754 표현을 구해보면 [예제 3-28]과 같다 (이 결과를 [예제 3-27]의 결과와 비교해 보라).

예제 3-28

10진수 −13.625를 IEEE 754 단일-정밀도 표준 형식으로 표현하라.

[풀이]

$13.625_{10} = 1101.101_2 = 1.101101 \times 2^3$

부호(S) 비트 $= 1$ $(-)$

지수 $E = 00000011 + 01111111 = 10000010$ (바이어스 127을 더한다)

가수 $M = 10110100000000000000000$ (소수점 좌측의 1은 제외한다)

<결과>

S	E	M
1	10000010	10110100000000000000000

[예제 3-28]의 결과를 식 (3-7)을 이용하여 10진수로 바꾸면 $N = (-1)^1 \ 2^{130-127}$ $(1.703125) = -13.625$가 된다는 것을 확인할 수 있다. 이 형식으로 표현할 수 있는 양수의 범위는 1.0×2^{-126}부터 $(2-2^{-23}) \times 2^{+127}$까지이며, 이것을 10진수로 환산하면 대략 1.18×10^{-38}부터 3.4×10^{38}까지가 된다. 물론 같은 범위의 음수들도 표현할 수 있다. 32-비트 고정소수점 정수로 표현할 수 있는 최대 크기인 $(2^{31}-1)$, 즉 2.15×10^9과 비교해 보면, 부동소수점 표현을 이용함으로써 같은 수의 비트들로 표현 범위를 얼마나 크게 확장시킬 수 있는지를 알 수 있다.

64-비트 복수-정밀도 부동소수점 형식을 사용하는 경우에는 지수가 11비트이고 가수는 52비트이므로, 그 형식으로 표현된 2진수에 대한 10진수는 식 (3-8)을 이용하여 변환할 수 있다.

$$N = (-1)^S \ 2^{E-1023} \ (1.M) \qquad (3\text{-}8)$$

IEEE 표준에서는 부동소수점 산술 과정에서 나타날 수 있는 몇 가지 특수한 경우에 대한 정의들도 포함하고 있다. 만약 산술 계산 결과가 이 형식으로 나타낼 수 없는 경우에 해당한다면, *NaN*(not a number)이라고 불리는 특수 코드로 표현된다. *NaN* 결과를 가져올 수 있는 연산의 예로는, 0으로 나누기(divide by zero) 및 음수에 대한 루트 계산(square root of a negative number) 등과 같은 중요한 계산 오류들이 있다. 이 표준에서 정의하고 있는 *NaN* 형식은 $M \neq 0$이고 $E = 255$ (32-비트 형식) 혹은 $E = 2047$ (64-비트 형식)이다. 즉, 가수 필드에는 0이 아닌 값이 저장되고, 지수 필드의 모든 비트들은 1로 세트된다.

오버플로우가 발생한 경우에는 그 결과를 무한대로 취급하며, $M = 0$ 및 $E = 255$ (32-비트 형식) 혹은 $E = 2047$(64-비트 형식)로 나타낸다. 즉, 가수 필드의 모든 비트들은 0으로, 지수 필드는 모두 1로 세트한다. 반면에 언더플로우가 발생하면, 그 결과가 0은 아니지만 정규화 형태로는 표현할 수 없을 정도로 작은 수라고 볼 수 있다. 이 경우에는 지수 필드의 모든 비트들을 0으로 세트하고($E = 0$), 가수는 비정규화된 형태(denormalized form)로서 $0.M$, 즉 소수점의 좌측 비트로서 (1이 아닌) 0을 사용하여 수를 표현할 수 있도록 허용한다.

이 형식에서 '0'에 대한 표현은 지수 및 가수 필드의 모든 비트들을 0으로 세트하고, 부호 비트는 0(+0인 경우) 혹은 1(−0인 경우)로 세트한다. 따라서 비정규화된 형태를 이용하여 극히 작은 수를 표현하면, 그 비트 패턴은 '0'에 대한 표현과 거의 같아지게 된다.

32-비트 데이터 형식의 경우에 대하여 지금까지의 설명을 정리하면 다음과 같다.

만약 $E = 255$이고 $M \neq 0$이면, $N = NaN$
만약 $E = 255$이고 $M = 0$이면, $N = (-1)^S \infty$
만약 $0 < E < 255$이면, $N = (-1)^S \ 2^{E-127} \ (1.M)$
만약 $E = 0$이고 $M \neq 0$이면, $N = (-1)^S \ 2^{-126} \ (0.M)$
만약 $E = 0$이고 $M = 0$이면, $N = (-1)^S \ 0$

64-비트 데이터 형식에 대해서도 이와 유사한 정리를 할 수 있다.

만약 $E = 2047$이고 $M \neq 0$이면, $N = NaN$

만약 $E = 2047$이고 $M = 0$이면, $N = (-1)^S \infty$

만약 $0 < E < 2047$이면, $N = (-1)^S\ 2^{E-1023}\ (1.M)$

만약 $E = 0$이고 $M \neq 0$이면, $N = (-1)^S\ 2^{-1022}\ (0.M)$

만약 $E = 0$이고 $M = 0$이면, $N = (-1)^S\ 0$

3.7 부동소수점 산술 연산

부동소수점 형식은 앞에서 본 바와 같이 가수 필드와 지수 필드로 이루어지므로, 부동소수점 수들 간의 산술 연산에서는 두 부분이 별도로 처리되어야 한다. 그런데 부동소수점 형식으로 표현된 수에서는 덧셈과 뺄셈 과정이 곱셈과 나눗셈보다 더 복잡해진다. 왜냐하면 덧셈과 뺄셈 연산에서는 먼저 두 수의 지수들이 같아지게 한 다음에 연산을 수행해야 하며, 연산이 완료된 다음에는 다시 정규화 시켜야 하기 때문이다. 지수들을 일치시킨다는 것은 두 수의 소수점 위치를 같게 한다는 것을 의미한다. 곱셈과 나눗셈에서는 그러한 절차가 필요하지 않다. 이 절에서는 부동소수점 수들 간의 산술적 연산 방법에 대하여 살펴보기로 한다.

3.7.1 덧셈과 뺄셈

앞에서 언급한 바와 같이, 부동소수점 산술에서는 덧셈과 뺄셈이 곱셈과 나눗셈 보다 더 복잡하다. 그 이유는 연산을 수행하기 전과 완료한 후에 소수점의 위치조정(alignment)이 필요하기 때문이다. 덧셈과 뺄셈 알고리즘은 다음과 같은 단계들로 이루어진다.

① 두 수의 소수점 위치를 일치시킨다(지수가 같아지도록 조정한다).
② 가수들 간에 더하기(혹은 빼기)를 수행한다.
③ 결과를 정규화 시킨다.

먼저, 첫 번째 단계의 필요성을 확인하기 위하여 다음과 같은 두 개의 10진수들 간에 덧셈을 수행하는 예를 살펴보기로 하자.

$$(135 \times 10^{-5}) + (246 \times 10^{-3})$$

위의 수들은 지수 값이 서로 다르기 때문에 직접 덧셈을 수행할 수 없다. 즉, 0.00135와 0.246 간의 덧셈에서 135와 246을 직접 더할 수는 없는 것이다. 따라서 위와 같이 표기된 수의 가수들을 더하기 위해서는 먼저 그들의 소수점 위치를 일치시켜야 하는데, 그것은 두 수의 지수가 같은 값이 되도록 조정하는 것을 말한다. 그런데 소수점 아래의 자리 수를 제한하게 되는 경우에 대비하여 더 작은 수의 지수를 조정하는 것이 유리하다. 따라서 위의 계산은 먼저 두 수들의 지수를 10^{-3} 으로 일치시킨 다음에, 아래와 같이 덧셈을 수행하면 된다.

$$\begin{array}{r} 1.35 \times 10^{-3} \\ +\ 246 \quad\ \times 10^{-3} \\ \hline 247.35 \times 10^{-3} \end{array}$$

이와 같은 절차는 2진 부동소수점 수에 대해서도 동일하게 적용될 수 있다. [예제 3-29]는 위에서 제시한 절차에 따라 부동소수점 덧셈(floating-point addition)을 수행하는 예를 보여주고 있다. 첫 번째 단계인 지수 조정은 두 수들 중에서 더 작은 수를 우측으로 시프트(지수를 증가) 시키거나, 혹은 더 큰 수를 좌측으로 시프트(지수를 감소) 시킴으로써 수행될 수 있다. 그런데 수를 저장하는 장치(예 : 레지스터)의 길이가 제한되어 있기 때문에, 시프트 방향에 따라 최상위 혹은 최하위 비트를 잃게 되는 경우가 발생할 수 있다. 그런 경우에 더 작은 수를 시프트 시키면 잃게 되는 숫자가 상대적으로 작은 값이 된다. 따라서 두 수의 지수 값들이 같아질 때까지 더 작은 수를 오른쪽으로 한 비트씩 시프트 하고, 그 때마다 지수를 1씩 증가시키는 방법을 사용하는 것이 계산 결과의 오차(error)를 줄이는 데 도움이 된다.

그와 같이 지수 값을 일치시킨 다음에는 가수들 간에 덧셈을 수행하였다. 그런데 이 예의 경우에 그 결과값의 가수가 정규화 된 형태가 아니기 때문에, 가수를 우측으로 한 번 시프트 시키고 지수 값에 1을 더하는 정규화 과정을 수행함으로써 최종 결과값을 얻게 되었다.

예제 3-29

부동소수점 수들 간의 덧셈 $(0.110100 \times 2^3 + 0.111100 \times 2^5)$을 수행하라.

[풀이]

이 덧셈은 아래와 같은 세 단계를 통하여 수행될 수 있다.

(1) 지수 조정

$$\begin{array}{r} 0.110100 \times 2^3 \\ +\ 0.111100 \times 2^5 \\ \hline \end{array} \Rightarrow \begin{array}{r} 0.001101 \times 2^5 \\ +\ 0.111100 \times 2^5 \\ \hline 1.001001 \times 2^5 \end{array} \Rightarrow 0.1001001 \times 2^6$$

(2) 더하기 (3) 정규화 (최종 결과)

빼셈도 같은 방법으로 처리할 수 있으며, 가수들 간의 빼셈을 위하여 감수를 2의 보수로 변환한 다음에 더한다는 것만 다르다.

덧셈 과정은 그림 3-20과 같이 파이프라인으로 처리하는 것도 가능하다. 즉, 위의 세 단계들을 각각 파이프라인 단계로 분리하여 구현하는 것이다. 이것은 두 개의 수 배열(number array)의 요소들을 연속적으로 더하는 응용에 유용하게 사용될 수 있다.

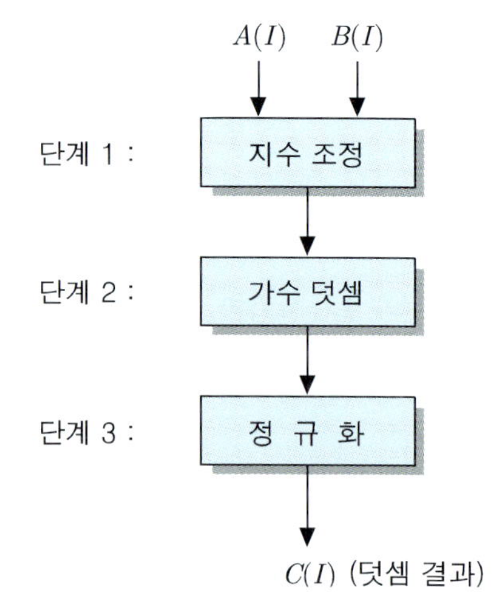

그림 3-20 부동소수점 덧셈의 파이프라이닝

예를 들어, 각각 100개씩의 데이터 요소들로 구성된 배열 $A(I)$와 $B(I)$를 더하여 $C(I)$를 구한다고 하자. 이 경우에 계산을 연속적으로 수행하기 위하여 데이터들이 두 개씩 순서대로 파이프라인에 입력되어 단계들을 통과하면, 100번의 덧셈들 $A(1) + B(1) = C(1)$, $A(2) + B(2) = C(2)$, ... , $A(100) + B(100) = C(100)$에 대한 계산 결과들이 연속적으로 산출된다. 결과적으로, 앞에서 살펴보았던 명령어 파이프라인과 마찬가지로 단계 수만큼의 속도 향상을 얻을 수 있게 된다. 이와 같은 산술 연산의 파이프라이닝은 대규모의 부동소수점 계산을 처리하는 대부분의 슈퍼컴퓨터들에서 사용되고 있다.

3.7.2 곱셈과 나눗셈

부동소수점 곱셈과 나눗셈 과정은 덧셈과 뺄셈보다 더 간단하다. 먼저 아래와 같은 10진수 계산을 살펴보자.

$$(4 \times 10^3) \times (5 \times 10^6) = (4 \times 5) \times 10^{(3+6)} = 20 \times 10^9$$
$$(9 \times 10^5) \div (3 \times 10^3) = (9 \div 3) \times 10^{(5-3)} = 3 \times 10^2$$

즉, 곱셈과 나눗셈에서는 덧셈이나 뺄셈과는 달리 소수점 위치조정이 필요하지 않다. 따라서 가수 사이에 직접 곱셈 혹은 나눗셈을 수행하면 되며, 지수들은 곱셈의 경우에는 더하고 나눗셈의 경우에는 뺀다. 이와 같은 계산 방법은 2진수의 경우에도 동일하게 적용된다.

2진 부동소수점 곱셈 과정은 다음과 같은 세 단계들로 이루어진다.

① 가수들을 곱한다.
② 지수들을 더한다.
③ 결과값을 정규화한다.

첫 번째 단계는 부호를 고려하여 가수들을 곱하는 것이다. 곱셈 부분은 정수의 곱셈과 같은 방법으로 수행하면 된다. 곱셈 결과의 길이는 승수나 피승수의 두 배가 된다. 두 번째 단계는 지수들을 더하는 것이다. 만약 지수들이 바이어스된 값들이라면, 지수들을 더한 합의 바이어스 값은 두 배가 되어 있다. 따라서, 그 합으로부터 바이어스 값을 한 번

빼야 한다. 마지막 단계로서, 곱셈의 결과를 정규화 한다. 곱셈 과정에서 가수와 지수는 독립적으로 계산될 수 있으므로, 가산기와 승산기가 별도로 있는 경우에는 첫 번째 단계와 두 번째 단계가 동시에 수행될 수 있다.

[예제 3-30]은 부동소수점 곱셈의 한 예를 보여주고 있다. 여기서는 설명의 간략화를 위하여 부동소수점 표현 형식과 바이어스는 고려하지 않았다.

예제 3-30

2진 부동소수점 곱셈 $(0.1011 \times 2^3) \times (0.1001 \times 2^5)$을 수행하라.

[풀이]

① 가수 곱하기 : $1011 \times 1001 = 01100011$

② 지수 더하기 : $3 + 5 = 8$

③ 정규화 : $0.01100011 \times 2^8 = 0.1100011 \times 2^7$ (결과값)

나눗셈은 곱셈과 유사하며, 순서는 다음과 같다. 첫 단계로서 가수들을 나누고, 두 번째 단계에서는 피제수의 지수에서 제수의 지수를 뺀다. 이 과정에서 바이어스 값이 없어지므로 지수에 바이어스 값을 다시 더해야 한다. 그리고 마지막으로, 정규화 과정이 이어진다.

이러한 연산들의 과정 혹은 결과에서 다음과 같은 문제들이 발생할 수 있다.

- 지수 오버플로우(exponent overflow) : 양의 지수값이 최대 지수값을 초과하였다. 어떤 시스템에서는 이 경우에 결과값을 $+\infty$ 또는 $-\infty$로 세트한다.
- 지수 언더플로우(exponent underflow) : 음의 지수값이 최대 지수값을 초과하였다. 이것은 그 수가 너무 작아서 표현될 수 없다는 것을 의미하는데, 이 경우에 결과값을 0으로 세트하기도 한다.
- 가수 언더플로우(mantissa underflow) : 가수의 소수점 위치를 조정하기 위하여 우측 시프트를 수행하는 과정에서 비트들이 가수 필드의 우측 편으로 넘치는 경우가 있다. 즉, 가수의 하위 비트들을 버리는 경우에 해당하는데, 이러한 경우에는 반올림

(rounding) 혹은 절삭(truncation)이 적용될 수 있다.

- 가수 오버플로우(mantissa overflow) : 같은 부호를 가진 두 가수들을 덧셈하였을 때 올림수가 발생하는 경우가 있다. 즉, 가수의 범위가 초과된 것인데, 이 경우에는 가수를 우측으로 시프트 하고 지수를 증가시켜 정규화하면 된다.

기본문제

3.1 2의 보수 표현이 1의 보수 표현보다 더 널리 사용되고 있는 주요 이유는 무엇인가?

가. 산술 연산이 더 편리하다
나. 음수 표현이 가능하다.
다. 10진수 변환이 더 용이하다.
라. 표현할 수 있는 수의 개수가 하나 더 많다.

3.2 10진수 '−75'에 대한 2의 보수 표현으로 올바른 것은 어느 것인가?

가. 11001011
나. 10110101
다. 10110100
라. 11001010

3.3 2의 보수 '11101000'을 10진수로 변환하면 어떤 값이 되는가?

가. -12
나. 48
다. -24
라. 232

3.4 특정 비트들을 마스크(mask) 시키기 위하여 사용되는 논리 연산은 무엇인가?

가. AND 연산
나. OR 연산
다. XOR 연산
라. NOT 연산

3.5 두 수를 비교하기 위하여 사용되는 논리 연산은 무엇인가?

가. AND 연산
나. OR 연산
다. XOR 연산
라. NOT 연산

3.6 A 레지스터에 '01101010'이 저장되어 있는 상태에서 B 레지스터와의 XOR 연산을 이용하여 상위 다섯 비트를 보수값으로 바꾸고자 한다. 레지스터 B에는 어떤 값을 넣어야 하는가?

가. 00000111 나. 11111000
다. 00001111 라. 11110000

3.7 A 레지스터에 2의 보수로 표현된 데이터 '10101101'이 저장되어 있을 때, 산술적 우측 시프트를 두 번 수행한 결과는 다음 중 어느 것인가?

가. 00101011 나. 01010110
다. 11010110 라. 11101011

3.8 A 레지스터에 '01011011'이 저장되어 있을 때, 좌측 순환 시프트를 한 번 수행한 결과는 다음 중 어느 것인가?

가. 10101101 나. 10110110
다. 10110111 라. 00101101

3.9 A 레지스터에 '01011011'이 저장되어 있고 C 플래그에 '1'이 저장되어 있을 때, SHRC 연산을 한 번 수행한 결과는 다음 중 어느 것인가?

가. 00101101 나. 10101101
다. 10110111 라. 10110110

3.10 A 레지스터에 '01011011'이 저장되어 있고 C 플래그에 '0'이 저장되어 있을 때, RLC 연산을 두 번 수행한 결과는 다음 중 어느 것인가?

가. 10101101 나. 00101101
다. 01101100 라. 10110110

3.11 다음 2의 보수 덧셈들 중에서 오버플로우가 발생하는 것은?

가. 0010 + 0110　　나. 0100 + 0011
다. 1110 + 1010　　라. 0011 + 1010

3.12 다음 중에서 정규화된 표현은 어느 것인가?

가. 0.001011×2^7　　나. 0.101100×2^5
다. 1.011000×2^4　　라. 1011.00×2^1

3.13 2진수 0.1011×2^5을 IEEE 754 표준 부동소수점 형식으로 표현하면, 가수(mantissa)의 처음 다섯 비트는 어떤 값이 되는가?

가. 10110　　나. 01100
다. 00110　　라. 01011

3.14 2진수 0.1011×2^5을 IEEE 754 표준 부동소수점 형식으로 표현하면, 지수(exponent)는 어떤 값이 되는가?

가. 10000100　　나. 10000101
다. 10000011　　라. 00000100

3.15 다음 중 부동소수점 덧셈 과정에서 필요하지 않은 연산은 어느 것인가?

가. 지수 조정　　나. 정규화
다. 지수 덧셈　　라. 가수 덧셈

3.16 다음 중 부동소수점 나눗셈 과정에서 필요하지 않은 연산은 어느 것인가?

가. 지수 조정　　나. 정규화
다. 가수 나누기　　라. 지수 뺄셈

연습문제

3.1 다음 수들에 대한 8-비트 길이의 부호화-크기, 1의 보수 및 2의 보수 표현을 각각 구하라.

(1) 19　　(2) -19
(3) 124　　(4) -124

3.2 3.1번의 각 결과 값을 16-비트 길이의 표현으로 확장하라.

3.3 2진수 '11101101'에 대한 10진수를 [예제 3-5]의 방법 및 [예제 3-6]의 방법으로 각각 구하고, 두 결과 값이 일치하는지 비교하라.

3.4 그림 3-2의 논리 연산회로에 NAND, NOR 및 exclusive-NOR 연산 기능을 추가하여 다시 설계하고, 제어 신호들도 정의하라.

3.5 A 레지스터에 '10101101', B 레지스터에 '11000011'이 각각 저장되어 있는 상태에서 다음과 같은 논리 연산들을 수행한 결과를 구하라.

(1) AND 연산　　(2) OR 연산　　(3) XOR 연산

3.6 아래의 좌측과 우측 연산들 간에 동일한 결과를 산출하는 연산들을 서로 연결하라.

AND 연산 •	• 선택적-세트
OR 연산 •	• 선택적-보수
XOR 연산 •	• 마스크

3.7 A 레지스터에 저장되어 있는 데이터 '11010010'의 우측 다섯 비트에 '01110'을 삽입하는 방법을 설명하라.

3.8 8-비트 레지스터에 2의 보수 '11010010'이 저장되어 있을 때, 아래의 시프트 연산들이 수행된 결과를 구하라. 단, 각 연산은 원래의 레지스터 내용에 대하여 수행하라.

(1) 논리적 우측-시프트
(2) 논리적 좌측-시프트
(3) 순환 우측-시프트
(4) 순환 좌측-시프트
(5) 산술적 우측-시프트
(6) 산술적 좌측-시프트

3.9 8-비트 레지스터에 2의 보수 '10110011'이 저장되어 있을 때, 아래의 시프트 연산들이 수행된 결과를 구하라. 단, 각 연산은 앞 연산의 결과값에 대하여 수행하라(예 : (1)번 결과값에 대하여 (2)번 연산을 수행).

(1) 논리적 우측-시프트
(2) 순환 좌측-시프트
(3) 산술적 우측-시프트
(4) 산술적 좌측-시프트

3.10 A 레지스터에 '10110011'이 저장되어 있고 C 플래그의 값은 '0'으로 세트되어 있다.

(1) SHRC(C 플래그를 포함한 우측 시프트) 연산을 수행한 후의 A 레지스터 내용을 쓰라.
(2) (1)의 결과에 대하여 SHLC 연산을 두 번 연속 수행한 후의 A 레지스터 내용을 쓰라.

3.11 초기 상태에서 어떤 레지스터에 '10110011'이 저장되어 있고, C 플래그의 값은 '1'이라고 하자.

(1) RLC 연산을 수행한 결과를 쓰라.
(2) (1)의 결과에 대하여 RRC 연산을 두 번 연속 수행한 결과를 쓰라.

3.12 2의 보수로 표현된 아래의 수들에 대한 덧셈을 수행하고, 오버플로우가 발생하였는지 검사하라.

(1) 100100 + 111010
(2) 11001100 + 10111010

3.13 2의 보수로 표현된 아래의 수들에 대한 뺄셈을 수행하고, 오버플로우가 발생하였는지 검사하라.

(1)		(2)	
	101100		11000010
−	101101	−	01101000

3.14 8-비트 레지스터 R1에 '01110010'이 저장되어 있다. 아래 연산들이 수행된 후에 상태 플래그들 *C*, *S*, *Z* 및 *V*의 값은 각각 어떤 값으로 세트되는가? 단, 각 연산은 원래의 R1 내용에 대하여 수행하라.

(1) R1과 11000110을 더한다.
(2) R1과 00011110을 더한다.
(3) R1과 10001101을 AND 연산한다.
(4) R1과 R1을 XOR 연산한다.

3.15 부호 없는 2진수들 간의 곱셈 (1001×0111)이 수행되는 과정을 그림 3-13과 같이 작성하라.

3.16 2의 보수로 표현된 5-비트 데이터 간의 곱셈 (10101×01101)이 Booth 알고리즘으로 수행되는 과정을 [예제 3-25]와 같이 작성하라.

3.17 그림 3-12의 부호없는 2진수 곱셈기를 Booth 곱셈기로 변경하여 다시 그려라.

3.18 바이어스가 127인 지수를 사용하는 부동소수점 형식에서 지수 필드의 값이 다음과 같을 때, 실제 지수값을 10진수로 쓰라.

(1) 11111110　　　(2) 01111111
(3) 10110101　　　(4) 00101101

3.19 부동소수점 표현에 관한 아래 물음에 답하라.

(1) 바이어스 128을 사용하는 32-비트 부동소수점 형식으로 10진수 -1.625를 나타내어라. 단, 지수 필드는 8비트이고, 가수 필드는 정규화 된다.
(2) 위의 (1)번을 지수 필드가 9비트이고 바이어스가 256인 64-비트 부동소수점 형식에 대하여 다시 풀어라.

3.20 아래의 10진수들을 IEEE 754 표준 32-비트 부동소수점 형식으로 표현하라.

(1) 5　　　(2) 253.25
(3) −1.625　　　(4) -1/32

3.21 IEEE 754 표준 32-비트 부동소수점 형식으로 표현된 비트 패턴이 다음과 같을 때, 각각에 대한 10진수를 구하라.

(1) 0 10000011 10100000000000000000000
(2) 1 01111100 01101000000000000000000
(3) 1 11010101 11010100000000000000000
(4) 0 11111111 01100000000000000000000
(5) 0 00000000 01100000000000000000000

3.22 그림 3-17의 부동소수점 표현으로는 '0'을 나타낼 수 없는 이유를 설명하라. 또한, IEEE 754 표준 32-비트 부동소수점 형식에서의 '0'에 대한 비트 패턴을 표시하라.

3.23 아래의 부동소수점 산술 연산들을 수행하라. 단, 연산을 수행한 후에는 반올림을 이용하여 결과값의 소수점 아래 6자리까지만 남기도록 하라.

(1) $(0.111001 \times 2^{-5}) + (0.100111 \times 2^{-3})$
(2) $(0.100011 \times 2^{6}) - (0.111001 \times 2^{3})$
(3) $(0.1001 \times 2^{8}) \times (0.1011 \times 2^{12})$

3.24 컴퓨터에서는 데이터의 길이가 제한되어 있기 때문에 부동소수점 표현은 몇몇 수들만 정확하게 표현할 수 있을 뿐이고, 다른 수들은 근사치로 나타낸다. 만약 A'을 실제 값 A의 근사치라고 한다면, 상대적 오차(relative error) r은 다음과 같이 표현된다.

$$r = \frac{A - A'}{A}$$

(1) $A = 1.427$일 때, A를 1.42로 절삭한 경우와 1.43으로 반올림한 경우의 상대적 오차를 각각 구하라.
(2) 문제 3.23의 각 연산 결과에 대한 상대적 오차를 구하라.

Computer Architecture

4

제어 유니트

CPU가 실행하는 기계 명령어들은 가장 하위-레벨의 프로그램 언어이지만, 그 명령어들을 인출하여 해독하고 실행하는 과정이 순차적으로 발생되도록 하기 위해서는 그 순간마다 적절한 제어 신호들이 생성되어 해당 하드웨어 모듈로 보내져야 한다. 이 장에서는 ALU 및 레지스터들과 더불어 CPU의 주요 구성요소로서, 그러한 역할을 담당하는 제어 유니트(control unit)의 기능과 내부 구조 및 동작 원리에 대하여 설명하고자 한다.

4.1 제어 유니트의 기능

제어 유니트가 수행하는 주요 기능들은 아래와 같다.

- 명령어 코드의 해독
- 명령어 실행에 필요한 제어 신호들의 발생

즉, 제어 유니트는 컴퓨터 프로그램을 구성하고 있는 명령어들을 해독(decode)하고, 그 결과에 따라 명령어 실행에 필요한 동작들을 수행시키기 위한 제어 신호들을 발생하는 장치이다. 다시 표현하면, 명령어 사이클이 적절히 수행되도록 모든 동작들을 제어하는 장치이다. 제2장에서 설명하였던 바와 같이, 명령어 사이클은 부 사이클인 인출 사이클, 간접 사이클, 실행 사이클 및 인터럽트 사이클로 이루어지며, 각 사이클에서는 여러 개의 마이크로-연산(micro-operation)들이 수행된다. 예를 들어, 인출 사이클에서 수행되는 마이크로-연산들을 다시 보면 아래와 같다.

t_0 : MAR ← PC
t_1 : MBR ← M[MAR], PC ← PC + 1
t_2 : IR ← MBR

즉, CPU 클록 주기마다 서로 다른 마이크로-연산이 수행되며, 결과적으로 명령어 인출 동작은 세 주기만에 종료된다. 단, 이 예에서 두 번째 주기에서는 두 개의 마이크로-연산들이 동시에 수행된다. 각 마이크로-연산이 실제 수행되기 위해서는 2진 비트들로 표현되어야 하는데, 그와 같이 비트들로 이루어진 각 단어를 마이크로명령어(microinstruction)

혹은 제어 단어(control word)라고 부른다. 그리고 마이크로명령어들의 집합을 마이크로프로그램(microprogram)이라고 한다.

마이크로명령어들은 명령어 인출과 같은 CPU의 특정 기능을 위하여 그룹 단위로 작성되는데, 이러한 각 그룹을 루틴(routine)이라고 부른다. 결과적으로, 명령어 사이클을 위한 마이크로프로그램은 인출 사이클 루틴, 간접 사이클 루틴, 그리고 실행 사이클 루틴들로 구성된다. 예를 들어, 모든 명령어들에 공통인 인출 사이클 루틴은 세 개의 마이크로명령어들로 이루어진다. 실행 사이클 루틴은 각 명령어마다 서로 다르며, 각 루틴의 길이도 명령어에 따라 결정된다.

4.2 제어 유니트의 구조

그림 4-1은 제어 유니트의 내부 구조를 간략하게 보여주고 있는데, 주요 구성요소들과 각 기능을 보면 다음과 같다.

- 명령어 해독기(instruction decoder) : 명령어 레지스터(IR)로부터 들어오는 명령어의 연산 코드를 해독하여 해당 연산을 수행하기 위한 루틴의 시작 주소를 결정한다.
- 제어 주소 레지스터(control address register : CAR) : 다음에 실행할 마이크로명령어의 주소를 저장하는 레지스터이다. 이 주소는 제어 기억장치의 특정 위치를 가리킨다.
- 제어 기억장치(control memory) : 마이크로명령어들로 이루어진 마이크로프로그램을 저장하는 내부 기억장치이다.
- 제어 버퍼 레지스터(control buffer register : CBR) : 제어 기억장치로부터 읽혀진 마이크로명령어를 일시적으로 저장하는 레지스터이다.
- 서브루틴 레지스터(subroutine register : SBR) : 마이크로프로그램에서 서브루틴이 호출되는 경우에, 현재의 CAR 내용을 일시적으로 저장하는 레지스터이다.
- 순서제어 모듈(sequencing module) : 마이크로명령어의 실행 순서를 결정하는 회로들의 집합이다.

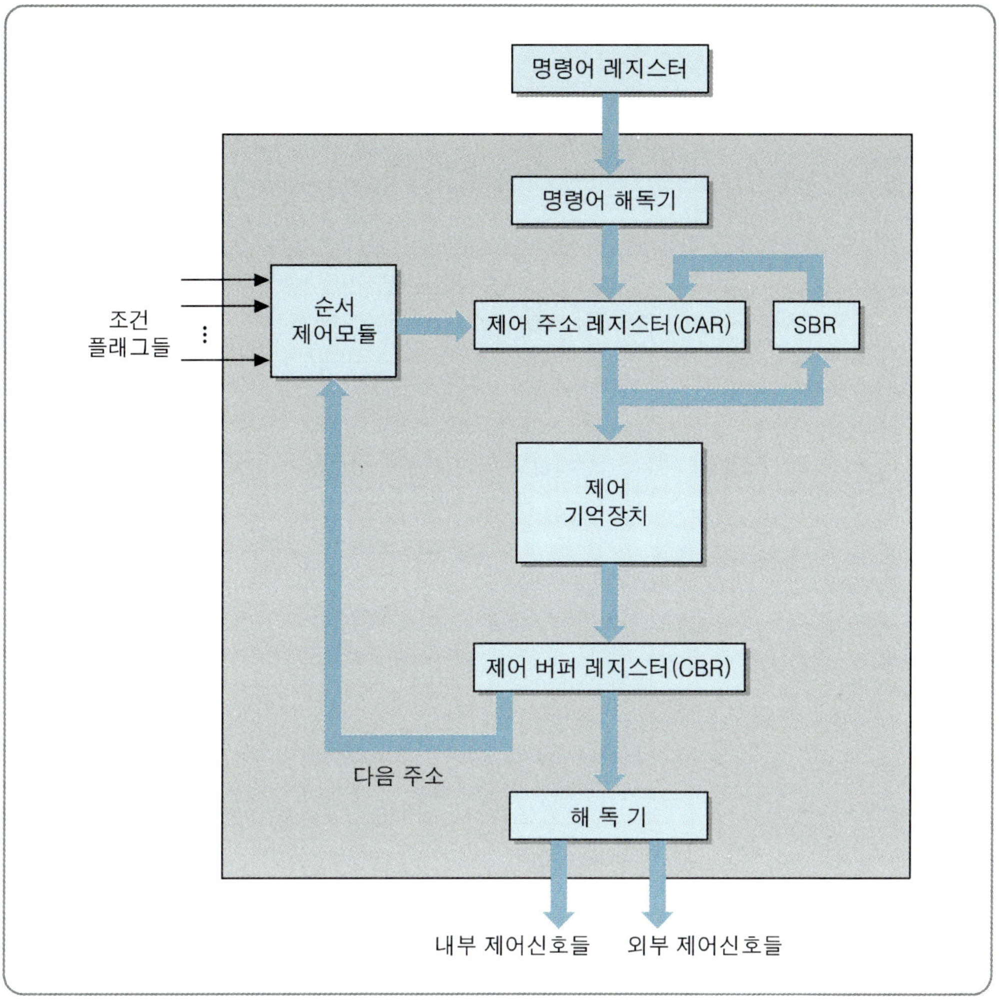

그림 4-1 제어 유니트의 내부 구성도

CPU의 명령어 세트를 설계한다는 것은 (1) 명령어들의 종류와 비트 패턴을 정의하고, (2) 그 명령어들의 실행에 필요한 하드웨어를 설계하며, (3) 각 명령어를 위한 실행 사이클 루틴을 마이크로프로그래밍 한다는 것을 의미한다. 마이크로프로그램은 그러한 루틴들의 집합이므로 CPU 설계 단계에서 확정되고, 그 후에는 변하지 않는다. 따라서 마이크로프로그램을 저장하는 제어 기억장치는 ROM으로 만들어져 CPU 칩 내에 포함된다.

루틴들의 길이와 제어 기억장치에 저장되는 위치는 CPU마다 다르다. 한 예로서, 제어 기억장치의 용량이 128 단어인 CPU에서 제어 기억장치는 그림 4-2와 같이 구성될 수 있다. 이 예에서는 제어 기억장치의 처음 절반 (64 단어) 부분에 공통 루틴들, 즉 인출과 간접 및 인터럽트 사이클을 위한 마이크로프로그램 루틴들을 저장하고, 하반부 64 단어들에는 각 명령어를 위한 실행 사이클 루틴들을 저장하고 있다. 각 단어의 길이는 다음 절에서 설명할 마이크로명령어 형식에 의해 결정된다.

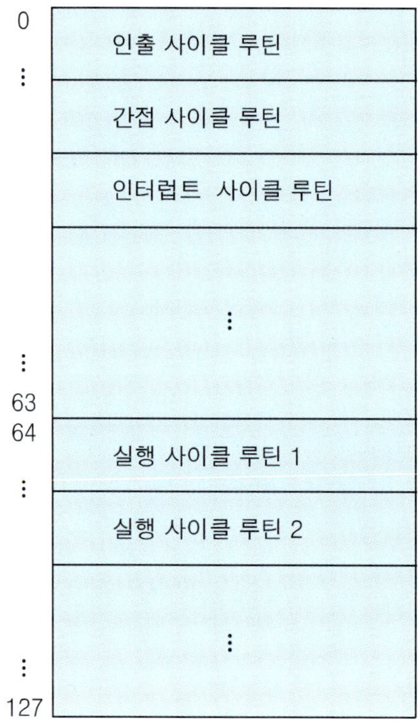

그림 4-2 제어 기억장치의 내부 구성

인출 사이클 동안에 명령어 레지스터로 적재된 명령어 비트들 중에서 연산 코드(op-code) 부분은 제어 유니트의 명령어 해독기로 들어온다. 이 연산 코드가 지정하는 연산은 실행 사이클 동안에 제어 기억장치에 저장된 해당 루틴을 실행함으로써 수행된다. 따라서 명령어 해독기는 연산 코드를 이용하여 제어 기억장치 내 해당 실행 사이클 루틴의 시작 주소를 찾아야 한다(이 과정을 '명령어를 해독한다'라고 말한다). 그 방법에는 몇 가지가 있으나, 여기서는 사상(mapping : 매핑이라고도 함)을 이용하는 방식에 대하여 설명하기로 한다.

사상 방식에서는 명령어의 연산 코드를 특정 비트 패턴과 혼합시킴으로써 그 연산의 수행에 필요한 실행 사이클 루틴의 시작 주소를 찾아낸다. 그림 4-2에서와 같이, 실행 사이클 루틴들이 제어 기억장치의 64번지부터 저장되어 있고, 각 루틴은 최대 네 개씩의 마이크로명령어들로 구성된다고 가정하자. 만약 16-비트 길이의 명령어가 4비트의 연산 코드, 1비트의 간접 주소지정(I) 비트 및 11비트의 주소로 구성되어 있다면, 사상 과정은 그림 4-3과 같아진다.

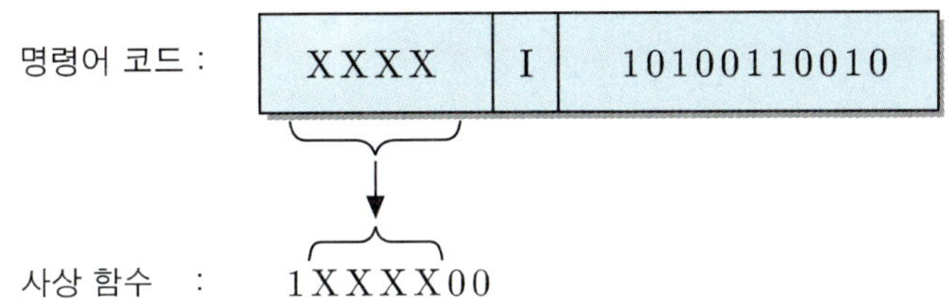

그림 4-3 연산 코드를 이용한 루틴 주소의 사상

사상 함수의 최상위 비트가 '1'이므로, 사상에 의해 결정되는 주소가 64번지부터 시작할 수 있게 된다. 예를 들어, LOAD 명령어의 연산 코드가 '0001'이라면, 위의 사상 함수에 의하여 이 연산을 위한 실행 사이클 루틴의 시작 주소는 '1000100', 즉 $64+4=68$번지로 결정된다. 따라서 그 주소가 CAR로 입력되며, 명령어 실행 사이클이 시작되면 그 위치부터 마이크로명령어들을 순차적으로 인출하여 수행하게 된다.

4.3 마이크로명령어의 형식

제어 기억장치에 저장되는 마이크로명령어 형식의 한 예를 보면 그림 4-4와 같다. 이 예에서 마이크로명령어는 길이가 18비트이고, 상단에 표시된 수만큼의 비트들로 이루어지는 다섯 개의 필드들로 구성된다. 이 경우에는 연산 필드가 두 개이므로 두 개의 마이크로-연산들이 동시에 수행될 수 있다. 조건 필드는 분기에 사용될 조건 플래그를 지정한다. 분기 필드는 분기의 종류와 다음에 실행할 마이크로명령어의 주소를 결정하는 방법을 명시해준다. 마지막으로, 주소 필드는 분기가 발생하는 경우를 위하여 목적지 마이크로명령어의 주소를 가지고 있다.

3	3	2	2	8
연산 필드 1	연산 필드 2	조건 필드	분기 필드	주소 필드(ADF)

그림 4-4 마이크로명령어 형식의 예

실제 마이크로프로그램을 작성해보기 위하여, 각 연산 필드에 들어갈 수 있는 마이크로-연산들의 예와 각각에 대한 2진 코드 및 기호(symbol)를 [표 4-1]과 같이 정의하기로 하자. 여기서 기호들은 마이크로-연산의 의미를 짐작할 수 있도록 결정하였다. 예를 들어, 마이크로-연산 MAR ← PC는 'move the content of PC to MAR'을 의미하므로 PCTAR로 하였다. 그리고 동시에 실행되는 마이크로-연산들(예 : 인출 사이클의 MBR ← M[MAR]과 PC ← PC + 1)은 서로 다른 연산 필드에 위치시켜야 한다.

조건 필드는 두 비트들로 구성되며 [표 4-2]와 같은 조건들을 지정한다고 가정하자. 이 필드는 다음에 위치한 분기 필드를 위한 조건을 나타낸다. 먼저, 이 필드의 값이 '00'이라면, 현재의 마이크로명령어의 실행이 완료된 다음에는 무조건 분기(unconditional branch)한다는 것을 의미한다. 이 경우에 분기될 목적지 마이크로명령어 주소는 이 형식의 마지막에 있는 주소 필드의 값이 된다. 즉, 주소 필드의 내용이 CAR로 적재된다.

만약 조건 필드의 값이 '01'이면, I 비트의 값에 따라 분기 여부가 결정된다. 여기서 I 비트는 간접 주소지정 방식을 나타내는 비트이다. 만약 I 비트가 '1'이라면, 간접 사이클 루틴을 호출하여 기억장치로부터 오퍼랜드의 유효 주소를 인출한다.

조건 필드의 값이 '10' 혹은 '11'인 경우에는 각각 조건 플래그인 S(부호) 혹은 Z(영) 플래그의 값이 '1'이면 분기가 일어난다. 이 과정을 위한 하드웨어는 뒤에서 설명하기로 한다.

[표 4-1] 마이크로-연산들에 대한 2진 코드 및 기호의 예

(a) 연산 필드1에 위치할 마이크로-연산들

코드	마이크로-연산	기 호
000	None	NOP
001	MAR ← PC	PCTAR
010	MAR ← IR(*addr*)	IRTAR
011	AC ← AC + MBR	ADD
100	MBR ← M[MAR]	READ
101	AC ← MBR	BRTAC
110	IR ← MBR	BRTIR
111	M[MAR] ← MBR	WRITE

(b) 연산 필드2에 위치할 마이크로-연산들

코드	마이크로-연산	기 호
000	None	NOP
001	PC ← PC + 1	INCPC
010	MBR ← AC	ACTBR
011	MBR ← PC	PCTBR
100	PC ← MBR	BRTPC
101	MAR ← SP	SPTAR
110	AC ← AC - MBR	SUB
111	PC ← IR(*addr*)	IRTPC

[표 4-2] 조건 필드의 코드 지정

코드	조 건	기 호	설 명
00	1	U	무조건 분기
01	I 비트	I	간접 주소지정
10	AC(S)	S	누산기(AC)에 저장된 데이터의 부호
11	AC=0	Z	AC에 저장된 데이터 = 0

분기 필드도 두 비트로 구성되는데, 각 비트 조합이 나타내는 의미는 [표 4-3]과 같다. 먼저, 이 필드의 값이 '00'이면, 조건부 점프(conditional jump)를 나타낸다. 따라서 만약 조건 필드가 가리키는 조건이 만족되면, 주소 필드(ADF) 값이 CAR로 적재되어서

그 주소의 마이크로명령어로 점프하게 된다. 그러나 만약 조건이 만족되지 않는다면, 분기는 일어나지 않고 CAR의 내용이 +1 증가되어 다음에 위치한 마이크로명령어를 실행하게 된다. 앞의 조건 필드 값이 '00', 즉 무조건 분기로 지정된 경우에는 주소 필드가 가리키는 주소로 무조건 점프(unconditional jump)하게 된다.

분기 필드의 값이 '01'이면, 조건부 호출(conditional call)을 나타낸다. 이 경우에 만약 조건이 만족된다면, 현재의 CAR 내용에 1을 더한 값이 서브루틴 레지스터(SBR)에 저장되고, 주소 필드의 값이 CAR로 적재되어 다음 사이클에서 그 주소의 마이크로명령어가 실행된다. 그러나 만약 조건이 만족되지 않는다면, 원래 순서대로 다음에 위치한 마이크로명령어가 실행된다. 이 경우에도 앞의 조건 필드가 '00'이라면 무조건 호출(unconditional call)이 수행된다.

호출되는 루틴의 마지막 마이크로명령어의 분기 필드에는 반드시 복귀(return)를 나타내는 필드값인 '10'이 들어있어야 한다. 그러면 SBR에 저장되어 있던 주소가 CAR로 다시 적재됨으로써 호출되기 전의 프로그램 실행 순서로 되돌아가게 된다.

[표 4-3] 분기 필드의 코드 지정

코드	기호	설 명
00	JMP	만약 조건 = 1이면, CAR ← ADF 만약 조건 = 0이면, CAR ← CAR + 1
01	CALL	만약 조건 = 1이면, CAR ← ADF, SBR ← CAR + 1 만약 조건 = 0이면, CAR ← CAR + 1
10	RET	CAR ← SBR (서브루틴으로부터의 복귀)
11	MAP	CAR(1) ← 1, CAR(2−5) ← IR(op), CAR(6,7) ← 0

마지막으로, 만약 분기 필드값이 '11'이라면, 4.2절에서 설명한 사상(mapping)의 결과로 얻어지는 루틴의 시작 주소가 CAR로 적재되어 그 주소로 분기하게 된다. 즉, 인출 사이클 루틴의 실행이 종료된 다음에, 명령어의 연산 코드에 따라 적절한 실행 사이클 루틴으로 분기되도록 해준다. [표 4-3]의 마지막 코드 부분에는 그림 4-3에서 설명한 사상 방법이 실제 적용되어 있다. 즉, CAR의 첫 번째(최상위) 비트에는 항상 '1'이 적재되고, 두 번째부터 다섯 번째 비트까지는 네 개의 연산 코드(op code) 비트들이 들어가며,

마지막 두 비트는 항상 '0'으로 채워진다.

이 절에서 지금까지 설명한 마이크로명령어 형식을 사용하는 경우에는 각 단어의 길이가 18비트이므로, 제어 기억장치의 전체 용량은 128×18비트가 된다.

4.4 마이크로프로그래밍

4.4.1 인출 사이클 루틴

앞 절에서 설명한 마이크로명령어 형식을 이용하여 몇 가지 루틴들을 작성해보자. 먼저, 인출 사이클의 마이크로명령어 루틴은 아래와 같아진다. 단, 그림 4-2에서 이 루틴이 제어 기억장치의 0번지부터 저장된다고 가정하였으므로, 'ORG 0'으로 그 위치를 표기하였다.

```
        ORG 0
FETCH : PCTAR         U  JMP  NEXT  ; MAR ← PC,
                                    ; 다음 마이크로명령어 실행
        READ, INCPC   U  JMP  NEXT  ; MBR ← M[MAR],
                                    ; PC = PC + 1,
                                    ; 다음 마이크로명령어 실행
        BRTIR         U  MAP        ; IR ← MBR, 해당 실행
                                    ; 사이클 루틴으로 분기
```

즉, 이 루틴은 세 개의 마이크로명령어들로 구성된다. 두 번째 마이크로명령어에서는 두 개의 마이크로-연산들이 동시에 수행되는 것에 유의하라. 그리고 마지막 단계에서는 사상을 이용하여 CAR에 실행 사이클 루틴의 시작 주소를 적재함으로써 다음 사이클에서 해당 실행 루틴으로 분기가 일어나게 한다. 이러한 루틴의 각 마이크로명령어를 [표 4-1], [표 4-2] 및 [표 4-3]을 이용하여 2진 비트 패턴으로 변환하면 다음과 같아진다.

주 소	μ-ops	CD	BR	ADF
0000000	001 000	00	00	0000001
0000001	100 001	00	00	0000010
0000010	110 000	00	11	0000000

여기서 주소는 각 마이크로명령어가 저장될 제어 기억장치내의 주소를 가리킨다. 그리고 μ-ops 부분은 두 개의 마이크로-연산들을 가리키고, CD는 조건 필드, BR은 분기 필드, 그리고 ADF는 주소 필드에 각각 대응된다. 마지막 마이크로명령어의 ADF는 사용되지 않으므로 모든 비트들을 0으로 세트하였다.

4.4.2 간접 사이클 루틴

어떤 명령어가 간접 주소지정 방식을 사용하는 경우에는 명령어 내의 I 비트가 '1'로 세트된다. 이 경우에는 실행 사이클의 시작 부분에서 간접 사이클 루틴을 호출하여 기억장치로부터 실제 오퍼랜드 주소를 읽어와야 한다. 일반적으로 간접 사이클 루틴은 인출 사이클 루틴의 다음 위치인 4번지부터 저장되며, 다음과 같은 마이크로명령어들로 이루어진다.

```
        ORG 4
INDRT : IRTAR    U  JMP  NEXT    ; MAR ← IR(addr),
                                 ; 다음 마이크로명령어 실행
        READ     U  JMP  NEXT    ; MBR ← M[MAR],
                                 ; 다음 마이크로명령어 실행
        BRTIR    U  RET          ; IR(addr) ← MBR,
                                 ; 실행 사이클 루틴으로 복귀
```

즉, IR에 저장되어 있는 명령어의 주소 필드가 가리키는 기억장치 위치로부터 실제 주소를 인출하여 다시 IR의 주소 필드에 적재하는 것이다. 이 루틴의 마지막 마이크로명령어가 실행된 다음에는 이 간접 사이클을 호출하였던 실행 사이클 루틴으로 복귀해야 한다. 이 복귀(RET)는 [표 4-3]에서 본 바와 같이 SBR에 저장되어 있던 원래의 제어 기억장치 주소를 CAR로 적재함으로써 수행된다. 이 루틴의 마이크로명령어들을 2진 비트 패턴으로 변환하면 다음과 같아진다.

주 소	μ-ops	CD	BR	ADF
0000100	010 000	00	00	0000101
0000101	100 000	00	00	0000110
0000110	110 000	00	10	0000000

4.4.3 실행 사이클 루틴

어떤 CPU가 [표 4-4]에 열거된 명령어들을 가지고 있을 때, 이들에 대한 실행 사이클 루틴들을 마이크로프로그래밍 해보기로 하자. 먼저, 그 명령어들의 연산 코드가 [표 4-4]와 같다고 가정하고, 사상 방식을 이용하여 각 루틴의 시작 주소들을 결정하면 아래와 같다. 단, 여기서 LOAD와 STORE 명령어는 간접 주소지정 방식을 사용할 수 있고, I 비트의 값에 따라 주소지정 방식이 결정된다.

[표 4-4] 연산 코드들에 대한 사상의 결과

명령어	연산 코드	루틴의 시작 주소
NOP	0000	$1000000 = 64_{10}$
LOAD(I)	0001	$1000100 = 68_{10}$
STORE(I)	0010	$1001000 = 72_{10}$
ADD	0011	$1001100 = 76_{10}$
SUB	0100	$1010000 = 80_{10}$
JUMP	0101	$1010100 = 84_{10}$

첫 번째 명령어인 NOP은 아무런 연산도 수행하지 않고 PC만 1을 증가시키는 명령어이지만, 특정 목적을 위하여 거의 모든 CPU들의 명령어 세트에 포함되어 있다. 위의 명령어들에 대한 실행 사이클 루틴들을 작성하면 그림 4-5와 같아진다. 단, 이 명령어들에 대한 마이크로-연산들은 2.2절에서 설명한 내용에 근거하고 있다. 이 루틴들의 마지막 마이크로명령어에서는 그 다음에 인출 사이클 루틴(FETCH)으로 점프되도록 지정함으로써, 각 실행 사이클 루틴의 수행이 종료된 다음에는 인출 사이클부터 다시 시작되도록 한다.

```
          ORG 64
NOP :     INCPC     U   JMP    FETCH    ; PC ← PC + 1

          ORG 68
LOAD :    NOP       I   CALL   INDRT    ; I = 1이면, 간접 사이클 루틴 호출
          IRTAR     U   JMP    NEXT     ; MAR ← IR(addr)
          READ      U   JMP    NEXT     ; MBR ← M[MAR]
          BRTAC     U   JMP    FETCH    ; AC ← MBR

          ORG 72
STORE :   NOP       I   CALL   INDRT    ; I = 1이면, 간접 사이클 루틴 호출
          IRTAR     U   JMP    NEXT     ; MAR ← IR(addr)
          ACTBR     U   JMP    NEXT     ; MBR ← AC
          WRITE     U   JMP    FETCH    ; M[MAR] ← MBR

          ORG 76
ADD :     IRTAR     U   JMP    NEXT     ; MAR ← IR(addr)
          READ      U   JMP    NEXT     ; MBR ← M[MAR]
          ADD       U   JMP    FETCH    ; AC ← AC + MBR

          ORG 80
SUB :     IRTAR     U   JMP    NEXT     ; MAR ← IR(addr)
          READ      U   JMP    NEXT     ; MBR ← M[MAR]
          SUB       U   JMP    FETCH    ; AC ← AC − MBR

          ORG 84
JUMP :    IRTPC     U   JMP    FETCH    ; PC ← IR(addr)
```

그림 4-5 실행 사이클 루틴들

그림 4-5의 각 마이크로명령어들에 대한 2진 코드로의 변환은 연습문제 4.4번을 통하여 독자들이 직접 수행해보기 바란다.

4.5 마이크로프로그램의 순서제어

제어 유니트가 명령어의 실행을 제어한다는 것은 제어 기억장치에 저장된 해당 마이크로명령어들을 순서대로 인출하는 동작이라고 할 수 있다. 즉, 각 마이크로명령어를 읽어서 연산 필드에 있는 비트들을 출력시키면, 그 비트들 자체가 제어 신호들이 되는 것이다. 제어 유니트가 명령어 실행을 제어하는 과정을 좀더 자세히 이해하기 위하여 그림 4-6을

살펴보기로 하자.

그림 4-6에서 제어 기억장치를 제외한 상단의 모듈들은 다음에 실행할 마이크로명령어의 주소를 결정하는 회로들이며, 그 기능을 순서제어(sequencing)라고 부른다. 이 회로에서의 핵심 요소는 다음에 인출할 마이크로명령어의 제어 기억장치 주소를 가지고 있는 CAR이다. CPU가 처음 동작을 시작하는 순간에는 CAR이 '0'으로 세트되어, 제어 기억장치의 0번지에 있는 인출 사이클 루틴의 첫 번째 마이크로명령어를 인출하면서 마이크로프로그램의 실행이 시작된다.

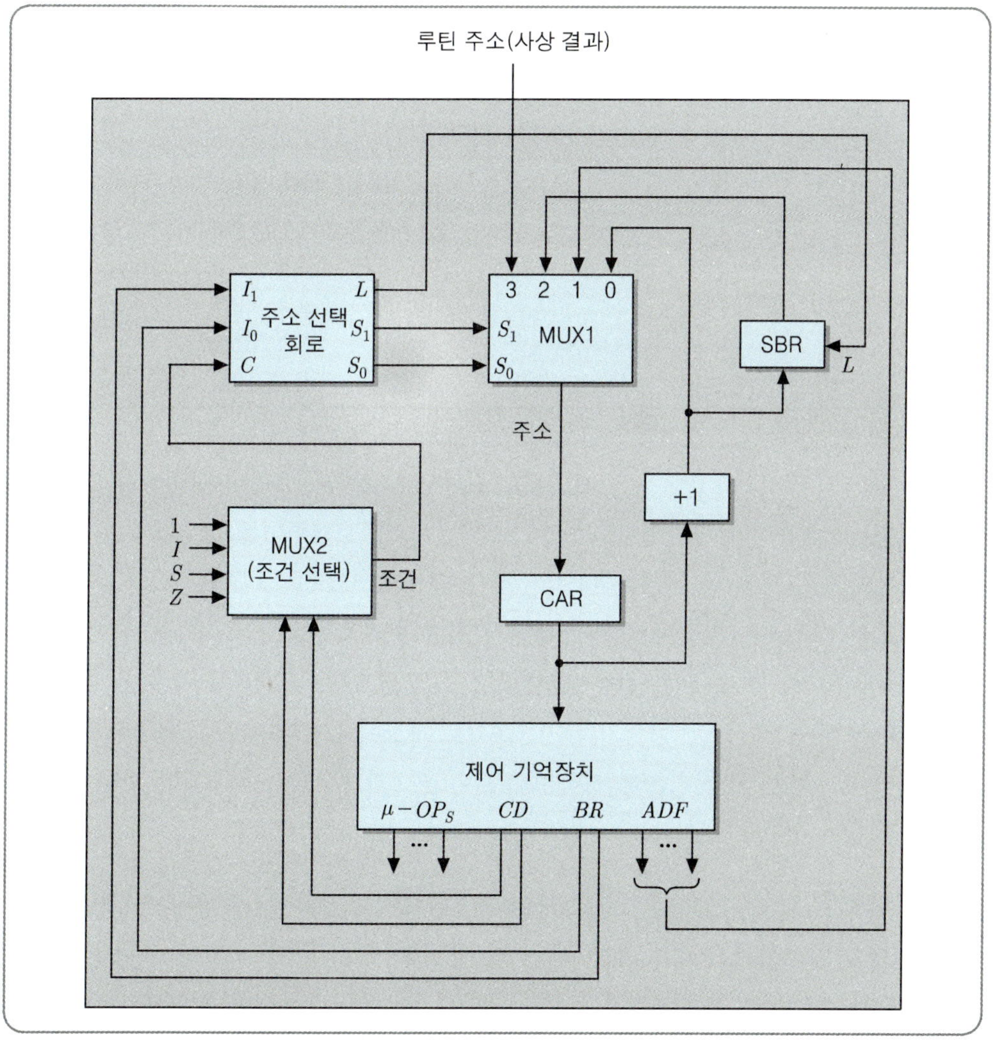

그림 4-6 순서제어를 위한 세부 회로가 포함된 제어 유니트의 구성도

그림 4-6에서 보는 바와 같이, 제어 기억장치로부터 출력된 그 마이크로명령어의 비트들 중에 CD 필드의 두 비트들은 MUX2로 보내져서 네 개의 조건 비트들 중의 하나를 선택하게 된다(여기서 MUX는 멀티플렉서(multiplexer)를 말한다). 결과적으로 [표 4-2]의 네 가지 조건값들 중의 하나가 MUX2의 출력이 되는 것이다. 그 출력은 상단의 주소 선택 회로의 한 입력(C)으로 들어간다. 주소 선택 회로의 다른 두 입력들로는 BR 필드의 두 비트들이 들어간다. 그 세 입력들이 조합되면 [표 4-5]와 같이 MUX1의 선택 신호들과 SBR의 적재(L) 신호가 생성되며, 그에 따라 다음 주소들이 결정되어 CAR로 적재된다.

[표 4-5] 주소 선택 회로의 입력 및 출력 신호들

BR		조건	MUX1 선택		SBR	CAR로 적재될 MUX1의 입력	설명
I_1	I_0	C	S_1	S_0	L		
0	0	0	0	0	0	0	CAR ← CAR + 1
0	0	1	0	1	0	1	CAR ← ADF <Jump>
0	1	0	0	0	0	0	CAR ← CAR + 1
0	1	1	0	1	1	1	SBR ← CAR, CAR ← ADF <Call>
1	0	x	1	0	0	2	CAR ← SBR <Return>
1	1	x	1	1	0	3	CAR ← 1XXXX00 <Mapping>

BR 필드가 '00'(JUMP) 혹은 '01'(CALL)을 가리킬 때, 조건이 만족되지 않으면($C = 0$) CAR의 내용이 1 증가하여, 다음에 위치한 마이크로명령어를 실행하게 된다. 그러나 조건이 만족된 경우에는 목적지 주소인 주소 필드값(ADF)이 CAR로 적재된다. 그리고 CALL의 경우에는 적재 동작이 수행되기 전에 현재의 CAR 내용을 SBR에 저장한다. 이 동작은 제어 신호 L에 의해 이루어진다. BR 필드가 '10'(RET)을 가리키는 경우에는 SBR에 저장되어 있던 주소가 다시 CAR로 복구된다. 마지막으로, BR 필드가 '11'(MAP)인 경우에는 사상 함수에 의하여 결정된 주소가 CAR로 적재되어 해당 실행 사이클 루틴으로 분기하게 된다.

그림 4-6에서 제어 기억장치로부터 읽혀진 마이크로명령어의 최상위 비트들인 마이크로-연산 비트들(μ-OPs)은 제어 유니트의 외부로 나가서 제어 신호들이 된다. 그런데 이 비트들이 각각 하나의 제어 신호로 사용된다면, 이 예의 경우에는 연산 필드들이 각각 3비트씩이므로 모두 6개의 제어 신호들만 발생할 수 있다.

만약 각 마이크로-연산을 수행하는데 더 많은 제어 신호들이 필요하다면, 그 비트들을 그림 4-7과 같이 해독기(decoder)들을 통과시킴으로써 그 수를 확대시킬 수 있다. 이 그림에서는 각 연산 필드의 세 비트를 3 × 8 해독기를 통과시켜 8비트로 변환함으로써 모두 16개의 제어 신호들을 발생시키고 있다.

이와 같이 마이크로명령어 내에 적은 수의 코드화된(encoded) 비트들을 포함시킴으로써 마이크로명령어의 길이(비트 수)를 줄이고, 그 대신에 외부에 해독기들을 접속하여 원하는 수만큼의 제어 신호로 확장하는 방식을 수직적 마이크로프로그래밍(vertical microprogramming)이라고 한다. 그리고 이 방식에서 사용되는 마이크로명령어는 수직적 마이크로명령어(vertical microinstruction)라고 부른다. 이 방식은 마이크로명령어의 길이가 짧기 때문에 제어 기억장치의 용량이 적게 필요하다는 장점이 있지만, 해독기를 통과하는데 걸리는 시간만큼 지연이 발생한다는 단점이 있다.

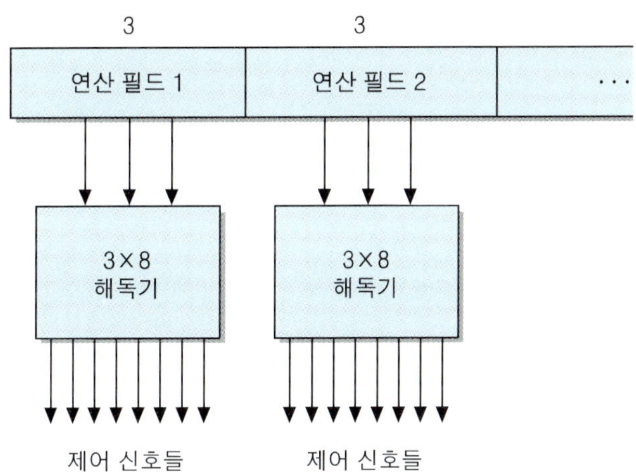

그림 4-7 수직적 마이크로명령어로부터 제어 신호들을 발생하는 방법

반면에 마이크로명령어 내 연산 필드들의 각 비트와 제어 신호를 일대일로 대응시켜서, 그 수만큼의 비트들로 이루어진 마이크로명령어들을 사용하는 방식을 수평적 마이크로프로그래밍(horizontal microprogramming)이라고 한다. 이 방식을 이용하면 제어 기억장치로부터 인출된 마이크로명령어의 마이크로-연산 비트들이 해독기를 통과할 필요 없이 직접 제어 신호로 사용될 수 있기 때문에, 하드웨어가 간단하고 해독에 따른 시간 지연

이 없다는 장점이 있다. 그러나 연산 필드의 비트 수가 필요한 제어 신호들의 수만큼 제공되어야 하기 때문에 마이크로명령어의 길이가 증가하여, 제어 기억장치의 용량이 커진다는 단점이 있다.

기 본 문 제

4.1 제어 유니트에서 다음에 실행할 마이크로명령어의 주소를 가지고 있는 레지스터는 어느 것인가?

가. CBR　　　나. CAR
다. IR　　　라. PC

4.2 제어 기억장치는 다음 중의 어느 기억장치 소자를 이용하여 구현되는가?

가. RAM　　　나. CAM
다. ROM　　　라. DISK

4.3 다음 중에서 서브루틴 레지스터(SBR)가 사용되지 않는 마이크로-연산은 어느 것인가?

가. 호출(CALL)　　　나. 복귀(RET)
다. 점프(JUMP)　　　라. 조건부 호출(conditional CALL)

4.4 용량이 128 단어인 제어 기억장치의 처음 절반 부분에 실행 사이클 루틴들을 저장한다고 하자. 각 루틴을 최대 8개의 마이크로명령어로 구성될 수 있도록 하려면, 사상 함수는 다음 중 어느 것과 같아야 하는가?

가. 0XXX000　　　나. 0XXXX00
다. 1XXXX000　　　라. 1XXX000

4.5 조건부 호출 마이크로-연산이 실행될 때 조건이 만족되었다면, CAR에는 어떤 값이 적재되는가?

가. CAR ← CAR+1　　　나. CAR ← ADF
다. CAR ← SBR　　　다. CAR ← SBR+1

4.6 복귀(RET) 마이크로-연산이 실행되면 CAR에는 어떤 값이 적재되는가?

가. CAR ← CAR+1
나. CAR ← ADF
다. CAR ← SBR
라. CAR ← SBR+1

4.7 다음 중 CAR에 적재될 수 없는 값은 어느 것인가?

가. SBR의 내용
나. 사상(mapping)의 결과값
다. 연산 필드 비트들
라. 주소 필드(ADF)의 값

4.8 두 개의 연산 필드가 각각 4비트씩으로 구성되어 있다. 수평적 마이크로프로그래밍 방식이 사용되는 경우라면 최대 몇 개의 제어 신호들이 발생될 수 있는가?

가. 4개
나. 8개
다. 16개
라. 32개

4.9 두 개의 연산 필드가 각각 4비트씩으로 구성되어 있다. 수직적 마이크로프로그래밍 방식이 사용되는 경우라면 최대 몇 개의 제어 신호들이 발생될 수 있는가? 단 해독기는 두 개만 사용한다고 가정한다.

가. 8개
나. 16개
다. 32개
라. 64개

4.10 다음 중에서 수평적 마이크로프로그래밍의 장점에 해당하는 것은?

가. 마이크로명령어의 길이가 짧아진다.
나. 제어 기억장치의 용량이 줄어든다.
다. 제어 신호의 수를 확장시키는 것이 용이하다.
라. 제어 신호의 발생을 위한 추가적 하드웨어가 필요하지 않다.

연습문제

4.1 그림 4-2의 제어 기억장치의 용량을 256 단어로 확장하고, 각 실행 사이클 루틴이 최대 8개의 마이크로-연산들로 구성될 수 있도록 하려면, 그림 4-3의 사상 함수는 어떻게 바뀌어야 하는가?

4.2 제어 기억장치의 전체 용량이 128 단어이고, 실행 사이클 루틴들이 처음 절반 부분에 저장된다고 하자. 각 루틴이 최대 네 개씩의 마이크로명령어들로 구성된다면, 그림 4-3의 사상 함수는 어떻게 변경되어야 하는가?

4.3 각 명령어의 실행 사이클 루틴들이 최대 8개의 마이크로명령어들로 구성되는 CPU가 있다. 각 명령어의 연산 코드는 5비트이고, 제어 기억장치의 용량은 512 단어이다. 연산 코드를 실행 사이클 루틴의 주소로 사상하는 방법을 제시하라.

4.4 [표 4-1], [표 4-2] 및 [표 4-3]을 이용하여 그림 4-5의 마이크로명령어들을 2진 비트 패턴으로 변환하라. 만약 필요하다면, [표 4-1]에 새로운 마이크로-연산을 추가하여 사용하라.

4.5 각각 세 비트씩으로 구성된 두 개의 연산 필드들로부터 64개의 제어 신호들을 발생하는 방법을 제안하라. [힌트 : 다단계 해독 회로 사용]

4.6 조건분기 명령어 'JNZ *addr*'는 Z 플래그가 '1'이 아니면 *addr* 번지로 점프하라는 것이다. 점프 목적지 주소(*addr*)는 I 비트에 따라 직접 혹은 간접 주소지정 된다. 이 명령어를 위한 실행 사이클 루틴을 그림 4-5와 같은 형식으로 작성하라.

4.7 수직적 마이크로명령어 형식에서 연산-코드 필드가 9비트이다. 지정해야 할 마이크로-연산들의 수가 46개이고 동시에 두 개 이상의 마이크로-연산들이 수행될 수 있도록 하려면, 연산-코드 필드를 어떤 서브필드(subfield)들로 몇 비트씩 나누면 되는가?

4.8 수직적 마이크로프로그래밍과 수평적 마이크로프로그래밍의 장점과 단점을 비교하라.

4.9 어떤 제어 기억장치의 폭(단어 길이)이 26비트이다. 마이크로명령어 형식에서 14비트는 마이크로-연산을 가리키는 연산 필드로 사용된다. 주소 선택 필드는 분기 조건을 규정하며, 그 조건을 결정하는 플래그들은 8개이다. 그리고 분기의 종류는 한 가지뿐이어서 분기 필드는 필요하지 않다고 가정한다.

(1) 주소 선택 필드는 몇 비트가 필요한가?
(2) 주소 필드(ADF)는 몇 비트로 구성될 수 있는가?
(3) 제어 기억장치의 최대 용량(단어 수 × 폭)을 구하라.

Computer Architecture

Computer Architecture

5 기억장치

모든 컴퓨터시스템들은 프로그램과 데이터를 저장하기 위한 장치로서 주기억장치(main memory)와 보조저장장치(auxiliary storage device)를 가지고 있다. 그러나 최근 CPU와 기억장치들 간의 속도 차이가 커지고 필요한 저장 용량이 증가함에 따라, 시스템 성능을 향상시키고 가격대성능비(cost vs. performance ratio)를 개선하기 위하여 다양한 계층의 기억장치들을 시스템에 포함시키고 있다. 기억장치는 CPU가 직접 액세스할 수 있는 내부 기억장치(internal memory)와 장치 제어기(device controller)를 통하여 액세스할 수 있는 외부 기억장치(external memory)로 구성된다. 이 장에서는 내부 기억장치에 대하여 설명하며, 외부 기억장치에 해당하는 보조저장장치들에 대해서는 제6장에서 살펴보기로 한다.

5.1 기억장치의 분류와 특성

이 절에서는 먼저 기억장치의 분류와 특성 및 용어들에 대하여 살펴보기로 한다. 컴퓨터시스템은 프로그램과 데이터를 저장하기 위하여 기억장치를 가지고 있는데, CPU가 어떤 정보를 기억장치에 쓰거나 기억장치로부터 읽는 동작을 액세스(access)한다고 말한다. 기억장치는 제조 공정과 재료 및 조직에 따라 액세스하는 방법도 달라지는데, 기억장치의 액세스 유형은 일반적으로 다음과 같이 분류된다.

- 순차적 액세스(sequential access) : 기억장치에 저장된 정보들을 처음부터 순서대로 액세스한다. 자기 테이프(magnetic tape) 저장장치가 이 방식을 이용하는데, 저장되는 모든 정보는 테이프의 처음 위치에서 시작하여 연속적으로 위치하게 된다. 그 내용들은 내부적으로 레코드(record)라고 불리는 정보 단위로 분리되어 저장되고, 각 레코드는 고유의 주소를 가진다. 테이프의 내용을 읽거나 쓰는 경우에는 처음부터 시작하면 되지만, 테이프 내 임의의 위치에 저장된 정보를 읽기 위해서는 그 위치에 도달할 때까지 앞부분의 테이프를 모두 통과해야 한다. 따라서 정보가 저장된 위치에 따라 액세스 시간이 크게 달라진다.
- 직접 액세스(direct access) : 이 액세스 방식에서는 읽기/쓰기 장치가 각 레코드(혹은 블록)의 근처로 직접 이동한 후에 순차적 검색(sequential searching)을 통하여 최종 위치에 도달한다. 이 방식에서도 액세스 시간은 정보의 저장 위치에 따라 가변

적이다. 자기 디스크(magnetic disk)와 CD-ROM, DVD 등이 직접 액세스 방식을 이용하는 저장장치인데, 자세한 내용은 제6장에서 설명하기로 한다.

- 임의 액세스(random access) : 기억장치 내의 모든 저장 장소들은 고유의 주소를 가지고 있으며, 별도의 읽기/쓰기 회로를 가지고 있다. 따라서 어떤 위치든 임의로 선택될 수 있고, 직접 주소지정 되고, 액세스될 수 있다. 결과적으로 기억장치내의 어떤 위치를 액세스하든, 그에 걸리는 시간이 항상 일정하다. 반도체 기억장치들이 임의 액세스 방식을 이용한다.
- 연관 액세스(associative access) : 임의 액세스의 변형으로서, 각 기억 장소에는 키(key)값에 해당하는 비트들이 데이터와 함께 저장되어 있다. 액세스 요구에는 주소 대신에 원하는 비트 패턴이 포함되어 있는데, 그 비트들과 각 기억 장소의 키 비트들을 비교하여, 일치하는 기억 장소의 데이터가 읽혀져 출력된다. 키값의 비교에 걸리는 시간은 기억 장소의 위치에 관계없이 일정하다. 그러나 입력 비트 패턴과 키값들을 한 개씩 순차적으로 비교하면 시간이 많이 걸리기 때문에, 일반적으로 모든 기억 장소의 키값들과 동시에 비교할 수 있는 하드웨어를 포함하고 있다. 이 유형의 기억장치는 회로가 복잡하고 가격이 매우 높기 때문에 특수한 용도로만 사용된다.

기억장치 시스템을 설계하는 데 있어서 고려해야 할 주요 특성은 용량(capacity)과 액세스 속도(access speed)이다. 기억장치에서 용량을 나타내는 단위는 바이트(byte : 1바이트 = 8비트) 혹은 단어(word)이다. 일반적으로 단어 길이는 8, 16, 32 혹은 64비트인데, 단어의 길이는 CPU가 실행할 명령어의 길이 혹은 내부 연산에서 한 번에 처리할 수 있는 데이터 비트의 수와 같다.

CPU가 한 번의 기억장치 액세스에 의해 읽거나 쓸 수 있는 비트 수를 전송 단위(unit of transfer)라 한다. 내부 기억장치에 있어서 전송 단위는 기억장치 모듈로 들어가고 나오는 데이터 선들의 수와 같다. 이것은 단어 길이와 같은 경우도 있고, 그렇지 않은 경우도 있다. 외부 기억장치에서는 데이터가 단어보다 훨씬 더 큰 단위로 전송되기도 하는데, 그 단위를 블록(block)이라고 부른다. 디스크와 같은 대용량 저장장치의 경우에는 블록의 크기가 일반적으로 512바이트 혹은 1K 바이트이다. 그러나 외부 기억장치에 접속되는 데이터 버스의 폭(width)은 8비트, 16비트 혹은 32비트이기 때문에, 한 블록을 전송하기 위하여 여러 번의 전송 동작이 연속적으로 수행되어야 한다.

이와 연관된 개념으로서, 주소지정 단위(addressable unit)를 정의할 필요가 있다. 각 기억장치 위치에는 고유의 주소가 할당되는데, 각 바이트에 대하여 별도의 주소를 지정할 수도 있고, 각 단어 별로 주소를 지정할 수도 있다. 대부분의 시스템들에서 주소지정 단위가 바이트이지만, 단어 단위로 주소를 지정하는 시스템들도 있다. 주소 비트의 수 A와 주소지정 될 수 있는 기억 장소의 수 N과의 관계는 $2^A = N$이다. 따라서 만약 바이트 단위로 주소지정을 한다면, 주소지정 될 수 있는 기억장치 용량은 N바이트가 된다. 그런데 단어의 길이가 32비트(4바이트)인 시스템에서 주소를 단어 단위로 지정한다면, 주소지정 가능한 전체 기억장치 용량은 N 단어, 즉 $4N$바이트가 된다. 그러나 바이트 단위로 주소를 지정하는 경우에는 필요한 바이트만 별도로 액세스할 수 있다는 장점이 있다.

기억장치 시스템의 다른 주요 특성인 액세스 속도와 관련된 파라미터들을 보면 다음과 같다.

- 액세스 시간(access time) : 주소와 읽기/쓰기 신호가 기억장치에 도착하는 순간부터 데이터가 저장되거나 읽혀지는 동작이 완료되는 순간까지의 시간을 말한다. 임의 액세스 기억장치의 경우에는 액세스 시간이 모든 기억 장소들에 대하여 동일하지만, 순차적 혹은 직접 액세스 기억장치의 경우에는 데이터가 저장되어 있는 위치에 따라 달라진다.
- 기억장치 사이클 시간(memory cycle time) : 이 시간은 액세스 시간과 다음 액세스를 시작하기 위해 필요한 동작에 걸리는 추가적인 시간을 합한 시간이다. 여기서 추가적인 시간이란 읽기 동작 후에 정보가 파괴되는 저장장치인 경우에 그것을 복원시키는 데 걸리는 시간을 말한다. 과거에 사용되던 자기 코어(magnetic core)나 최근에 개발되고 있는 FRAM[1]은 읽기 동작 후에 내용이 지워지며, 자동적으로 다시 복구되지만 일정 시간이 소요된다. 그러나 반도체 기억장치나 디스크와 같은 최근의 저장장치들은 내용이 파괴되지 않기 때문에 액세스 시간과 사이클 시간이 같다.
- 데이터 전송률(data transfer rate) : 이것은 기억장치로부터 초당 읽혀지거나 쓰여질 수 있는 비트 수를 말한다. 따라서 이것은 (1/액세스 시간)×(한 번에 읽혀지는 데이터 바이트의 수)에 의해 구할 수 있다. 예를 들어, 어떤 RAM 모듈의 액세스 시

1) FRAM은 강유전체라고 부르는 물질의 특성을 이용하여 제조되는 반도체 기억장치로서, 5.6절에서 좀 더 자세하게 설명된다.

간이 100ns이고, 한 번에 32비트씩 읽혀진다면, 데이터 전송률은 $\{1/(100 \times 10^{-9})\} \times (32/8) = 40$[MBytes/sec]가 된다.

기억장치는 제조에 사용되는 물리적인 재료들에 의해 분류될 수도 있다. 그들 중에서 오늘날 가장 널리 사용되고 있는 세 가지 유형은 LSI 또는 VLSI 기술을 이용하는 반도체 기억장치(semiconductor memory)와 디스크 및 테이프와 같이 자력을 이용하는 자기-표면 기억장치(magnetic-surface memory), 그리고 레이저 광을 이용하는 광 저장장치(optical storage device)이다.

기억장치는 데이터를 저장하는 성질에 따라 두 가지 유형으로 나눌 수 있다. 휘발성 기억장치(volatile memory)는 저장된 정보가 시간이 지남에 따라 점차 사라지거나, 전력 공급이 중단되면 소멸된다. 비휘발성 기억장치(nonvolatile memory)는 일단 저장된 정보는 필요에 의해 변경될 때까지는 그대로 유지되며, 정보 유지를 위하여 지속적으로 전력을 공급할 필요도 없다. 자기-표면 기억장치와 광 저장장치들은 비휘발성이며, 반도체 기억장치는 휘발성인 것도 있고 비휘발성인 것도 있다.

5.2 • 계층적 기억장치시스템

컴퓨터시스템의 성능에 가장 중요한 영향을 미치는 요소는 CPU이다. 그러나 CPU가 아무리 빠르더라도 기억장치가 느리다면, CPU는 명령어나 데이터를 액세스하는 과정에서 많은 시간을 기다리게 되어 시스템 성능이 저하될 수밖에 없다. 최근 기억장치 제조 기술의 발전으로 인하여 반도체 기억장치의 속도가 계속 높아지고는 있지만 CPU의 속도는 더욱 급속히 향상되고 있기 때문에, 그들 간의 속도 격차는 줄어들지 않고 있다. 그러한 격차로 인한 성능 저하를 줄이기 위하여 가격이 높은 고속의 반도체 기억장치를 CPU와 주기억장치 사이에 위치시키기도 한다. 그런데 더욱 심각한 문제는 보조저장장치들이다. 컴퓨터시스템에서 용량이 크고 영구 저장 능력을 가진 보조저장장치도 필요하지만, 그들은 기계장치를 포함하고 있기 때문에 액세스 속도가 현저히 느리다는 것이다.

그와 같이 기억장치들은 유형에 따라 기능, 속도, 용량 및 가격이 매우 다양하다. 그런데 컴퓨터시스템에서 기억장치는 속도뿐 아니라 다른 측면들도 함께 고려하여 구성되어야 한다. 따라서 대부분의 컴퓨터시스템에서는 여러 유형의 기억장치들을 계층적으로 구성하여 설치함으로써, 평균 기억장치 액세스 속도를 높이면서 가격대성능비도 적절히 유지되도록 하고 있다. 이 절에서는 그와 같은 계층적 기억장치시스템(hierarchical memory system)을 구성하는 방법과 그 효과에 대하여 살펴보기로 한다.

5.2.1 필요성 및 효과

CPU가 프로그램 코드나 데이터를 인출하고자 할 때, 만약 그들이 주기억장치에 존재하지 않는다면, 보조저장장치(예 : 디스크)로부터 주기억장치로 이동시킨 다음에 인출할 수 있다. 그런데 주기억장치의 용량이 적다면, 프로그램이나 데이터를 조금씩만 이동시킬 수 있기 때문에 그러한 동작이 빈번히 일어나게 된다. 일반적으로 디스크의 속도는 주기억장치로 사용하는 반도체 기억장치의 속도에 비하여 대략 10만 배 정도 느리다. 따라서 그때마다 CPU는 오랜 시간을 기다려야 한다. 이러한 CPU 대기 시간은 주기억장치의 용량을 증가시킬수록 줄어들게 된다. 즉, 주기억장치 용량이 커질수록 더 많은 프로그램과 데이터들을 CPU 가까이 위치시킬 수 있어서 평균 액세스 시간이 짧아지는 것이다. 그렇지만 속도가 빠른 기억장치일수록 가격이 더 높아지기 때문에, 용량을 무한정 증가시킬 수만은 없다. 따라서 기억장치의 설계에서 가격과 용량 및 속도 간에는 적절한 조정(tradeoff)이 필요하다.

그 동안 각종 기억장치들을 구현하는 데 사용되는 기술들이 계속 발전해 왔다. 그러한 발전 과정 속에서 기억장치의 특성들 간에는 다음과 같은 관계들이 성립되고 있다.

- 액세스 속도가 높아질수록, 비트당 가격도 높아진다.
- 용량이 커질수록, 비트당 가격은 낮아진다.
- 용량이 커질수록, 액세스 속도는 낮아진다.

컴퓨터 설계의 목표가 성능을 높이는 것이라면, 가격이 비싸고 용량은 적더라도 액세스 속도가 높은 기억장치를 사용해야 할 것이다. 그러나 만약 용량도 증가시키고 동시에 비용도 낮추기를 원한다면, 액세스 속도가 낮은 기억장치를 사용할 수밖에 없을 것이다. 이러한 어려움을 해결할 수 있는 방법은 어떤 한 가지 기억장치나 제조 기술에 의존하는 것이 아니라, 여러 종류의 기억장치들을 이용하여 계층적 기억장치시스템을 구성하는 것이다.

기억장치를 계층적으로 구성함으로써 얻을 수 있는 효과를 분석해보면 다음과 같다. 먼저, CPU가 아래와 같은 두 계층의 기억장치들을 사용한다고 가정해보자.

- 첫 번째 계층의 기억장치는 액세스 시간이 10*ns*이다.
- 두 번째 계층의 기억장치는 용량이 더 크지만, 액세스 시간은 100*ns*이다.

만약 액세스할 데이터가 첫 번째 계층에 있다면, CPU는 그 데이터를 신속히 읽어올 수 있다. 그러나 만약 그 데이터가 첫 번째 계층에 없다면, 두 번째 계층의 기억장치로부터 읽어와야 한다. 이 과정에서 그 데이터를 첫 번째 계층의 기억장치에도 적재해 둔다면, 이후에는 더 신속히 읽어올 수 있게 된다. 만약 CPU가 액세스할 데이터들의 50%가 첫 번째 계층에 있고 나머지 50%는 두 번째 계층에 있다면, 평균 액세스 시간은 $(0.5\times 10ns)+(0.5\times 100ns)=55ns$가 된다. 같은 방법으로, 첫 번째 계층에 원하는 데이터가 있는 비율을 20%부터 100%까지 변화시키면서 평균 액세스 시간을 구해보면 [표 5-1]과 같아진다(단, 여기서는 설명을 단순화시키기 위하여, 그 데이터가 첫 번째 계층에 있는지 검사하는 데 걸리는 시간은 무시하기로 한다).

[표 5-1] 데이터가 첫 번째 계층에 있는 비율에 따른 평균 액세스 시간

비 율	평균 액세스 시간
20%	82*ns*
40%	64*ns*
60%	46*ns*
80%	28*ns*
100%	10*ns*

[표 5-1]에서 보는 바와 같이, 원하는 데이터가 첫 번째 계층의 기억장치에 있는 비율이 높아질수록 평균 액세스 시간이 그 기억장치의 액세스 시간에 접근하게 되어, 두 가지 유형의 기억장치들을 계층적으로 사용한 효과를 더 크게 얻을 수 있다. 일반적으로 두 번째 계층의 기억장치는 속도가 느린 대신에 비트당 가격이 더 저렴하기 때문에, 이와 같이 두 가지 기억장치를 계층적으로 사용한다면, 속도와 용량 및 가격 면에서 더 개선된 기억장치시스템을 구성할 수 있게 된다.

프로그램 수행이 진행되는 동안에 CPU가 명령어와 데이터를 읽기 위하여 기억장치를 액세스하는 위치를 조사해보면 몇몇 특정 영역에 집중되는 경향이 있다는 것을 알 수 있다. 그 이유는 일반적으로 프로그램이 반복 루프들과 서브루틴들을 포함하고 있기 때문이다. 즉, 반복 루프가 수행되거나 빈번히 호출되는 서브루틴이 있다면, 그들이 저장되어 있는 작은 영역으로 액세스들이 집중되는 것이다. 그런데 이 프로그램들을 처음에는 두 번째 계층의 기억장치로부터 인출하지만, 그 과정에서 첫 번째 계층의 기억장치에도 인출한 내용을 저장해두기 때문에 그 이후에는 더욱 신속하게 읽어올 수 있게 된다. 이와 유사한 경우로서, 표(table)나 배열 데이터(array data)에 대한 연산들은 하나의 집단을 이루고 있는 데이터들을 집중적으로 액세스한다.

오랜 시간이 지나면 액세스가 집중되는 위치도 바뀌게 되지만, 짧은 시간을 기준으로 보면 프로세서가 기억장치의 한정된 영역들만 주로 액세스하면서 작업을 수행한다는 것을 알 수 있다. 이와 같은 현상을 지역성의 원리(principle of locality)라 한다. 실제 프로그램 실행 과정에서 이 원리가 적용되는 경우가 많기 때문에, 속도가 더 빠른 첫 번째 계층의 기억장치에 대한 액세스 횟수가 두 번째 계층의 기억장치에 대한 액세스보다 훨씬 더 많아지게 되며, 결과적으로 [표 5-1]에서와 같이 평균 액세스 시간을 크게 단축시킬 수 있게 된다.

5.2.2 기억장치 계층

그림 5-1은 전형적인 기억장치 계층을 보여주고 있는데, 상위 계층으로 올라갈수록 다음과 같은 현상들이 나타난다.

- 비트당 가격이 높아지고,
- 용량이 감소하며,
- 액세스 시간은 짧아지고,
- CPU에 의한 액세스 빈도는 높아진다.

그림 5-1의 계층 구조에서 최상위 계층의 기억장치, 즉 가장 빠르고, 가장 용량이 적으며, 비트당 가격이 가장 높은 기억장치는 프로세서 내부에 있는 레지스터들이다. 어떤 CPU들은 수백 개의 레지스터들을 가지고 있기도 하지만, 일반적으로는 수십 개 정도의 레지스터들을 가지고 있다. 대부분의 경우에 CPU 클록 신호의 한 주기 동안에 레지스터

에 데이터를 쓰거나 읽는 것이 가능하다. 예를 들어, 1 *GHz*의 클록으로 동작하는 CPU에서 내부 레지스터에 대한 읽기/쓰기 동작에 걸리는 시간은 1*ns*이다.

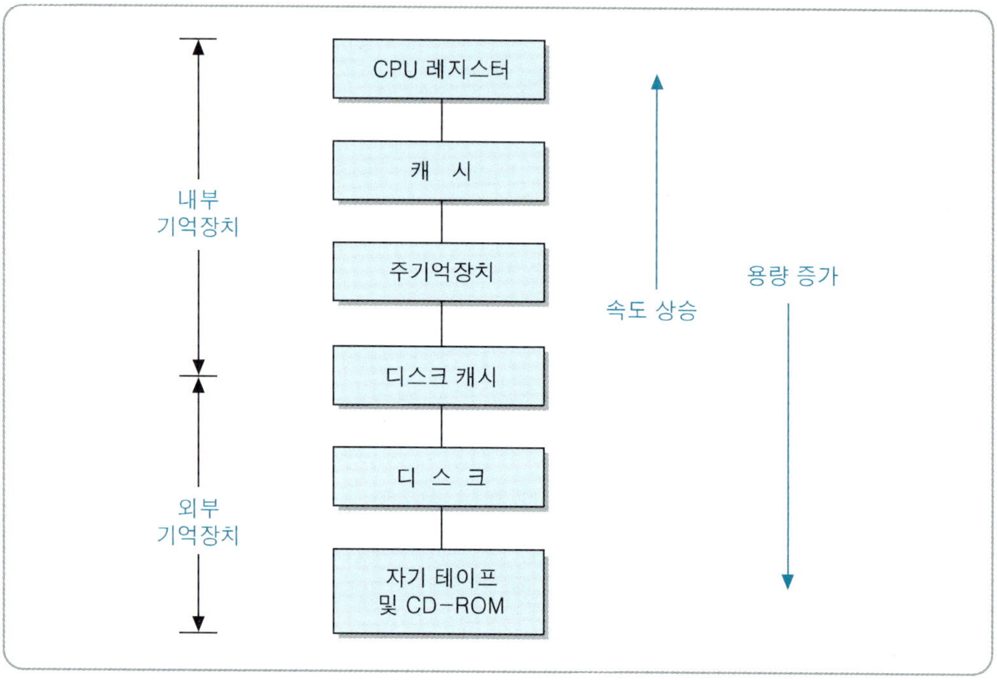

그림 5-1 기억장치 계층

두 계층을 내려가면 주기억장치가 있다. 주기억장치는 대부분 반도체 기억장치 칩들로 구성되지만, 액세스 시간은 대략 수 십 내지 수 백 *ns* 정도로서 레지스터 액세스 시간보다 훨씬 더 길다. 따라서 프로그램 실행 중에 CPU가 필요로 하는 데이터가 레지스터에 없는 경우에 주기억장치로부터 읽어오기 위해서는 상당히 긴 시간을 기다려야 한다. 특히 대규모 컴퓨터시스템에서와 같이 CPU와 주기억장치가 서로 다른 보드 상에 위치하는 경우에는 데이터 전송 시간도 길어지기 때문에 더욱 심각한 문제가 발생하게 된다.

그러한 문제를 해결하기 위하여 대부분의 컴퓨터시스템에서는 CPU와 주기억장치 사이에 속도가 빠르지만 용량은 작은 캐시 기억장치(cache memory ; 이하 캐시라 함)를 설치한다. 캐시는 프로그래머에게는 보이지 않으며(존재를 의식할 필요가 없다는 의미), 사실상 CPU에게도 보이지 않는다. 그것은 성능을 향상시키기 위하여 주기억장치와 CPU 내부 레지스터 사이에서 데이터를 일시 저장하는 중간 버퍼 기능을 수행한다. 캐시로는

고속의 반도체 기억장치 칩들이 사용되며, 대략 5~20ns 정도의 액세스 시간을 가진다.[2)]

지금까지 설명한 세 가지 기억장치들은 CPU가 직접 액세스할 수 있는 내부 기억장치(internal memory)들이다. 즉, CPU가 주소를 발생하고, 그 주소에 의해 지정된 기억장치로부터 데이터가 인출되면 받아들이는 등, 모든 액세스 동작을 CPU가 직접 수행할 수 있다. 반면에 CPU가 직접 액세스하지 못하고 반드시 장치 제어기(device controller)를 통해야 액세스할 수 있는 기억장치를 외부 기억장치(external memory)라고 하는데, 다음과 같은 종류들이 있다.

대규모 정보를 영구적으로 저장하기 위한 저장장치로 가장 널리 사용되는 것으로는 자기 디스크(magnetic disk ; 이하 디스크라 함), CD-ROM, DVD 등이 있다. 이러한 저장장치들은 CPU가 직접 액세스할 수는 없으며, 각 저장장치의 제어기 혹은 입출력 프로세서를 통해서만 데이터 저장 및 검색이 가능하다. 이와 같은 장치들을 2차 기억장치 또는 보조저장장치(auxiliary storage device)라고 부르며, 내부 기억장치와 대비하여 외부 기억장치라고도 부른다. 이 저장장치들에는 주로 프로그램 파일들과 데이터 파일들이 저장되며, 바이트나 단어 단위가 아닌 블록(block)이나 레코드(record) 단위로만 액세스할 수 있다. 보조저장장치들의 동작 원리와 구조에 대해서는 제6장에서 자세히 설명된다.

디스크는 CPU가 프로그램을 수행하는 동안에 빈번히 사용되기 때문에 시스템 성능에 직접적으로 영향을 준다. 그런데 디스크의 액세스 시간은 수 ms로서, 주기억장치보다 훨씬 더 느리다. 따라서 그 속도 격차를 줄이기 위하여 주기억장치와 디스크 사이에 디스크 캐시(disk cache)라고 부르는 반도체 기억장치가 설치된다. 디스크 캐시로는 주기억장치의 일부분이 사용되거나, I/O 프로세서 보드 혹은 제어기 보드 상에 별도로 설치한다(그림 5-2 참조). 디스크 캐시는 주기억장치로부터 디스크로 읽혀져 나갈(swap-out) 정보들을 일시적으로 저장하는 버퍼 역할을 한다. 만약 그 데이터가 CPU에 의해 다시 액세스된다면, 디스크로부터 읽어오지 않고도 주기억장치로 신속하게 이동시킬 수 있게 된다 [SMI85].

디스크 캐시가 제공해주는 다른 장점은 디스크 쓰기 동작들을 묶음별로 처리할 수 있

2) 최근 CPU 칩의 내부에 탑재되는 온-칩 캐시(on-chip cache)의 경우에는 액세스 시간이 5ns 이하이다.

게 해준다는 것이다. 적은 수의 데이터들을 여러 번에 걸쳐서 디스크로 저장하는 대신에, 그들을 모아서 큰 단위로 한 번에 디스크에 저장한다. 그렇게 하면 디스크를 액세스하는 횟수가 줄어들고, 데이터 전송에 대한 프로세서의 개입을 최소화할 수 있다. 디스크 캐시는 CPU와 장치 제어기가 모두 직접 액세스할 수 있으므로, 내부 및 외부 기억장치에 모두 속한다고 할 수 있다.

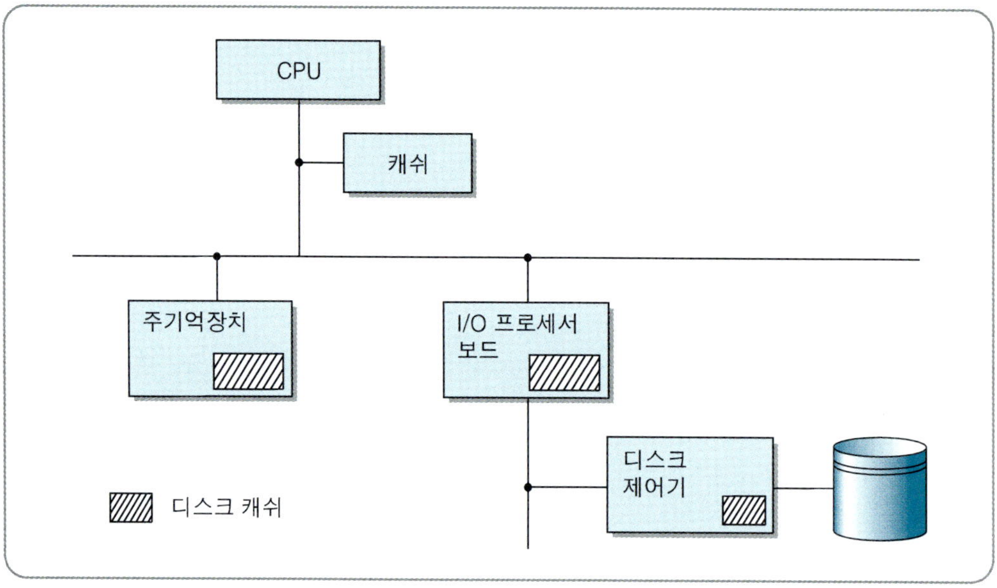

그림 5-2 디스크 캐시의 위치

지금까지 살펴보았던 기억장치들을 이용하여 계층적 기억장치시스템을 구성하면 다음과 같은 특징을 가지게 된다. 하위 계층으로 내려갈수록 용량이 더 커지고 비트당 가격은 떨어지는 반면에, 지역성의 원리로 인하여 액세스 빈도가 더 낮아진다. 즉, 하위 계층의 기억장치들은 속도가 느리지만 액세스 빈도는 낮으며, 더 많이 액세스되는 상위 계층의 기억장치들은 속도가 빠르기 때문에, 전체적으로 평균 기억장치 액세스 시간은 더 짧아지게 된다. 결과적으로, 계층적 방식을 이용함으로써 더 적은 비용으로, 더 빠르고, 더 큰 용량의 기억장치시스템을 구성할 수 있게 되는 것이다.

외부 기억장치들에 대해서는 제6장에서 설명할 것이며, 이 장에서는 내부 기억장치로 가장 널리 사용되는 있는 반도체 기억장치와 캐시의 동작 원리 및 구조에 대하여 공부하기로 한다.

5.3 반도체 기억장치

초기의 컴퓨터에서 주기억장치로 가장 널리 사용되었던 임의 액세스 저장장치는 자기 코어(magnetic core)라고 불리는 자화철 고리들로 구성된 배열이었다. 그러나 미세 전자 공학(microelectronics)의 발전과 더불어 자기 코어 기억장치가 사라진 지는 오래되었고, 최근에는 거의 모든 컴퓨터시스템에서 주기억장치 소자로서 반도체 기억장치 칩들이 사용되고 있다. 이 절에서는 반도체 기억장치의 원리에 대하여 설명하고자 한다.

5.3.1 RAM

RAM(Random Access Memory)은 앞에서 설명하였던 임의 액세스 방식을 이용하는 반도체 기억장치이다. 이 기억장치에 저장된 각 단어들은 CPU가 전송하는 주소에 의해 지정되어 직접 액세스된다. 따라서 칩 내의 어느 위치에 있든, 액세스에 걸리는 시간이 동일하다. RAM의 특징은 데이터를 읽는 것과 쓰는 것이 모두 가능하며, 이 동작들이 전기적인 신호들을 이용하여 이루어진다. 그런데 뒤에서 설명될 다른 반도체 기억장치들도 임의 액세스 방식을 이용하기 때문에, RAM의 특징을 더 정확히 표현한다면 RWM(Read Write Memory)라는 명칭이 더 적합하다고 할 수 있다.

그림 5-3은 1K×8비트 용량의 RAM에 대한 블록 선도와 제어 신호들을 보여주고 있다. RAM의 내부 조직에는 여러 가지 유형들이 있는데, 이 그림의 1K×8비트 조직은 8비트로 구성된 기억 장소들이 1024개가 배열되어 있는 경우이다. 이 칩의 용량은 1K 바이트가 되며, 주소 비트는 $1K = 2^{10}$이므로 10개가 필요하다.

그림 5-3(a)에서 제어 입력 신호인 RD는 읽기 명령(read command)이고, WR은 쓰기 명령(write command)이다. 기억장치 시스템이 여러 개의 칩들로 구성되는 경우에는 칩 선택(chip select) 신호인 CS에 의해 칩의 선택 여부가 결정된다. CS 신호가 1로 활성화되면, 칩은 주소와 제어 신호에 따라 적절한 동작을 수행한다. 만약 $RD = 1$이고 $WR = 0$이면, 주소가 지정하는 기억 장소로부터 8비트 데이터가 읽혀서 데이터 버스를 통하여 출력된다. 만약 $RD = 0$이고 $WR = 1$이면, 데이터 버스를 통하여 들어오는 8-비트 데이터가 주소에 의해 지정되는 기억 장소에 저장된다. 그러나 CS 신호가 0인 경우에는 이 칩이 선택되지 않은 것이므로, 제어 신호들이나 데이터 입출력 통로가 모두 전기적

으로 단절된 상태가 된다. 그림 5-3(b)에서 X는 해당 신호가 0 혹은 1 중의 어느 값이든 상관없다는 것을 의미한다(실제 대부분의 제품화된 칩들에서는 *CS*, *RD* 및 *WR* 신호의 값이 0이 될 때 활성화 상태가 되는 '*active-low*' 신호들이지만, 여기서는 편의상 1이 될 때 활성화되는 것으로 설명하였다.).

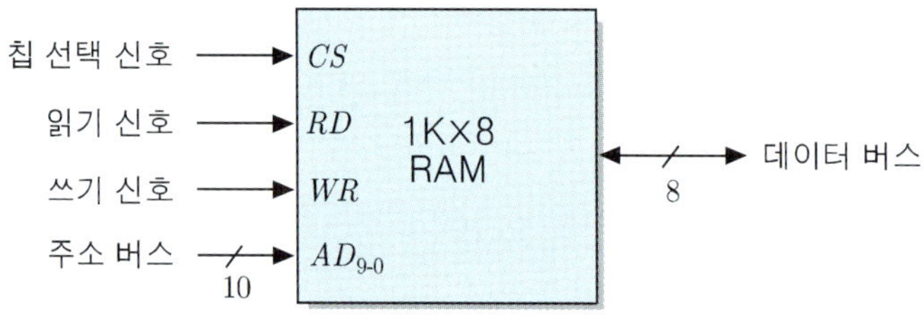

(a) RAM의 블록 선도

CS	*RD*	*WR*	RAM의 동작
0	*X*	*X*	선택되지 않음
1	1	0	읽기 동작
1	0	1	쓰기 동작

(b) 제어 신호들에 따른 RAM의 동작

그림 5-3 1K×8 RAM 칩과 제어 신호들

RAM의 다른 특징은 휘발성(volatile)이라는 점이다. 즉, 전원 공급이 중단되면 데이터를 잃어버린다. 따라서 RAM을 사용하기 위해서는 일정한 전원을 항상 공급해야 한다. 그러한 이유 때문에 RAM은 영구적 저장장치로는 사용될 수 없고, 일시적 저장장치로만 사용된다.

RAM은 제조 기술에 따라 DRAM과 SRAM으로 분류된다. DRAM(Dynamic RAM)은 캐패시터(capacitor)에 전하(charge)를 충전하는 방식으로 비트값을 저장하는 기억 셀들(memory cells)로 이루어져 있다. 즉, 캐패시터에 전하가 존재하는지의 여부에 따라 2진수 1과 0이 구분된다. 캐패시터는 근본적으로 방전(discharge)되는 성질이 있기 때문에, DRAM은 데이터의 저장 상태를 유지하기 위하여 주기적으로 재충전(refresh)해주어야 한다. 반면에 SRAM(Static RAM)에서는 기억 셀로서 플립-플롭(flip-flop)을 이용한다. 따라서 SRAM에는 데이터가 안정된 상태에서 저장될 수 있으므로, 전력이 공급되는 동안에는 재충전 없이도 데이터를 계속 유지할 수 있다.

DRAM과 SRAM은 모두 휘발성이다. DRAM의 각 기억 셀은 SRAM의 경우보다 더 간단하고, 따라서 더 작다. 결과적으로 DRAM의 밀도가 더 높으며(셀이 더 작으면 단위 면적당 더 많은 셀들을 집적시킬 수 있으므로), 같은 용량의 SRAM보다 가격이 더 저렴하다. DRAM에는 재충전 회로가 추가되어야 하지만, 기억장치의 용량이 커질수록 그 회로가 차지하는 비중이 상대적으로 줄어들기 때문에 칩의 가격에는 별 영향을 주지 않는다. 마지막으로 중요한 사항은 SRAM이 DRAM보다 속도가 더 빠르다는 것이다. 이러한 특징들 때문에 DRAM은 주로 주기억장치로 사용되며, SRAM은 높은 속도가 필요한 캐시로 사용된다.

RAM은 같은 용량에 대해서도 내부 조직이 다양하게 구성될 수 있다. 여기서는 간단한 예로서, 아주 적은 용량인 64-비트 RAM이 가질 수 있는 조직들을 살펴보고, 각각의 경우에 주소를 지정하는 방법을 설명하고자 한다(저장 용량이 64비트인 RAM은 실제로는 존재하지 않지만, 설명을 간략화하기 위한 예로서 사용하기로 한다.).

1) 8×8비트 조직

8×8비트 조직의 RAM은 그림 5-4에서 보는 바와 같이 8개의 기억 장소들로 구성되며, 각 기억 장소에는 8비트씩 저장된다. 따라서 전체 용량은 64비트(8바이트)가 된다. 그리고 기억 장소는 8개이므로 세 개의 주소 비트들(A_2, A_1, A_0)로 그들의 주소를 모두 지정할 수 있으며, 주소의 범위는 $0(000_2)$번지부터 $7(111_2)$번지까지가 된다. 칩 내의 3×8 해독기는 주소 비트들을 해독하여 8개의 출력들 중의 하나를 활성화 시킨다. 그러면 그 출력 선이 연결된 기억 장소가 선택되고, 제어 신호에 따라 읽기 혹은 쓰기 동작이 수행된다.

이와 같은 조직을 가지는 RAM에서 전체 용량이 8Kbit라면, 1K×8비트 조직으로 구성되며, 10개의 주소 비트들이 필요하게 된다. 또한 1Mbit (128K×8비트 조직) RAM의 경우에는 17비트, 1Gbit (128M×8비트 조직) RAM의 경우에는 27비트의 주소가 각각 입력되어야 한다.

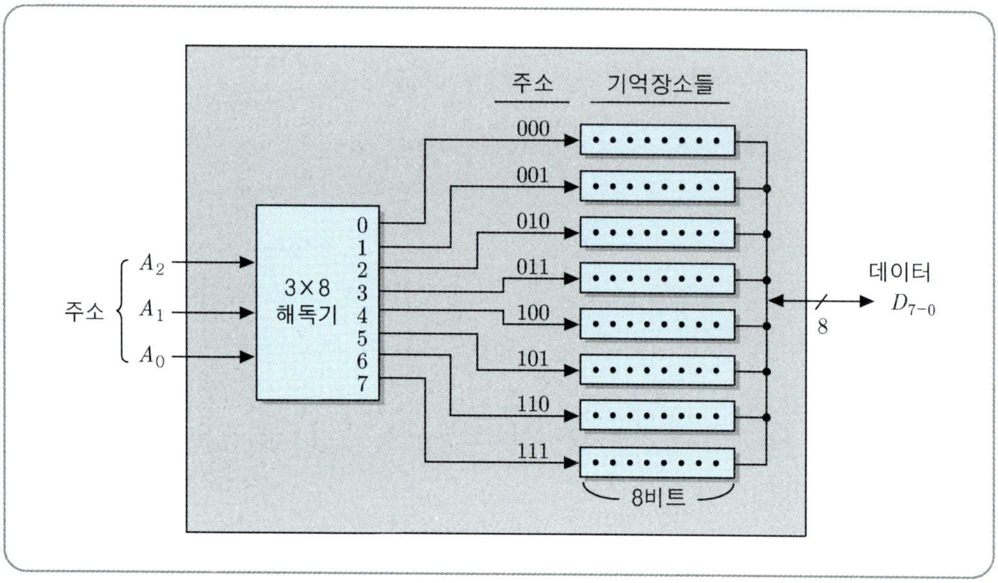

그림 5-4 8×8비트 조직 및 주소지정

2) 16×4비트 조직

16×4비트 조직의 RAM에서는 16개의 기억 장소들이 서로 다른 주소를 할당받으며, 각 기억 장소에는 4-비트 데이터가 저장된다. 이 칩에 대한 주소지정을 위해서는 $16 = 2^4$, 즉 4-비트 주소(A_3, A_2, A_1, A_0)가 필요하게 된다. 따라서 그림 5-5와 같이 4×16 해독기가 16개의 출력 신호들 중의 하나를 활성화시킴으로써 각 기억 장소가 선택된다. 그리고 주소의 범위는 $0(0000_2)$번지부터 $15(1111_2)$번지까지가 된다.

이와 같은 조직을 가지는 RAM에서 전체 용량이 8Kbit라면, 2K×4비트 조직으로 구성되며, 11개의 주소 비트들이 필요하게 된다. 또한 1Mbit(256K×4비트 조직) RAM의 경우에는 18비트, 1Gbit(256M×4비트 조직) RAM의 경우에는 28비트의 주소가 각각 입력되어야 한다.

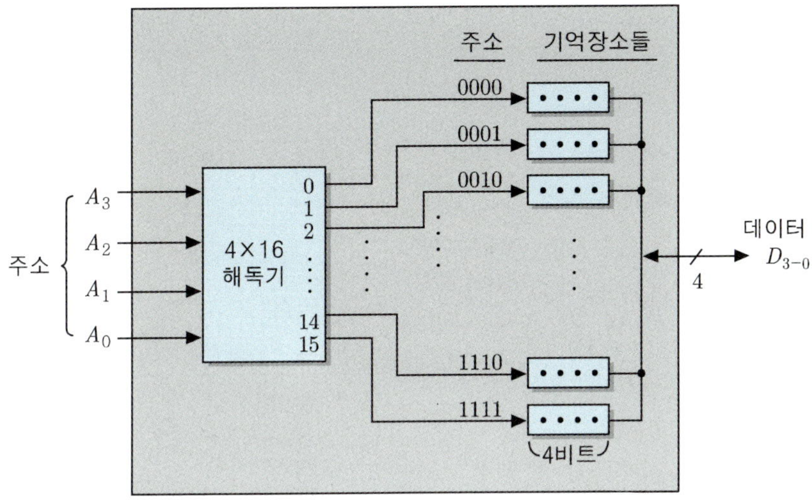

그림 5-5 16×4비트 조직 및 주소지정

3) 64×1비트 조직

64×1비트 조직의 RAM에서는 그림 5-6에서 보는 바와 같이 8×8의 장방형 구조에 위치한 64개의 기억 소자들에 대하여 읽기 및 쓰기가 한 비트씩 이루어진다. 따라서 이 칩에는 데이터 입출력 선이 한 개만 있으면 된다. 그리고 각 기억 장소가 별도의 주소를 가지므로 $64 = 2^6$, 즉 여섯 개의 주소 비트들($A_5, A_4, A_3, A_2, A_1, A_0$)이 필요하다.

그런데 이러한 조직에서는 일반적으로 주소 비트들이 두 그룹으로 나누어져 별도로 해독된다. 주소 비트들 중에서 상위 세 비트는 8개의 행(row)들 중에서 한 개를 선택하고, 하위 세 비트들은 8개의 열(column)들 중에서 한 개를 선택한다. 따라서 두 개의 3×8 해독기가 필요하다. 이 방법으로 주소를 지정한 예를 들면, 그림 5-6에서 세 번째 행의 일곱 번째 기억 소자의 주소는 010110이 된다.

이와 같은 조직을 가지는 RAM에서 전체 용량이 8Kbit라면, 8K×1비트 조직으로 구성되어 모두 13개의 주소 비트들이 필요하게 된다. 또한 1Mbit(1M×1비트 조직) RAM의 경우에는 20비트, 1Gbit(1G×1비트 조직) RAM의 경우에는 30비트의 주소가 각각 입력되어야 한다. 그러나 대용량의 RAM에서 이 조직을 사용하게 되면, 필요한 주소 비트 수가 너무 많아지기 때문에 거의 채택되지 않는 편이다.

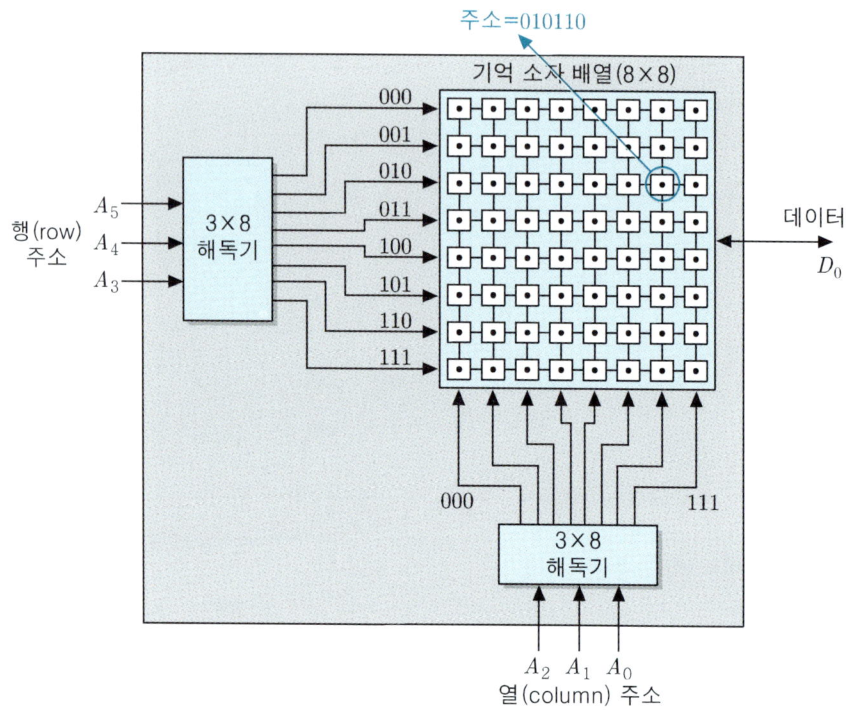

그림 5-6 64×1비트 조직에서의 주소지정

4) 16M×4비트 조직

지금까지는 주소지정의 기본 원리를 설명하기 위하여 실제 존재하지는 않는 적은 용량의 RAM을 예로서 사용하였다. 그 원리에 근거하면, 큰 용량의 RAM에 대한 내부 조직과 주소지정 방법도 쉽게 이해할 수 있다. 한 예로서, 16M×4비트 조직을 가진 64Mbit DRAM의 내부 조직인 그림 5-7을 분석해보자. 이 칩의 주소 입력 단에는 주소 버퍼들이 있고, 두 개의 해독기들이 각각 행 주소와 열 주소를 해독한다. 이 조직의 핵심부인 기억 소자 배열은 4096×4096×4비트로 표시되는데, 그 의미는 기억 장소들이 4096개의 행과 4096개의 열들로 이루어진 장방형 구조로 배열되어 있으며, 각 기억 장소에는 네 개의 데이터 비트들이 저장된다는 것을 말한다. 이 칩의 전체 기억 장소의 수는 16M개이기 때문에, 그들을 구분하기 위해서는 24비트의 주소가 필요하다.

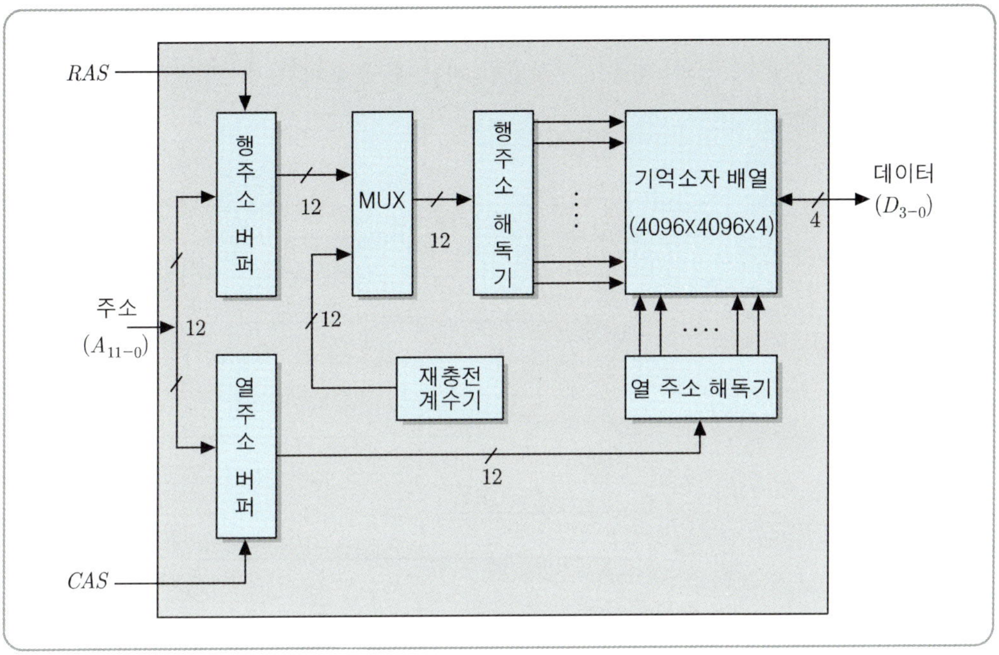

그림 5-7 64Mbit(16M×4) DRAM의 내부 조직

그림 5-7과 같은 조직에서 기억 소자의 행과 열을 구분하기 위해서는 각 방향으로 12비트씩의 주소가 필요하다. 즉, 전체적으로 24개의 주소 비트들이 들어와야 한다. 그러나 실제로 칩으로 접속되는 주소 선은 12개만 있어도 되는데, 그것이 가능한 이유를 그림 5-8의 읽기 동작에 대한 타이밍 도(timing diagram)를 통하여 살펴보기로 하자. 그림에서 'CPU 주소'란 CPU가 발생한 전체 24개의 주소 비트들을 말하는데, 그들 중에서 상위 12개(A_{23}~A_{12}) 비트들이 먼저 선택되어 DRAM 칩의 주소 입력으로 들어온다(주소 선택은 2×1 멀티플렉서에 의해 이루어진다). 그 상위 주소 비트들은 4096개의 행들 중의 하나를 선택하는 행 주소로 사용되는데, 그들은 RAS(Row Address Strobe) 신호에 의해 행 주소 버퍼에 래치 된다. 그 다음 순간에는 열 주소로 사용될 하위 12비트들(A_{11}~A_0)이 선택되어 DRAM으로 전송되는데, 그들은 CAS(Column Address Strobe) 신호에 의해 열 주소 버퍼에 래치 된다.

두 버퍼에 래치 된 주소들은 각각 행 주소 해독기와 열 주소 해독기에 의해 해독되어 해당 기억 장소를 선택하게 된다. 이와 같은 주소 래치 방식을 이용함으로써, DRAM으로 주소를 12비트만 공급하더라도 모든 주소지정이 가능해지는 것이다. 이것은 기억장치 칩의 핀 수를 줄일 수 있게 해주어 패키지의 크기를 줄이는데 많은 도움이 된다. 그림

5-8은 DRAM 읽기 동작에 대한 타이밍이므로 주소와 함께 RD 신호가 활성화되며, 열 주소가 인가된 순간부터 칩의 액세스 시간만큼 지난 후에 4-비트 데이터가 읽혀져 데이터 버스에 실리게 된다.

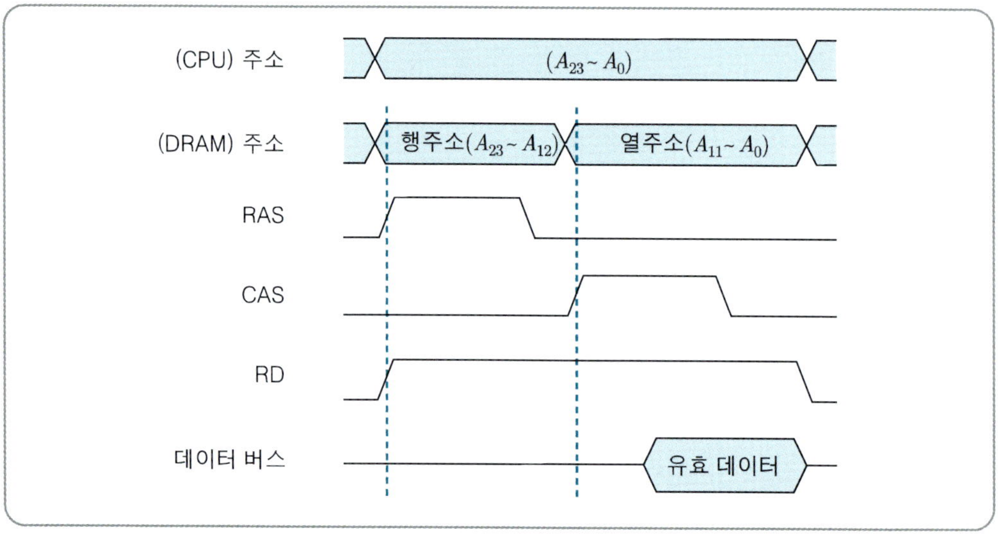

그림 5-8 DRAM 읽기 동작의 타이밍도

DRAM에는 그림 5-7에서 보는 바와 같이 재충전(refresh) 회로가 포함되어 있다. 이 회로의 핵심 요소인 재충전 계수기(refresh counter)는 0부터 4095까지의 주소를 순서대로 발생하며, 그 주소는 기억장치 액세스가 일어나지 않는 사이클 동안에 내부의 멀티플렉서(MUX)에 의해 선택되어 행 주소 해독기로 보내진다. 그러면 그 주소가 지정하는 행에 위치한 모든 기억 소자들이 동시에 선택되어 재충전된다. 재충전 동작은 각 행에 공통으로 접속된 재충전 신호 선으로 전기를 인가하여 '1'이 저장되어 있는 기억 소자들을 충전함으로써 이루어진다.

그림 5-9는 위의 DRAM을 패키징(packaging)하여 24개의 핀들을 가진 칩으로 만들어진 모습을 보여주고 있다. 그림에서 *Vcc*는 전원 공급 핀이며, *Vss*는 접지 핀을 나타낸다. 2번, 3번, 22번 및 23번이 데이터 핀이며, 아래 편의 12개($A_0 \sim A_{11}$) 핀들이 주소 핀이다. 4번의 *WE* 핀은 쓰기 신호 선이고, 20번의 *OE* 핀은 출력 활성화 신호, 즉 읽기 신호 핀을 가리킨다. 그리고 5번과 21번 핀으로는 각각 *RAS* 및 *CAS* 신호가 인가된다.

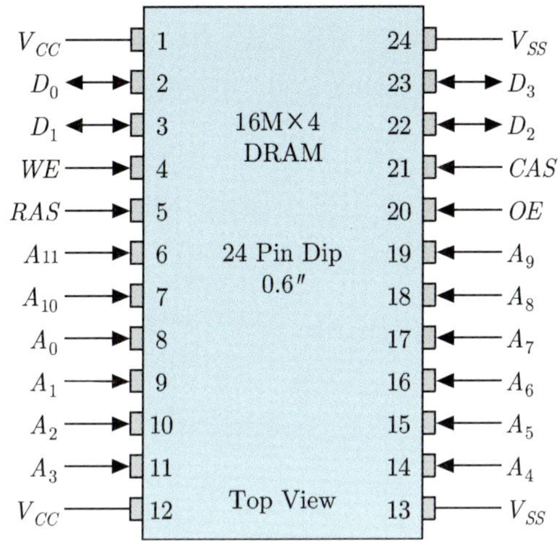

그림 5-9 64Mbit DRAM 패키지의 입출력 핀 구성

5.3.2 ROM

RAM과 대조를 이루는 반도체 기억장치가 ROM(Read Only Memory)이다. 명칭이 의미하듯이 ROM은 내용을 읽는 것만 가능하고, 쓰는 것은 불가능하다. 따라서 ROM은 프로그램이나 변경될 수 없는 데이터를 저장하는 데 사용된다. ROM에는 주로 다음과 같은 내용들이 저장된다.

- 시스템 초기화 프로그램 및 진단 프로그램
- 빈번히 사용되는 함수들 및 서브루틴들
- 제어 유니트의 마이크로프로그램

ROM은 전원 공급이 중단되어도 내용을 잃어버리지 않고 영구 저장할 수 있는 반도체 기억장치이다. ROM을 사용함으로써 얻을 수 있는 장점은 프로그램이나 데이터가 영구 저장되므로 보조저장장치로부터 매번 이동시킬 필요가 없기 때문에 액세스 시간이 짧아진다는 점이다. 그러나 쓰기 동작이 불가능하기 때문에, 변경할 필요가 없는 프로그램 코드나 데이터를 저장하는 데만 사용된다. 대부분의 컴퓨터시스템에서 RAM과 함께 주기억장치의 일부분으로서 ROM을 사용하고 있다.

그림 5-10은 64K×8비트 조직을 가진 ROM의 블록 선도를 보여주고 있다. ROM은 읽기만 가능하기 때문에 *WR* 신호는 필요 없고 *RD* 신호만 있으면 된다. 또한 $64K = 2^{16}$이므로, 16비트의 주소가 입력되어야 한다. 칩 선택 신호인 *CS*와 읽기(*RD*) 신호가 활성화되면, 주소가 지정하는 기억 장소로부터 데이터가 읽혀져서 데이터 버스에 실리게 된다. 대부분의 ROM은 데이터 출력 선이 8개인 조직을 사용하며, 용량도 바이트 단위로 표시한다. 따라서 그림 5-9의 칩은 64KByte ROM이라고 부른다.

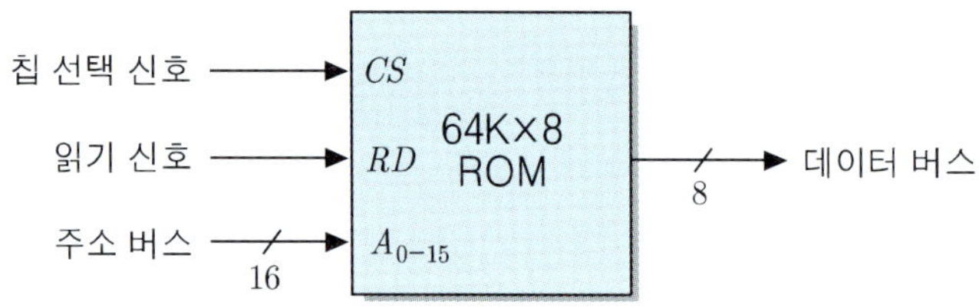

그림 5-10 64KByte ROM의 블록 선도

ROM에 저장될 내용(프로그램 혹은 데이터)은 제조 과정에서 미리 쓰여진다. 그리고 그 이후에는 내용을 수정하는 것이 불가능하다. 이러한 제한을 완화시키기 위하여 다음과 같은 종류의 ROM들이 개발되었다.

- PROM(Programmable ROM) : 이것은 내용을 한 번만 쓸 수 있다는 점에서는 ROM과 같다. 그러나 PROM의 경우에는 제조 단계에서 기억 소자들에 데이터를 쓰지 않고 비워두며, 그 후에 전기적으로 데이터를 쓰는 것이 가능하다. 따라서 새로운 PROM을 구입한 사용자가 필요에 따라 원하는 내용을 써넣을 수 있다. 이와 같이 PROM에 어떤 내용을 쓰는 동작을 "프로그래밍(programming) 한다"라고 말하는데, 이것을 위해서는 일반 동작시 보다 더 높은 전압의 신호를 발생할 수 있는 PROM 프로그래머라고 부르는 특수한 장치가 필요하다. PROM은 ROM에 비하여 융통성이 더 높지만, 한 번만 쓸 수 있다는 제한이 있다.
- EPROM(Erasable Programmable ROM) : 이것은 PROM과 달리, 내용을 지울 수도 있기 때문에 사용자가 내용을 여러 번 갱신할 수 있다. 그러나 기존 내용들을 지우기 위해서는 반드시 자외선을 이용해야 하며, 칩 전체가 함께 지워진다. 칩에 새로운

내용을 쓰기 위해서는 먼저 삭제를 통하여 초기 상태와 같아지도록 해야 한다. 한 번 삭제하는 데는 대략 20분 가량 소요된다. 저장 용량이 같은 경우에 EPROM의 가격이 PROM 보다 더 높지만, 여러 번의 갱신이 가능하다는 것이 큰 장점이다.

- EEPROM(Electrically Erasable PROM) : 이것은 전기적으로 삭제할 수 있는 EPROM으로서, 약간 더 높은 전압의 전기적 신호를 이용하여 삭제와 쓰기를 모두 할 수 있기 때문에 내용을 갱신할 때 컴퓨터로부터 칩을 분리시킬 필요가 없다. 내용을 지우거나 쓰는 동작은 칩 전체에 대하여 이루어진다. 그런데 읽기 동작이 수백 ns 정도 걸리는데 비하여, 쓰기 동작은 바이트당 수백 μs 정도로 훨씬 더 오래 걸린다. EEPROM은 비휘발성이면서도 읽기와 쓰기가 모두 가능하다는 특징을 가지고 있다. 다만, 데이터를 갱신(삭제 및 쓰기)할 수 있는 횟수가 수만 번 이하로 제한된다는 점은 시스템 설계 과정에서 유의해야 할 사항이다.
- 플래시 메모리(flash memory) : 이 기억장치는 1980년대 중반에 처음 소개되었으며, 가격과 기능면에서 EPROM과 EEPROM의 중간 정도이다. EEPROM과 마찬가지로 플래시 메모리도 전기적으로 삭제하는 기술을 이용한다. 플래시 메모리에서 읽기와 쓰기(program) 동작은 페이지 단위로 이루어진다. 기존의 내용을 갱신하기 위해서는 먼저 해당 페이지를 삭제해야 하는데, 삭제는 64개의 페이지들로 구성되는 블록 단위로 수행되기 때문에 블록 내의 다른 페이지들을 임시 장소로 이동시켜 두어야 하는 어려움이 있다. 일반적인 NAND형 플래시 메모리의 블록 삭제에 걸리는 시간은 $2ms$ 정도이며, 페이지의 읽기와 쓰기에는 각각 $10\mu s$ 및 $200\mu s$ 정도가 걸린다. 플래시 메모리의 갱신은 최대 100만 번까지만 허용된다.

5.4 기억장치 모듈의 설계

앞에서 설명한 바와 같이 주기억장치의 용량이 커질수록 더 많은 프로그램과 데이터를 적재할 수 있기 때문에, 디스크 액세스 횟수가 줄어들어 컴퓨터시스템의 성능이 높아진다. 그러나 주기억장치를 구성하는 ROM과 RAM은 각 칩당 저장할 수 있는 용량에 한계가 있다. 따라서, 원하는 만큼의 기억장치 용량을 가지도록 하기 위해서는 여러 개의 칩들을 사용해야 한다. 또한 칩의 각 기억 장소에 저장되는 비트 수가 일반적으로 컴퓨터의 단어 길이(word length)보다 적기 때문에, 한 번에 한 단어씩 액세스할 수 있도록 하기 위해서는 여러 개의 칩들을 병렬로 접속해야 한다. 이 절에서는 그러한 기억장치 모듈(memory module)의 설계 방법에 대하여 설명하고자 한다.

컴퓨터의 단어 길이가 N비트이고 기억장치 칩의 데이터 입출력 비트 수가 B개일 때, 한 번에 한 단어씩의 데이터 액세스가 가능하도록 하기 위해서는 N/B개의 칩들로부터 동시에 B비트씩 액세스 할 수 있어야 한다. 그렇게 하기 위해서는 기억장치 칩들을 병렬로 접속해야 하는데, 그 방법을 이해하기 위하여 먼저 아래와 같은 간단한 예를 살펴보기로 하자.

단어 길이가 8비트인 컴퓨터에서 두 개의 16×4bit RAM 칩들을 이용하여 기억장치를 구성한다면, 그 칩들을 병렬로 접속하여 한 번에 8비트씩 읽기/쓰기가 가능하도록 해야 한다. 병렬접속을 위해서는 그림 5-11과 같이 모든 주소 비트들($A_3 \sim A_0$)을 두 칩에 공통적으로 인가하며, 칩 선택(chip select : CS) 신호도 같은 것을 접속한다.

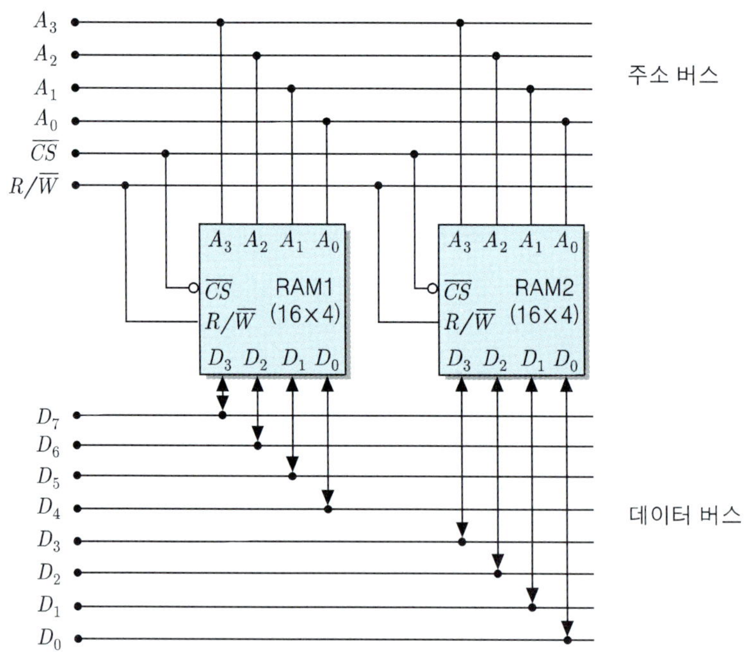

그림 5-11 두 개의 RAM 칩들을 병렬접속한 예

그렇게 되면, 두 RAM 칩에서 동일한 위치에 있는 기억 장소들에게 같은 주소가 배정된다. 즉, 이 예의 경우에 두 칩의 첫 번째 기억 장소들에게 모두 '0000' 번지가 배정되며, 다음 기억 장소에는 '0001', ..., 그리고 마지막 기억 장소에는 '1111' 번지가 배정된다. 결과적으로, 전체 주소 영역은 0000~1111번지가 된다. 그리고 RAM1의 데이터 입출력 선들은 상위 데이터 버스 선들($D_7 \sim D_4$)과 접속하고, RAM2의 데이터 선들은 하위 데이터 버스 선들($D_3 \sim D_0$)과 접속한다. 이와 같이 구성하게 되면, 어떤 한 기억 장소가 선택되었을 때 각 칩에서 4비트씩, 전체적으로 8-비트 데이터가 동시에 입력 혹은 출력되는 것이다.

이제 좀 더 현실적인 예로서, 단어 길이가 32비트인 컴퓨터의 기억장치 모듈을 내부 조직이 1K×8비트인 RAM 칩들을 이용하여 구성해보기로 하자. 즉, 각 읽기/쓰기 동작 때마다 32비트씩의 데이터가 액세스되는 기억장치 모듈을 칩 당 8비트씩 입출력되는 RAM들을 이용하여 설계하는 것이다. 그와 같은 모듈을 설계하기 위해서는 그림 5-12와 같이 32/8 = 4개의 RAM 칩들을 병렬로 접속하면 된다(이 그림에서는 제어 신호들을 생략하였으며, 주소 및 데이터 비트들도 간략히 표기하였다). 그렇게 접속하면, 모듈 내의 모든 칩들에 같은 주소를 가진 기억 장소들이 한 개씩 존재하게 된다. 이 경우에 각 주소에 저장될 32비트 데이터 중에서 최상위 8비트($D_{31} \sim D_{24}$)는 그림 5-12의 맨좌측 칩에 저장하고, 그 다음 칩들에 순서대로 $D_{23} \sim D_{16}$, $D_{15} \sim D_8$, 그리고 맨우측 칩에 최하위 비트들인 $D_7 \sim D_0$를 각각 저장하면 된다.

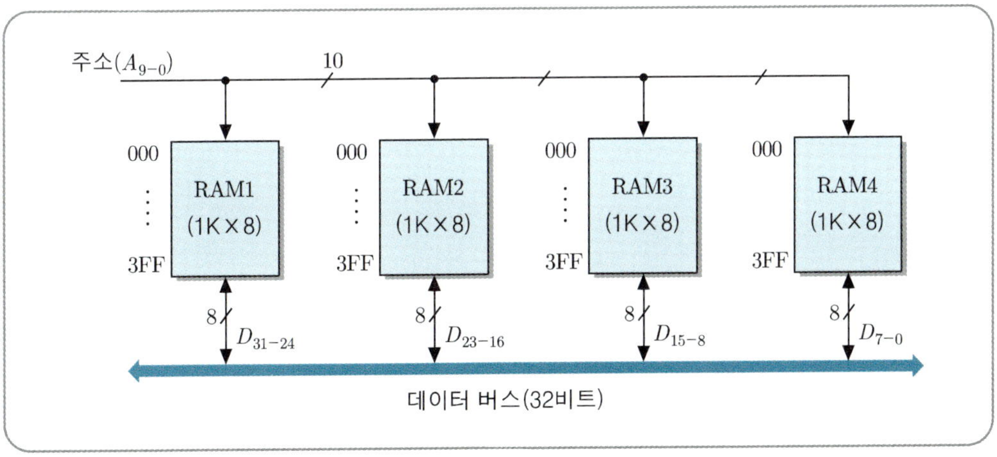

그림 5-12 1K×8bit RAM들을 이용한 1K×32bit 기억장치 모듈의 설계

이 예에서 각 단어(word)의 길이는 4바이트이므로, 기억장치의 전체 용량은 (1K×8bit)×4개 = 32Kbit = 4KByte = 1Kword가 된다. 그리고 10개의 주소 선들(A_9~A_0)이 모든 칩들에 공통으로 연결되기 때문에, 칩들의 같은 위치에 있는 기억 장소들은 동일한 주소를 가지게 되는 것이다. 따라서 어떤 주소가 인가되면 그 주소에 해당하는 기억 장소가 네 개의 RAM 칩들에 모두 존재하기 때문에, 각 칩 당 8비트씩, 전체 32-비트 단어에 대한 쓰기 (혹은 읽기) 동작이 한 번에 수행될 수 있는 것이다. 주소 영역을 보면 모든 칩들의 첫 번째 기억 장소는 0 번지이며, 마지막 기억 장소의 주소는 3FFH번지이다(여기서 3FF는 10비트의 2진수 비트 배열인 '1111111111'을 4비트씩 묶어서 각각 16진수로 변환한 표현이며, H는 앞의 숫자들이 16진수라는 것을 가리키는 표기이다).

다음으로, 직렬접속을 이용하여 기억 장소의 수를 확장하는 방법에 대하여 살펴보기로 하자. 간단한 예로서, 두 개의 16×4bit RAM 칩들을 이용하여 32×4bit 기억장치 모듈을 구성한다면, 그 칩들을 직렬로 접속하면 된다. 그런데 이 경우에는 전체 기억 장소의 수가 32개이기 때문에 주소 비트는 다섯 개가 필요하다.

그들을 직렬접속을 위해서는 먼저 그림 5-13에서와 같이 최상위 주소 비트인 A_4를 RAM1의 $\overline{CS}$ 핀으로 인가하고, 그 비트를 반전시킨 값을 RAM2의 $\overline{CS}$ 핀으로 연결한다. 그런데 그림에서 보는 바와 같이 $\overline{CS}$ 신호는 '*active low*'이기 때문에, 그 값이 '0'일 때 해당 칩이 선택된다. 따라서 $A_4 = 0$일 때는 RAM1이 선택되고, $A_4 = 1$일 때는 RAM2가 선택된다. 그리고 하위 주소 비트들(A_3~A_0)은 두 RAM 칩들에 공통적으로 접속하여 칩 내부의 기억 장소들에 대한 주소를 지정하도록 한다. 그렇게 구성하면 두 RAM 칩들에게는 각각 아래와 같은 주소 영역들이 배정된다.

RAM1 : 00000 ~ 01111번지
RAM2 : 10000 ~ 11111번지

결과적으로, 전체 32개 기억 장소들의 주소는 00000 번지부터 11111번지가 배정되었다. 이 경우에 RAM 칩의 데이터 입출력 선들을 데이터 버스 선들(D_3~D_0)과 공통으로 접속하게 되면, 각 주소가 인가될 때마다 해당 기억 장소가 위치한 RAM 칩으로부터 4비트씩 읽혀지거나 쓰여진다.

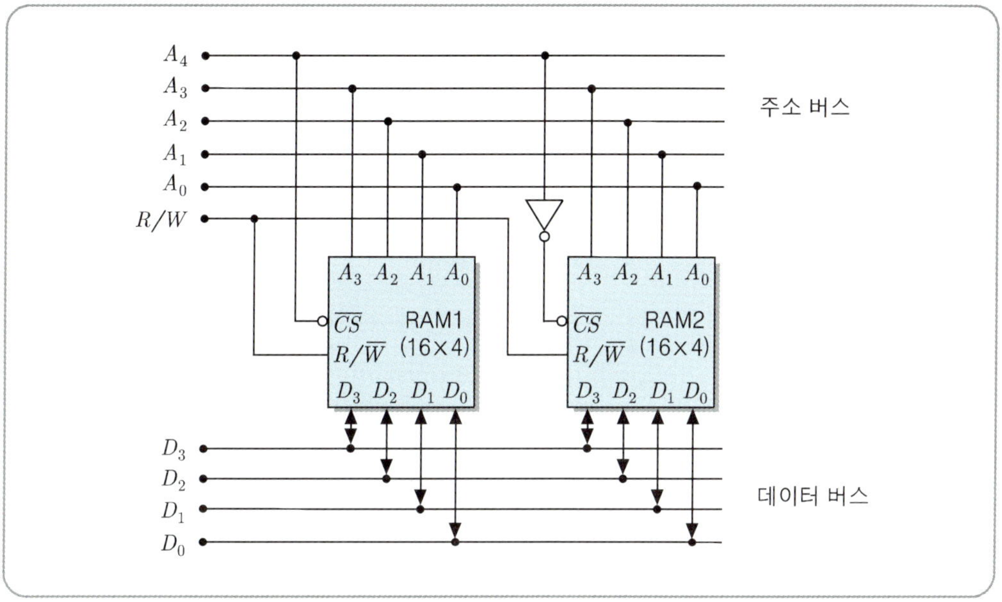

그림 5-13 두 개의 RAM 칩들을 직렬접속한 예

이제 좀 더 큰 용량을 가진 1K×8bit RAM 칩들을 이용하여 4K×8bit(즉, 4KByte)의 기억장치 모듈을 구성해보기로 하자. 이 기억장치 모듈에서는 읽기 및 쓰기 동작이 8비트씩 이루어지므로, 각 기억장치 주소에 대하여 RAM 칩이 한 개씩만 선택되도록 하면 된다. 그리고 전체 용량이 4KByte가 되도록 하기 위해서는 모든 RAM 칩들이 순차적인 주소 영역을 가지도록 해야 한다. 그와 같은 기억장치 모듈을 구성하기 위해서는 그림 5-14와 같이 네 개의 RAM 칩들을 직렬로 연결하면 된다.

이 경우에 기억장치 모듈의 전체 기억 장소 수는 $4K = 2^{12} = 4096$개가 되므로, 주소 비트는 12개가 필요하게 된다. 그런데 각 RAM 칩에는 1024개씩의 기억 장소들이 존재하므로, 주소의 하위 10비트는 모든 칩들에 공통으로 접속해야 한다. 그리고 RAM 칩의 수가 모두 네 개이므로, 그들을 구분하기 위한 칩 선택(CS) 신호를 그 수만큼 발생해야 한다. 따라서 주소 비트들 중에서 최상위의 두 비트들(A_{11}, A_{10})을 2×4 해독기로 접속하여, 네 개의 CS 신호들을 발생시킨다. 그리고 그림 5-14에서와 같이 해독기의 첫 번째 출력은 RAM1의 CS 입력으로 연결하고, 두 번째 출력은 RAM2, 세 번째 출력은 RAM3, 그리고 네 번째 출력은 RAM4로 각각 연결한다.

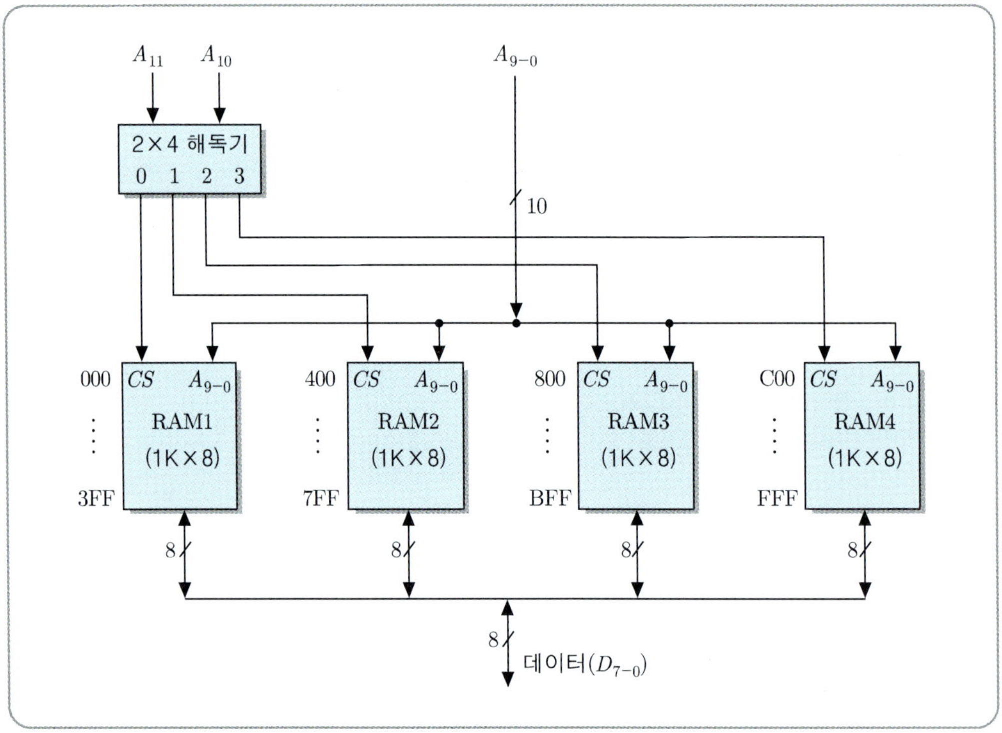

그림 5-14 1K×8bit RAM을 이용한 4K×8bit 기억장치 모듈의 구성

결과적으로, 직렬접속을 이용한 기억장치 모듈의 전체 구성도는 그림 5-14와 같아지며, 각 칩에 배정되는 주소 영역은 [표 5-2]와 같아진다.

[표 5-2] 각 RAM에 지정되는 주소 영역

칩 번호	주소 영역 A11 10 9 8 7 6 5 4 3 2 1 0	16진수 표기
RAM 1	0 0 0 0 0 0 0 0 0 0 0 0 0 0 1 1 1 1 1 1 1 1 1 1	(000H) 번지부터 (3FFH) 번지까지
RAM 2	0 1 0 0 0 0 0 0 0 0 0 0 0 1 1 1 1 1 1 1 1 1 1 1	(400H) 번지부터 (7FFH) 번지까지
RAM 3	1 0 0 0 0 0 0 0 0 0 0 0 1 0 1 1 1 1 1 1 1 1 1 1	(800H) 번지부터 (BFFH) 번지까지
RAM 4	1 1 0 0 0 0 0 0 0 0 0 0 1 1 1 1 1 1 1 1 1 1 1 1	(C00H) 번지부터 (FFFH) 번지까지

병렬접속과 직렬접속 방법을 조합하면 더 큰 용량의 기억장치 모듈도 설계할 수 있다(연습문제 5.10 및 5.11 참조).

이제 지금까지의 설계 방법들을 이용하여 ROM과 RAM들로 구성된 주기억장치를 가진 간단한 마이크로컴퓨터를 설계해보기로 하자. 이러한 설계는 다음과 같은 단계로 진행하면 된다.

① 컴퓨터에 필요한 전체 기억장치 용량을 결정한다.
② 사용가능한 칩들을 조사하고, 그들에 대한 주소 표(address table ; address map이라고도 함)를 작성한다.
③ 세부적인 회로를 설계한다.

여기서 설계할 마이크로컴퓨터는 단어 길이가 8비트이고, 1KByte의 RAM과 1KByte의 ROM으로 구성된 주기억장치를 가진다고 하자. RAM들의 주소는 0번지부터 시작하고, ROM의 주소는 800H번지부터 시작하도록 한다. 그리고 사용할 수 있는 칩들로는 네 개의 256×8bit RAM들과 한 개의 1K×8bit ROM이 있다고 가정한다.

이러한 구성을 위한 기억장치 주소 표는 [표 5-3]과 같이 작성할 수 있다. 여기서 x는 0이나 1 중의 어느 값이든 가질 수 있다는 표시이다. 예를 들어, RAM1의 경우에 하위 8비트 모두가 0이면 첫 번째 기억 장소의 주소가 되고, 모두 1이면 마지막 기억 장소의 주소, 그리고 0과 1이 조합된 주소들은 그 사이의 다른 기억 장소들의 주소가 된다. 여기서 주소 영역(16진수)들은 각 칩에 할당되는 시작 주소와 마지막 주소를 표시해주고 있다.

[표 5-3] 기억장치 주소 표

기억장치 칩	주소 영역 (16진수)	주소 비트들											
		A_{11}	A_{10}	A_9	A_8	A_7	A_6	A_5	A_4	A_3	A_2	A_1	A_0
RAM1	000H ~ 0FFH	0	0	0	0	x	x	x	x	x	x	x	x
RAM2	100H ~ 1FFH	0	0	0	1	x	x	x	x	x	x	x	x
RAM3	200H ~ 2FFH	0	0	1	0	x	x	x	x	x	x	x	x
RAM4	300H ~ 3FFH	0	0	1	1	x	x	x	x	x	x	x	x
ROM	800H ~ BFFH	1	0	x	x	x	x	x	x	x	x	x	x

CPU로부터 발생되는 주소는 모두 16비트이지만, 이 용량의 기억장치시스템에 주소를 지정하기 위해서는 그 주소 비트들을 모두 사용할 필요는 없다. 각 RAM 칩은 용량이 256바이트이기 때문에 주소가 8비트이면 되지만, 칩이 모두 네 개이므로 10비트가 필요하다. 그리고 ROM은 1KByte이므로, 10개의 주소 비트들($A_9 \sim A_0$)이 입력되어야 한다. 그리고 주소 영역이 800번지부터 시작하므로, A_{11}을 칩 선택 신호로 사용한다. 그렇게 하면 하위 주소 비트들이 같더라도 A_{11}이 0이면 RAM 칩들이 선택되고, A_{11}이 1이면 ROM이 선택된다. 따라서 전체적으로 필요한 주소 비트들은 A_{11}부터 A_0까지의 12비트이며, 그 보다 상위 비트들($A_{15} \sim A_{12}$)은 사용되지 않으므로 모두 0으로 세트하면 된다.

그림 5-15는 RAM 및 ROM 칩들이 주소 버스와 데이터 버스를 통하여 CPU와 접속된 모습을 보여주고 있다. 주소의 하위 8비트들($A_7 \sim A_0$)은 모든 RAM들에 공통으로 연결되어 내부의 $2^8 = 256$바이트들 중의 하나를 선택하는 데 사용된다. ROM으로는 그 하위 비트들 외에 두 비트(A_9, A_8)가 추가로 연결되어서, $2^{10} = 1024$바이트 = 1K 바이트들 중의 하나를 선택하게 된다.

그림 5-15의 회로에서 보는 바와 같이, 네 개의 RAM들에 대한 구분은 두 개의 주소 비트들(A_9, A_8)로 이루어진다. 즉, 그 두 비트를 2×4 해독기로 입력시켜 네 개의 출력들을 발생하고, 그들을 각 칩의 CS_1 신호로 사용하고 있다. 그 결과, A_9A_8 = '00'이면 첫 번째 RAM이 선택되고, '01'이면 두 번째 RAM, '10'이면 세 번째 RAM, 그리고 '11'이면 네 번째 RAM이 각각 선택된다.

여기서 특기할 사항은 각 칩이 칩 선택 신호를 두 개씩(CS_1과 $\overline{CS_2}$) 가지고 있으며, CS_1은 1일 때 활성화되고, $\overline{CS_2}$는 0일 때 활성화된다는 것이다. 이 선택 신호들을 적절히 사용하면 칩 선택 회로를 간략화 시킬 수 있다. 예를 들어 [표 5-3]을 보면 RAM들은 $A_{11} = 0$일 때 선택되고, ROM은 $A_{11} = 1$일 때만 선택되는 것을 알 수 있다. 따라서 그림 5-15에서 보는 바와 같이 A_{11}을 RAM 칩들의 $\overline{CS_2}$와 ROM 칩의 CS_1으로 각각 연결하고, 인버터를 통과시킨 다음에는 ROM의 $\overline{CS_2}$로 접속한다면, ROM은 별도의 해독기 없이도 RAM과 구분되어 칩 선택이 가능해지게 된다.

CPU로부터 발생되는 *RD* 및 *WR* 신호는 모든 RAM 칩들로 연결되어 읽기 혹은 쓰기 동작을 선택해준다. 그리고 ROM 칩으로는 RD 신호만 연결하면 된다. 모든 기억장치 칩들의 데이터 입출력 선들이 8개씩이므로, 모두 데이터 버스에 공통으로 연결된다.

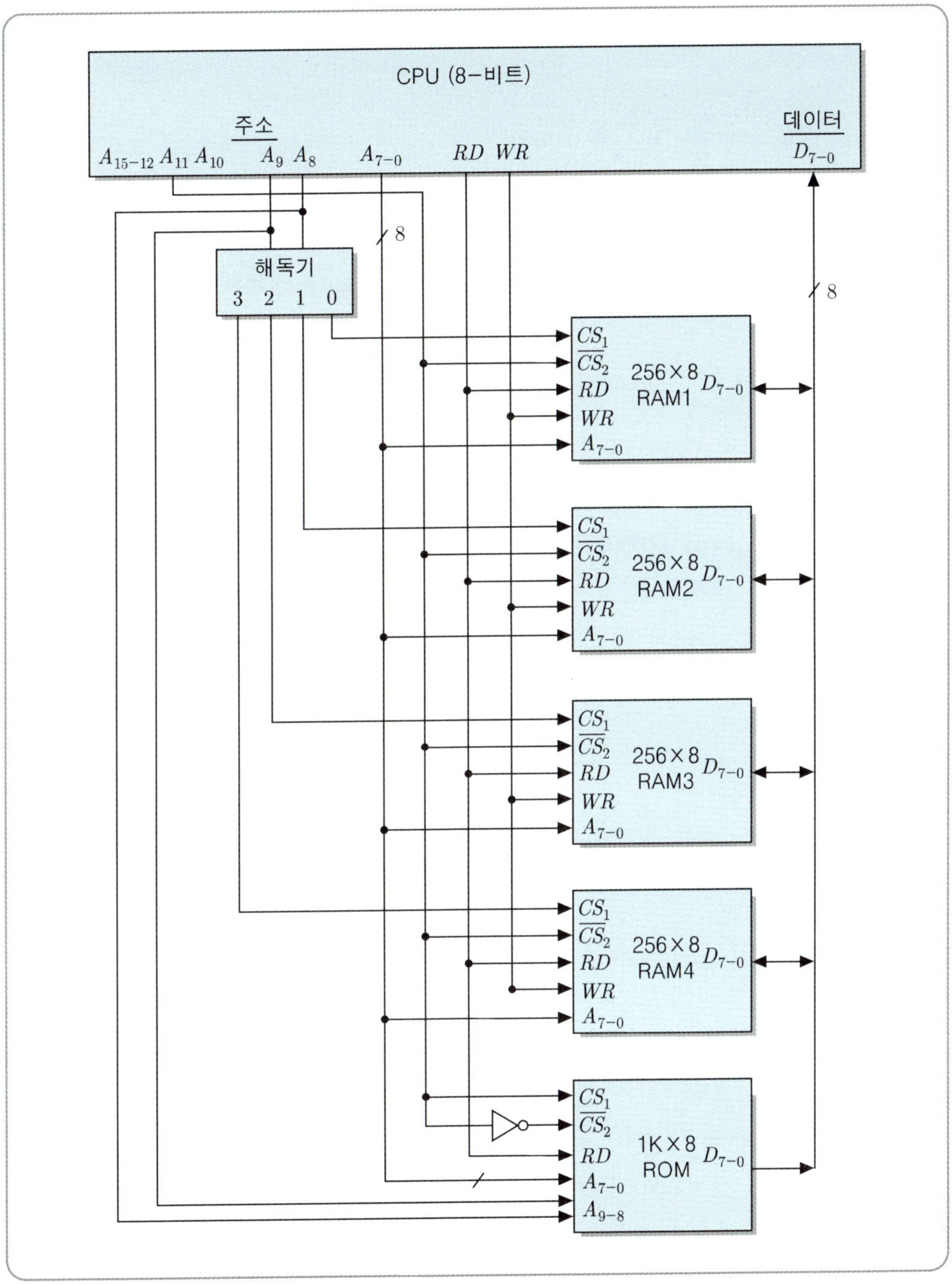

그림 5-15 8-비트 CPU를 위한 기억장치 설계의 예

5.5 캐시 기억장치

주기억장치로 사용되는 반도체 기억장치 부품들이 최근 액세스 속도가 크게 개선되었지만 여전히 CPU의 속도보다는 현저히 느리다. 따라서 CPU는 프로그램 코드나 데이터를 인출하는 과정에서 상당히 긴 시간 동안을 기다려야 한다. CPU와 주기억장치의 그러한 속도 차이로 인한 성능 저하를 방지하기 위한 방법으로서, 대부분의 컴퓨터시스템에서는 그림 5-16과 같이 CPU와 주기억장치 사이에 고속의 기억장치 칩들을 이용한 소용량의 캐시 기억장치(cache memory ; 이하 캐시라 함)를 설치하고 있다.

캐시는 CPU 칩과 인접한 곳에 위치하며, CPU 칩 내부에 포함되기도 한다. 그리고 명령어와 데이터를 별도의 캐시에 분리하여 저장하며, 여러 레벨의 계층적 캐시를 구성하는 경우도 있다. 캐시로는 고속의 반도체 기억장치 칩들을 사용하기 때문에, 캐시 액세스 시간이 주기억장치 액세스 시간보다 상당히 더 짧다. 그러나 칩의 가격이 그만큼 더 높아지고 설치할 수 있는 공간도 제한되기 때문에, 캐시의 용량은 일반적으로 주기억장치의 용량에 비해 훨씬 더 적다.

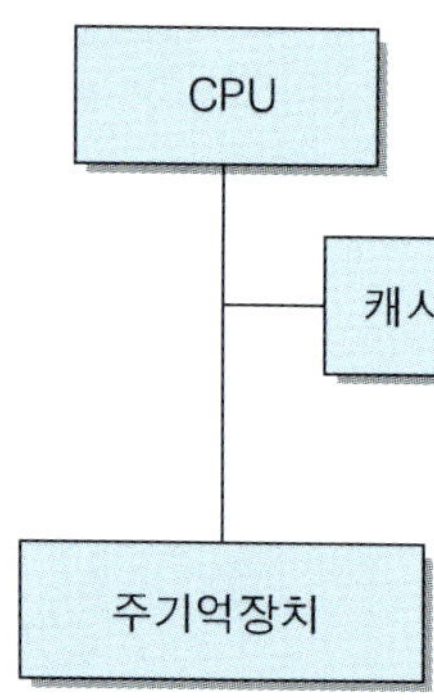

그림 5-16 캐시의 위치

CPU가 기억장치로부터 어떤 데이터를 읽으려고 할 때는 먼저 그 데이터가 캐시에 있는 지 검사한다. 만약 있다면, 데이터가 즉시 CPU로 인출될 수 있어서 액세스 시간이 크게 단축된다. 그러나 만약 없다면, 그 데이터는 주기억장치로부터 인출되어야 하기 때문에 더 오랜 시간이 걸린다. 일단 주기억장치로부터 인출되어 CPU에 의해 사용된 데이터는 캐시에도 적재(load) 된다. 프로그램 수행이 진행되는 동안에 그러한 과정은 데이터뿐 아니라 명령어들에 대해서도 반복되며, 결과적으로 어느 정도 시간이 경과한 후에는 주기억장치의 내용 중에서 CPU가 한 번 이상 액세스하였던 많은 부분들이 캐시에 복사되어 있는 상태가 된다(뒤에서 설명하겠지만, 액세스된 적이 있더라도 캐시의 용량이 작기 때문에 계속 캐시에 남아있지는 못한다). 이와 같이 CPU가 프로그램 코드나 데이터를 처음으로 액세스할 때는 주기억장치로부터 직접 읽어와야 하지만, 일단 캐시에 적재되어 있는 프로그램 코드나 데이터가 CPU에 의해 다시 사용될 때는 캐시로부터 신속히 읽어올 수 있다.

CPU가 원하는 데이터가 이미 캐시에 적재되어 있는 상태를 캐시 적중(cache hit)이라고 한다. 반대로, CPU가 원하는 데이터가 캐시에 없는 상태를 캐시 미스(cache miss)라고 한다. 기억장치 액세스들 중에서 캐시에 적중되는 비율을 나타내는 적중률(hit ratio) H는 다음과 같이 정의된다.

$$H = \frac{\text{캐시에 적중되는 횟수}}{\text{전체 기억장치 액세스 횟수}} \qquad (5\text{-}1)$$

캐시 적중률은 CPU가 원하는 데이터가 캐시에 있을 확률이라고 말할 수 있다. 따라서 캐시에 없을 확률인 미스률(miss ratio)은 $(1-H)$가 된다. 캐시가 사용된 시스템에서 평균 기억장치 액세스 시간 Ta는 다음 식을 이용하여 계산할 수 있다.

$$Ta = H \times Tc + (1 - H) \times Tm \qquad (5\text{-}2)$$

여기서 Tc는 캐시 액세스 시간이고, Tm은 주기억장치 액세스 시간을 나타낸다. 그런데 주기억장치로부터 인출된 데이터는 일단 캐시에 적재된 다음에 다시 인출되어 CPU로 전송되기 때문에, 그 캐시 인출 시간을 별도로 고려한다면 식 (5-2)에서 두 번째 항이 $(1 - H) \times (Tm + Tc)$로 표현되어야 한다. 그러나 Tm이 Tc에 비하여 상대적으로 큰 값이기 때문에, Tm에 그 시간도 모두 포함되는 것으로 간주하여 일반적으로 식 (5-2)와 같이 표현한다. 그리고 캐시 미스의 경우에도 적중 여부를 검사하는 시간은 소모되지만, 상대적으로 짧기 때문에 무시하였다.

예제 5-1

$Tc = 10ns$, $Tm = 100ns$인 시스템에서 캐시 적중률(H)이 70%, 80%, 90%, 95% 및 99%일 때의 평균 기억장치 액세스 시간(Ta)을 구하라.

[풀이]

식 (5-2)를 이용하여 구하면, 아래와 같아진다.

$H = 70\%$의 경우 : $Ta = 0.7 \times 10ns + 0.3 \times 100ns = 37ns$

$H = 80\%$의 경우 : $Ta = 0.8 \times 10ns + 0.2 \times 100ns = 28ns$

$H = 90\%$의 경우 : $Ta = 0.9 \times 10ns + 0.1 \times 100ns = 19ns$

$H = 95\%$의 경우 : $Ta = 0.95 \times 10ns + 0.05 \times 100ns = 14.5ns$

$H = 99\%$의 경우 : $Ta = 0.99 \times 10ns + 0.01 \times 100ns = 10.9ns$

위의 예제에서 보는 바와 같이, 캐시 적중률이 높아질수록 평균 액세스 시간은 캐시의 액세스 시간에 접근하게 된다. 이것은 캐시 사용의 효과가 캐시 적중률이 높아질수록 더 커진다는 사실을 보여주는 것이다. 그런데 캐시 적중률은 프로그램과 데이터의 지역성(locality)에 크게 의존한다. 지역성이란 5.2절에서도 설명한 바와 같이 'CPU가 주기억장치의 특정 부분(지역)에 위치한 프로그램 코드나 데이터를 빈번히 혹은 집중적으로 액세스하는 현상'을 의미하는 것으로서, 그 특성에 따라 다음과 같이 분류될 수 있다.

- 시간적 지역성(temporal locality) : 최근에 액세스된 프로그램 코드(명령어)나 데이터가 가까운 미래에 다시 액세스될 가능성이 높아지는 특성을 말한다. 예를 들어, 반복 루프 프로그램이나 서브루틴들은 반복적으로 호출되며, 공통 변수들도 빈번히 액세스된다.
- 공간적 지역성(spatial locality) : 기억장치 내에 서로 인접하여 저장되어 있는 데이터들이 연속적으로 액세스될 가능성이 높아지는 특성을 말한다. 예를 들어, 표(table)나 배열(array)의 데이터들이 저장되어 있는 기억장치 영역은 그들에 대한 연산이 수행되는 동안에 집중적으로 액세스된다.
- 순차적 지역성(sequential locality) : 분기(branch)가 발생하지 않는 한, 명령어들은 기억장치에 저장된 순서대로 인출되어 실행된다. 일반적인 프로그램에서는 순차적 실행과 비순차적 실행의 비율이 대략 5 : 1 정도인 것으로 알려져 있다.

프로그램이 실행되는 동안에 실제로 이러한 지역성들 때문에 캐시에 적재되어 있는 정보들이 그 후에 CPU에 의해 다시 사용되는 경우가 많다. 앞에서 설명한 바와 같이 캐시의 사용 목적은 평균 기억장치 액세스 시간을 단축하는 것이고, 그것을 위해서는 가능한 한 적중률을 높여야 한다. 그러나 지역성은 프로그램의 특성에 따라 달라지기 때문에 한계가 있다. 따라서 캐시 적중률을 높이는 것 외에도 캐시 설계 과정에서 여러 가지 사항들을 고려해야 한다. 캐시 설계에 있어서의 공통적인 목표는 다음과 같이 요약될 수 있다.

- 캐시 적중률의 극대화 : CPU가 원하는 정보(명령어 혹은 데이터)가 캐시에 있을 확률을 높여야 한다.
- 캐시 액세스 시간의 최소화 : 캐시 적중 시에 캐시로부터 CPU로 정보를 인출해오는 데 걸리는 시간을 가능한 한 단축시켜야 한다.
- 캐시 실패에 따른 지연시간의 최소화 : 캐시 미스가 발생한 경우에 주기억장치로부터 캐시로 정보를 읽어오는 데 걸리는 시간을 최소화 시켜야 한다.
- 주기억장치와 캐시간의 데이터 일관성 유지 및 그에 따른 오버헤드의 최소화 : CPU가 캐시의 내용을 변경하였을 때, 주기억장치에 그 내용을 갱신하는 절차 때문에 발생하는 지연 시간을 최소화 시켜야 한다.

이러한 목표들을 달성하기 위하여 고려해야 할 설계상의 문제들에 대하여 구체적으로 살펴보기로 하자.

5.5.1 캐시 용량

캐시의 크기, 즉 용량이 커질수록 적중률이 높아진다. 그러나 비용도 같은 비율로 상승하기 때문에, 캐시의 용량은 비용과의 상호조정을 통하여 적절히 결정해야 한다. 또한 캐시의 용량이 커질수록 주소 해독 및 정보 인출을 위한 주변회로가 더 복잡해지기 때문에, 액세스 시간이 다소 더 길어진다. 캐시 용량은 칩 혹은 주기판(main board)의 공간에 의해서도 제한을 받는다. 캐시 적중률을 높이기 위해서는 캐시의 용량을 증가시키는 것이 필요하지만, 그와 같은 문제들 때문에 최적의 캐시 용량을 결정하는 것은 쉬운 일이 아니다.

5.5.2 인출 방식

주기억장치로부터 캐시로 정보를 인출해오는 방식도 캐시 적중률에 많은 영향을 준다. 요구 인출(demand fetch) 방식은 필요한 정보만 인출해 오는 방법이고, 선인출(prefetch) 방식은 필요한 정보 외에 앞으로 필요할 것으로 예측되는 정보도 미리 인출해오는 방법이다. 즉, CPU가 원하는 정보를 인출할 때 그 정보와 근접한 위치에 있는 정보들을 함께 인출하여 캐시에 적재한다. 이 방식을 사용하는 이유는 인출된 정보와 인접한 것들이 지역성에 의해 연속적으로 액세스될 가능성이 많아서 캐시 적중률을 높일 수 있기 때문이다. 이와 같이 주기억장치를 액세스할 때 함께 인출되는 정보들의 그룹을 블록(block)이라고 부른다. 블록이 커지면 더 많은 정보들을 한 번에 읽어올 수 있지만, 인출 시간이 그만큼 더 길어진다. 따라서 선인출 방식은 지역성이 높은 경우에는 효과가 있지만, 그렇지 않은 경우에는 인출 시간 때문에 오히려 비효율적일 수도 있다. 일반적으로 블록의 크기는 2~4 단어 정도가 최적인 것으로 알려져 있다 [RAO78][SMI87].

그림 5-17은 블록으로 나누어진 주기억장치와 그에 따른 캐시의 조직을 보여주고 있다. 주기억장치는 2^n개의 단어(word)들로 구성되며, 각 단어는 n비트의 주소에 의해 지정된다. 선인출을 위하여 주기억장치를 K개의 단어들로 이루어진 블록으로 나눌 경우에 전체 블록들의 수는 $2^n/K$개가 된다.

캐시는 m개의 라인(line ; 슬롯(slot)이라고도 부름)들로 구성되는데, 각 라인에는 주기억장치 블록과 같은 크기인 K개의 단어들이 저장된다. 따라서 라인의 크기는 주기억장치 블록의 크기와 같아야 한다. 선인출 방식을 적용하는 경우에 CPU가 주기억장치로부터 어떤 단어를 읽으면, 그 단어를 포함하고 있는 블록 전체가 캐시 라인들 중의 어느 하나에 적재된다.

캐시의 용량이 작기 때문에 캐시 라인의 수는 주기억장치 블록의 수보다 훨씬 더 적다. 따라서 어느 순간에든 기억장치 블록들 중의 일부분만이 캐시에 적재될 수 있다. 결과적으로, 캐시의 각 라인은 여러 개의 블록들에 의해 공유된다. 그렇기 때문에 각 캐시 라인에는 데이터 블록 외에도 현재 자신을 공유하는 블록들 중의 어느 것이 적재되어 있는지를 구분해주는 태그(tag)가 저장되어 있어야 한다. 그 방법에 대해서는 다음 절에서 설명된다.

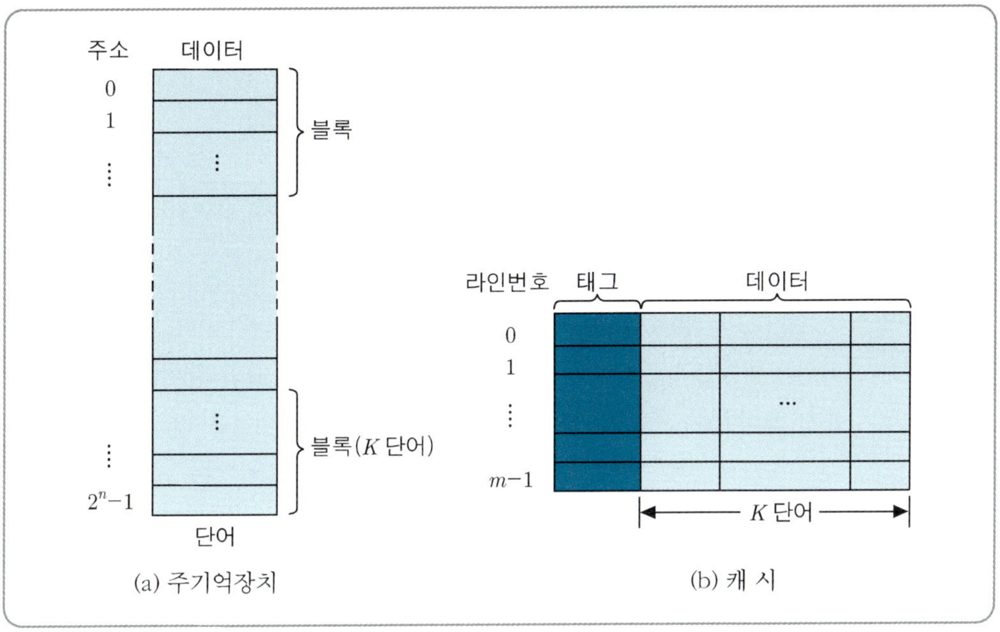

그림 5-17 주기억장치와 캐시의 조직

5.5.3 사상 방식

앞의 설명에서 캐시는 주기억장치보다 용량이 훨씬 더 작기 때문에 캐시의 라인이 여러 개의 주기억장치 블록들에 의해 공유된다고 하였다. 그렇게 되도록 하기 위해서는 어떤 주기억장치 블록들이 어느 캐시 라인을 공유할 것인지를 결정해 주는 방법이 필요하다. 그 방법을 주기억장치와 캐시 간의 사상 방식(mapping scheme)이라고 하는데, 캐시 적중률에도 많은 영향을 미치는 주요 설계 요소이다. 캐시의 내부 조직은 사상 방식에 의해 결정된다. 가장 널리 사용되고 있는 사상 방식으로는 세 가지가 있는데, 직접 사상(direct mapping), 완전-연관 사상(fully-associative mapping) 및 세트-연관 사상(set-associative mapping) 방식 등이다. 이들 각 방식의 설계 원리와 내부 조직을 살펴보면 다음과 같다.

1) 직접 사상

직접 사상(direct mapping) 방식에서는 주기억장치의 블록들이 지정된 어느 한 캐시 라인으로만 사상될 수 있다. 다시 표현하면, 각 블록은 지정된 라인에만 적재될 수 있다는 것이다. 이 방식을 구현하기 위하여, 주기억장치 주소는 다음과 같이 세 개의 필드들로 구성된 것으로 해석된다.

t	s	w
태그 필드	라인 필드	단어 필드

이 주소의 상위 $(t+s)$ 비트들은 주기억장치의 2^{t+s}개의 블록들 중의 하나를 지정한다. 그리고 최하위 w비트들은 2^w개의 단어들로 구성된 각 블록 내의 단어들을 구분하는 데 사용된다. 캐시 제어기(cache controller)는 최상위 t개의 비트들을 태그(tag) 번호로 해석하고, 그 다음 s개의 비트들은 라인 번호로 해석한다. 라인 번호는 캐시의 $m = 2^s$ 개의 라인들 중에서 그 블록이 적재될 수 있는 라인을 지정해준다. 그리고 태그 번호는 같은 캐시 라인을 공유하는 주기억장치 블록들을 서로 구분하는 데 사용된다.

이 방식에서 주기억장치의 블록 j가 적재될 수 있는 캐시 라인의 번호 i는 다음과 같은 모듈로(modulo) 함수에 의해 결정된다.

$$i = j \bmod m \tag{5-3}$$

예를 들어 캐시 라인의 수 $m = 4$라면, 주기억장치의 여섯 번째 블록($j = 6$)은 6 mod 4 = 2이므로 캐시의 2번 라인에 적재될 수 있다. 식 (5-3)을 적용하면, 각 캐시 라인에 적재될 수 있는 주기억장치 블록들은 [표 5-4]와 같아진다.

[표 5-4] 각 캐시 라인을 공유하는 주기억장치 블록들

캐시 라인	주기억장치 블록 번호들
0	$0, \quad m, \quad \ldots, \quad (2^{t+s}-m)$
1	$1, \quad (m+1), \quad \ldots, \quad (2^{t+s}-m+1)$
:	:
$(m-1)$	$(m-1), \quad (2m-1), \quad \ldots, \quad (2^{t+s}-1)$

즉, 각 캐시 라인은 2^t개의 블록들에 의해 공유된다. 어떤 블록이 지정된 라인에 적재되었을 때, 그 라인을 공유하는 다른 블록들과 구분될 수 있도록 하기 위하여 그 블록에

태그를 붙여야 한다. 주기억장치 주소의 태그 필드 비트들이 그 목적으로 사용된다. 결과적으로, 캐시의 각 라인에는 태그와 데이터 블록이 함께 저장되며, 캐시 적중 여부는 주소의 태그 비트들과 라인에 저장된 태그 비트들을 비교함으로써 결정된다. 직접 사상 방식을 이용한 캐시의 내부 조직을 보면 그림 5-18과 같다.

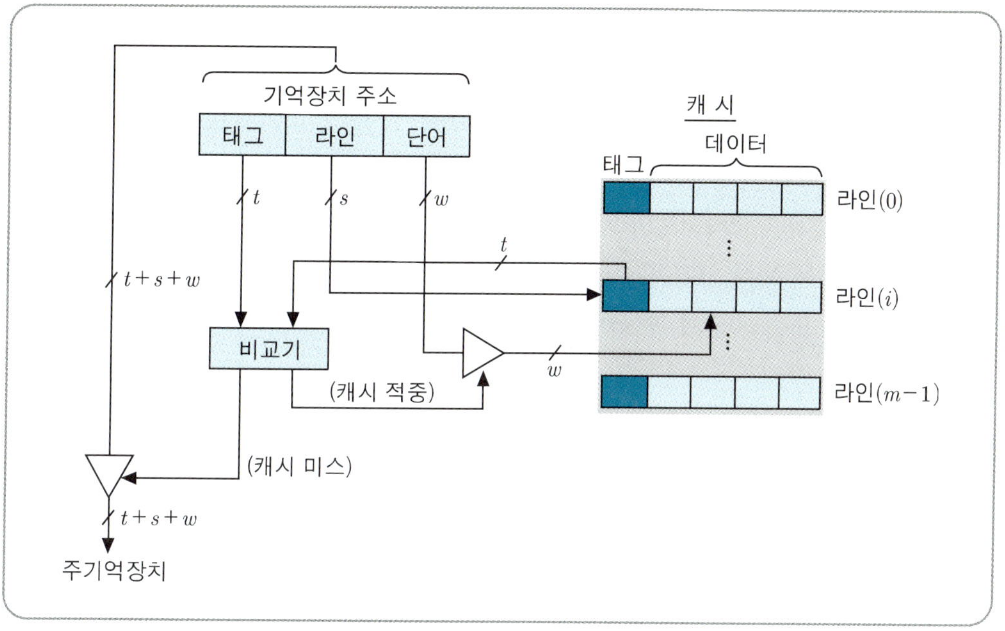

그림 5-18 직접 사상 캐시의 조직

이 조직에서 읽기 동작은 다음과 같이 진행된다. 캐시로 기억장치 주소가 보내지면, 그 주소 비트들 중에서 라인 필드의 s 비트들에 의해 캐시의 해당 라인이 선택된다. 그러면 선택된 라인의 태그 비트들이 읽혀져서 주소의 태그 비트들과 비교된다. 만약 그 두 태그값이 일치하면, 캐시가 적중된 것이다. 그 경우에는 주소의 최하위에 있는 w개의 비트들을 이용하여 라인 내의 단어들 중에서 하나가 선택되고, 그 단어는 인출되어 CPU로 보내진다.

그러나 만약 태그값이 일치하지 않는다면 캐시가 미스 되었다는 것을 의미하므로, 기억장치 주소 전체가 주기억장치로 보내져서 한 블록을 인출해오게 된다. 인출된 블록은 지정된 캐시 라인에 적재되며, 주소의 태그 비트들이 그 라인의 태그 필드에 저장된다. 그런데 만약 그 라인을 공유하는 다른 블록이 이미 그 라인에 적재되어 있는 상태라면, 원래의 블록은 지워지고 새로이 인출된 블록이 적재된다.

이제 주기억장치와 캐시가 아래와 같은 용량을 가진 경우에 대하여 지금까지의 설명을 실제 적용하면서 분석해보기로 한다. 여기서는 이해를 돕기 위하여 매우 적은 용량의 주기억장치와 캐시를 예로서 사용하였다.

- 주기억장치의 용량은 128바이트이다. 따라서 주기억장치의 주소는 7비트이며, 바이트 단위로 주소가 지정된다.
- 단어의 길이는 한 바이트인 것으로 가정한다.
- 주기억장치의 블록 크기를 4 단어(즉, 4바이트)로 한다. 따라서 블록의 수는 128/4 = 32개가 된다.
- 캐시의 크기는 32바이트이다.
- 주기억장치의 블록 크기가 4바이트이므로 캐시 라인의 크기도 4바이트가 되어야 하며, 결과적으로 라인의 수 $m = 32/4 = 8$개가 된다.

이 예의 경우에 블록 내의 단어 수가 네 개이므로 각 단어를 구분하기 위하여 $w =$ 2비트가 필요하고, 라인의 수(m)가 8개이므로 $s = 3$비트, 그리고 태그 필드(t)는 나머지 2비트가 된다. 결과적으로 기억장치 주소(7비트)의 각 필드는 다음과 같이 구성된다.

2	3	2
태그(tag)	라인(line)	단어

이 예에서 캐시 라인의 수 $m = 8$이므로, 각 기억장치 블록이 공유하게 될 캐시 라인의 번호는 $i = j \bmod 8$에 의해 결정된다. 따라서 직접 사상 방식을 적용했을 때 각 캐시 라인에 적재될 수 있는 주기억장치 블록들은 [표 5-5]와 같아진다.

[표 5-5]에는 각 캐시 라인을 공유하는 네 개의 블록들의 번호가 나열되어 있다. 여기서 2진수로 표현된 블록 번호는 그 블록에 대한 기억장치 주소의 상위 5비트에 해당한다. 각 블록은 네 개의 단어로 구성되므로, 블록 번호의 우측에 '00'을 추가하면 해당 블록의 첫 번째 단어의 주소가 된다. 표에서 보면, 각 캐시 라인을 공유하는 블록 번호의 하위 세 비트(청색 표시)는 주기억장치 주소에서 라인 필드에 들어가는 비트들로서, 해당 캐시 라인 번호를 나타내는 비트들과 동일하다는 것을 알 수 있다. 예를 들어, 0번 라인을 공유

하는 블록들의 하위 세 비트는 모두 '000'이며, 1번 라인을 공유하는 블록들의 하위 세 비트는 모두 '001'이다. 그리고 같은 라인을 공유하는 블록 번호들의 상위 두 비트는 각각 '00', '01', '10' 및 '11'로서 서로 다른데, 이 태그 비트들이 캐시 라인의 태그 부분에 저장되어, 현재 네 개의 블록들 중 어느 것이 캐시에 저장되어 있는지를 구분해주는 것이다. 또한, 같은 태그값을 가진 8개의 블록들이 서로 다른 라인에 적재된다는 것도 표에서 확인할 수 있다.

[표 5-5] 각 캐시 라인을 공유하는 주기억장치 블록들

캐시 라인	주기억장치 블록 번호			
0 (000)	00000	01000	10000	11000
1 (001)	00001	01001	10001	11001
2 (010)	00010	01010	10010	11010
3 (011)	00011	01011	10011	11011
4 (100)	00100	01100	10100	11100
5 (101)	00101	01101	10101	11101
6 (110)	00110	01110	10110	11110
7 (111)	00111	01111	10111	11111

그림 5-19는 이 예에 직접 사상 방식을 적용한 경우의 기억장치 조직을 보여주고 있다. 주기억장치는 동일한 태그값을 가지는 블록들로 이루어진 네 개의 그룹으로 나눌 수 있다. 각 그룹은 8개의 블록들로 이루어지며, 각 블록에는 네 단어(이 예에서는 4바이트)씩 저장된다. 7-비트 길이의 주기억장치 주소는 각 블록의 첫 번째 단어가 저장된 위치를 가리키기 때문에, 마지막 두 비트는 모두 '00'이다. 예를 들어, 첫 번째 블록에 저장된 네 단어들의 주소는 각각 0000000, 0000001, 0000010 및 0000011이지만, 그림에는 첫 번째 단어의 주소만 표시되어 있다. 블록 내의 각 단어들은 주소의 단어 필드인 마지막 두 비트에 의해 구분된다.

그림 5-19에서 보는 바와 같이, 각 그룹의 첫 번째(라인 필드 값이 '000'인) 블록들 네 개는 0번 캐시 라인을 공유하며, 두 번째(라인 필드 값이 '001'인) 블록들은 1번 라인..., 그리고 마지막 여덟 번째(라인 필드 값이 '111'인) 블록들은 7번 라인을 공유한다. 이러한 공유 관계는 [표 5-5]에서와 마찬가지로 이 그림에서도 각 기억장치 주소의 두 번째 필드인 라인 비트들과 해당 캐시 라인의 번호를 나타내는 비트들이 동일하다는 것을

통하여 다시 확인될 수 있다.

또한 그림 5-19는 프로그램 수행 중의 실제 예로서 몇몇 블록들에 데이터가 네 단어(32비트)씩 저장되어 있고, 그들 중의 몇 개는 이미 해당 캐시 라인들에 적재되어 있는 상태를 보여주고 있다. 여기서는 ASCII 코드에 의해 8비트로 표현되는 문자(character)들이 네 개씩 각 블록에 저장되어 있는 것으로 가정하였다.

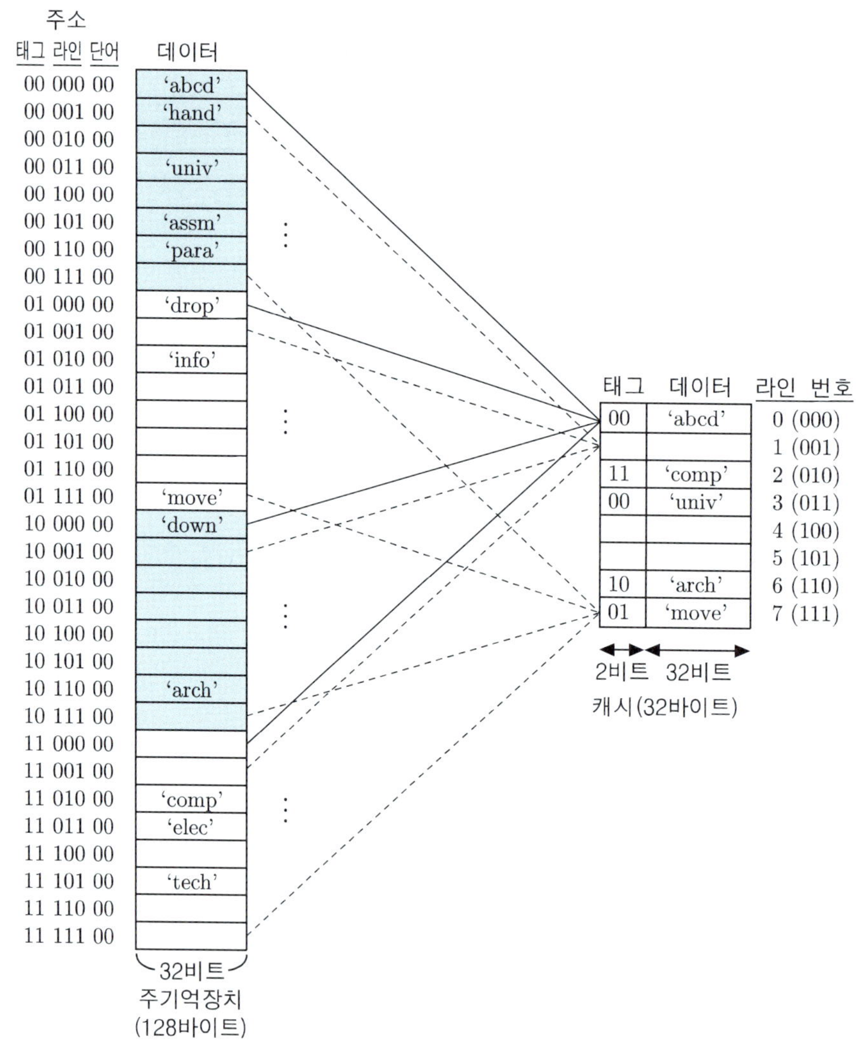

그림 5-19 직접 사상의 예

예를 들어, 주기억장치 0000000 번지에 위치한 32-비트 블록에 저장되어 있는 네 문자 'abcd'가 캐시의 0번 라인에 적재되어 있고, 주소의 최상위 두 비트인 '00'이 라인의 태그 필드에 함께 저장되어 있다. 또한 2번 라인에는 주기억장치 1101000 번지 블록의 'comp'가 적재되어 있고, 태그 필드에는 '11'이 저장되어 있다. 현재 캐시 라인들 중에서 다섯 개는 채워져 있고, 1번과 4번 및 5번 라인은 비어있는 상태이다.

예제 5-2

프로그램 수행 중의 어느 시점에서 직접 사상 캐시의 라인들이 그림 5-19와 같은 블록들을 적재하고 있다고 하자. 이때 CPU로부터 다음과 같은 기억장치 주소들이 발생한 경우에 캐시 적중인지 혹은 캐시 미스인지를 구분하라. 그리고 캐시 미스인 경우에는 그 블록이 캐시의 해당 라인에 적재된 후의 결과에 대하여 설명하라. 단, 주소는 2진수로 표시되어 있다.

(1) 0101000　　(2) 0001100

(3) 1110100　　(4) 1011000

[풀이]

(1) 캐시 미스 : 주소의 태그 비트는 '01'이고, 이 블록이 적재될 수 있는 2번 라인의 현재 태그는 '11'이므로 일치하지 않는다. 따라서 2번 라인의 데이터 필드는 'info'로 대체되고, 태그는 '01'로 변경된다.

(2) 캐시 적중 : 이 블록은 3번 라인에 적재될 수 있는데, 현재의 태그가 '00'이므로 일치한다(데이터 = 'univ').

(3) 캐시 미스 : 이 블록이 적재될 수 있는 5번 라인은 현재 비어있다. 따라서 5번 라인의 데이터 필드에는 'tech'가 적재되고, 태그는 '11'로 세트된다.

(4) 캐시 적중 : 이 블록은 6번 라인에 적재될 수 있는데, 현재의 태그가 '10'이므로 일치한다(데이터 = 'arch').

직접 사상 방식은 간단하고, 구현하는 비용이 적게 든다는 장점을 가지고 있다. 반면에, 단점은 각 주기억장치 블록이 적재될 수 있는 캐시 라인이 한 개뿐이라는 점이다. 따라서 만약 어떤 프로그램의 수행 과정에서 같은 라인에 사상되는 두 개의 블록들로부터 데이터들을 번갈아 읽어 와야 한다면, 그 블록들은 캐시에서 반복적으로 교체될 것이고, 결과적으로 적중률이 낮아진다.

2) 완전-연관 사상

완전-연관 사상(fully-associative mapping) 방식은 주기억장치 블록이 캐시의 어떤 라인으로든 적재될 수 있도록 허용함으로써 직접 사상 방식의 단점을 보완하고 있다. 이 방식에서는 캐시 액세스 과정에서 주기억장치 주소가 아래와 같이 태그 필드와 단어 필드로만 구성된 것으로 해석된다.

결과적으로, 태그 값이 주기억장치 블록 번호와 같아진다. 따라서 어떤 블록이 캐시로 적재될 때, 그 주소의 태그 필드의 모든 비트들이 그 라인의 태그 부분에 저장되어야 한다.

주기억장치 블록은 캐시의 어떤 라인에든 적재될 수 있으므로, 캐시 적중 여부를 검사할 때는 캐시의 모든 라인들의 태그들과 주기억장치 주소의 태그 필드 내용을 비교하여 일치하는 것이 있는 지 확인해야 한다. 만약 일치하는 라인이 있다면 캐시가 적중된 것이므로, 단어 필드값을 이용하여 그 라인에 저장되어 있는 단어들 중의 하나를 인출하여 CPU로 전송한다. 그러나 만약 태그값이 일치하는 라인이 없다면, 캐시 미스가 발생한 것이다. 이 경우에는 주소를 주기억장치로 보내어 데이터를 인출해 온다.

그림 5-20은 이 방식을 위한 캐시 조직을 보여주고 있다. 그림에서 보는 바와 같이 기억장치 주소의 태그 비트들은 모든 캐시 라인의 태그들과 비교되어야 한다. 그런데 이 비교를 하나씩 순차적으로 수행하면 많은 시간이 걸릴 것이므로, 5.1절에서 설명하였던 연관 기억장치(associative memory) 등을 이용하여 비교 동작이 병렬로 신속히 이루어질 수 있도록 하드웨어가 구성되어야 한다. 만약 어떤 라인의 태그값도 일치하지 않는다면, 그것은 캐시 미스를 의미하므로 주기억장치 액세스가 시작된다. 그렇지 않다면(즉, 캐시가 적중하였다면), 단어 필드값을 이용하여 그 라인으로부터 한 단어를 인출하여 CPU로 보낸다.

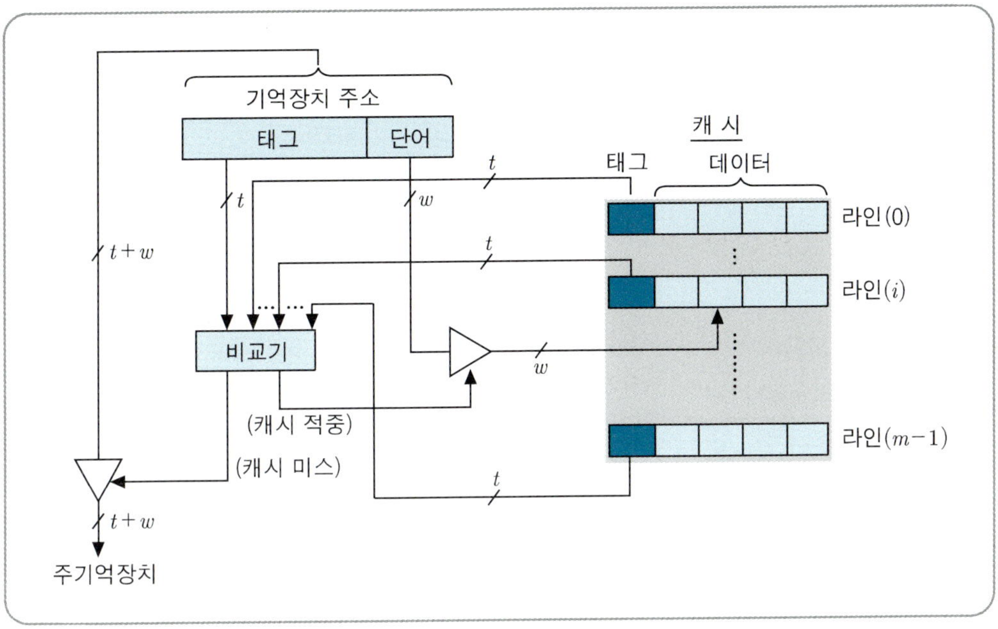

그림 5-20 완전-연관 사상 캐시의 조직

이 방식에서는 주기억장치로부터 인출된 데이터 블록을 캐시의 어느 라인에 적재할 것인지를 결정해야 한다. 캐시에 빈 라인들이 있다면, 라인 번호에 따라 차례대로 적재하면 된다. 그런데 만약 비어 있는 라인 없이 캐시가 완전히 채워진 상태일 때 새로운 블록이 인출되어 온다면, 적절한 교체 알고리즘(replacement algorithm)을 이용하여 라인들 중의 하나를 선택한 다음에 새로운 블록을 적재해야 한다. 이때 그 라인에 먼저 적재되어 있던 블록은 지워지게 된다. 따라서, 만약 그 블록이 캐시에 적재되어 있던 동안에 새로운 내용으로 변경된 적이 있었다면, 그 블록을 주기억장치에 갱신(update)한 다음에 새로운 블록을 그 라인에 적재해야 한다. 물론 변경된 적이 없다면 그런 과정은 필요하지 않다. 라인들 중에서 교체될 라인을 선택하는 방법으로는 여러 가지가 있다. 예를 들어, 적재된 지 가장 오래된 블록이 저장되어 있는 라인을 선택할 수도 있고, 최근에 액세스된 횟수가 가장 적은 라인을 선택할 수도 있다. 이 방법에 대해서는 다음 절에서 자세하게 설명할 것이다.

앞 절의 직접 사상에서 사용하였던 예(주기억장치의 용량이 128바이트이고 캐시의 용량이 32바이트인 경우)에 완전-연관 사상 방식을 다시 적용해본다면, 7-비트 길이의 기억장치 주소는 아래와 같이 두 개의 필드로 나누어진 것으로 해석된다. 즉, 주기억장치의 주소는 5-비트 태그 필드와 2-비트 단어 필드로 구성된다.

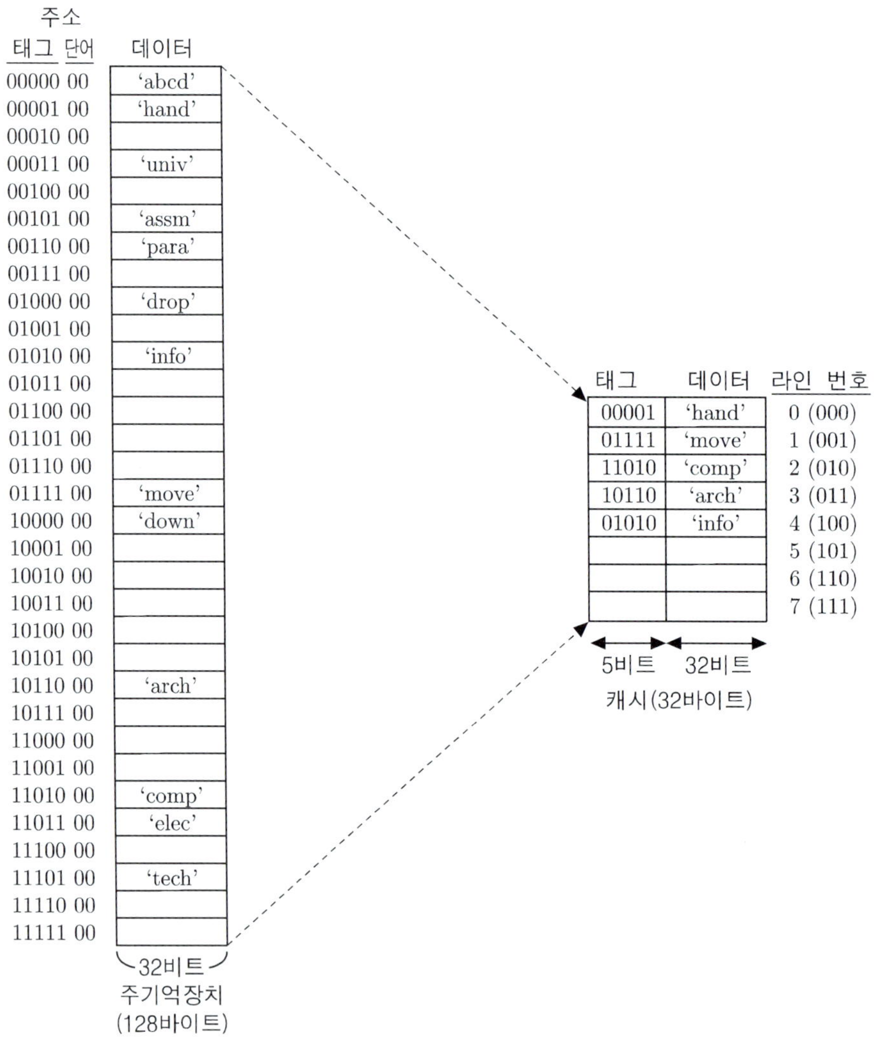

그림 5-21 완전-연관 사상의 예

그림 5-21은 완전-연관 사상을 적용한 기억장치 조직과 실제 몇몇 블록들이 캐시에 적재되어 있는 예를 보여주고 있다. 앞에서 설명한 바와 같이 주기억장치 블록들은 비어 있는 어느 캐시 라인에든 적재될 수 있으며, 5-비트 태그가 캐시의 각 라인에 32-비트 데이터 블록과 함께 저장된다는 것을 확인할 수 있다. 그림에서 현재 캐시에 적재되어 있는 블록들은 다음과 같다. 0번 라인에는 0000100번지의 블록(data = 'hand'), 1번 라인에는 0111100번지의 블록(data = 'move'), 2번 라인에는 1101000번지의 블록(data = 'comp'), 3번 라인에는 1011000번지의 블록(data = 'arch'), 그리고 4번 라인에는 0101000번지의 블록(data = 'info')이 각각 적재되어 있다. 각 라인의 태그 부분에는 주소의 단어 필드(2비트)를 제외한 상위 5비트가 저장되어 있어서, 어느 블록이 적재되어 있는 지를 가리키고 있다. 여기서 캐시에 적재된 블록들의 주소와 그들이 적재된 라인들의 번호 사이에는 아무런 상관이 없다는 것을 알 수 있다. 이 시점에서는 0번 라인부터 4번 라인까지 채워져 있고, 아래 세 개의 라인들은 비어있는 상태이다. 이때 만약 새로운 블록이 캐시로 적재된다면, 비어있는 첫 번째 라인인 5번 라인이 사용된다.

예제 5-3

프로그램 수행 중의 어느 시점에서 완전-연관 사상 캐시의 라인들이 그림 5-21과 같은 블록들을 적재하고 있다고 하자. 이때 CPU로부터 다음과 같은 기억장치 주소들이 발생한 경우에 캐시 적중인지 혹은 캐시 미스인지를 구분하라. 그리고 캐시 미스인 경우에는 그 블록이 캐시의 해당 라인에 적재된 후의 결과에 대하여 설명하라.

(1) 1011000　　　(2) 0010100

(3) 0000000　　　(4) 0111100

[풀이]

(1) **캐시 적중** : 현재 3번 라인에 적재되어 있다.

(2) **캐시 미스** : 첫 번째 빈 라인인 5번 라인에 적재된다(태그 = 00101, 데이터 = 'assm').

(3) **캐시 미스** : 라인 번호순으로 6번 라인에 적재된다(태그 = 00000, 데이터 = 'abcd').

(4) **캐시 적중** : 현재 1번 라인에 적재되어 있다.

완전-연관 사상에서는 새로운 블록이 캐시로 적재될 때 라인의 선택이 자유롭기 때문에, 프로그램 세그먼트나 데이터 배열 전체가 캐시로 적재될 수도 있다. 이 경우에 만약 지역성이 높다면, 적중률이 매우 높아질 것이다. 그러나 완전-연관 사상 방식은 모든 태그들을 병렬로 검사하기 위하여 복잡하고 비용이 높은 하드웨어를 포함해야 한다는 결정적인 단점이 있기 때문에, 실제 시스템에서는 거의 사용되지 않고 있다.

3) 세트-연관 사상

세트-연관 사상(set-associative mapping) 방식은 직접 사상 방식과 완전-연관 사상 방식의 장점만을 취하기 위한 절충안이다. 이 경우에 캐시는 먼저 v개의 세트(set)들로 나누어지며, 각 세트는 k개의 라인들로 구성된다. 따라서 전체 캐시 라인의 수 m과 그 변수들 간의 관계는 식 (5-4)와 같아지며, 각 주기억장치 블록이 적재될 수 있는 캐시 세트의 번호 i는 식 (5-5)에 의해 결정된다.

$$m = v \times k \tag{5-4}$$

$$i = j \bmod v \tag{5-5}$$

단, m : 캐시 라인의 전체 개수

i : 세트 번호

j : 주기억장치의 블록 번호

이해를 돕기 위하여 먼저 이 식들을 앞에서 사용한 예에 적용해보기로 하자. 전체 캐시 용량이 32바이트이고 라인의 크기는 4바이트이므로, 라인의 수 $m = 32/4 = 8$개이다. 만약 세트 당 두 개씩의 라인($k = 2$)을 둔다고 가정한다면, 세트의 수 $v = 8/2 = 4$개가 된다. 결과적으로 캐시는 네 개의 세트들로 구성되고, 각 세트에는 라인이 두 개씩 있는 구조가 된다. 그리고 식 (5-5)를 이용하면, 주기억장치의 7번 블록은 7 mod 4 = 3번 세트에 적재될 수 있다. 그런데 직접 사상 방식과 다른 점은 7번 블록이 적재될 3번 세트에는 두 개의 라인들이 있으므로, 그 중 한 개가 채워져 있더라도 다른 라인에 적재될 수 있다는 것이다. 이와 같이 각 세트에 라인이 두 개가 있는 경우를 2-way 세트-연관 사상이라고 말하며, 네 개가 있는 경우를 4-way 세트-연관 사상이라고 말한다. 즉, 세트 당 라인이 k개씩 있으면 k-way 세트-연관 사상이라고 부른다.

세트-연관 사상을 사용하면 주기억장치의 블록 B_j는 세트 i 내의 어떤 라인으로든 사상될 수 있다. 이 경우에 캐시 제어회로는 주기억장치 주소를 아래와 같은 세 개의 필드로 나누어 해석한다.

t	d	w
태그 필드	세트 필드	단어 필드

여기서, d개의 세트 비트들은 캐시의 $v = 2^d$개 세트들 중에서 해당 주기억장치 블록이 적재될 수 있는 세트를 선택하는 데 사용되고, 태그 필드의 t비트들은 그 세트 내에 있는 라인들의 태그들과 비교되어 캐시 적중 여부를 확인하는 데 사용된다.

그림 5-22는 캐시의 각 세트가 두 개의 라인들로 구성된 경우, 즉 2-way 세트-연관 사상 캐시의 조직을 보여주고 있다. 그림에서 보는 바와 같이, 지정된 세트에 포함된 라인의 태그들이 기억장치 주소의 태그와 비교된다. 만약 일치되는 태그가 있다면, 캐시가 적중된 것이므로 w개의 비트에 의해 그 라인 내 2^w개의 단어들 중 하나가 선택되어 인출된다. 그러나 만약 그 세트 내 어느 라인의 태그와도 일치하지 않는다면, 캐시가 미스 된 것이므로 주기억장치 액세스가 시작된다.

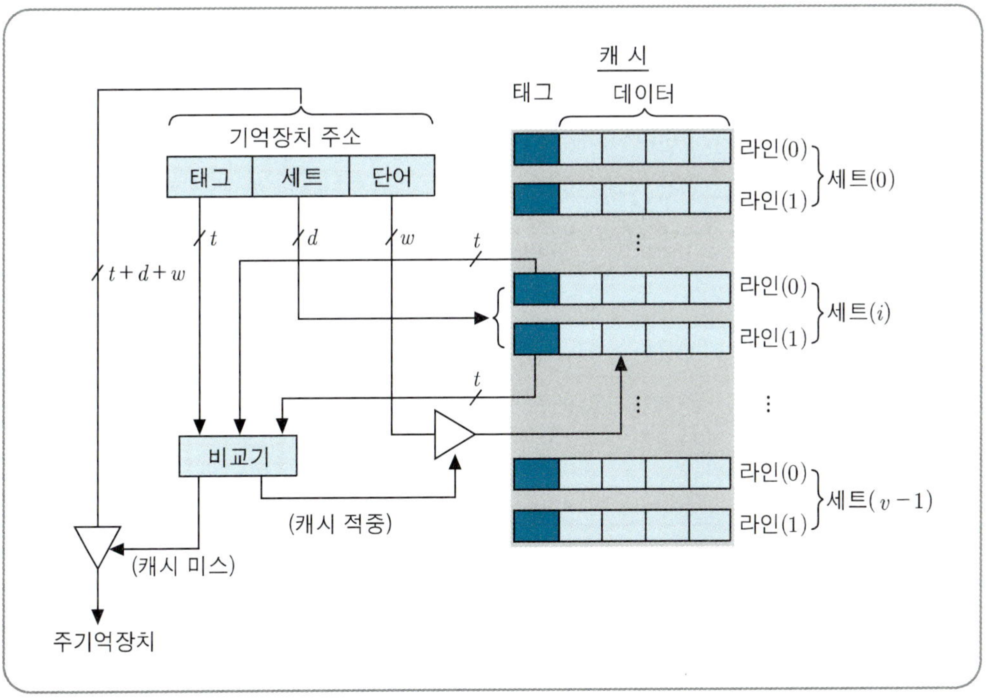

그림 5-22 세트-연관 사상 캐시의 조직

이 방식을 사용하면 주기억장치 블록은 지정된 어느 한 세트에 적재될 수 있다. 그런데 각 세트에는 다수의 라인들이 있으므로, 직접 사상 방식에 비하여 기억장치 블록이 적재될 수 있는 공간이 더 많아진다. 그러나 캐시의 전체 용량이 고정되어 있기 때문에 세트의 수는 그만큼 감소한다. 예를 들어, 8개의 라인들로 이루어진 캐시에서 각 세트에 2개씩의 라인을 둔다면, 세트 수는 4개가 된다. 그러나 각 세트에 라인을 4개씩 둔다면, 세트 수는 2개로 줄어들게 된다.

앞에서 사용하였던 예에 2-way 세트-연관 사상 방식을 적용한다면, 기억장치 주소는 아래와 같이 세 개의 필드로 나누어진 것으로 해석된다.

3	2	2
태그(tag)	세트(set)	단어

이 예에서 캐시에는 전체적으로 8개의 라인들이 있고, 그들이 $2^2 = 4$개의 세트들로 나누어지므로, 각 세트에는 라인이 두 개씩 있게 된다. 세트 필드의 2비트는 4개의 캐시 세트들 중 하나를 선택하는 데 사용된다. 그리고 태그 필드가 3비트이므로 각 캐시 세트는 8개의 주기억장치 블록들에 의해 공유되며, 그들 중 두 개가 동시에 그 세트 내에 적재될 수 있다. 각 주기억장치 블록이 적재될 수 있는 세트의 번호는 식 (5-5)에 따라 (j mod 4) 계산에 의해 결정되며, 결과를 보면 [표 5-6]과 같아진다.

[표 5-6] 각 세트를 공유하는 주기억장치 블록들

세트 번호	주기억장치 블록 번호							
0 (00)	00000	00100	01000	01100	10000	10100	11000	11100
1 (01)	00001	00101	01001	01101	10001	10101	11001	11101
2 (10)	00010	00110	01010	01110	10010	10110	11010	11110
3 (11)	00011	00111	01011	01111	10011	10111	11011	11111

위의 표를 보면, 주기억장치 블록 번호의 하위 두 비트(세트 번호)가 '00'인 블록들은 모두 0번 세트를 공유하며, '01'인 블록들은 1번 세트, '10'인 블록들은 2번 세트, 그리고 '11'인 블록들은 3번 세트를 공유한다는 것을 알 수 있다. 그리고 각 세트를 공유하는 8개

의 블록들은 앞의 세 비트들, 즉 태그값에 의해 구분될 수 있다는 것을 확인할 수 있다. 같은 세트를 공유하는 블록들 중의 두 개는 세트 내 두 라인들 중의 어느 곳에든 동시에 적재될 수 있다.

그림 5-23은 그와 같은 2-way 세트-연관 사상을 위한 조직과 사상(mapping) 관계를 보여주고 있다. 먼저 주기억장치는 주소의 상위 세 비트, 즉 태그 값이 동일한 네 블록씩 모두 8개의 그룹으로 나누어진다. 각 그룹의 첫 번째 블록들이 0번 세트를 공유하며, 두 번째 블록들은 1번 세트, 세 번째 블록들은 2번 세트, 마지막 네 번째 블록들은 3번 세트를 공유한다. 이와 같은 세트 번호는 주소의 중간에 위치한 두 개의 세트 비트들에 의해 지정된다. 그룹이 모두 8개이므로, 각 세트는 8개의 블록들에 의해 공유되는 것이다.

그림 5-23에는 몇몇 블록들이 실제 캐시에 적재되어 있는 예를 보여주고 있는데, 0번 세트의 첫 번째 라인에는 0000000번지의 블록(데이터 = 'abcd')이 적재되어 있고, 두 번째 라인에는 0100000번지의 블록(데이터 = 'drop')이 적재되어 있다. 이때 만약 0번 세트를 공유하는 다른 블록이 캐시로 인출되어 온다면, 적절한 교체 알고리즘에 의하여 두 라인 중의 하나를 선택한 다음에 그 라인에 새로운 블록을 적재하게 된다. 이 경우에, 먼저 있던 블록은 (변경된 적이 있다면 주기억장치에 갱신된 다음에) 지워진다. 1번과 3번 세트에는 현재 한 라인씩만 블록이 적재되어 있고, 다른 라인은 비어있다. 따라서 주기억장치로부터 새로운 블록이 인출되는 경우에는 그 빈 라인으로 적재될 것이다.

CPU에 의해 기억장치 주소가 발생되어 캐시 액세스 동작이 시작되면, 먼저 2-비트 세트 번호를 이용하여 세트를 선택한다. 그런 다음에는 그 세트 내 라인들의 태그 중에서 기억장치 주소의 태그와 일치하는 것이 있는 지 검사한다. 만약 태그가 일치하는 라인이 있다면, 캐시가 적중된 것이므로 최하위 두 비트들을 이용하여 그 라인에 저장된 네 단어들 중의 하나를 선택하여 인출한다. 만약 세트 내의 어느 태그도 주소의 태그와 일치하지 않는다면, 캐시 미스가 발생한 것이므로 주기억장치 액세스가 시작된다.

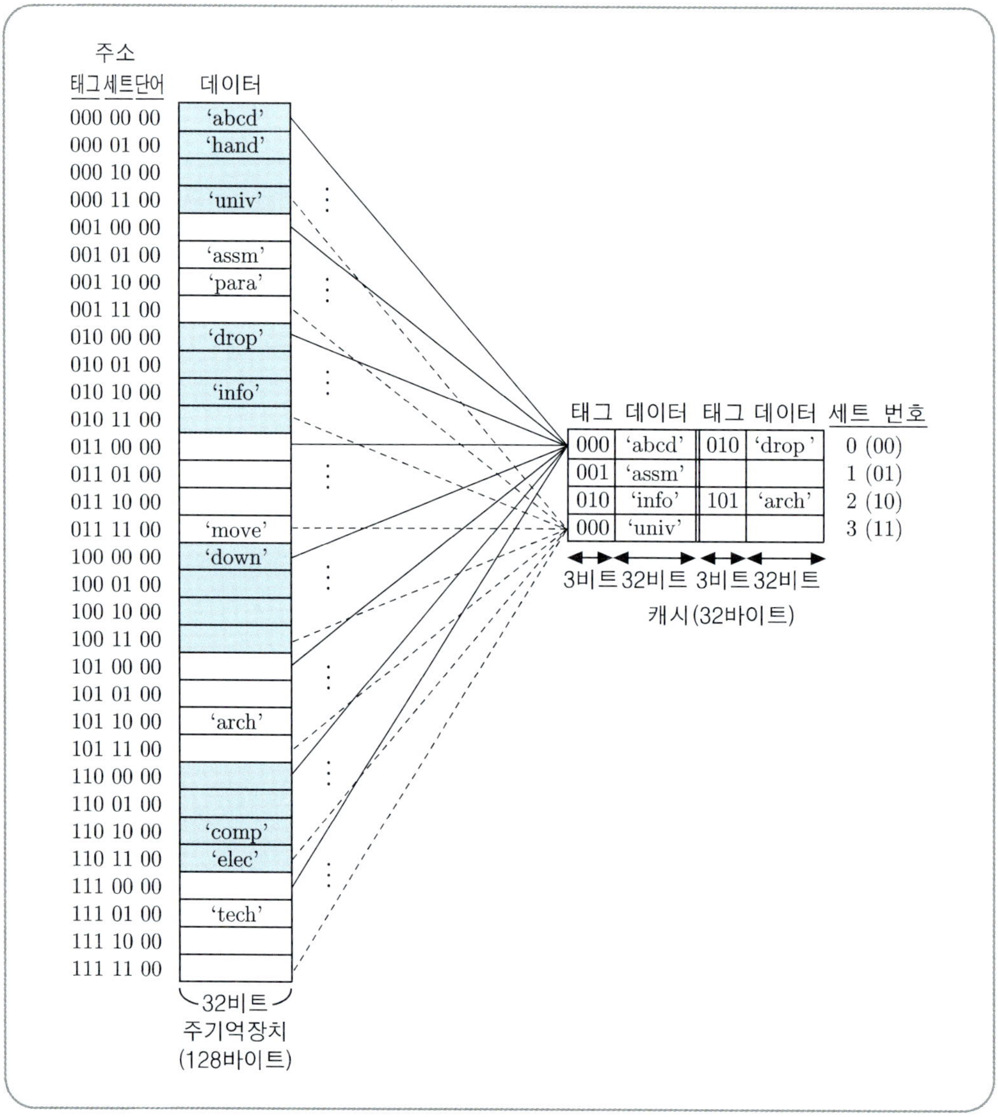

그림 5-23 세트-연관 사상의 예

예제 5-4

프로그램 수행 중의 어느 시점에서 세트-연관 사상 캐시의 라인들이 그림 5-23과 같은 블록들을 적재하고 있다고 하자. 이때 CPU로부터 다음과 같은 기억장치 주소들이 발생한 경우에 캐시 적중인지 혹은 캐시 미스인지를 구분하라. 단, 주소는 2진수로 표시되어 있다.

(1) 1011000　　　　　　　(2) 1110100
(3) 1000000　　　　　　　(4) 0001100

[풀이]

(1) **캐시 적중** : 현재 2번 세트의 두 번째 라인에 적재되어 있다(태그 = 101, 데이터 = 'arch').

(2) **캐시 미스** : 이 블록이 적재될 수 있는 1번 세트의 첫 번째 라인의 태그(001)와 주소의 태그(111)가 일치하지 않는다. 따라서 비어있는 두 번째 라인에 태그 = 111, 데이터 = 'tech'을 저장한다.

(3) **캐시 미스** : 이 블록이 적재될 수 있는 0번 세트의 두 라인의 태그들(000, 010)이 주소의 태그(100)와 일치하지 않는다. 여기서는 편의상 새로운 블록이 첫 번째 라인에 적재되는 것으로 가정한다면, 그 라인에 태그 = 100, 데이터 = 'down'을 저장한다.

(4) **캐시 적중** : 현재 3번 세트의 첫 번째 라인에 적재되어 있다(태그 = 000, 데이터 = 'univ').

지금까지는 사상 방식들을 쉽게 이해할 수 있도록 하기 위하여, 실제로는 사용될 수 없는 매우 적은 용량의 주기억장치와 캐시를 가정하여 설명하였다. 여기서는 다음과 같이 실제 시스템에서 사용되고 있는 기억장치 및 캐시의 용량에 대하여, 세트-연관 사상 방식으로 캐시 조직을 구성하고 분석해 보기로 한다.

- 주기억장치의 용량은 16M(2^{24})바이트이다. 따라서 주기억장치의 주소는 24비트이고, 바이트 단위로 주소가 지정된다.
- 주기억장치는 4-바이트 크기의 블록들 4M(2^{22})개로 구성되어 있다. 그리고 단어의 길이는 한 바이트이다.
- 캐시의 용량은 64K (2^{16})바이트이다.
- 주기억장치의 블록 크기가 4바이트이므로 캐시 라인의 크기도 4바이트가 되어야 하며, 결과적으로 라인의 수 $m = 16K\ (2^{14})$개가 된다.

2-way 세트-연관 사상 방식을 사용한다면, 기억장치 주소는 아래와 같이 세 개의 필드들로 나누어진다.

9	13	2
태그(tag)	세트(set)	단어

캐시에는 전체적으로 2^{14} 개의 라인들이 있지만, 그들이 2^{13} 개의 세트들로 나누어지므로 각 세트에는 라인이 두 개씩 있게 된다. 13비트의 세트 번호는 세트들 중의 하나를 선택해준다. 주소의 태그 필드는 9비트이므로 각 세트를 공유하는 블록들의 수는 512(2^9)개이며, 그들 중의 두 개가 동시에 그 세트 내에 적재되어 있을 수 있다.

각 세트를 공유하는 블록들을 식 (5-5)를 이용하여 구하고, 블록 번호들을 16진수로 표현하면 [표 5-7]과 같아진다. 여기서 각 블록 번호는 최하위에 단어 번호(2비트)를 포함하고 있는데, 그 비트들은 항상 00이므로 마지막 16진수가 0, 4, 8 혹은 C가 된다.

[표 5-7] 각 세트를 공유하는 주기억장치 블록들

세트 번호	주기억장치 블록 번호
0000	000000, 008000, ... , FF8000
0001	000004, 008004, ... , FF8004
⋮	⋮ ⋮ ⋮
1FFF	007FFC, 00FFFC, ..., FFFFFC

그림 5-24는 이와 같은 2-way 세트-연관 사상을 위한 조직을 보여주고 있다. 주기억장치에는 같은 태그값을 가지는 블록들이 캐시의 세트 수와 같은 8K(2^{13})개씩 있다. 예를 들어, 태그가 16진수로 '000'인 블록들이 그 수만큼 있으며, 각각 다른 태그를 가지는 그러한 그룹들이 모두 512(즉, 2^9)개가 있다. 같은 태그를 가지는 블록들은 서로 다른 캐시 세트를 공유한다. 따라서 캐시의 각 세트는 512개의 블록들에 의해 공유된다. 즉, 512개의 블록들이 지정된 세트 내의 두 라인들 중 어느 곳에든 적재될 수 있다. 예를 들어, 그림 5-24에서 각 블록 주소의 세트 번호를 나타내는 16진수가 '0000'인 블록들은 0000번 세트, '0004'인 블록은 0001번 세트, 그리고 '7FFC'인 블록은 1FFF번 세트에 각각 적재될 수 있다. 블록이 적재될 때, 그 블록의 태그값(9비트)은 해당 세트 내 라인의 태그 부분에 저장된다.

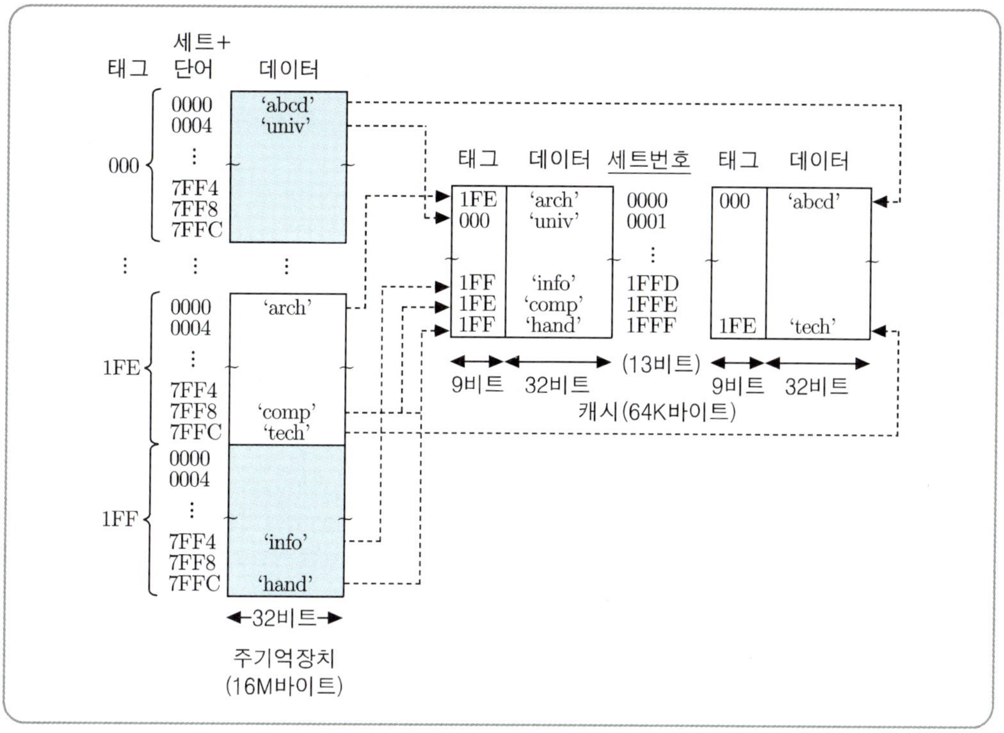

그림 5-24 64KByte 세트-연관 캐시의 조직

예제 5-5

프로그램 수행 중의 어느 시점에서 세트-연관 사상 캐시의 라인들이 그림 5-24와 같은 블록들을 적재하고 있다고 하자. 이때 CPU로부터 다음과 같은 기억장치 주소들이 발생한 경우에 캐시 적중인지 혹은 캐시 미스인지를 구분하라. 단, 주소는 2진수로 표시되어 있다.

(1) 1111 1111 0111 1111 1111 1100 (2) 0000 0000 0000 0000 0000 0100

(3) 1010 0011 1111 1111 1111 0100 (4) 0000 0001 0000 0000 0000 0100

[풀이]

(1) **캐시 적중** : 현재 1FFF번 세트의 두 번째 라인에 적재되어 있다.
(태그 = 1FE, 데이터 = 'tech')

(2) **캐시 적중** : 현재 0001번 세트의 첫 번째 라인에 적재되어 있다.
(태그 = 000, 데이터 = 'univ')

(3) **캐시 미스** : 1FFD번 세트에는 태그가 1FF인 블록만 적재되어 있다.

(4) **캐시 미스** : 0001번 세트에는 태그가 000인 블록만 적재되어 있다.

세트-연관 사상에서 만약 세트의 수가 캐시 라인의 수와 같고($v = m$), 세트 내 라인의 수 $k = 1$이라면, 이 방식은 직접 사상과 같아진다. 또한, 만약 세트의 수 $v = 1$이고, 세트 내 라인 수가 캐시의 전체 라인 수와 같다면($k = m$), 완전-연관 사상에 해당한다.

세트당 두 개씩의 라인들($v = m/2$, $k = 2$)을 가지는 2-way 조직이 가장 보편적으로 사용되고 있는 세트-연관 조직이다. 이 조직을 사용하면 직접 사상보다 적중률이 훨씬 더 높아진다. 4-way 세트-연관($v = m/4$, $k = 4$)은 비교적 적은 추가 비용으로 성능을 더 향상시킬 수 있다. 그러나 세트 당 라인의 수를 그 이상으로 증가시키더라도 효과는 별로 더 높아지지 않는 것으로 알려져 있다 [SMI87].

5.5.4 교체 알고리즘

캐시 미스가 발생하여 새로운 블록이 주기억장치로부터 캐시로 올라왔을 때, 그 블록이 적재될 수 있는 라인들이 이미 다른 블록들로 채워져 있다면, 그 블록들 중의 하나가 교체(replace)되어야 한다. 직접 사상에서는 새로운 블록이 적재될 수 있는 라인이 하나뿐이기 때문에 선택의 여지가 없다. 그러나 완전-연관 사상과 세트-연관 사상에서는 적절한 교체 알고리즘이 필요하다. 그 동안 여러 가지 교체 알고리즘들이 개발되어 왔는데, 여기서는 가장 널리 사용되고 있는 네 가지 알고리즘들에 대하여 설명하기로 한다 [SMI82].

그들 중에서 일반적으로 가장 효과적인 것으로 알려진 것은 최소 최근 사용(Least Recently Used : LRU) 알고리즘이다. 이 알고리즘은 사용되지 않은 채로 가장 오랫 동안 적재되어 있었던 블록을 교체하는 것이다. 2-way 세트-연관 방식에서는 각 라인이 USE 비트를 가지고 있도록 함으로써 이 알고리즘을 구현할 수 있다. 어떤 라인이 액세스되면, 그 라인의 USE 비트는 1로 세트된다. 그리고 그 세트 내 다른 라인의 USE 비트는 0으로 리셋된다. 새로운 블록이 그 세트로 적재될 때는 USE 비트가 0인 라인이 교체된다. 더 최근에 사용되었던 데이터들이 앞으로도 다시 사용될 가능성이 높다는 가정이 맞는 경우가 실제로 많기 때문에, LRU 알고리즘은 높은 적중률을 보여준다.

FIFO(First-In-First-Out : FIFO) 알고리즘은 캐시에 적재된지 가장 오래된 블록을 교체하는 것이다. 다른 알고리즘으로는 최소 사용 빈도(Least Frequently Used : LFU)가 있다. 이 알고리즘은 적재된 이후 참조되었던 횟수가 가장 적은 블록을 교체하는 것이다. LFU

는 각 라인에 카운터(counter)를 설치하여 구현할 수 있다. 사용 횟수에 근거하지 않는 기법으로는 후보 라인들 중에서 한 라인을 임의(random)로 선택하는 것이다.

예제 5-6

LRU 교체 알고리즘을 사용하는 세트-연관 사상 캐시로 아래와 같은 블록들이 연속적으로 들어온다고 할 때, 각 라인에 적재되는 블록을 표시하고 적중률(H)을 구하라. 단, 각 세트의 라인 수는 (a) 2개, 혹은 (b) 4개라고 가정한다.

0 1 2 0 2 3 7 3 1 3 2

[풀이]

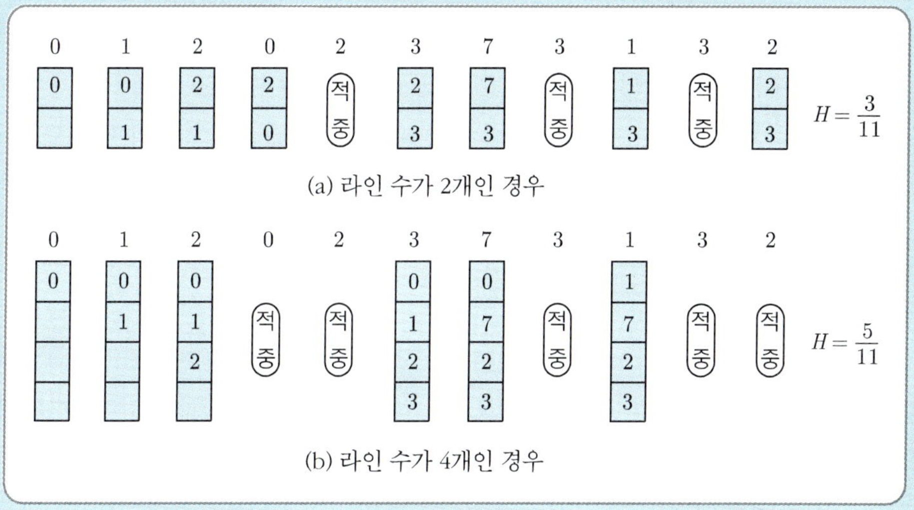

그림 5-25 LRU 알고리즘에 의한 블록 교체의 예

5.5.5 쓰기 정책

캐시에 적재되어 있는 데이터가 프로그램 처리 과정에서 다른 내용으로 변경되는 경우가 있다. 그런데 사실상 캐시에 있는 데이터는 주기억장치에 있는 그 데이터의 복사본(copy)에 해당한다. 만약 그 데이터가 캐시에서만 변경되고 주기억장치에는 갱신(update)되지 않는다면, 캐시와 주기억장치에 있는 그 데이터들이 서로 다른 내용을 가지고 있게 된다. 그런 상태에서 만약 어떤 I/O 장치가 주기억장치로부터 그 데이터를 읽어간다면 잘못된 결과를 초래하게 될 것이다. 따라서 캐시에서 데이터가 변경되면, 그 즉시 주기억장치에 있는 해당 데이터도 갱신하여 같은 값을 가지고 있도록 해야 한다. 그러나 주기억장치에 데이터를 쓰는 동작은 캐시에 비하여 시간이 오래 걸리기 때문에, 캐시에서 데이터가 변경될 때마다 주기억장치에도 그 값을 갱신한다면 기억장치 쓰기 시간이 그 만큼 더 길어진다.

그러한 문제를 해결하는 방법으로는 캐시에서 어떤 데이터가 변경되더라도 주기억장치에는 갱신하지 않는 것이다. 그러면 쓰기 동작이 캐시에서만 수행되므로 쓰기 시간이 짧아진다. 그러나 교체 알고리즘에 의하여 그 데이터를 포함하고 있는 라인이 다른 블록으로 교체되어야 한다면, 그 라인의 내용을 주기억장치에 먼저 갱신한 다음에 교체해야 한다. 따라서 이러한 정책이 사용되는 시스템에서는 캐시의 라인을 교체할 때마다 해당 데이터가 캐시에 적재되어 있는 동안에 수정된(modified) 적이 있는 지를 반드시 확인해야 한다. 만약 수정된 적이 없다면, 그 데이터가 포함된 라인에 다른 블록을 즉시 적재할 수 있다. 그러나 만약 수정된 적이 있다면, 수정된 데이터가 포함된 라인의 내용을 주기억장치의 해당 블록에 저장한 다음에, 새로운 블록을 적재해야 된다.

이 경우에 유의해야 할 점이 있다. 만약 CPU가 어떤 데이터를 캐시에서만 변경했다면, 캐시의 해당 데이터(라인)의 상태를 '수정'으로 표시해야 한다. 그 후에 만약 I/O 장치가 주기억장치로부터 그 데이터를 읽으려 한다면, 캐시 제어회로가 그것을 감지하여 수정된 새로운 데이터를 캐시로부터 주기억장치로 갱신한 다음에, I/O 장치가 읽어가도록 해야 한다. 이 경우에 일반적으로 그 데이터가 포함된 라인 전체를 주기억장치로 갱신한다.

이와 같이 캐시에 적재되어 있는 데이터가 수정되었을 때 그 내용을 주기억장치에 갱신하는 시기와 방법을 결정하는 것을 쓰기 정책(write policy)이라고 하는데, 여기서는 대표적인 두 가지만 설명하기로 한다. 가장 간단한 정책은 *write through*라고 불린다. 이 정책에서는 모든 쓰기 동작들이 캐시로 뿐만 아니라 주기억장치로도 동시에 행해진다(그림 5-26(a)). 따라서 주기억장치의 내용들은 항상 유효하다(캐시의 내용과 같다). 이 방법의 주요 단점은 쓰기 동작에 걸리는 시간이 길어진다는 것이다.

그와는 달리, *write back*이라고 불리는 쓰기 정책에서는 캐시에서 데이터가 수정되어도 주기억장치에는 갱신되지 않는다(그림 5-26(b)). 만약 캐시에서 데이터가 수정되면, 그 라인의 M(modified)비트가 세트된다. 나중에 그 라인이 교체될 때, M비트가 세트된 경우에는 그 라인 전체가 주기억장치에 갱신된 다음에 교체된다. 결과적으로 *write back* 정책을 사용하면 기억장치에 대한 쓰기 동작의 횟수가 최소화된다. 또한, 쓰기 동작이 캐시까지만 이루어지므로 쓰기 시간이 짧아진다. 그러나 읽기 및 쓰기 동작에서 미스가 발생한 경우에 새로운 블록을 적재하려는 라인의 데이터가 수정된 상태일 때는 주기억장치 갱신을 위하여 추가적인 시간이 소요된다([예제 5-7] 참조). *Write back*의 가장 큰 문제점은 주기억장치의 일부 블록들이 새로운 내용으로 갱신될 때까지는 무효 상태에 있게 된다는 점이다. 그리고 캐시 라인의 상태를 확인하고 갱신하는 동작들을 지원하기 위한 캐시 제어회로가 복잡해지고, 각 라인이 상태 비트를 가지고 있어야 하는 단점도 있다.

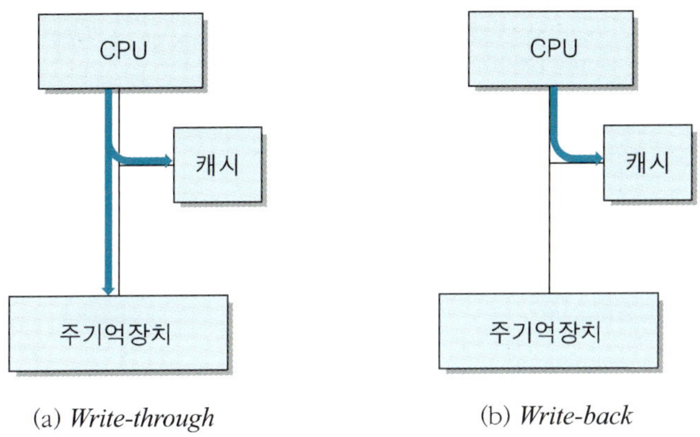

그림 5-26 쓰기 정책에 따른 쓰기 동작의 비교

예제 5-7

주기억장치 액세스 시간이 100*ns*, 캐시 액세스 시간이 10*ns*인 시스템이 있다. 전체 기억장치 액세스 요구들 중에서 70%는 읽기 동작이고, 30%는 쓰기 동작이었으며, 캐시 적중률은 90%였다. 캐시 쓰기 정책이 *write through*일 때와 *write back*일 때의 평균 기억장치 액세스 시간을 각각 구하라. 단, *write back*에서 미스가 발생한 경우에 새로운 블록을 적재하기 위하여 교체할 라인들의 20%는 수정된 상태에 있다고 가정한다.

[풀이]

(1) *Write-through* 정책의 경우 :

읽기 동작의 평균 시간 $= 0.9 \times 10ns + 0.1 \times 100ns = 19ns$

쓰기 동작의 평균 시간 = 100ns (모든 쓰기 동작은 주기억장치를 액세스)
평균 기억장치 액세스 시간 = $0.7 \times 19ns + 0.3 \times 100ns = 43.3ns$

(2) *Write-back* 정책의 경우 : 읽기 동작과 쓰기 동작에 같은 시간이 걸리므로,
평균 기억장치 액세스 시간 = $0.9 \times 10ns + 0.1 \times (100ns + 0.2 \times 100ns) = 21ns$

하나의 시스템 버스에 다수의 프로세서들이 접속된 다중프로세서시스템에서 *write back* 정책을 사용한다면 기억장치 쓰기 횟수가 크게 줄어들기 때문에 버스 병목 현상을 완화시킬 수 있지만, 다른 복잡한 문제가 나타난다. 예를 들어, 각각 별도의 캐시를 가진 세 개의 프로세서들이 하나의 시스템 버스에 접속된 시스템에서 *write back* 정책이 사용된다고 하자.

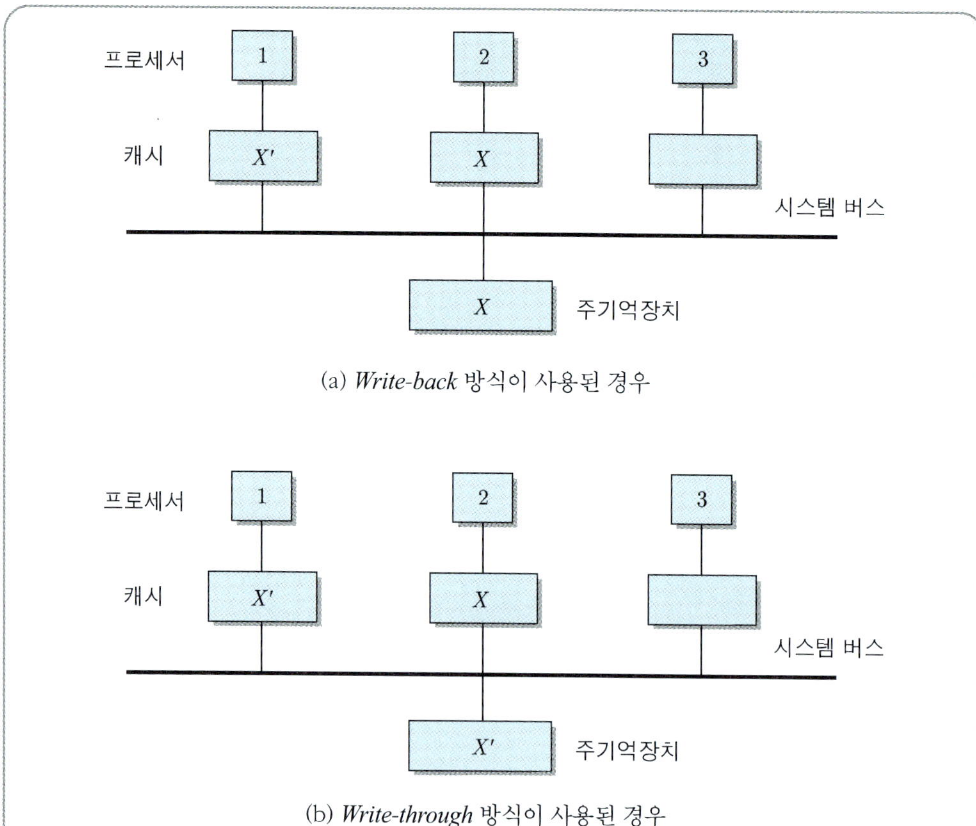

그림 5-27 다중프로세서시스템에서의 데이터 불일치 현상

그림 5-27(a)와 같이, 프로세서 1과 2가 각각 캐시에 데이터 X를 가지고 있는 상태에서 프로세서 1이 X를 새로운 값인 X'로 변경하였다면, 주기억장치와 프로세서 2의 캐시에 적재되어 있던 원래의 X는 모두 무효 상태가 된다.

다중프로세서시스템에서는 *write through* 방식이 사용되더라도 그림 5-27(b)에서 보는 바와 같이 다른 프로세서의 캐시는 무효 데이터를 가지고 있게 된다. 이러한 문제를 데이터 불일치 문제(data inconsistency problem)라고 하는데, 이를 해결하기 위한 방법들은 참고문헌 [KIM04]에 자세하게 설명되어 있다.

5.5.6 다중 캐시

캐시가 도입되기 시작한 초기에는 컴퓨터시스템에 캐시가 한 개만 설치되었다. 그러나 최근에는 다음과 같이 캐시들이 계층적 구조로 설치되거나 기능별로 분리된 다수의 캐시들을 사용하는 것이 보편화되고 있다.

1) 온-칩 캐시와 계층적 캐시

칩에 집적할 수 있는 회로의 밀도가 높아짐에 따라 캐시를 CPU 칩 내부에 포함시키는 것이 가능해졌는데, 그것을 온-칩 캐시(on-chip cache)라 한다. 외부 버스를 통하여 액세스할 수 있는 캐시와 비교해 볼 때, 온-칩 캐시는 액세스 시간이 짧기 때문에 전체 시스템의 성능 향상에 도움이 된다. 그 이유는 인출할 명령어나 데이터가 온-칩 캐시에서 발견되면 시스템 버스를 사용할 필요가 없고, CPU 내부의 데이터 통로들이 버스에 비하여 짧기 때문에 캐시 액세스가 더욱 신속하게 완료될 수 있다.

최근의 고성능 컴퓨터시스템에서는 온-칩 캐시뿐 아니라 CPU 외부에 별도의 캐시를 더 설치하는 경우가 많아졌다. 결과적으로 그림 5-28과 같이 두 레벨로 이루어진 계층적 캐시(hierarchical cache) 조직이 되는 것이다. 이 경우에 온-칩 캐시가 첫 번째 레벨(혹은 1차) 캐시이므로 L_1으로 표시하였으며, 두 번째 레벨(혹은 2차) 캐시인 외부 캐시는 L_2로 표시하였다(최근 CPU 칩의 집적도가 높아짐에 따라 L_2도 내부에 포함시키는 경향으로 가고 있다).

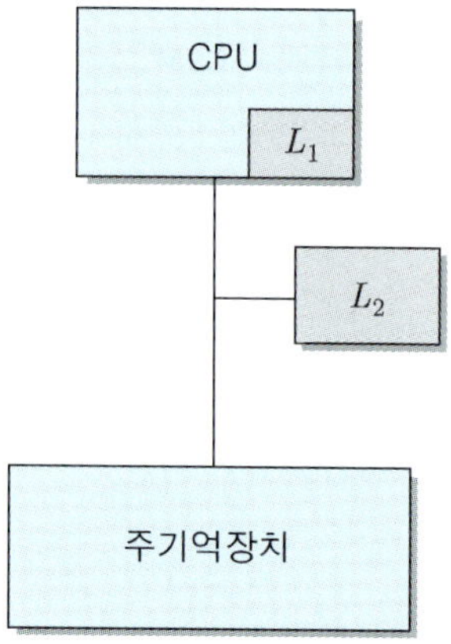

그림 5-28 2-단계 캐시를 가진 시스템

CPU 칩의 밀도가 높아지기는 하였으나, 칩 내에는 수많은 부품들이 포함되어야 하기 때문에 온-칩 캐시인 L_1의 크기는 제한될 수밖에 없다. 반면에 CPU의 외부에 위치하는 L_2 캐시는 L_1에 비하여 더 큰 용량을 가질 수 있다. L_1과 L_2 캐시 및 주기억장치는 계층적 구조를 이루기 때문에, L_2는 주기억장치 내용의 일부분을 저장하고 있으며, L_1은 L_2 내용의 일부분만 저장하게 된다. 이러한 관계를 L_2가 L_1의 슈퍼-세트(super-set)라고 말한다.

계층적 캐시를 가진 시스템에서 CPU가 기억장치를 액세스하기 위하여 주소를 발생하면, 캐시 제어기는 먼저 L_1을 검사한다. 만약 그 데이터가 L_1에 없다면 L_2를 검사하고, 거기에도 없는 경우에만 주기억장치를 액세스하게 된다. CPU 칩 내에 있는 L_1은 속도가 빠르지만 용량이 적기 때문에 L_2에 비하여 적중률은 더 낮다.

L_1의 액세스 시간과 적중률을 각각 T_{L1}과 H_1이라 하고, L_2의 액세스 시간과 적중률은 각각 T_{L2}와 H_2라 하자. 단, 여기서 H_2는 전체 기억장치 액세스들에 대한 L_2의 적중률을 의미한다. 주기억장치의 액세스 시간을 Tm이라고 한다면, 2-단계 캐시 시스템의 평균 기억장치 액세스 시간 Ta는 아래의 식 (5-6)과 같아진다 [BAE88].

$$Ta = H_1 \times T_{L1} + (H_2 - H_1) \times T_{L2} + (1 - H_2) \times Tm \qquad (5\text{-}6)$$

그런데 만약 H_2를 L_1에서 미스 된 기억장치 액세스들에 대한 L_2의 적중률을 나타낸다고 한다면, 평균 기억장치 액세스 시간은 식 (5-7)과 같이 표현된다.

$$Ta = H_1 \times T_{L1} + (1-H_1)H_2 \times T_{L2} + \{1-H_1-(1-H_1)H_2\} \times Tm \qquad (5\text{-}7)$$

예제 5-8

L_1, L_2 캐시 및 주기억장치의 액세스 시간이 각각 $2ns$, $10ns$ 및 $100ns$이고, L_1의 적중률(H_1)이 0.7, L_2의 적중률(H_2)은 0.9라고 할 때, 평균 기억장치 액세스 시간을 구하라. 단, 식 (5-6) 및 식 (5-7)을 이용하는 경우에 대하여 각각 답하라.

[풀이]

먼저, 식 (5-6)에서와 같이 H_2가 전체 기억장치 액세스들에 대한 L_2의 적중률이라면, 평균 기억장치 액세스 시간(Ta)은 아래와 같아진다.

$$Ta = (0.7 \times 2ns) + \{(0.9-0.7) \times 10ns\} + \{(1-0.9) \times 100ns\}$$
$$= 1.4ns + 2ns + 10ns = 13.4ns$$

그런데 만약 H_2가 L_1에서 미스 된 기억장치 액세스들에 대한 L_2의 적중률이라면, 평균 기억장치 액세스 시간(Ta)은 식 (5-7)을 이용하여 아래와 같이 구할 수 있다.

$$Ta = (0.7 \times 2ns) + (1-0.7) \times 0.9 \times 10ns + \{1-0.7-(1-0.7) \times 0.9\} \times 100ns$$
$$= 1.4ns + 2.7ns + 3ns = 7.1ns$$

L_1과 L_2에서는 서로 다른 사상 알고리즘과 교체 알고리즘 및 쓰기 정책이 사용되는 경우가 많다. 예를 들어, L_1은 직접-사상 캐시이고 *write-through* 정책을 사용하며, L_2는 4-way 세트-연관 사상 캐시이고 *write-back* 정책을 사용하는 것이다. 이러한 계층적 캐시 시스템에서는 데이터 일관성 유지가 더 복잡해진다.

2) 분리 캐시

온-칩 캐시가 처음 도입되었을 때 대부분의 프로세서들에서는 데이터와 명령어가 모두 하나의 캐시에 저장되었다. 그러나 최근에는 온-칩 캐시를 명령어만 저장하는 명령어 캐시(instruction cache)와 데이터만 저장하는 데이터 캐시(data cache)로 분리하여, 두 개의 온-칩 캐시를 두는 경향으로 발전하고 있다. 특히 여러 개의 명령어들을 동시에 실행하는 명령어 병렬 실행 및 명령어 선인출을 강조하는 펜티엄 계열이나 PowerPC와 같은 고성능 프로세서들에서는 모두 그와 같이 구현되고 있다. 이러한 캐시 조직을 분리 캐시

(split cache)라고 하는데, 주요 장점은 명령어 실행 파이프라인에서 명령어 인출 단계와 오퍼랜드 인출 단계 간에 캐시에 대한 충돌 현상을 없앨 수 있다는 점이다.

그림 5-29는 분리 캐시 조직을 가진 프로세서의 예로서, PowerPC 프로세서 모델 620의 내부 조직을 보여주고 있다. 620은 분리된 명령어 캐시와 데이터 캐시를 가지고 있으며, 각 캐시의 용량은 32KByte이다. 이들은 모두 8-way 세트-연관 사상 방식을 이용한다. 즉, 캐시 내의 각 세트는 8개의 라인들로 구성되어 있다. 이 프로세서는 명령어 실행을 위한 유니트들로서 병렬로 실행되는 세 개의 정수 ALU들과 정수 레지스터들, 그리고 부동소수점 레지스터들과 ALU 등을 포함하고 있다. 데이터 캐시는 정수 및 부동소수점 연산을 위한 데이터들을 Load/Store 유니트를 경유하여 적재 혹은 저장한다. 명령어 캐시는 명령어 유니트(instruction unit)로 명령어를 동시에 두 개씩 공급한다.

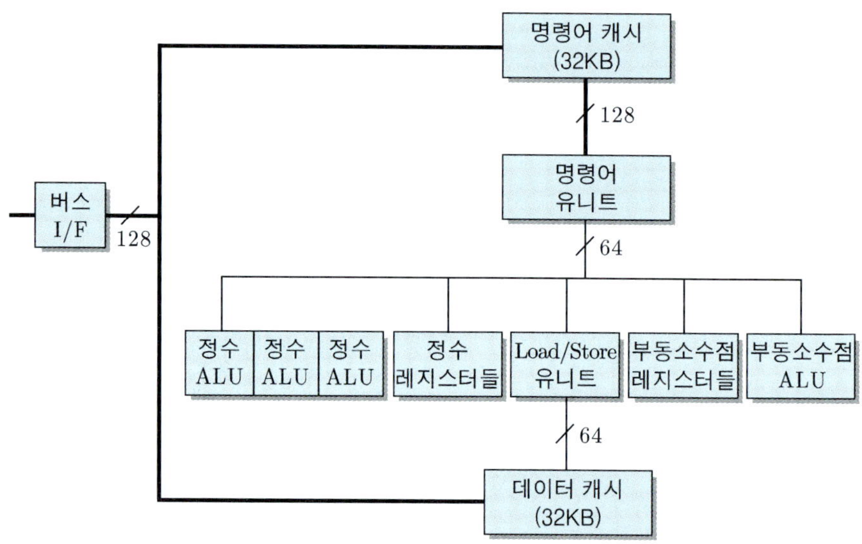

그림 5-29 PowerPC 620 프로세서의 내부 조직

여기서 지금까지 설명한 계층적 캐시와 분리 캐시를 모두 가지고 있는 프로세서의 예를 살펴보기로 하자. 최근 인텔에 의해 개발된 64-비트 마이크로프로세서인 이타늄(Itanium) 프로세서는 그림 5-30에서 보는 바와 같이 3-레벨 캐시 구조를 가지고 있다 [INT01]. 첫 번째 레벨의 캐시는 명령어 캐시(L_1I)와 데이터 캐시(L_1D)로 분리되어 있으며, 4-way

세트-연관 사상 방식을 이용하고 있다. 그리고 캐시 용량은 각각 16KByte씩이다. 명령어 캐시는 쓰기 정책이 필요하지 않으며, 데이터 캐시는 *write-through* 쓰기 정책을 사용한다.

두 번째 레벨 캐시인 L_2는 명령어와 데이터를 모두 저장하는 96KByte 크기의 통합 캐시(unified cache)로서, 6-way 세트-연관 조직을 가진다. L_2는 *write-back* 쓰기 정책을 이용한다. 그리고 L_1과 L_2 캐시는 모두 라인 크기가 32바이트이다.

용량이 가장 큰 세 번째 레벨의 L_3 캐시는 4-way 세트-연관 사상 조직을 가지며, 라인 크기는 64바이트이다. L_1 캐시들과 L_2 캐시는 칩 내부에 포함되어 있는 반면에, L_3는 칩 외부에 위치하지만 프로세서 카트리지(cartridge) 내에 프로세서 칩과 함께 패키징 된다.

이 조직에서도 L_2는 두 L_1 캐시들의 슈퍼 세트이고, L_3는 L_2의 슈퍼 세트이다. 즉, L_1I에 적재된 명령어들과 L_1D에 적재된 데이터들은 모두 L_2에도 적재되어 있다. 그리고 L_2는 2중-포트(dual-port)를 가지고 있어서, 상위 두 캐시들에서 미스된 요구들을 동시에 처리해줄 수 있다. L_2 캐시에서도 미스 되는 경우에는 L_3가 액세스되는데, 그림 5-30에서 보는 바와 같이 그 사이에는 폭이 128비트인 Backside 버스가 전용으로 제공되어, 높은 속도로 액세스 될 수 있다. L_3에서도 미스 되면, 시스템 버스를 통하여 주기억장치 액세스가 이루어진다.

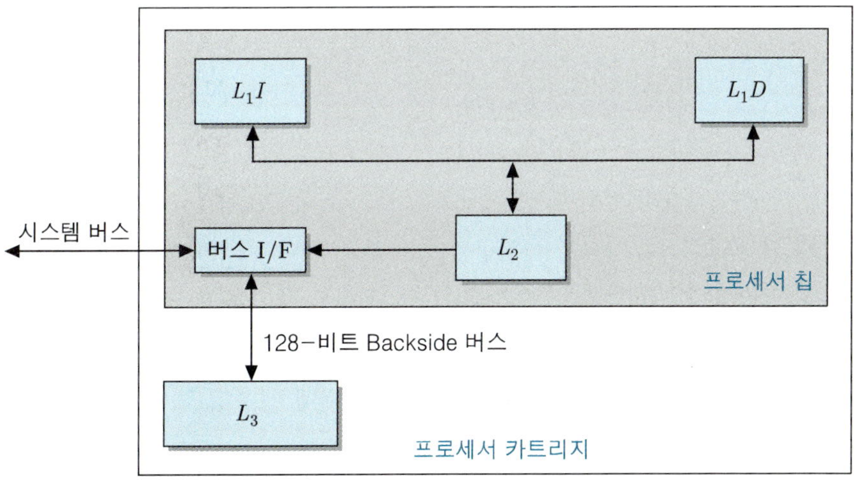

그림 5-30 인텔 이타늄 프로세서의 캐시 조직 [INT01]

그리고 최근에 출현하고 있는 멀티-코어 프로세서에서도 계층적 캐시 구조가 사용되고 있다. 그림 5-31은 듀얼-코어 프로세서에서 각 CPU 코어가 L_1 캐시를 별도로 가지고 있으며, 그들이 하나의 L_2 캐시를 공유하는 형태를 보여주고 있다. 이와 같은 구성에서는 각 CPU 코어가 L_1의 내용을 별도로 변경할 수 있기 때문에, L_2 캐시와 L_1 캐시들 간에 데이터 일관성이 유지되어야 한다. L_2 캐시를 각 CPU 코어 별로 분리 설치하는 듀얼-코어 프로세서도 있다.[3)]

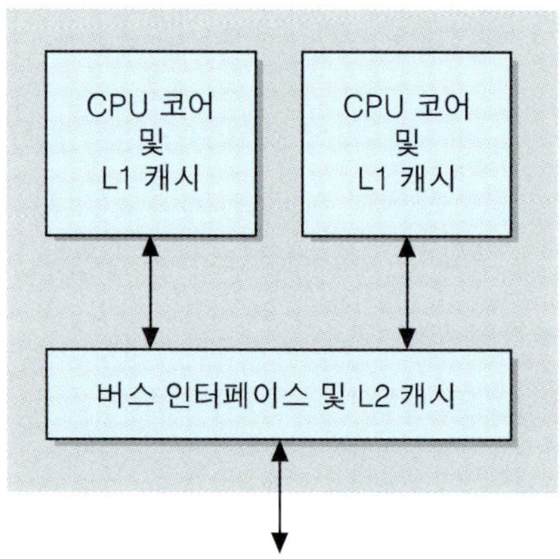

그림 5-31 듀얼-코어 프로세서의 캐시 구조 [WIK08]

5.6 • 최신 기억장치 기술

CPU는 반도체 기술의 발달과 내부 구조의 개선을 통하여 속도가 계속 높아지고 있지만, 기억장치의 속도는 그 상승률을 따라가지 못하고 있다. 주기억장치로 수십 년 전부터 사용되어 온 DRAM은 집적도가 높아져 칩 당 용량은 증가하고 있지만, 액세스 속도는 CPU에 비하여 현저히 떨어지고 있다. 특히, 동영상 편집이나 음성/영상 압축 등과 같이 대규모 데이터가 연속적으로 CPU와 주기억장치 사이에 전송되어야 하는 최근의 컴퓨터 응용 환경 속에서, 주기억장치 속도로 인한 성능 병목(performance bottleneck) 문제는

3) 인텔 계열의 듀얼-코어 프로세서는 주로 공유 L_2 캐시 구조를 사용하는 반면에, AMD사가 최근 출시하고 있는 듀얼-코어 프로세서들은 분리된 L_2 캐시 구조를 채택하고 있다.

반드시 해결되어야 한다.

그러한 문제점을 극복하고자 여러 가지 새로운 기술들이 개발되어 왔는데, 그들 중에서 가장 먼저 출현한 성공적인 제품이 전통적인 DRAM 칩 내부 조직의 개선과 함께 CPU와의 데이터 전송 방식을 변경한 SDRAM이다. 그 후에도 다양한 기술들이 출현하였는데, 이 절에서는 먼저 SDRAM의 조직과 성능 향상의 원리를 살펴본 다음에, 더욱 보강된 기술로서 최근 널리 사용되고 있는 DDR(double data rate) 기법들에 대하여 설명하고자 한다. 그리고 새로운 재료 및 저장 방식들을 이용하는 차세대 기억장치 소자인 PRAM, FRAM 및 MRAM에 대해서도 간략히 소개하기로 한다.

5.6.1 SDRAM

동기식 DRAM(synchronous DRAM : 이하 SDRAM이라 함)는 DRAM의 액세스 속도 한계를 극복하기 위하여 개발된 반도체 기억장치이다. SDRAM은 동기식 데이터 전송을 수행하는 DRAM을 말하는데, 여기서 동기식이란 클록 신호에 맞추어 데이터를 전송한다는 것을 의미한다. 이 원리를 이해하기 위하여 먼저 비동기식 전송을 이용하는 전통적인 DRAM의 동작을 살펴보기로 하자.

DRAM에서는 필요한 정보와 제어 신호가 들어오는 즉시 액세스 동작을 수행하여 응답한다. 즉, 쓰기 동작이라면 전송된 데이터를 즉시 해당 기억 장소에 저장하며, 읽기 동작이라면 인출 동작을 수행한 다음에 즉시 데이터를 버스를 통해 전송한다. 그런데 DRAM에서는 이러한 기억장치 액세스 동작들이 연속적으로 발생하기 때문에, CPU는 그 시작 순간부터 종료될 때까지 다른 일을 하지 못하고 기다려야 한다. 또한 그 동안 시스템 버스도 다른 용도로는 사용될 수 없다. 따라서 DRAM의 액세스 속도가 느린 경우에는 시스템의 전체 동작 시간이 지연된다.

반면에, SDRAM을 사용하는 시스템에서는 기억장치 액세스를 위한 동작들이 시스템 클록 신호에 맞추어(동기화되어) 수행된다. 예들 들어, 읽기 동작에 대한 과정을 살펴보면 아래와 같다.

① CPU는 한 클록 주기 동안에 시스템 버스를 통하여 주소와 읽기 신호를 기억장치로 보낸 다음에, 그 결과를 기다리지 않고 내부적으로 다른 연산을 수행한다.

② SDRAM은 주소와 읽기 신호를 받은 즉시 액세스 동작을 시작한다. 그리고 읽기 동작이 완료되면, SDRAM은 시스템 버스 사용권을 얻은 다음에 한 클록 주기 동안 버스를 통하여 데이터를 CPU로 보낸다.

③ CPU는 그 데이터를 받아서, 다음 연산을 수행한다.

SDRAM은 내부적으로 데이터 액세스의 동시성을 높이기 위하여 여러 개의 뱅크(bank)들로 구성되어 있다. 그리고 액세스 동작 과정을 파이프라이닝 함으로써, 뱅크마다 서로 다른 주소에 대한 액세스 동작이 동시에 수행될 수 있도록 한다. 한 예로서, 그림 5-32(a)와 같이 구성되는 512Mbit SDRAM를 살펴보기로 하자. 이 칩은 각각 16M×8bit의 저장 용량을 가지는 네 개의 뱅크들로 구성되며, 그 뱅크들은 모두 칩의 내부 버스에 접속되어 주소와 데이터 및 제어 신호들을 주고받는다.

이 칩에 필요한 주소 비트의 수는 모두 26개인데, 그들 중에서 최상위 두 비트는 뱅크 선택을 위해 사용된다. 그리고 나머지 24비트는 각 뱅크 내부의 주소지정에 사용된다. 그림 5-32(b)는 16M×8bit로 구성되는 각 뱅크의 내부 조직을 보여주고 있다.

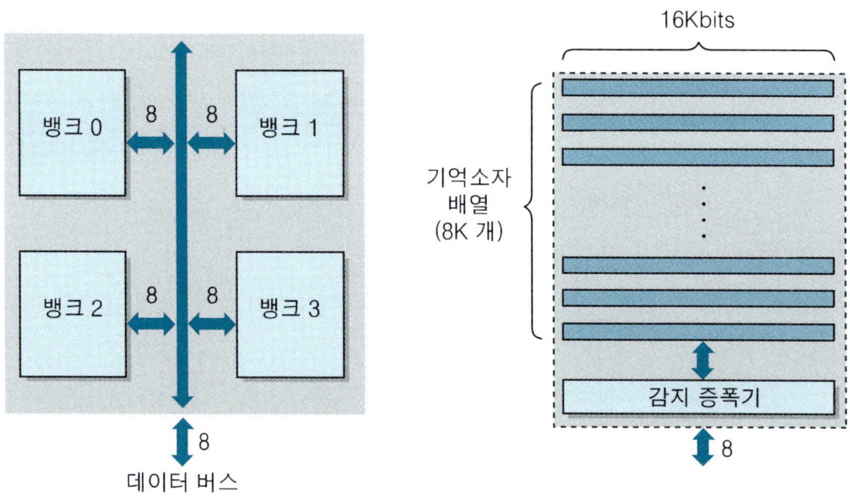

(a) 네 개의 뱅크들로 구성된 SDRAM　　　(b) 각 뱅크의 내부 조직

그림 5-32 SDRAM의 내부 조직

이 조직에서는 행 방향으로 8K개(즉, 8196개)의 기억소자 배열(memory cell array)들이 있으며, 각 배열에는 16Kbit씩 저장된다. 그런데 이 칩의 데이터 입출력 선의 수가 8개이므로, 각 행에는 2048바이트씩 저장되어 있다. 따라서 행 주소(row address)로 13비트가 필요하고, 열 주소(column address)로서 11비트가 필요하게 된다.

그런데 각 뱅크에서 행 주소에 의해 하나의 행이 선택되었을 때, 그 행에 저장된 16K개의 비트들은 모두 감지 증폭기(sense amplifier)로 이동된다. 이 동작을 '행을 연다(opening the row)'라고 말한다. 그와 같이 열린 행에 포함된 비트들은 열 주소에 의해 바이트(8비트) 단위로 선택되어 데이터 버스에 실리게 된다. 그런데 한 번의 읽기 동작에서 한 바이트만 전송하는 것이 아니라, 여러 개의 바이트들을 연속적으로 전송할 수 있다. 이와 같은 연속 전송 동작을 버스트 모드(burst mode)이라고 하며, 한 번의 버스트 모드 동안에 전송되는 데이터 바이트들의 수를 버스트 길이(burst length)라고 한다. 일반적으로 버스트 길이는 2, 4 혹은 8이다. 데이터 액세스에서 가장 오래 걸리는 동작이 데이터 값들을 기억 소자로부터 인출하여 감지 증폭기까지 이동시키는 것이기 때문에, 이미 증폭기로 이동된 데이터 비트들을 버스로 전송하는 동작은 매 버스 클록 때마다 발생시킬 수 있다.

그림 5-33은 네 개의 바이트들을 연속적으로 CPU로 전송하는 버스트 읽기(burst read) 동작에 대한 타이밍 도를 보여주고 있다. 클록 신호의 상승 에지에서 RAS 신호와 CAS 신호가 한 주기 간격으로 들어오며, 그에 따라 행 주소와 열 주소가 각각 래치 되어 읽기 동작이 시작된다. CAS 신호와 열 주소가 들어온 순간부터 데이터가 인출되어 버스에 실릴 때까지의 시간을 CAS 지연(CAS latency)이라고 하는데, 여기서는 2 클록 주기로 가정하였다. 그리고 실제 칩에서는 RAS 신호와 CAS 신호가 '*active-low*'이기 때문에, 이 그림에서도 그 신호들을 각각 $\overline{RAS}$ 및 $\overline{CAS}$로 표시하였다.

결과적으로 SDRAM으로부터 인출된 데이터가 매 클록 주기마다 CPU로 전송되기 때문에, 주기 당 한 바이트씩 읽혀지는 것과 같은 효과를 얻게 되는 것이다. 그리고 만약 같은 칩 내의 다른 뱅크에서도 그 동안 어떤 행에 대한 '열기(opening)'가 이루어졌다면, (앞의 전송이 종료된 다음에) 그 데이터들의 전송도 지연 없이 발생될 수 있으므로 많은 데이터들이 연속적으로 CPU로 공급될 수 있다.

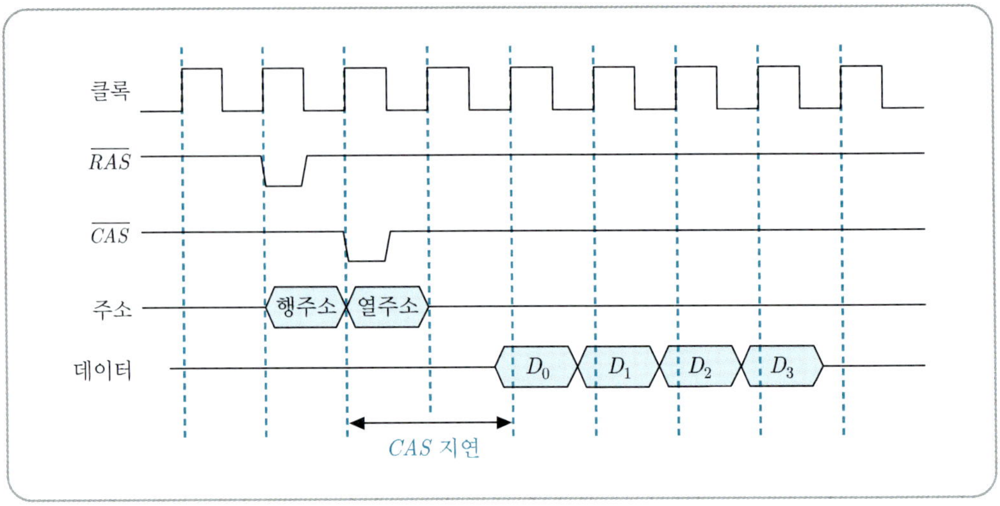

그림 5-33 버스트 읽기 동작의 타이밍도 (버스트 길이 = 4)

버스트 쓰기(burst write) 동작의 경우에는 그림 5-33과는 달리 주소와 함께 데이터들도 인가되는데, 행 주소가 인가된 다음 주기에 열 주소가 들어오는 순간부터 SDRAM에 연속적으로 네 개의 데이터들이 저장될 수 있다. 즉, SDRAM에서 쓰기 지연(write latency)은 없다.

그림 5-32와 같은 SDRAM에서는 칩 당 8비트씩만 입출력되기 때문에, 한 번에 더 많은 수의 비트들을 전송하기 위해서는 그러한 칩들을 병렬로 접속하여 기억장치 모듈을 구성해야 한다. 예를 들어, 64-비트 컴퓨터시스템에서 CPU로 한 단어씩 데이터를 공급하기 위해서는 8개의 64M×8bit SDRAM 칩들을 병렬로 접속하여, 한 번에 64비트씩 읽기 및 쓰기가 가능한 512MByte 용량의 기억장치 모듈을 구성하면 된다. 이와 같은 모듈에서는 SDRAM 칩을 한 개 더 추가하여 8비트의 ECC(error-correction code)[4]를 같이 저장하기도 한다.

5.6.2 DDR SDRAM

CPU가 필요로 하는 데이터를 기억장치로부터 좀 더 신속하게 공급하기 위해서는 기억

4) ECC는 1-비트 오류 정정 및 2-비트 오류 검출(single-error correction and double-error detection : SEC-DED)을 위한 코드이다.

장치 모듈의 대역폭(bandwidth)[5]을 더 높여야 한다. 그런데 앞에서 설명한 바와 같이 SDRAM에는 여러 개의 뱅크들이 포함되어 있기 때문에, 그들에게 모두 주소를 인가한다면 액세스 동작들이 동시에 발생하게 된다. 그리고 각 뱅크에서도 '행 열기'에 의해 행의 전체 데이터 비트들이 액세스되어 감지 증폭기에 적재되어 있다. 따라서 버스 클록 주파수만 더 높일 수 있다면, (주소 해독, 액세스 등을 위한) 지연 없이 즉시 데이터들을 연속적으로 전송할 수 있기 때문에 대역폭을 더욱 높일 수 있다. 그와 같은 원리를 이용한 기억장치 설계 기술이 DDR(Double Data Rate) 방식이다. 이 방식은 SDRAM에서 클록 주기 당 두 번씩 데이터를 전송할 수 있게 해주기 때문에, 사이클 당 한 번(once-per-cycle)이라는 한계를 극복할 수 있게 되었다. DDR SDRAM이 출현한 후에, 앞에 설명한 일반적인 SDRAM은 SDR(Single Data Rate) SDRAM이라고 불린다. DDR 방식은 그 이후에도 계속하여 개선되고 있는데, 이 절에서는 그러한 기술들의 동작 원리를 출현한 순서에 따라 분석해보기로 한다.

DDR SDRAM의 동작 원리를 이해하기 위하여, 먼저 그림 5-34(a)와 같이 클록 주파수가 133MHz인 SDR SDRAM의 읽기 타이밍을 살펴보기로 하자. 그 버스 표준 규격을 PC133이라고 부르는데, 이 경우에는 클록 주기가 그림에서 표시된 바와 같이 7.5ns이며, 버스 클록의 상승 에지(rising edge)마다 64-비트 데이터를 하나씩 전송한다. 따라서 버스트 길이 = 8인 경우에 8개의 데이터들을 전송하는데 8 클록 주기, 즉 60ns가 소요된다.[6] 그리고 CAS 지연(2 클록 주기)까지 합하면 모두 75ns가 걸리게 된다.

반면에, DDR SDRAM의 경우에는 그림 5-34(b)에서 보는 바와 같이 데이터가 클록의 상승 에지뿐 아니라 하강 에지(falling edge)에서도 전송된다. 즉, 첫 번째 데이터는 클록의 상승 에지에서 전송되고, 하강 에지에서는 두 번째 데이터가 전송된다. 따라서 네 클록 주기만에 8개의 데이터들을 모두 전송될 수 있게 된다. 그런데 여기서도 SDRAM의 내부 액세스 속도는 그대로이기 때문에 CAS 지연은 2 클록 주기이다. 결과적으로, 전체 데이터 전송시간은 (CAS 지연 + 데이터 전송시간) = 15ns + 30ns = 45ns로 줄어들게 된다. 이 경우에 버스 클록 주파수는 위의 SDR과 같은 133MHz이지만 두 배의 전송 속도를 가지므로 DDR-266이라고 부른다. 그 외에도 DDR SDRAM의 클록 주파

5) 단위 시간 당 전송되는 데이터 량을 나타내는 척도로서, 뒤에서 자세히 설명된다.
6) 캐시 라인(cache line)의 크기가 64바이트인 경우에 8번의 64-비트(8-바이트) 데이터를 연속적으로 수행함으로써, 주기억장치로부터의 라인 인출이 신속하게 이루어질 수 있다.

수로는 166MHz, 200MHz 등이 사용되고 있으며, 각각은 해당 주파수의 두 배를 나타내는 수치를 사용하여 DDR-333 및 DDR-400이라는 명칭으로 불린다.

DDR2 SDRAM은 근본적인 동작 원리가 DDR SDRAM과 거의 같으며, 버스 클록 주파수만 두 배로 높여서 데이터 전송률을 그만큼 증가시킨 것이다. 즉, 그림 5-34(c)에서 보는 바와 같이 클록 주파수는 266MHz가 되었고, 데이터 전송은 그 클록의 상승 에지 및 하강 에지에서 각각 발생한다. 따라서 DDR-533이라고 불리는 이 모듈의 클록 주기는 3.75*ns*가 되기 때문에, 8개의 데이터들을 전송하는 데 $8 \times 1.875ns = 15ns$가 걸린다. 이 경우에도 SDRAM들의 내부 액세스 속도는 그대로이기 때문에, 전체 데이터 전송 시간은 CAS 지연을 합하여 모두 30*ns*가 소요된다. 지금까지 살펴본 SDR, DDR 및 DDR2의 예에서 데이터 전송에 소요되는 시간만 비교해 보면, $60ns \rightarrow 30ns \rightarrow 15ns$로 계속 줄어들었다.

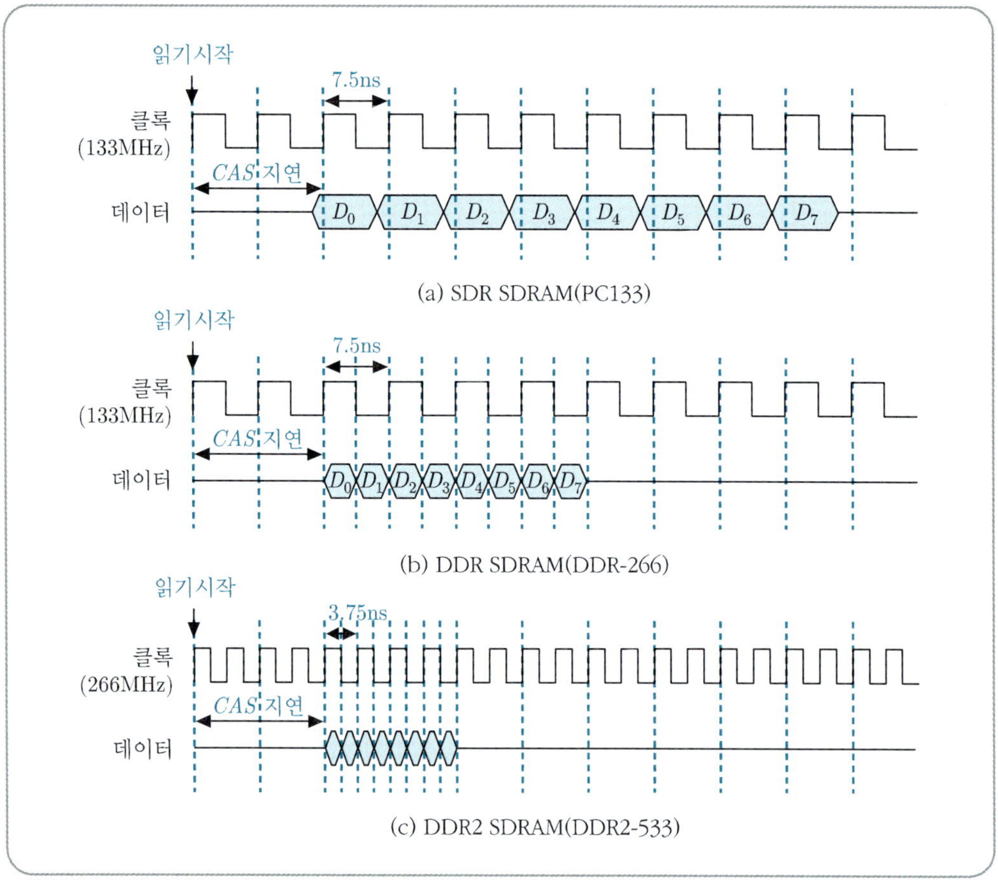

그림 5-34 DDR SDRAM 읽기 동작의 타이밍(버스트 길이 = 8)

DDR 기술은 아래와 같은 두 가지 기본 원리를 이용하여 구현되었다.

- 버스 클록의 상승 에지와 하강 에지에서 모두 데이터 전송이 발생되게 한다.
- 기억장치 제어기(memory controller) 및 버스 인터페이스 회로를 개선함으로써 버스 클록 주파수를 높인다.

위의 두 가지 원리를 이용함으로써, SDRAM의 내부 액세스 속도가 그대로 유지된 상태에서도 데이터 전송률을 계속적으로 높일 수 있게 되었다. 그리고 SDRAM 칩의 내부에 포함되는 뱅크들의 수를 더 증가시켜 액세스의 동시성을 높여준다면, 성능은 더욱 향상될 수 있다. 다시 표현하면, DDR 방식은 반도체 칩의 속도 개선과 상관없이 CPU와 기억장치 간의 데이터 전송량을 증가시켜 주는 기술인 것이다.

기억장치로부터 CPU로 제공될 수 있는 단위 시간(초) 당 데이터 전송량을 기억장치 대역폭(memory bandwidth)이라고 하는데, (버스 폭×클록 주파수)로 구할 수 있다. 예를 들어, CPU와 기억장치 간 데이터 버스의 폭이 64비트이고 버스 클록 주파수가 100 MHz라면, 기억장치 대역폭은 (100MHz×64)/8비트 = 800[MBytes/sec]가 된다. 즉, CPU와 기억장치 간에 초당 1억 번의 데이터 전송이 이루어지며, 매 전송 때마다 8바이트씩 이동된다.

같은 방법으로 계산하면, 위의 예에서 살펴보았던 PC133 SDR의 경우에는 대역폭이 1064[MBytes/sec]가 된다. 그리고 DDR SDRAM의 경우에는 같은 주파수의 클록을 사용하더라도 전송 속도는 두 배가 되므로, 기억장치 대역폭은 2128[MBytes/sec]가 된다. 또한, 그림 5-34(c)와 같이 버스 클록의 주파수를 두 배로 증가시킨 DDR2 SDRAM의 대역폭은 SDR의 네 배인 4256[MBytes/sec]로 높아졌다. 그러나 데이터가 모든 클록 주기 동안에 연속적으로 전송되지는 못하기 때문에, 이 수치들은 이론적인 최대 대역폭을 나타낸다.

최근에는 버스 클록 주파수를 두 배 더 높인 DDR3 SDRAM도 개발되고 상용화 되었다. 그리고 그 후속 모델인 DDR4 SDRAM의 개발도 진행되고 있는데, 이들은 모두 앞에서 언급한 기본 원리에 바탕을 두고 있다.

그런데 SDRAM 칩도 데이터 입출력이 4비트 혹은 8비트 단위로 이루어지는 ×4 혹은

×8 조직으로 제조되기 때문에, CPU로 하여금 한 번에 한 단어나 그 배수의 비트들을 액세스 할 수 있도록 하기 위해서는 여러 개의 칩들을 병렬로 접속하여 기억장치 모듈을 구성해야 한다. 일반적으로 CPU-기억장치 간에는 64비트 단위의 데이터 전송이 일어나기 때문에, 데이터 입출력 폭이 64비트 단위가 되도록 구성된 모듈을 기억장치 랭크(memory rank)라고 부른다. 기억장치 산업표준그룹(memory industry standard group)인 JEDEC에 의해 정의된 기억장치 랭크는 데이터 입출력 폭이 64비트가 되도록 여러 개의 칩들로 이루어진다. 각 랭크에서는 주소가 지정되는 각 기억 장소마다 64비트씩 저장되고, 동시에 액세스 된다. 만약 ×4 조직의 SDRAM 칩들을 사용하여 하나의 기억장치 랭크를 구성한다면, 16개의 칩들을 병렬로 접속해야 한다. 반면에 ×8 조직의 칩들을 사용한다면, 8개의 칩들이 필요하게 된다.

컴퓨터시스템에서 기억장치 모듈은 주기판의 기억장치 슬롯(memory slot)에 삽입되는데, 각 모듈은 단면 모듈(single-side module) 혹은 양면 모듈(double-side module)로 만들어진다. 단면 모듈에서는 기판의 한 면에만 칩들이 장착되며, 접속 핀(connection pin)들도 한 면에만 설치되거나 양면에 중복적으로 설치된다. 반면에 양면 모듈에서는 기판의 양쪽 면에 칩들이 장착되며, 접속 핀들도 양면의 하단에 각각 설치되기 때문에 더 많은 수의 신호들을 입출력 할 수 있다. 단면 모듈을 SIMM(single in-line memory module), 양면 모듈은 DIMM(dual in-line memory module)이라고도 부른다.

기억장치 랭크는 사용되는 칩들의 내부 조직에 따라 각 면 단위로 구성될 수도 있고, 양면을 걸쳐 하나의 랭크가 구성되기도 한다. 먼저 단면 모듈의 예로서, 그림 5-35(a)는 ×8 조직을 가지는 여덟 개의 SDRAM 칩들을 배열하여 병렬 접속함으로써 하나의 기억장치 랭크를 구성한 모습을 보여주고 있다. 이와 같은 모듈에서는 각 칩 당 8비트씩 인출되어, 전체적으로 64비트가 데이터 버스를 통하여 CPU로 전송된다. 기억장치 모듈의 기판은 각 면에 8개 정도의 칩들을 장착할 수 있는 크기이기 때문에, 단면 모듈의 경우에는 항상 ×8 조직의 칩들을 이용하여 단일-랭크 모듈(single-rank module)로만 구성될 수 있다.

그림 5-35(b)는 ×8 조직의 칩들을 양면 모듈의 각 면에 여덟 개씩 부착하여, 면 별로 랭크를 한 개씩 구성한 예를 보여주고 있다. 즉, 양면 기판을 이용하여 2중-랭크 모듈(dual-rank module)이 구성된 것이다. 그런데 이와 같은 양면 기판에 ×4 조직의 칩들을 장착한다면, 16개의 SDRAM 칩들이 모두 하나의 랭크를 구성하는데 사용되어야 한다. 그림 5-35(c)는 양면에 부착된 16개의 칩들로 하나의 기억장치 랭크를 이루고 있는 단일

-랭크 모듈을 보여주고 있다. 이러한 모듈에서 읽기 동작이 수행되는 경우에는 주소가 인가되면 각 칩에서 네 비트씩 동시에 인출되고, 모듈의 양면에 설치된 접속 핀들을 통하여 전체적으로 64비트가 데이터 버스에 실리게 된다. 결과적으로, 그림 5-34의 읽기 동작들에서 각 클록 에지마다 데이터가 64비트씩 전송되는 것이다.

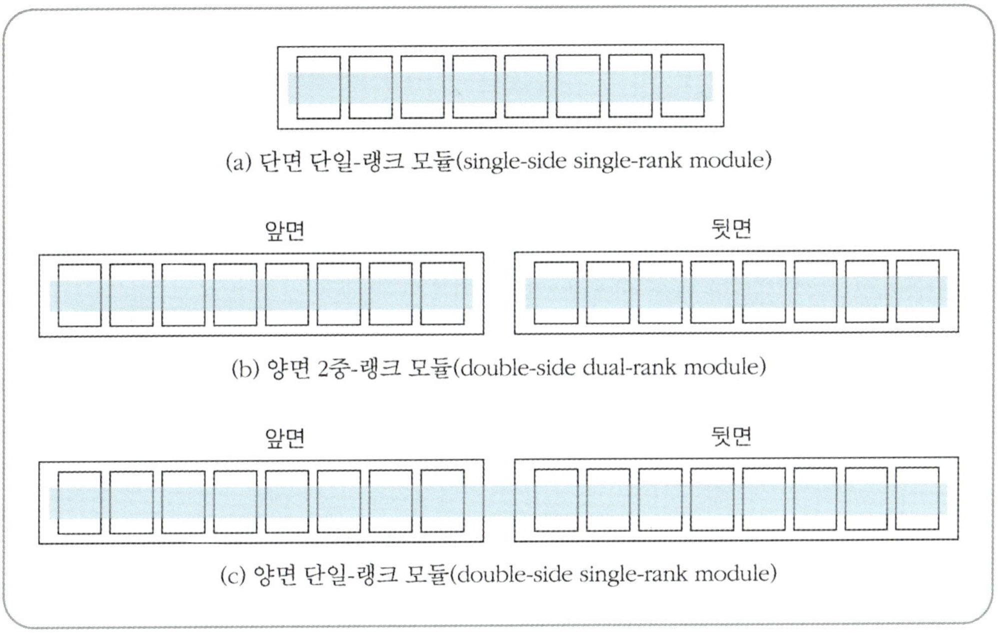

그림 5-35 기억장치 모듈과 랭크의 수(랭크: 청색 묶음)

그림 5-35(a)에서 각 SDRAM 칩의 용량이 2Gbit(즉, 256M × 8비트)라면, 이 SIMM의 전체 용량은 (256M × 8비트) × 8개 = 2GByte가 된다. 그리고 그림 5-35(b)와 같은 DIMM에 (a)와 동일한 칩들이 장착된다면, 각각 2GByte 용량을 가지는 두 개의 랭크들이 구성되며, 모듈의 전체 용량은 4GByte가 된다. 반면에, 그림 5-35(c)에서는 칩 용량이 같더라도 내부 조직은 512M×4비트인 칩들이 사용되어야 한다. 결과적으로, 이 DIMM의 전체 용량은 (b)와 같은 4GByte가 되지만, 랭크의 수는 한 개이다.

만약 ×16 조직의 칩들을 사용할 수 있다면, 하나의 양면 모듈이 각 면 당 두 개씩의 랭크를 가지는 4중-랭크 모듈(quad-rank module)로도 구성될 수 있다. 그런데 용량이 같은 SDRAM 칩에서 입출력 데이터 폭이 넓어질수록 기억 장소의 수는 줄어들기 때문에, 랭크의 수가 많아지더라도 모듈 전체의 용량은 동일하다. 또한 컴퓨터시스템이 가질 수 있는 랭크의 수가 정해져 있어서, 랭크의 수가 너무 많아지면 시스템에 설치할 수 있는 전체 기억장치 용량이 제한되는 문제도 있다.

서버 컴퓨터나 슈퍼컴퓨터와 같이 높은 신뢰도가 요구되는 시스템에서는 데이터 8비트 당 한 비트씩의 오류 검출 코드(error correction code : ECC)를 추가하여 기억장치 모듈을 구성한다. 이러한 경우에는 각 랭크의 입출력 데이터 폭이 (64 + 8)비트 = 72비트가 되기 때문에, SIMM 및 DIMM의 각 면에 SDRAM 칩을 9개씩 장착해야 한다.

5.6.3 차세대 비휘발성 기억장치

EEPROM이나 플래시 메모리는 비휘발성이라는 큰 장점을 가지지만 액세스 시간, 특히 삭제 및 쓰기 시간이 다른 반도체 기억장치들에 비하여 매우 길다는 결점을 가지고 있다. 반면에 DRAM은 속도가 빠르지만 휘발성이라는 큰 단점을 가지고 있다. 만약 비휘발성의 특징을 가지면서도 읽기/쓰기 속도도 높은 기억장치가 출현한다면 컴퓨터시스템에 많은 도움이 될 것이다. 그러한 기억장치를 개발하려는 노력이 계속 진행되어 왔는데, 현 시점에서 실용화가 가능할 것으로 예상되는 기억장치로서 PRAM, FRAM 및 MRAM이 주목을 받고 있다. 이들은 비휘발성의 특징을 가지면서도 플래시 메모리에 비하여 액세스 속도가 1000배 정도 더 빠르다. 그리고 DRAM보다 속도는 느리지만, 집적도는 별 차이가 없으며, 전력 소모가 더 적다는 장점을 가지고 있다. 그러한 차세대 기억장치들의 특성을 비교한 결과는 [표 5-8]과 같다.

[표 5-8] 차세대 기억장치들의 비교

구분	PRAM	FRAM	MRAM
동작 원리	특정 물질의 상태 변화	강유전체의 분극 특성	전극의 자화 방향
쓰기 시간	500ns	50ns	10ns
장점	비휘발성, 고속, 고집적도	비휘발성, 고속, 저전력	비휘발성, 고속, 내구성
단점	느린 쓰기 속도	내구성 취약	상대적 고비용

1) PRAM

PRAM(Phase-change RAM)은 상태(phase ; 상(相)이라고도 함)가 변하는 특수 물질을 이용하여 제조한 RAM이다. 이 물질은 인가되는 전류의 세기에 따라 내부 구조가 변하여 저항이 약한 고체 상태 혹은 저항이 강한 액체 상태가 되는데, 그러한 성질을 이용하여 데이터를 저장하는 것이다. 재료로 사용되는 물질은 게르마늄 안티몬 텔룰라이드(GST : Ge2Sb2Te5)이라고 불리는 화합물 반도체로서, 고체 상태에 해당하는 결정 상태(poly-crystalline phase : 結晶 狀態) 혹은 액체 상태에 해당하는 비정질 상태(amorphous phase)로 있게 된다.

PRAM의 각 기억 셀(memory cell)은 두 개의 전극 사이에 그 물질을 삽입시킨 형태로 제조된다. 그리고 두 전극들 간에 짧은 시간 동안 상대적으로 높은 전압을 인가하면, 열이 발생하여 낮은 저항을 가지는 결정 상태로 바뀌게 되는데, 그 상태는 '1'을 나타내게 된다. 반면에, 낮은 전압을 상대적으로 긴 시간동안 인가하면 저항이 높은 비정질 상태가 되는데, 그 상태는 '0'을 가리킨다.

읽기 동작은 상태 변화를 야기하지 않을 정도로 낮은 전압의 전기를 두 전극들 사이에 인가함으로써 이루어진다. 삽입된 물질은 상태에 따라 저항의 크기가 다르기 때문에 전기가 인가되었을 때 두 전극들 간에 흐르는 전류 양에 차이가 발생하며, 그 차이를 이용하여 데이터의 값을 구분한다. 즉, 읽기 전압(read voltage)이 인가되었을 때 저항이 낮은 결정 상태라면 전류가 많이 흐르므로 '1'로 인식되며, 비정질 상태라면 저항이 높아 전류가 적게 흐르므로 '0'으로 인식된다.

이와 같은 상태 변화 물질은 DVD나 CD-RW와 같은 저장매체에 사용되는 것과 같은 유형의 물질이지만, 그 장치들에서는 쓰기 및 삭제 동작에 전원보다 더 높은 전압이 필요하기 때문에 회로가 복잡해진다. 그러나 PRAM은 인가되는 전원 전압 범위에서 모든 전기적인 동작들이 이루어질 수 있기 때문에, 회로가 간단하고 전력 소모도 적다는 장점을 가지고 있다. PRAM은 차세대 기억장치들 중에서 가장 빠르게 기술이 발전되고 있고, 시장성도 가장 높게 평가받고 있다.

2) FRAM

FRAM(Ferroelectric RAM)은 강유전체라는 물질의 특성을 이용하는 반도체 기억장치이다. 강유전체는 전기를 인가하지 않은 자연 상태에서도 전기적 극성을 띠고 있는 물질인데, 주로 플럼범 지르코늄 티타늄 산화물(PZT : PbZrTiO)을 이용하여 제조된다. 한쪽 면은 양(+) 전극, 다른 쪽 면은 음(−) 전극의 고유 성질을 가진 강유전체 물질에 전기를 가하면 전극의 위치가 바뀌게 되며, 전기 공급이 중단되어도 그대로 유지된다. 따라서 각 기억 셀에 '0'을 저장하고자 할 때는 전기를 인가하지 않음으로써 원래의 전극 위치(예 : + − 상태)를 유지하게 하고, '1'을 저장할 때는 전기를 인가하여 전극 위치를 − + 상태가 되도록 바꾸는 것이다.

데이터를 읽을 때는 기억 셀에 전기장(electric field)을 가한 다음에, 감지되는 전하의 양에 따라 '0'과 '1'을 구분한다. 그런데 FRAM은 읽을 때마다 그 셀의 내용이 파괴되기 때문에, 읽은 후에는 반드시 데이터를 복구시켜주어야 한다.

FRAM의 각 기억 셀은 한 개의 강유전체 캐패시터와 한 개의 트랜지스터로 구성된다. 따라서 FRAM은 강유전체가 캐패시터 역할을 한다는 점만 다를 뿐, 그 구조와 동작 원리가 DRAM과 유사하다고 볼 수 있다. FRAM은 차세대 기억장치들 중에서 가장 먼저 상용화된 제품이 개발되었는데, 최근 IC 카드와 같은 외장형 기억장치로 사용하기 위한 연구 개발이 활발히 진행되고 있다.

3) MRAM

MRAM(Magnetic RAM)은 앞의 두 소자들과는 달리, 전기가 아닌 자기장(magnetic field)을 이용하여 정보를 저장하는 반도체 기억장치이다. MRAM은 강자성체 물질로 만들어지는데, 가해지는 자기장의 방향으로 자화되고, 자기장을 제거하더라도 자성이 그대로 유지된다. 기본 구조는 그림 5-36과 같이 상부와 하부에 설치되는 두 개의 강자성체들 사이에 절연체가 삽입된 형태이다. 하부 강자성체의 자화 방향은 고정되어 있어서 고정층이라고 부르는데, 일반적으로 철(Fe)을 사용한다. 절연층은 터널링 자기저항(tunneling magnetic resistance) 현상[7]이 일어날 수 있도록 충분히 얇아야 하며, 주로 Al_2O_3가 사용된다. 상부 강자성체에는 2진 정보가 자화의 방향에 따라 저장되므로 기록층이라 부르며, $Fe_{50}Co_{50}$과 같은 물질을 사용한다.

7) 터널링 자기저항 현상이란 매우 얇은 절연층을 사이에 두고 두 개의 강자성층이 존재하는 경우에 그들의 자화 방향이 일치하는지 혹은 불일치하는지에 따라 터널링 확률이 달라져 절연층의 저항이 달라지는 현상을 말한다. 저항이 커질 경우에는 두 강자성체들 간에 전류가 흐르지 못하며, 저항이 적어지면 전류가 잘 흐르게 된다.

기억 셀에 '0'을 쓸 때는 상부 기록층에 그림 5-36(a)와 같은 방향으로 전류를 인가해 주어 상부 강자성체와 하부 강자성체의 자화 방향이 일치하도록 자기장을 형성해주면 된다. 그리고 '1'을 쓸 때는 그림 5-36(b)와 같이 전류 방향을 반대로 인가하여 상부 및 하부 강자성체의 자화 방향이 서로 달라지게 하면 된다. 데이터를 읽을 때는 두 강자성체들 간에 전류를 흘려준다. 만약 강자성체 간의 자화 방향이 같은 상태라면, 절연층의 저항이 적어져 터널링 전류가 흐르게 때문에 상하부 층간의 전위차가 낮아져서 '0'으로 인식된다. 그러나 만약 자화 방향이 반대 방향이라면, 저항이 커져 전류가 흐르지 않으므로 상하부 층간의 전위차가 높아져서 '1'로 인식된다.

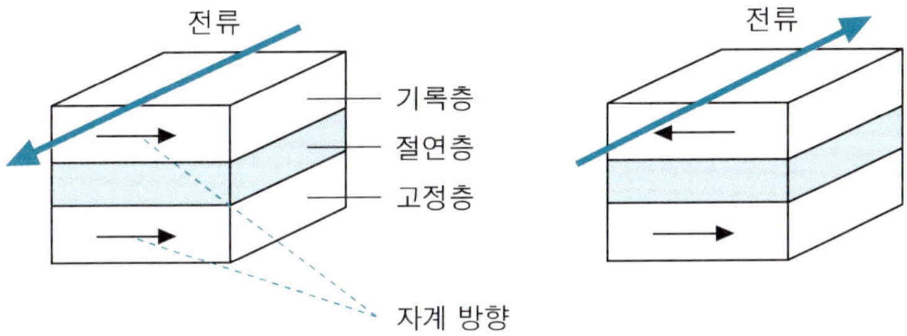

(a) 동일 방향의 자계 형성('0' 저장)　　(b) 반대 방향의 자계 형성('1' 저장)

그림 5-36 MRAM의 기본 구조와 동작 원리

기 본 문 제

5.1 내부 기억장치와 외부 기억장치를 구분하는 기준이 되는 것은?

가. 기억장치의 용량　　나. 기억장치의 위치
다. 기억장치의 액세스 속도　　라. CPU에 의한 직접 액세스 가능 여부

5.2 다음과 같이 액세스 유형에 따라 분류된 기억장치들 중에서 데이터의 저장 위치에 상관없이 액세스 시간이 모두 동일한 것은?

가. 직접 액세스 기억장치　　나. 임의 액세스 기억장치
다. 연관 액세스 기억장치　　라. 순차적 액세스 기억장치

5.3 다음과 같은 기억장치 유형들 중에서 주소를 사용하지 않고 저장된 비트 패턴을 비교하여 액세스할 위치를 찾아내는 기억장치는 어느 것인가?

가. 직접 액세스 기억장치　　나. 임의 액세스 기억장치
다. 연관 액세스 기억장치　　라. 순차적 액세스 기억장치

5.4 어떤 기억장치의 액세스를 시작하는 순간부터 다음 액세스를 다시 시작할 수 있을 때까지의 시간 간격을 나타내는 것은?

가. 기억장치 액세스 시간　　나. 기억장치 사이클 시간
다. 데이터 전송 시간　　라. 데이터 복구 시간

5.5 바이트 단위로 주소를 지정하는 시스템에서 10비트의 주소로 직접 액세스할 수 있는 기억장치 용량은 몇 바이트인가?

가. 1K 바이트　　나. 2K 바이트
다. 4K 바이트　　라. 8K 바이트

5.6 단어 단위로 주소를 지정하는 시스템에서 단어의 길이가 32비트라면, 10비트의 주소로 직접 액세스할 수 있는 기억장치 용량은 몇 바이트인가?

가. 1K 바이트　　나. 2K 바이트
다. 4K 바이트　　라. 8K 바이트

5.7 기억장치 계층에서 상위로 올라감에 따라 나타나는 특성으로 옳은 것은?

가. 액세스 빈도 감소　　나. 속도 저하
다. 용량 증가　　라. 비트당 가격 상승

5.8 아래의 기억장치들을 액세스 시간이 짧은 순서로 바르게 나열한 것은?

① 캐시　　② CD-ROM
③ 주기억장치　　④ CPU 레지스터

가. ① → ② → ③ → ④　　나. ④ → ① → ③ → ②
다. ② → ④ → ① → ③　　가. ① → ③ → ④ → ②

5.9 계층적 기억장치시스템에서 첫 번째 계층 기억장치의 액세스 시간이 20ns이고 두 번째 계층 기억장치의 액세스 시간은 200ns이다. 첫 번째 계층 기억장치의 적중률이 0.8이라면, 평균 기억장치 액세스 시간은 얼마인가?

가. 220ns　　나. 56ns
다. 164ns　　라. 76ns

5.10 디스크 캐시를 설치하는 주요 목적이 되는 것은?

가. 디스크 용량 확장　　나. 평균 디스크 액세스 시간 단축
다. 데이터의 분산 저장　　라. 비용 절감

5.11 다음 중에서 휘발성 기억장치의 특징을 바르게 설명한 것은?

가. 저장된 내용을 읽으면 지워진다.
나. 저장된 내용을 읽어도 지워지지 않는다.
다. 전원 공급이 중단되면 내용이 지워진다.
라. 전원 공급이 중단되어도 내용이 지워지지 않는다.

5.12 다음 중에서 DRAM의 특징이라고 할 수 없는 것은?

가. 집적 밀도가 높다. 나. 재충전 회로가 필요하다.
다. SRAM보다 빠르다. 라. 휘발성이다.

5.13 8비트씩 저장되는 기억 장소가 512개인 RAM에 필요한 주소 비트는 몇 개인가?

가. 8비트 나. 9비트
다. 10비트 라. 512비트

5.14 16M×4비트 조직의 RAM 칩에는 주소 핀이 몇 개가 필요한가?

가. 11개 나. 12개
다. 22개 라. 34개

5.15 다음 중에서 ROM 칩에 필요하지 않는 신호는 어느 것인가?

가. 칩 선택 신호 나. 주소
다. 읽기 신호 라. 쓰기 신호

5.16 주소 선의 수가 12개이고 데이터 선의 수가 8개인 ROM의 내부 조직을 나타내는 것은?

가. 1K×8 나. 2K×8
다. 4K×8 라. 8K×8

5.17 다음 중에서 전원 공급이 중단되어도 내용이 지워지지 않으며, 전기적으로 지우고 다시 쓸 수도 있는 반도체 기억장치는 어느 것인가?

가. ROM　　나. EPROM
다. EEPROM　　라. SRAM

5.18 32-비트 CPU를 위한 주기억장치 모듈(용량 = 1K 단어)을 1K×4비트 조직의 RAM들을 이용하여 구성하려고 한다. 다음 중에서 어떤 방법을 이용하면 되는가?

가. 4개 RAM들을 직렬 연결　　나. 4개 RAM들을 병렬 연결
다. 8개 RAM들을 직렬 연결　　라. 8개 RAM들을 병렬 연결

5.19 네 개의 512×4비트 RAM 칩들을 직렬로 연결하여 구성한 기억장치 모듈의 마지막 주소를 16진수로 표시하면 다음 중 어느 것이 되는가?

가. 1FFH　　나. 3FFH
다. 7FFH　　라. FFFH

5.20 CPU가 기억장치를 500번 액세스하는 동안에 원하는 데이터가 캐시에 있었던 횟수가 450번이었다면, 캐시 적중률은 얼마인가?

가. 0.45　　나. 0.5
다. 0.9　　라. 0.95

5.21 캐시 액세스 시간이 10*ns*이고 주기억장치 액세스 시간이 200*ns*인 시스템에서 캐시 적중률이 0.8이라면, 평균 기억장치 액세스 시간은 얼마가 되는가?

가. 24*ns*　　나. 48*ns*
다. 162*ns*　　라. 210*ns*

5.22 라인의 수가 64개인 캐시를 직접 사상 방식으로 구성하였다면, 주기억장치의 각 블록이 적재될 수 있는 캐시 라인의 수는 몇 개인가?

가. 1개　　나. 2개
다. 4개　　라. 64개

5.23 라인의 수가 64개인 캐시를 완전-연관 사상 방식으로 구성하였다면, 주기억장치의 각 블록이 적재될 수 있는 캐시 라인의 수는 몇 개인가?

가. 1개　　나. 2개
다. 16개　　라. 64개

5.24 라인의 수가 64개인 캐시를 4-way 세트-연관 사상 방식으로 구성하였다면, 주기억장치 블록이 적재될 수 있는 캐시 라인은 몇 개인가?

가. 1개　　나. 4개
다. 16개　　라. 64개

5.25 교체 알고리즘들 중에서 캐시에 가장 오랫동안 적재되어 있었던 블록을 교체하는 방식은 어느 것인가?

가. LRU　　나. FIFO
다. LFU　　라. Random

5.26 캐시의 쓰기 정책 중에서 *write-through* 방식의 단점에 해당하는 것은?

가. 주기억장치의 내용이 무효 상태인 경우가 있다.
나. 쓰기 시간이 길다.
다. 읽기 시간이 길다.
라. 하드웨어가 복잡하다.

5.27 2-단계 캐시(L_1 및 L_2)와 주기억장치(M)로 구성된 기억장치시스템에서 용량의 크기 관계를 바르게 표시한 것은?

가. $L_1 > L_2 > M$　　나. $M > L_1 > L_2$

다. $L1 < L_2 < M$　　라. $M < L_1 < L_2$

5.28 분리 캐시(split cache)를 사용하는 주요 이유는 무엇인가?

가. 캐시 액세스 충돌 제거　　나. 캐시 크기 확장

다. 캐시 적중률 향상　　라. 데이터 일관성 유지

5.29 다음 중에서 SDRAM의 특징이 아닌 것은?

가. 버스 클록에 동기화되어 정보가 전송된다.

나. 여러 개의 내부 뱅크들에서 동시 액세스가 진행된다.

다. 액세스가 진행되는 동안 CPU가 대기한다.

라. 여러 개의 데이터들을 연속적으로 전송하는 버스트 모드를 지원한다.

5.30 아래의 설명 중에서 DDR 기술의 핵심 개념이 아닌 것은?

가. 버스 클록 주파수를 증가시킨다.

나. CAS 지연이 줄어들도록 칩의 속도를 개선시킨다.

다. 클록의 상승 에지뿐 아니라 하강 에지에서도 데이터를 전송한다.

라. 칩 내부 뱅크의 수를 증가시켜 성능을 더욱 높인다.

5.31 다음 중에서 비휘발성 기억장치가 아닌 것은?

가. PRAM　　나. MRAM

다. DRAM　　라. FRAM

5.32 다음 중에서 쓰기 속도가 가장 느린 기억장치는 어느 것인가?

가. PRAM　　나. MRAM
다. DRAM　　라. FRAM

5.33 다음 중에서 전기가 아닌 자기장을 이용하여 정보를 저장하는 반도체 기억장치는 어느 것인가?

가. PRAM　　나. MRAM
다. DRAM　　라. FRAM

연습문제

5.1 두 계층으로 이루어진 기억장치시스템에서 첫 번째 계층의 기억장치 액세스 시간이 20*ns*이고, 두 번째 계층의 기억장치 액세스 시간은 200*ns*이다. 첫 번째 계층의 기억장치에 대한 적중률이 90%인 경우에 평균 기억장치 액세스 시간을 구하라.

5.2 두 계층으로 이루어진 기억장치시스템에서 첫 번째 계층의 기억장치 액세스 시간이 10*ns*이고, 두 번째 계층의 기억장치 액세스 시간은 100*ns*이다. 첫 번째 계층의 기억장치에 대한 적중률이 0%부터 20% 간격으로 100%까지 변할 때의 평균 기억장치 액세스 시간들을 구하여 그래프를 그리고, 결과에 대하여 설명하라. 단, 그래프의 X축은 적중률, Y축은 평균 기억장치 액세스 시간으로 한다.

5.3 다음과 같은 조직을 가진 RAM의 첫 번째 기억 장소의 주소와 마지막 기억 장소의 주소를 각각 16진수로 표기하라.

(1) 512×8비트 조직 (2) 1024×4비트 조직 (3) 4096×1비트 조직

5.4 다음과 같은 조직을 가진 RAM들을 이용하여 1K×32비트 기억장치 모듈을 구성하는 데 필요한 칩의 수를 구하라.

(1) 512×1비트 조직 (2) 128×4비트 조직 (3) 64×8비트 조직

5.5 단어(word)의 길이가 32비트인 컴퓨터시스템에서 다음과 같은 조직의 RAM을 이용하여 용량이 64 Mword인 기억장치 모듈을 구성하는 데 필요한 칩의 수를 각각 구하라.

(1) 4M×1비트 RAM (2) 1M×4비트 RAM

5.6 32×4비트 RAM 칩들을 사용하여 32×16비트 기억장치 모듈을 구성하는 회로를 그림 5-11과 같은 형태로 설계하고, 기억장치 주소 영역의 첫 번째 주소와 마지막 주소를 2진수로 표시하라.

5.7 2K×8비트 RAM 칩들을 사용하여 2K×64비트 기억장치 모듈을 구성하는 회로를 그림 5-12와 같이 설계하고, 전체 기억장치 주소 영역의 첫 번째 주소와 마지막 주소를 16진수로 각각 표시하라.

5.8 32×8비트 RAM 칩들을 사용하여 64×8비트 기억장치 모듈을 구성하는 회로를 그림 5-13과 같은 형태로 설계하고, 전체 기억장치 주소 영역의 첫 번째 주소와 마지막 주소를 2진수로 각각 표시하라.

5.9 2K×8비트 RAM 칩들을 사용하여 8K×8비트 기억장치 모듈을 구성하는 회로를 그림 5-14와 같이 설계하고, 전체 기억장치 주소 영역의 첫 번째 주소와 마지막 주소를 16진수로 각각 표시하라.

5.10 16×4비트 RAM 칩들을 이용하여 32×8비트 기억장치 모듈을 설계하고, 각 칩에 할당된 주소 영역을 2진수로 표시하라. [힌트 : 문제 5.6번과 5.8번의 설계 방법을 결합]

5.11 1K×8비트 RAM 칩들을 사용하여 2K×16비트 기억장치 모듈을 구성하는 회로를 설계하고, 각 칩에 할당된 주소 영역을 2진수로 표시하라. [힌트 : 문제 5.7번과 5.9번의 설계 방법을 결합]

5.12 256K×8비트 조직을 가진 ROM의 블록 선도를 그리고, 제어 신호들의 명칭과 주소 및 데이터 비트들의 수를 표시하라.

5.13 8-비트 CPU에 두 개의 4K×8비트 ROM 칩들과 네 개의 2K×8비트 RAM 칩들을 이용하여 기억장치시스템을 구성하고자 한다. ROM의 주소는 0번지부터 시작하고, RAM의 시작 주소는 8000H번지로 할당하는 경우에 대한 주소 표를 작성하라.

5.14 16-비트 CPU에 2MByte RAM과 1MByte ROM을 주기억장치로서 접속하려 한다. 사용가능한 칩들이 1M×4비트 RAM 칩들과 512K×8비트 ROM 칩들이라고 할 때, 아래 물음에 답하라.

(1) RAM과 ROM 칩들이 각각 몇 개씩 필요한가?
(2) 주기억장치의 전체 용량은 몇 단어(word)가 되는가?
(3) 각 칩들에 지정되는 주소 표를 작성하라. 단, RAM의 주소는 0번지부터 시작하고, ROM의 주소는 그 다음에 연속되도록 하라.

5.15 CPU가 기억장치를 액세스한 전체 횟수가 15000회이며, 그 중에 원하는 명령어 혹은 데이터가 캐시에 있었던 횟수가 다음과 같을 때, 캐시 적중률을 구하라.

(1) 7500
(2) 12000
(3) 13500

5.16 주기억장치의 액세스 시간이 100*ns*이고 캐시의 액세스 시간이 8*ns*일 때, 캐시의 적중률이 0.85라면 평균 기억장치 액세스 시간은 몇 *ns*가 되는가?

5.17 캐시 액세스 시간(T_c)에는 캐시가 적중되었는지를 검사하기 위하여 태그값을 읽어서 주소의 태그값과 비교하는 데 걸리는 시간이 포함되어 있다. 사실상 그 검사 시간(T_k)은 캐시 미스의 경우에도 캐시에서 소모된다. 그것을 고려한 경우에 식 (5-2)를 고쳐 쓰라. 또한 $T_k = 2ns$라고 가정한 경우에, 고친 식을 이용하여 문제 5.16번을 다시 풀어라.

5.18 주기억장치의 액세스 시간이 100*ns*이고 캐시의 액세스 시간이 10*ns*일 때, 평균 기억장치 액세스 시간이 19*ns* 이하가 되도록 하기 위해서는 캐시의 적중률이 얼마 이상이 되어야 하는가?

5.19 단어의 길이가 32비트인 컴퓨터시스템에서 캐시의 크기가 16KByte인 경우에 인출 방식이 다음과 같다면, 캐시 라인의 수는 각각 몇 개가 되는가?

(1) 요구 인출
(2) 선인출 (인출 크기 = 2 단어)
(3) 선인출 (인출 크기 = 4 단어)

5.20 주기억장치 용량이 1MByte이고 캐시의 용량은 16KByte인 시스템에서 캐시 라인의 크기는 4바이트이다. 직접-사상 방식이 사용되는 경우에 아래 물음에 답하라.

(1) 캐시에는 몇 개의 라인들이 존재하는가?
(2) 주기억장치의 블록 수는 몇 개가 되는가?
(3) 한 라인을 공유하는 주기억장치 블록들의 수는 몇 개인가?
(4) 주소 형식과 각 필드의 비트 수를 결정하라.

5.21 세트-연관 캐시가 64개의 라인들을 가지고 있으며, 각 세트는 4개의 라인들로 구성된다. 주기억장치는 4096개의 블록들을 가지고 있으며, 각 블록은 16바이트로 구성된다. 주기억장치 주소의 형식을 결정하라.

5.22 직접-사상 방식과 완전-연관 사상 방식의 상대적 장단점을 비교하라.

5.23 프로그램 실행 중의 어느 시점에서 직접 사상 캐시의 라인들이 그림 5-19와 같은 블록들을 적재하고 있다고 하자. 이때 CPU로부터 다음과 같은 기억장치 주소들이 발생한 경우에 캐시 적중인지 혹은 캐시 미스인지를 구분하라. 그리고 캐시 미스인 경우에 그 블록이 캐시의 해당 라인에 적재된 결과를 설명하라. 단, 아래 주소는 2진수로 표현되어 있다.

(1) 1101000　　(2) 1101100
(3) 0010100　　(4) 0111100

5.24 프로그램 실행 중의 어느 시점에서 세트-연관 사상 캐시의 라인들이 그림 5-23과 같은 블록들을 적재하고 있다고 하자. 이때 CPU로부터 다음과 같은 기억장치 주소들이 발생한 경우에 캐시 적중인지 혹은 캐시 미스인지를 구분하라. 그리고 캐시 미스인 경우에는 그 블록이 적재(혹은 교체)된 후의 해당 라인의 태그 번호를 결정하라. 단, 교체할 때는 세트내의 첫 번째 라인을 교체하는 것으로 한다. 단, 아래의 주소는 2진수 표현이다.

(1) 1101000　　　(2) 0111100
(3) 0100000　　　(4) 0000100

5.25 [예제 5-6]에서 교체 알고리즘이 FIFO인 경우에 대하여 적중률을 구하라.

5.26 세트-연관 사상 캐시로 아래와 같은 블록들이 연속적으로 액세스된다고 하자.

1　2　2　1　3　1　4　5　4　7　4　1

교체 알고리즘과 세트당 라인 수가 다음과 같을 때의 캐시 적중률을 각각 구하라.

(1) FIFO 알고리즘, 라인 수 = 2개
(2) FIFO 알고리즘, 라인 수 = 4개
(3) LRU 알고리즘, 라인 수 = 2개
(4) LRU 알고리즘, 라인 수 = 4개

5.27 주기억장치 액세스 시간이 200*ns*, 캐시 액세스 시간이 20*ns*인 시스템에서 기억장치 액세스가 1000번이 수행되었다. 그 중의 60%는 읽기 동작이고, 40%는 쓰기 동작이었으며, 평균 적중률은 80%였다. 캐시 쓰기 정책이 아래와 같을 때, 각각의 평균 기억장치 액세스 시간을 구하라. 단, *write back*에서 미스가 발생한 경우에 새로운 블록을 적재하기 위하여 교체할 라인의 30%는 변경된 상태에 있다고 가정한다.

(1) *Write-through*　　　(2) *Write-back*

5.28 두 계층의 캐시를 가진 시스템에서 첫 번째 계층의 캐시인 L_1의 액세스 시간은 2ns, 두 번째 계층의 캐시인 L_2의 액세스 시간은 20ns이고, 주기억장치 액세스 시간은 200ns이다. L_1의 적중률이 60%이고 L_2의 적중률은 85%라고 할 때, 식 (5-6)을 이용하여 대한 평균 기억장치 액세스 시간을 구하라.

5.29 L_2의 적중률이 L_1에서 미스 된 액세스들에 대한 적중률을 나타내는 경우의 평균 기억장치 액세스 시간을 표현하는 식 (5-7)을 이용하여 문제 5.28번을 다시 풀어라.

5.30 DDR SDRAM에서 클록 주파수가 아래와 같은 경우에 각각의 기억장치 대역폭을 구하라.

(1) 100MHz
(2) 166MHz
(3) 200MHz

5.31 DDR2 SDRAM에서 클록 주파수가 아래와 같은 경우에 각각의 기억장치 대역폭을 구하라.

(1) 133MHz
(2) 200MHz
(3) 266MHz

5.32 클록 주파수가 200MHz인 DDR SDRAM에서 버스트 읽기 동작이 모두 수행되는데 걸리는 전체 시간을 구하라. 단, 버스트 길이는 8이며, CAS 지연은 2 클록 사이클이라고 가정한다.

5.33 최근 삼성전자에서 DDR3를 위한 4Gbit SDRAM을 개발하였는데, 칩의 내부 조직은 1G×4비트 혹은 512M×8비트이다. 이 칩들을 이용하여 그림 5-35와 같은 방법으로 기억장치 모듈들을 구성하는 경우에, 각 모듈의 전체 용량을 구하라.

Computer Architecture

6 보조저장장치

이 장에서는 외부 기억장치에 해당하는 보조저장장치들에 대하여 설명하고자 한다. 그들 중에서 시스템의 프로그램 처리 속도에 직접 영향을 주고 거의 모든 컴퓨터시스템에서 가장 중요한 보조저장장치로 사용되고 있는 자기 디스크(magnetic disk)에 대한 설명부터 시작한다. 그 다음에는 디스크의 용량과 신뢰도를 높이기 위하여 개발된 결함-허용 디스크 배열(fault-tolerant disk array)인 RAID의 설계 원리를 분석한다. 그리고 마지막으로, 최근 많은 컴퓨터시스템들에서 점차 더 널리 사용되고 있는 광 기억장치(optical memory)들의 종류와 동작 원리에 대하여 살펴보고자 한다.

6.1 자기 디스크

자기 디스크는 하드 디스크(hard disk)라고도 하며, 단순히 디스크로 부르기도 한다. 디스크는 자화될 수 있는 물질(magnetizable material)로 코팅된 플라스틱이나 금속을 이용한 원형 평판(circular platter)으로 만들어지는데, 그 평판 위에 헤드(head)라고 불리는 전도성 코일을 통하여 표면을 자화시킴으로써 데이터를 저장하게 된다. 디스크의 표면에는 그림 6-1에서 보는 바와 같이 여러 개의 동심원들이 존재하는데, 이 원들을 트랙(track)이라고 부른다. 데이터들은 트랙 위에 저장되며, 헤드가 그 트랙을 지나가는 동안에 데이터가 저장되거나 인출된다.

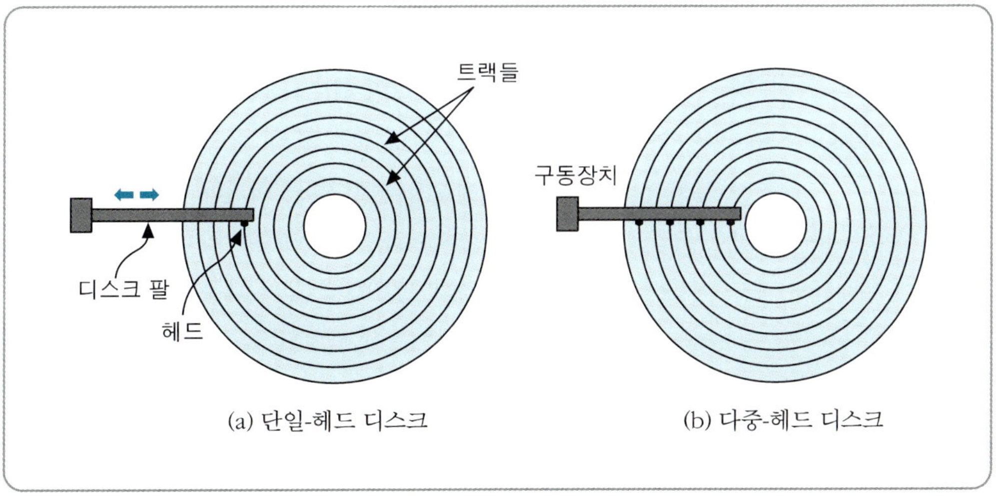

그림 6-1 디스크 표면과 헤드

트랙 상에 데이터를 저장하는 동작을 디스크 쓰기(disk write)라고 한다. 쓰기 동작은 헤드의 코일에 전류가 흐르면 자장(magnetic field)이 발생되는 전기적 성질을 이용한다. 즉, 전기적 신호가 헤드로 보내지면, 전류의 방향(극성)에 따라 서로 다른 형태의 자성 패턴이 표면에 기록된다. 여기서 2진수 '1'은 양(+) 전류로, '0'은 음(−) 전류로 각각 변환되어 헤드로 보내진다.

그와 같이 저장된 데이터를 디스크 표면으로부터 감지하여 인출하는 동작을 디스크 읽기(disk read)라고 한다. 읽기 동작은 자장이 존재하는 곳에 코일이 지나가면 코일에 전류가 유기되는 전기적 성질을 이용한다. 즉, 디스크 표면이 회전하는 동안에, 원하는 데이터가 저장되어 있는 트랙 부분이 헤드 밑을 통과하면, 기록될 때와 동일한 극성의 전류가 생성된다.

그림 6-1(a)에는 한 개의 헤드가 디스크 팔(disk arm)이라고 부르는 직선 모양의 금속체 끝에 장착되어 있다. 이와 같이 헤드가 한 개만 존재하는 경우에는 표면상의 모든 트랙들에 대한 액세스가 그 헤드를 통해서만 가능하다. 따라서 디스크 팔을 움직여 헤드를 이동시킬 수 있어야 하며, 이 동작은 디스크 팔의 끝 부분에 부착된 구동장치(actuator)에 의해 이루어진다. 이와 같이 한 개의 헤드를 이동시키면서 디스크 표면의 데이터를 액세스하는 디스크를 이동-헤드 디스크(movable-head disk)라고 부른다.

그런데 헤드를 한 개만 가진 이동-헤드 디스크에서는 원하는 트랙으로 헤드를 이동시키는 데 걸리는 시간이 매우 길다(수 msec). 따라서 이 시간을 절약하기 위하여 그림 6-1(b)와 같이 하나의 디스크 팔에 여러 개의 헤드들을 부착하는 방법도 있다. 이 경우에는 헤드가 이동해야 하는 거리가 단축된다. 이와 같이 여러 개의 헤드들을 가진 디스크를 다중-헤드 디스크(multiple-head disk)라고 부른다. 각 트랙마다 헤드를 한 개씩 두는 것도 가능한데, 이 경우에는 헤드가 트랙 사이에 이동할 필요가 없어진다. 이러한 디스크는 헤드가 움직이지 않는다는 의미로 고정-헤드 디스크(fixed-head disk)라고 한다. 이와 같은 디스크들에서는 트랙간의 헤드 이동이 극히 적거나 거의 필요하지 않기 때문에 디스크 액세스 시간이 크게 단축될 수 있다. 그러나 많은 수의 헤드들이 설치되어야 하기 때문에 디스크 제작에 많은 비용이 든다는 단점이 있다. 따라서 다중-헤드 디스크는 가격이 높더라도 액세스 속도가 매우 빠른 디스크를 필요로 하는 특수한 시스템에서만 사용되고 있다.

6.1.1 디스크의 구조

그림 6-2는 디스크 표면의 구조를 좀 더 자세히 보여주고 있다. 동심원을 이루고 있는 트랙들은 헤드가 지나갈 수 있도록 연속적인 통로로 만들어져 있지만, 논리적으로는 여러 개의 섹터(sector)들로 분리되어 있다. 디스크에 데이터를 저장하거나 읽는 동작은 블록(block) 단위로 이루어지는데, 각 섹터에 저장할 수 있는 데이터 용량이 그 블록 크기에 해당한다. 즉, 섹터는 디스크에 한 번에 쓰거나 읽는 동작이 발생되는 최소의 물리적 단위이다. 섹터들 사이에는 구분을 위하여 약간의 간격을 두고 있는데, 이것을 섹터간 갭(inter-sector gap)이라고 부른다. 그림 6-2는 적은 수의 트랙들과 섹터들만 표시한 디스크 표면을 이용하여 그 세부적인 구조를 보여주고 있다. 이 그림에서는 트랙의 수가 네 개이고, 각 트랙은 8개의 섹터들로 나누어져 있다.

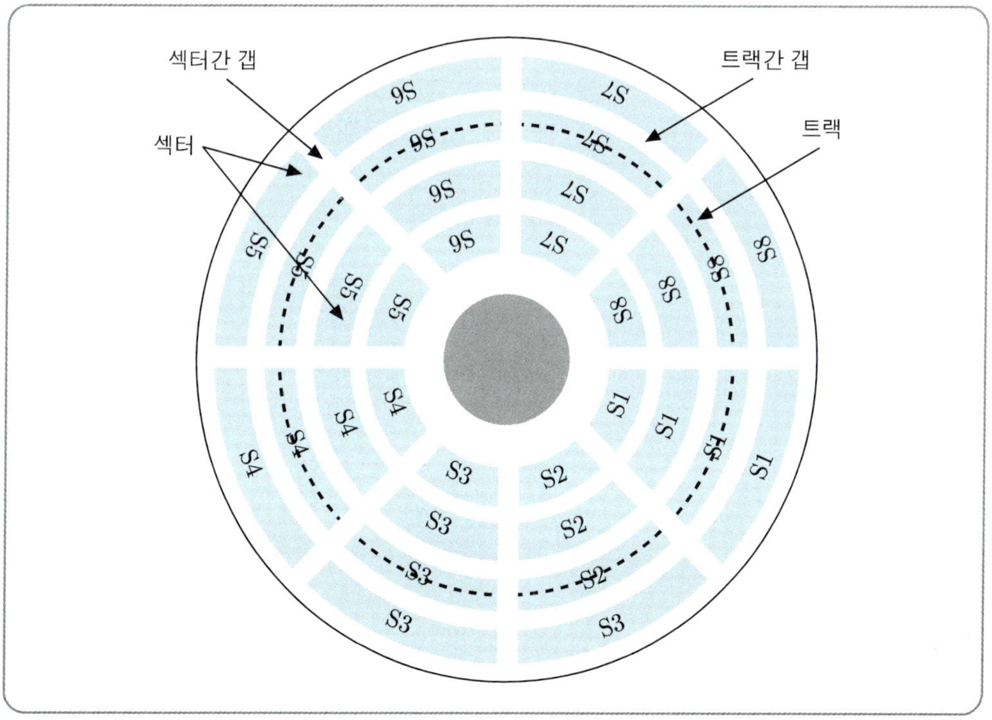

그림 6-2 디스크 표면의 세부 구조

초기의 디스크들에서는 표면 당 트랙의 수가 500개부터 2000개 사이, 트랙 당 섹터의 수는 32개 정도였다. 그러나 최근에 개발된 대용량 디스크들에서는 저장 밀도를 크게 높였기 때문에 표면 당 트랙의 수가 수천 개 이상으로 증가하였으며, 트랙 당 섹터의 수도 더 많아졌다.

헤드가 잘못 정렬되거나 자장의 간섭 때문에 발생하는 오류를 방지하기 위하여 트랙들 사이에도 약간의 간격을 두고 있다. 이 간격을 트랙 간 갭(inter-track gap)이라고 부른다. 트랙의 길이는 바깥쪽에 위치할수록 안쪽보다 더 길어진다. 그러나 읽기/쓰기 장치를 간단하게 설계하기 위하여, 트랙당 저장되는 데이터 비트들의 수는 모두 같게 한다. 결과적으로 저장 밀도(단위 길이 당 비트 수)는 안쪽의 트랙이 바깥쪽 트랙보다 더 높아진다. 이렇게 하면 디스크 평판이 등각속도(constant angular velocity : CAV), 즉 일정한 속도로 회전하는 상태에서도 데이터를 동일한 비율로 액세스할 수 있게 된다.

그림 6-3은 CAV 방식을 사용하는 디스크의 배치도를 보여주고 있다. 동심원 형태의 트랙은 파이 모양의 섹터들로 분할된다. 각 섹터에 저장된 데이터 블록은 그림에 표시된 예와 같은 트랙 번호와 섹터 번호에 의하여 주소지정 될 수 있다. 헤드를 현재의 위치에서 특정 주소로 이동시키기 위해서는 먼저 특정 트랙으로 헤드를 이동시킨 다음에, 원하는 섹터가 회전하여 헤드 아래에 도달할 때까지 잠시 기다리면 된다.

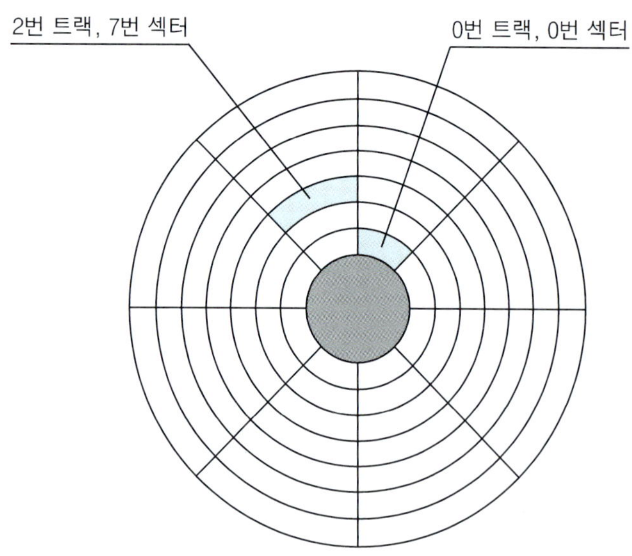

그림 6-3 CAV 방식에 따른 디스크 표면의 분할 및 주소지정

CAV 방식을 사용하면 회전 속도가 일정하기 때문에 구동장치가 간단하지만, 길이가 더 긴 바깥 쪽 트랙에 저장될 수 있는 데이터 비트 수를 길이가 더 짧은 중심부의 트랙에 저장될 수 있는 데이터 비트 수와 동일하게 해야 한다. 이를 위해서는 바깥 쪽 트랙의 저장 밀도를 낮게 해야 하므로, 저장 공간이 낭비된다는 것이 CAV 방식의 단점이다.

헤드를 통하여 데이터를 쓰거나 읽을 때 각 트랙 상에서 섹터들을 구분하는 방법이 필요하다. 즉, 트랙에는 시작점이 있어야 하고, 각 섹터의 시작과 끝을 구분하는 방법이 있어야 한다. 그러한 정보들을 포함하는 제어 데이터는 디스크 형식화 작업(disk formatting) 과정에서 각 트랙 및 섹터의 특정 위치에 기록된다.

그림 6-4는 디스크의 한 트랙을 형식화한 예를 보여주고 있다. 이 디스크에서 각 트랙은 길이가 600바이트인 섹터들로 구성되어 있다. 각 섹터에는 512바이트의 데이터와 제어 정보가 저장되며, 나머지 공간에는 섹터간 갭들 외에도 각 섹터를 식별하기 위한 ID 필드가 포함된다. 즉, ID 필드에는 특정 섹터를 구분하는 데 필요한 식별자 또는 주소가 저장된다.

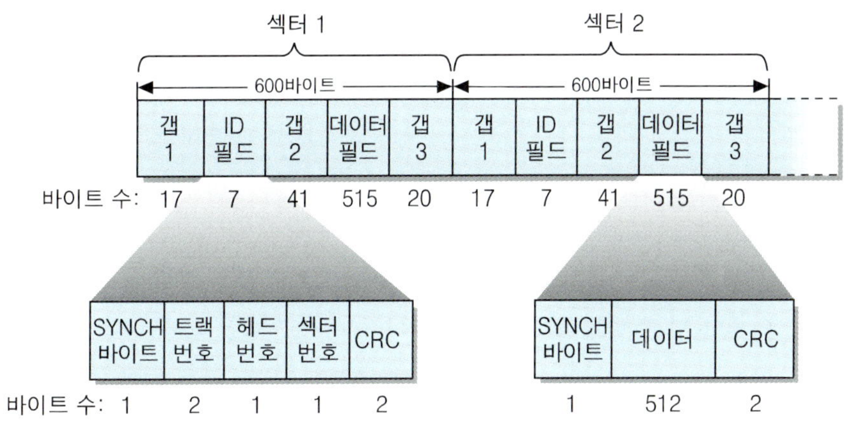

그림 6-4 트랙 및 섹터의 데이터 형식

그림 6-4는 ID 필드의 세부 내용도 보여주고 있는데, 먼저 SYNCH 바이트는 필드의 시작점을 구별하는 특수한 비트 패턴이다. 트랙 번호는 같은 표면상의 트랙들을 구분하는 데 사용된다. 그리고 디스크의 표면당 헤드가 한 개씩 있으므로, 헤드 번호로 표면을 구분한다. 섹터 번호는 각 트랙의 섹터들을 구분해준다. ID 필드와 데이터 필드는 각각 오류

검출을 위한 CRC(cyclic redundancy checking) 코드를 포함하고 있다.[1] 그림 6-4에서 각 필드의 밑에 표시된 숫자는 필드의 길이를 바이트 수로 나타낸 것이다.

이와 같은 요소들로 구성되는 디스크는 디스크 드라이브(disk drive) 내에 포함되어 패키지 된다. 디스크 드라이브는 그림 6-5(a)와 같이 디스크 외에도 헤드가 부착된 디스크 팔, 구동장치, 디스크를 회전시키는 축(spindle), 그리고 데이터 전송에 필요한 전자 회로 등을 포함하고 있다.

제거불가능 디스크(non-removable disk)란 디스크 드라이브 안에 영구히 장착되어 있는 형태를 말하며, 하드 디스크가 여기에 속한다. 제거가능 디스크(removable disk)는 디스크 드라이브로부터 꺼낼 수 있으며, 다른 디스크 드라이브에 삽입시켜 데이터를 읽거나 쓸 수 있다. 이에 해당하는 것으로는 플로피 디스크(floppy disk)가 있다.

대부분의 디스크들은 평판의 양쪽 면이 모두 자화 물질로 코팅되어 있으며, 이것을 양면 디스크(double-sided disk)라고 한다. 양면 디스크 드라이브에는 각 디스크 표면당 한 개씩의 디스크 팔과 헤드가 존재한다. 용량이 적고 가격이 저렴한 디스크 드라이브는 단면 디스크(single-sided disk)를 사용한다.

대용량 디스크 드라이브는 그림 6-5(b)에서 보는 바와 같이 여러 개의 평판들이 하나의 회전축에 대략 1인치 간격으로 수직으로 고정되어 있다. 그리고 각 표면마다 한 개씩의 디스크 팔이 장착되어 있다. 물론 각 표면의 트랙 수와 데이터 밀도 및 형식은 모두 동일하다. 이러한 드라이브에서 디스크 팔들을 동시에 같이 움직이도록 한다면, 여러 표면의 같은 위치에 저장된 데이터들을 동시에 액세스할 수 있을 것이다. 이와 같이 서로 다른 표면에 있지만 같은 반경에 위치하고 있어서 디스크 팔을 움직이지 않고도 동시에 액세스할 수 있는 트랙들의 집합을 실린더(cylinder)라고 한다. 예를 들어, 그림 6-5(b)와 같이 네 개의 양면 디스크 평판들이 장착된 디스크 드라이브에서는 한 실린더가 각 표면의 동일한 트랙 번호를 가진 8개의 트랙들로 구성된다. 디스크 드라이브에는 최대 20개까지의 디스크 평판들이 포함되기도 한다. 일반적으로 디스크 주소에는 실린더 번호가 포함된다.

1) 16비트 길이의 CRC 코드를 이용하면 두 개의 비트에 동시에 오류가 발생한 경우를 포함한 모든 오류들에 대하여 99.998%의 검출을 보장한다.

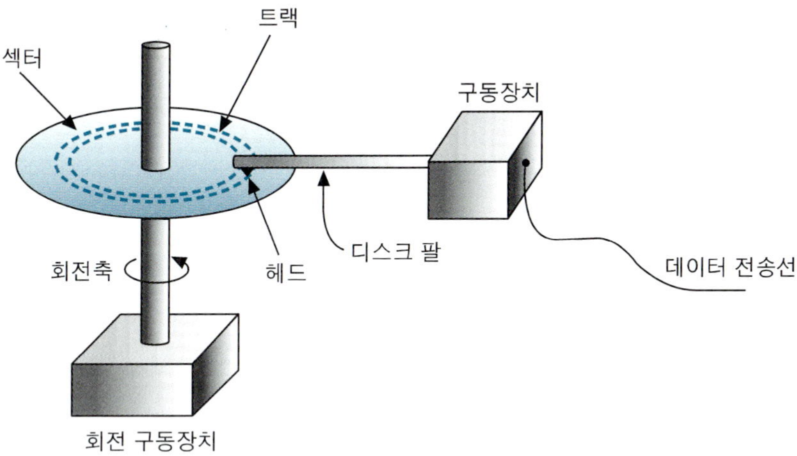

(a) 단일-평판 디스크 드라이브

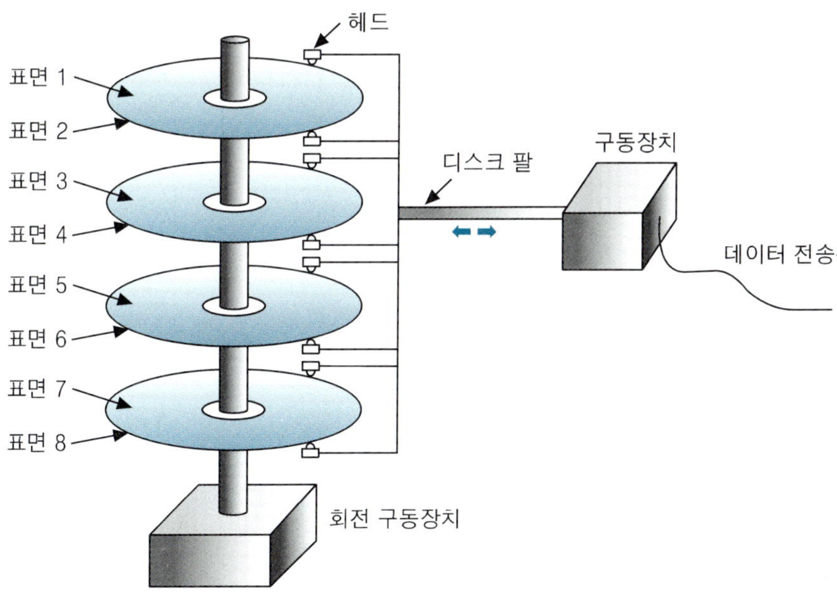

(b) 다중-평판 디스크 드라이브

그림 6-5 디스크 드라이브의 내부 구조

헤드는 디스크 읽기와 쓰기를 수행하는 데 필요한 만큼의 충분한 전자장을 발생시키거나 감지할 수 있어야 한다. 이 기능을 오류 없이 수행하기 위해서는 헤드가 평판에 가능한 한 가깝게 접근해야 한다. 그리고 헤드가 가늘어질 수 있으면 트랙의 폭을 더 좁힐 수 있고, 따라서 더 많은 트랙들이 디스크 상에 존재할 수 있게 되기 때문에, 밀도가 높아져 용량이 커진다. 그러나 디스크 표면과 헤드가 가까워질수록 불순물이나 충돌 등에 의한 오류 발생의 위험이 더 커진다.

이러한 문제점을 해결하고 밀도를 더욱 높이기 위하여 윈체스터 디스크(Winchester disk)가 개발되었다. 윈체스터 헤드는 오염 물질이 들어갈 수 없도록 봉합된 드라이브 패키지 안에 들어있다. 따라서 헤드가 디스크의 표면에 더 근접하여 동작할 수 있기 때문에 더 가늘어질 수 있고, 결과적으로 밀도가 더 높아진다. 디스크가 움직이지 않을 때는 헤드가 디스크 표면에 가볍게 놓여지는 공기동력 박막(aerodynamic foil)의 형태로 있다. 디스크가 급회전하면 공기 압력이 생성되고, 그 압력에 의하여 표면 위의 박막이 들어올려진다. 이러한 비접촉 시스템을 이용하면 일반 고정 디스크 헤드들보다 평판의 표면에 더 가깝게 동작할 수 있는 좁은 헤드들을 사용할 수 있게 된다. 원래 윈체스터라는 용어는 IBM에서 3340 디스크 모델의 코드 이름으로 사용한 것이었지만, 현재는 봉인된 디스크 드라이브들을 통칭하는 데 사용되고 있다.

6.1.2 디스크 액세스 시간

가장 보편적으로 사용되고 있는 단일-헤드 디스크시스템(그림 6-1(a))에서 어떤 데이터 블록을 읽거나 쓰는 과정은 다음과 같다.

① 헤드를 해당 트랙으로 이동시킨다.
② 원하는 데이터가 저장된 섹터가 헤드 아래로 회전되어 올 때까지 기다린다.
③ 데이터를 전송한다.

위의 과정에 걸리는 전체 시간을 디스크 액세스 시간(disk access time)이라고 한다. 특히 위의 ①번에 걸리는 시간을 탐색 시간(seek time)이라고 하며, ②번에 걸리는 시간을 회전 지연시간(rotational latency)이라고 한다. 그리고 ③번은 데이터 전송 시간(data transfer time)이라고 하는데, 여기에는 디스크 제어기(disk controller)에서 소요되는 시간도 포함된다. 결과적으로 디스크에 있는 하나의 데이터 블록을 액세스하는 데 걸리는 시간은 다음과 같이 계산할 수 있다.

디스크 액세스 시간 = 탐색 시간 + 회전 지연 시간 + 데이터 전송 시간

탐색 시간은 헤드의 현재 위치에서부터 원하는 트랙까지의 거리에 따라 달라진다. 그러나 기계적인 이동이기 때문에 시작 시간(startup time)이 필요하며, 여러 트랙들을 지나가게 되면 적어도 수 ms가 걸리고, 거리가 먼 경우에는 그 이상까지도 걸린다. 그러나 액세스할 데이터들의 지역성(locality)이 높은 경우에는 헤드의 이동 거리들이 짧아지기 때문에 평균 탐색 시간을 크게 단축시킬 수 있다.

회전 지연시간은 디스크의 회전 속도에 달려있다. 회전축의 속도가 7200rpm(rotations per minute)인 디스크의 경우에는 초당 120 바퀴를 회전하므로, 한 바퀴 회전하는 데는 1/120초(약 8.33ms)가 걸린다. 헤드가 해당 트랙에 도착한 순간에 원하는 섹터가 헤드 아래에 즉각 도달한 경우에는 회전 지연 시간이 0이 된다. 그러나 만약 원하는 섹터가 그 직전에 지나갔다면, 한 바퀴를 돌아올 때까지 최대 8.33ms 동안 기다려야 한다. 따라서 평균 회전 지연시간은 해당 섹터가 반 바퀴 회전한 후에 헤드 아래에 도달하는 데 걸리는 시간인 4.17ms라고 할 수 있다. 최근에 시판되고 있는 고속 대용량 디스크들은 전류의 위상(phase)을 정밀 조정하여 더욱 높은 속도를 얻고 있다. 주로 사용되고 있는 회전 속도는 5400, 7200, 10000, 및 15000rpm이며, 현재 20000rpm의 구동장치 개발도 진행되고 있다 [CHE01]. 이와 같은 디스크들에서는 유체 베어링(fluid bearing)을 사용함으로써 금속 마찰과 발열 등으로 인한 속도 한계를 극복하고 있다.

마지막 요소인 데이터 전송 시간은 헤드가 해당 섹터의 시작 부분에 위치한 순간부터 데이터 비트들을 전송하는 데 걸리는 시간을 의미한다. 읽기 동작의 경우에는 디스크 표면으로부터 읽혀진 데이터들이 디스크 제어기로 전송되며, 쓰기 동작의 경우에는 디스크 제어기로부터 데이터가 전송되어 디스크 표면에 저장된다. 이 시간은 블록의 크기, 회전 속도, 트랙의 저장 밀도, 버스 전송률 및 제어기 내부 전자회로의 속도 등에 따라 결정된다. 버스 전송률은 1990년경에 사용되던 SCSI 버스를 기준으로 1[MByte/s]~4[MByte/s] 정도였지만, 최근에는 Ultra SCSI 버스와 같은 고속의 인터페이스들이 사용되면서 100[MByte/s]~400[MByte/s] 수준으로 높아졌다. 디스크 제어기 및 버스 제어기에서 소요되는 시간은 전자회로의 지연 시간외에도 디스크 경합으로 인한 디스크 큐(disk queue)에서의 대기 시간도 포함하므로 사실상 가변적이다.

예제 6-1

어떤 디스크의 탐색 시간이 8*ms*, 전송률이 100[MByte/s]이고, 회전축의 속도가 5400rpm, 그리고 제어기의 지연시간은 1*ms*라고 가정한다. 섹터의 크기가 512바이트인 경우에, 한 섹터를 읽거나 쓰는 데 걸리는 평균 액세스 시간(T_a)을 구하라.

[풀이]

평균 회전 지연시간 $= \{1/(5400/60)\} \times 0.5$바퀴 $\fallingdotseq 5.5ms$

$T_a = 8ms + 5.5ms + (0.5\text{KByte} / 100\text{MByte/s}) + 1ms \fallingdotseq 14.5ms$

[표 6-1]은 최근 IBM과 Hitachi사가 공동 설립한 HDD 전문회사가 생산하여 각종 컴퓨터시스템들에 사용되고 있는 디스크들의 특성 및 성능 관련 파라미터들을 보여주고 있다 [HGS08]. 이 표에는 회전 속도와 저장 용량이 서로 다른 세 가지 디스크 모델들을 비교해주고 있는데, 회전 속도가 높은 모델일수록 탐색 시간도 단축되어 전체 성능이 높아지고 있다. 용량이 가장 큰 Deskstar E7K1000 모델에서는 1000GByte(즉, 1TByte)를 저장하기 위하여 5개의 디스크 평판들을 사용하며, 저장 밀도도 가장 높다. 그리고 헤드는 표면 당 한 개씩 설치된다는 것도 확인할 수 있다. 이 표에서 비교된 모델들은 전력 소모 및 공간 사용을 최소화하기 위하여 2.5인치 혹은 3.5인치의 작은 디스크들을 사용하고 있으며, 섹터의 크기는 모두 512바이트이다.

[표 6-1] IBM 디스크들의 특성 및 성능 파라미터들의 비교 [HGS08]

파라미터	Travelstar 5K160	Deskstar E7K1000	Ultrastar 15K450
회전 속도	5400rpm	7200rpm	15000rpm
평균 회전지연	5.5*ms*	4.17*ms*	2.0*ms*
탐색시간(평균)	11*ms*	8.5*ms*	3.6*ms*
용량	160GBytes	1000GBytes	450GBytes
헤드 수	4	10	8
디스크 수	2	5	4
저장 밀도	131Gbits/in^2	270Gbits/in^2	183Gbits/in^2
데이터 전송률	100[MBytes/s]	300[MBytes/s]	300[MBytes/s]
디스크 크기	2.5"	3.5"	3.5"

6.2 RAID

최근 수년간 프로세서의 속도가 계속적으로 상승하여 왔으나, 프로그램 처리 속도에 직접적으로 영향을 주는 디스크의 성능은 그와 보조를 맞추지 못하고 있다. 즉, 프로세서의 속도와 디스크의 속도 간에는 매우 큰 불균형이 존재하고 있다. 이러한 문제 때문에 컴퓨터시스템이 작업을 처리하는 속도는 궁극적으로 디스크 속도에 크게 의존하게 되었다. 다시 표현하면, 프로세서의 속도가 더 빨라지더라도 전체 시스템의 성능 향상은 디스크 I/O 속도에 의해 제한될 수밖에 없다는 것이다.

따라서 컴퓨터시스템의 성능을 높이기 위해서는 프로세서와 기억장치의 속도가 빨라지는 정도만큼 디스크의 성능도 높아져야 한다는 것이다. 그러나 디스크의 성능은 반도체 기술이나 전자회로의 발전 속도에 비하여 현저히 느리게 발전해 오고 있다. 그 이유는 앞에서 설명한 바와 같이 디스크 액세스 시간 중에서 많은 부분이 기계적인 장치들의 동작에 걸리는 시간이기 때문이며, 그 장치들의 속도를 높이는 것은 한계가 있다. 수치적으로 보면, 지난 30년간 CPU와 주기억장치의 속도는 수백 배 높아졌지만, 디스크 액세스 시간은 수십 배 정도 밖에 개선되지 못하였다. 현재 디스크의 속도는 주기억장치 속도의 십만 분의 1 정도이며, 그 차이는 점차 더 커질 것으로 예상된다. 이러한 문제는 프로세서의 속도가 계속 향상되고 있기 때문에 더욱 심각해지고 있다. 따라서 디스크의 성능을 개선해야 할 필요성은 갈수록 더 높아지고 있다.

이 절에서는 여러 개의 작은 디스크들을 배열(array) 구조로 연결하고 하나의 유니트로 패키지 함으로써 액세스 속도를 크게 향상시키고 신뢰도도 높인 RAID(Redundant Array of Inexpensive Disks)에 대하여 설명하고자 한다. RAID는 최근 대규모 저장 용량을 필요로 하는 중대형급 컴퓨터시스템에서 널리 사용되고 있다. 여기서는 먼저 RAID의 출현 배경에 대하여 살펴본 다음에, 여러 가지 RAID 구조들을 분석하고 각각의 특징을 분석해보기로 한다.

6.2.1 RAID 출현의 배경

1956년에 개발된 RAMAC 디스크 드라이브로부터 시작된 하드 디스크 기술은 오늘

날의 윈체스터 디스크 드라이브로까지 발전해 오는 동안에 디스크 평판의 크기가 계속하여 줄어들고 있다. 메인프레임급에서는 14인치 및 10.5인치 디스크들이 주로 사용되고 있고, 미니급 컴퓨터에서는 8인치 디스크들이, 워크스테이션 및 PC에서는 5.25인치와 3.5인치 디스크들이 사용되고 있다. 디스크의 저장 밀도가 계속 높아짐에 따라 메가바이트 당 가격이 떨어지고 시스템이 보유할 수 있는 디스크 용량도 증가하고 있다. 이러한 추세는 전력 소모가 낮은 소형 디스크에서 특히 두드러지게 나타나고 있다. 이와 같은 추세에 따라, 하나의 대형 디스크를 사용하는 것보다는 크기가 작은 여러 개의 디스크들을 서로 연결하여 하나의 큰 용량을 가진 디스크 유니트로 사용하는 것이 보다 저렴한 가격으로 더 큰 용량을 가진 디스크 서브시스템을 구성할 수 있는 방법이 된다.

디스크는 컴퓨터의 프로그램 실행 속도에 직접적으로 영향을 주는 온-라인 보조저장장치이기 때문에 액세스 속도와 신뢰도의 향상도 용량의 증가만큼 중요하다. 디스크의 속도를 향상시키기 위해서는 액세스 시간을 줄이고 데이터 전송 속도를 높여야 한다. 그런데 용량을 늘리기 위하여 배열 구조로 연결한 다수의 작은 디스크들에 데이터를 분산 저장하게 되면 동시 액세스(concurrent access)가 가능해진다. 예를 들어, 어떤 파일을 구성하고 있는 데이터 블록들을 서로 다른 디스크들에 분산 저장한다면, 그 블록들을 여러 디스크들로부터 동시에 읽거나 쓸 수 있는 것이다. 또한 디스크마다 별도의 전송 채널을 가지므로 병렬 전송이 가능해져서 데이터 전송 시간도 크게 단축시킬 수 있게 된다.

데이터 블록들을 여러 개의 디스크들에 분산 저장하는 기술을 디스크 인터리빙(disk interleaving)이라고 부른다. 어떤 파일이 다수의 데이터 블록들로 이루어져 있을 때 디스크 인터리빙 기술을 이용하면, 블록들을 라운드-로빈(round-robin) 방식으로 서로 다른 디스크들에 균등하게 분산 저장할 수 있다.

예를 들어 네 개의 디스크들로 구성된 디스크 배열에 16개의 블록들로 이루어진 파일을 저장한다고 가정하자. 그 경우에는 그림 6-6에서 보는 바와 같이, 데이터 블록 B_1은 첫 번째 디스크에 저장하고, B_2, B_3 및 B_4는 순서대로 다음 디스크들에 저장한다. 그리고 블록 수가 디스크 수보다 더 많으므로 다섯 번째 블록인 B_5는 다시 첫 번째 디스크에 저장하고, 위와 같은 순서를 계속 반복하게 된다. 결과적으로 데이터 블록들이 네 개의 디스크들에 균등하게 분산 저장되었다. 따라서 각 블록들을 동시에 쓰거나 읽는 동작이 독립적으로 수행될 수 있고, 어느 한 디스크에 액세스가 집중되지 않기 때문에 병목 현상도 줄일 수 있다. 그러나 어느 한 디스크에만 결함이 발생하여도 전체 데이터 파일이 손상

되는 문제가 있다.

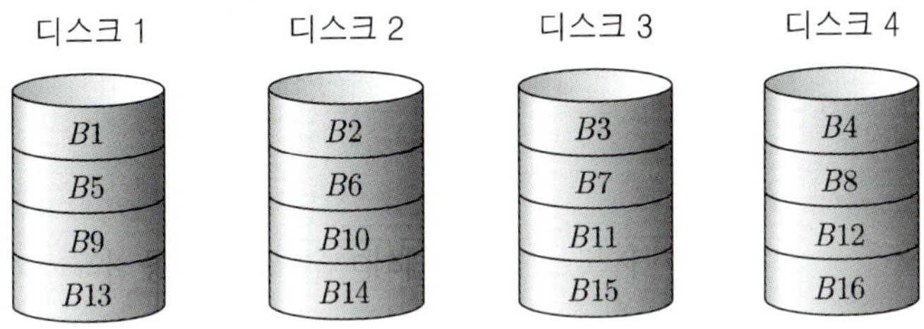

그림 6-6 디스크 인터리빙을 이용한 분산 저장

이와 같은 디스크 배열의 이점과 문제점을 살펴보기로 하자. [표 6-2]는 10.5인치의 크기를 가진 IBM 3390 디스크와 3.5인치 소형 디스크인 IBM 0061, 그리고 그 소형 디스크를 여러 개 사용하여 디스크 배열을 구성했을 때 얻을 수 있는 특성들을 비교한 결과를 보여주고 있다 [CHE90]. 균등한 조건에서의 비교를 위하여 소형 디스크들로 구성된 디스크 배열이 IBM 3390 디스크와 동일한 용량을 가지도록 70개의 IBM 0061 디스크들로 이루어진 것으로 가정하였다. 표에서 보는 바와 같이, 크기, 전력 소모량, 데이터 전송률, 입출력 처리율 및 가격 등 모든 면에서 디스크 배열이 더 우수하다는 것을 알 수 있다.

그러나 디스크 배열의 주요 단점은 [표 6-2]의 마지막 항인 MTTF(Mean Time To Failure)가 낮다는 것이다. 여기서 MTTF란 고장(결함)이 발생하는 기간들의 평균값이다. 즉, MTTF = 100일이라면, 평균적으로 100일마다 한 번씩 고장이 발생한다는 의미이다. 특히 디스크 배열에서는 하나의 파일을 구성하는 데이터 블록들을 여러 개의 디스크들에 분산 저장하기 때문에, 그 중의 어느 한 디스크만 결함이 발생하여도 파일 전체를 사용할 수 없게 되며, 결과적으로 전체 디스크 배열의 사용이 불가능해진다.

일반적으로 소형 디스크는 더 큰 디스크와 비슷한 수준의 신뢰도를 가지고 있지만, 여러 개가 연결되면 신뢰도가 그 수만큼 낮아진다. 다시 표현하면, 각 디스크의 MTTF가 일정하다고 가정할 때, 디스크 배열의 MTTF는 다음과 같아진다.

$$\text{MTTF} = \frac{\text{단일 디스크의 MTTF}}{\text{배열 내 디스크들의 수}} \qquad (6\text{-}1)$$

[표 6-2] 대형 디스크, 소형 디스크 및 디스크 배열의 특성 비교[2] [CHE90]

특성 \ 모델	IBM 3390(10.5˝)	IBM 0061(3.5˝)	디스크 배열 (IBM 0061 70개)
용량	23GByte	320MByte	23GByte
크기	$97ft^3$	$0.1ft^3$	$11ft^3$
전력 소모량	3KW	11W	1KW
데이터 전송률	15MB/sec	1.5MB/sec	120MB/sec
I/O 처리률	600IOs/sec	55IOs/sec	3900IOs/sec
가격	$200,000	$2,000	$150,000
MTTF	250000시간	50000시간	?

예를 들어, MTTF = 30000 시간인 디스크 100개를 배열로 구성하였다면, MTTF는 30000/100 = 300 시간이 된다. 즉, 3년 정도에 한 번씩 결함이 발생하는 디스크들 100개를 배열로 연결하여 하나의 유니트로서 동작시키는 경우에는 2주일마다 결함이 발생하게 된다는 것이다. 만약 1000개의 디스크들로 배열을 구성한다면 30시간, 즉 하루 정도에 한 번씩 결함이 발생한다는 계산이 나온다.

이러한 문제를 보완하기 위하여 디스크 배열의 결함 허용(fault-tolerance) 능력을 높이기 위한 많은 노력들이 이루어져 왔다. 그 결과, 그림 6-6과 같은 디스크 배열에 오류 검출 및 복구를 위한 여분의 디스크들(redundant disks)을 추가함으로써, 오류가 발생하는 경우에도 원래의 데이터를 복구할 수 있는 RAID가 출현하기에 이르렀다. RAID는 오류 검출 및 정정(error detection and correction) 방법에 따라 여러 종류의 조직들이 제안되어 왔으며, 그들 중에서 용도와 신뢰도 요구 정도에 따라 적절히 선택하여 사용하면 된다.

오류 검출을 위하여 추가되는 디스크를 검사 디스크(check disk)라고 부르는데, 동작 원리는 다음과 같다. 배열 내의 한 디스크에 결함이 발생하면, 그 디스크의 사용은 중단되고 검사 디스크에 저장된 정보를 이용하여 원래의 정보를 신속히 재구성하여 여분의 디스크에 저장한다. 이와 같은 복구 과정에 걸리는 평균 시간을 MTTR(Mean Time To Repair)이라고 부른다. 프로그램이 실행되고 있는 시간 동안에 결함 디스크가 여분의 다른 디스크로 대체되는 것은 내부 회로에 의하여 자동적으로 일어난다. 따라서 RAID를 사용하는 시스템에서는

2) 이 표는 RAID를 처음 제안한 U.C.Berkeley 대학의 연구팀이 제시한 것으로서, 그 당시의 디스크들에 대한 규격 및 가격 등을 기준으로 작성되었다.

프로그램 실행 중에 어떤 디스크에 결함이 발생하더라도 중단될 필요가 없다. 그리고 결함이 발생한 디스크는 시스템 운용자가 새로운 디스크로 교체해 주면 된다.

6.2.2 RAID의 종류

내부 구조와 운용 방식에 따른 RAID(Redundant Array of Independent Disks)의 분류와 각각의 동작 원리 및 특성을 분석해보면 다음과 같다.

1) RAID-1

이 구조에서는 그림 6-7에서 보는 바와 같이 데이터를 두 개의 디스크들에 중복 저장한다. 이 방식은 TANDEM사의 Nonstop 시스템과 같은 결함허용 컴퓨터시스템(fault-tolerant computer system)에서 전통적으로 사용되어 왔으며, 디스크 미러링(disk mirroring) 방식이라고도 부른다. 즉, 여기서는 한 패키지 내에 데이터 디스크와 미러 디스크(mirror disk ; 반사 디스크)가 같이 존재하며, 데이터 디스크에 저장된 모든 데이터들은 짝(pair)을 이루고 있는 미러 디스크의 같은 위치에 복사된다.

그림 6-7의 RAID-1 조직에서는 네 개의 디스크들 중에서 두 개가 데이터 디스크로 사용되고, 다른 두 개는 미러 디스크로 사용된다. 데이터 디스크들에는 데이터 블록들이 그림 6-6에서와 같이 순서대로 분산 저장되며, 같은 방법으로 미러 디스크들에도 저장된다. 만약 첫 번째 데이터 디스크에 결함이 발생하더라도, 그 디스크에 저장되어 있는 모든 데이터들이 세 번째 디스크에도 저장되어 있으므로 데이터를 잃어버릴 염려가 없게 되는 것이다. 결과적으로, 이 조직은 결함 복구에 시간을 전혀 소모하지 않고도 높은 신뢰도를 얻을 수 있다.

이 조직에서 쓰기 동작은 항상 두 디스크들에서 동시에 수행되어야 한다. 만약 쓰기 동작이 시작되는 순간에 두 디스크에서 헤드의 위치가 서로 다르다면, 탐색 시간에 차이가 발생하므로 쓰기 동작에 걸리는 시간이 서로 달라질 것이다. 그런 경우에 쓰기 동작은 더 오래 걸리는 디스크에서의 쓰기가 완료되어야 끝난다. 반면에 읽기 동작은 원하는 데이터가 저장되어 있는 두 디스크들 중에서 더 짧은 탐색 시간과 회전 지연시간이 요구되는 디스크를 선택하여 수행하면 된다.

RAID-1의 주요 단점은 가격이 높다는 것이다. 그 이유는 전체 디스크에서 사용 가능한 용량이 절반으로 줄어들기 때문이다. 그렇기 때문에 RAID-1은 높은 신뢰도를 요구하는 결함허용시스템에 주로 사용된다. 일반적인 컴퓨터시스템에서 사용하는 경우에는 주로 시스템 소프트웨어 혹은 중요한 데이터 파일들을 저장하는 목적으로만 사용된다.

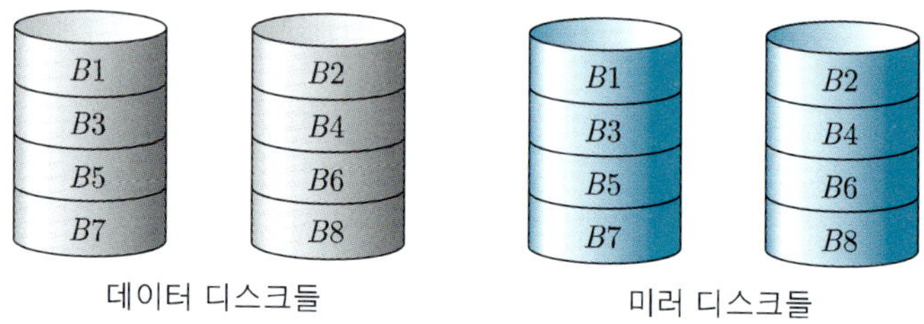

그림 6-7 RAID-1의 조직

2) RAID-2

디스크 배열에서 각 디스크에 데이터를 비트-단위로 인터리빙시킬 수도 있다. 즉, 그림 6-8에서와 같이 데이터 단어를 이루고 있는 비트들을 여러 개의 데이터 디스크들에 각각 한 비트씩 분산 저장하는 것이다. 이 경우에 검사 디스크들을 추가하고 해밍 코드(Hamming code)를 사용하면 비트 오류를 검출하고 정정도 할 수 있다. 이 개념이 사용된 구조가 RAID-2이다. 이러한 구조에서 데이터 디스크의 수를 G라고 할 때, 필요한 검사 디스크들의 수(C)는 해밍 코드의 원리에 따라 식 (6-2)에 의하여 결정된다.

$$2^{C}-1 \geq G+C \tag{6-2}$$

이 식을 적용하면 데이터 디스크가 8개(G = 8)인 경우에 검사 디스크 C = 4개가 필요하므로, 오버헤드가 50%이다. 그러나 G = 16인 경우에는 C = 5가 되어 오버헤드가 31%가 된다. 즉, 검사 디스크에 의한 오버헤드는 전체 디스크들의 수가 증가할수록 감소한다. 그림 6-8은 간단한 예로서 4개의 데이터 디스크들에 대하여 3개의 검사 디스크들을 둔 경우를 보여주고 있다. RAID-2에서는 RAID-1 보다는 적은 수의 디스크들이 필요하지만, 검사 디스크의 수가 데이터 디스크 수의 $\log_2$값에 비례하므로 여전히 가격이 높다. 따라서 RAID-2도 많은 오류가 발생하는 환경에서만 사용되는 편이다.

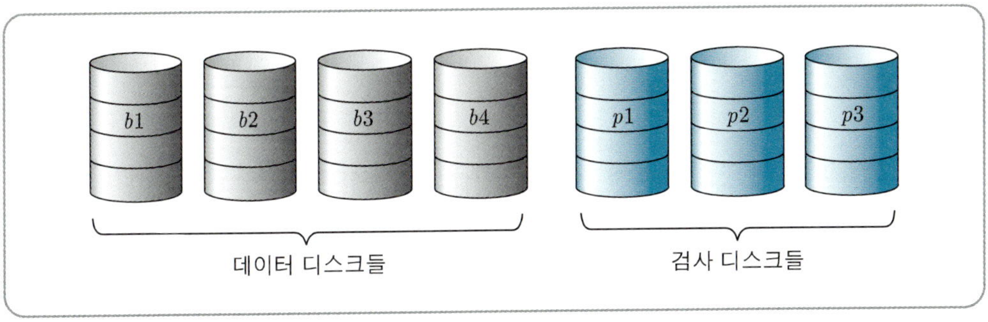

그림 6-8 RAID-2의 조직

3) RAID-3

RAID-2에서 사용된 검사 디스크들은 오류가 발생한 비트의 위치를 검출하기 위한 것인데, 많은 수의 검사 디스크들을 사용해야 하기 때문에 낭비가 매우 크다. 이러한 문제를 보완하기 위하여 RAID-3에서는 한 개의 패리티 디스크만 추가한다. 즉, 그림 6-9에서 보는 바와 같이, 데이터 디스크들의 동일한 위치에 있는 비트들에 대한 패리티 비트가 패리티 디스크의 동일한 위치에 저장된다.

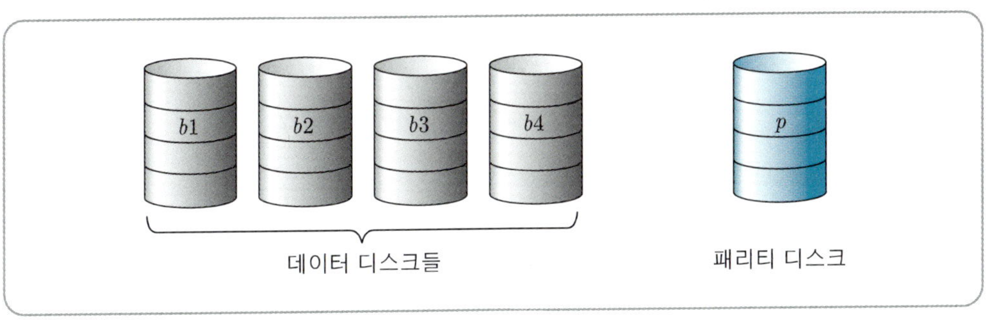

그림 6-9 RAID-3의 조직

그림 6-9와 같이 네 개의 데이터 디스크들과 한 개의 패리티 디스크로 구성된 조직에서 오류가 정정되는 과정을 살펴보자. 먼저, 데이터 디스크에 저장된 비트들을 각각 b_1, b_2, b_3 및 b_4라 하면, 패리티 비트 p는 다음과 같이 계산할 수 있다.

$$p = b_1 \oplus b_2 \oplus b_3 \oplus b_4 \tag{6-3}$$

만약 어느 한 디스크에 결함이 발생하면, RAID 제어기가 내부 회로를 이용하여 그 디스크의 번호를 검출한다. 그러면 다른 데이터 디스크들에 저장된 비트들과 패리티 디스크의 비트를 이용하여 결함이 발생한 디스크에 저장되어 있던 비트를 복구할 수 있다. 예를 들어, 두 번째 디스크에 결함이 발생하였다고 가정하자. 제어기에 의하여 그 디스크의 번호가 확인되면, 그 디스크에 저장된 비트인 b_2는 식 (6-4)와 같이 패리티 비트와 다른 비트들 간에 exclusive-OR 연산을 수행함으로써 원래 값을 찾아낼 수 있다.

$$b_2 = p \oplus b_1 \oplus b_3 \oplus b_4 \tag{6-4}$$

한 예로서, 데이터 단어 '1001'이 네 개의 데이터 디스크들에 한 비트씩 저장되어 있다면, 짝수 패리티 비트 $p = 0$이 패리티 디스크에 저장된다. 그런데 만약 두 번째 디스크에 오류가 발생하였다면, 식 (6-4)을 이용하여 $b_2 = 0 \oplus 1 \oplus 0 \oplus 1 = 0$으로 원래의 데이터를 복구할 수 있다. 이 방법을 이용하면, 어떤 데이터 디스크에 결함이 발생하더라도 다른 디스크들의 데이터를 이용하여 결함 디스크의 데이터들을 복구할 수 있다. 따라서 결함이 발생한 상태에서도 읽기 동작은 일단 정상적으로 계속될 수 있는 것이다. 그 상태에서 결함 디스크를 새로운 디스크로 대체하고, 위의 방법으로 데이터 비트들을 모두 복구하여 새로운 디스크에 저장하면 다시 정상적인 상태로 되돌아갈 수 있다.

RAID-3에서는 데이터가 비트 단위로 분산 저장되기 때문에 읽기 및 쓰기 동작이 수행될 때 배열 내의 모든 데이터 디스크들이 참여하게 된다. 또한 데이터 디스크들로부터 병렬 데이터 전송도 가능하다. 따라서 전체적으로 디스크 액세스 속도가 높아진다. RAID-3의 문제점은 쓰기 동작 때마다 패리티 비트들을 갱신해야 하므로 쓰기 시간이 많이 걸린다. 또한 전체 디스크 배열이 액세스 요구를 한 번에 한 개씩만 처리할 수 있다.

4) RAID-4

이 조직에서는 그림 6-6과 같이 블록-단위 인터리빙을 이용하여 데이터를 분산 저장한다. 그리고 그림 6-10에서 보는 바와 같이, 패리티 디스크를 한 개 추가하여 다른 디스크들에 저장된 데이터 블록에 대한 패리티 블록을 저장한다. 예를 들어, 블록 $B1$, $B2$, $B3$ 및 $B4$에 대한 패리티 블록인 $P(1-4)$는 다섯 번째 디스크에 저장하고, 다른 블록들에 대해서도 같은 방식을 적용한다. RAID-2와 RAID-3에서는 데이터가 비트 단위로 분산 저장되었기 때문에 어떤 데이터를 읽거나 쓰기 위해서는 모든 데이터 디스크들을 동시에 액세스해야 한다. 그러나 RAID-4에서는 필요한 데이터 블록이 어느 한 디스크에 모두 저장되어 있기 때문에, 각 액세스 요구가 서로 다른 디스크들에서 독립적으로 처리될 수 있다. 따라서 여러 개의 요구들을 동시에 처리할 수 있게 된다.

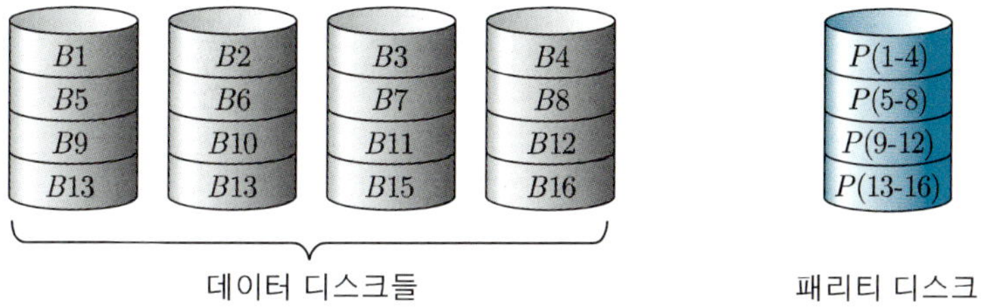

그림 6-10 RAID-4의 조직

그러나 이와 같이 패리티를 사용하는 조직에서는 어떤 블록의 내용을 변경하게 되면 해당 패리티 블록도 그에 따라 갱신되어야 한다. 그런데 새로운 패리티 값을 구하기 위해서는 변경되는 블록뿐 아니라 다른 디스크들의 같은 위치에 저장되어 있는 데이터 블록들도 사용해야 한다. 예를 들어, 두 번째 디스크에 저장된 블록 $B2$가 새로이 쓰여져 $B2'$로 바뀐다고 가정하자. 그러면 새로운 패리티 블록 P'는 식 (6-5)에서 보는 바와 같이 모든 블록들의 내용을 exclusive-OR함으로써 구할 수 있다.

$$P' = B1 \oplus B2' \oplus B3 \oplus B4 \qquad (6\text{-}5)$$

이 계산을 위해서는 $B1$, $B3$ 및 $B4$가 저장된 블록들을 해당 디스크들로부터 읽어와야 하며, 계산된 패리티는 다시 패리티 디스크에 저장해야 한다. 따라서 어느 한 데이터를 쓰기 위해서는 세 번의 디스크 읽기($B1$, $B3$ 및 $B4$ 읽기)와 두 번의 디스크 쓰기(새로운 데이터 및 패리티 쓰기) 동작들이 필요하다. 만약 데이터 디스크들이 8개라면, 7번의 읽기와 두 번의 쓰기가 필요할 것이다. 그렇게 되면 디스크 쓰기 동작에 걸리는 시간이 매우 길어지기 때문에 성능이 현저히 저하된다.

그러한 문제를 해결하기 위해서는 쓰기 동작에 필요한 디스크 액세스의 횟수를 최소화해야 하는데, 그 방법은 다음과 같다 [CHE93]. 먼저, 식 (6-5)에서 오류가 발생한 비트가 $B2$이므로 그 식에 ($\mathrm{B2} \oplus \mathrm{B2}$)를 더하여 정리하면 식 (6-6)과 같아진다(참고 : $B2 \oplus B2 = 0$이므로 원래의 식에 영향을 주지 않는다).

$$
\begin{aligned}
P' &= B1 \oplus B2' \oplus B3 \oplus B4 \oplus (B2 \oplus B2) \\
&= (B1 \oplus B2 \oplus B3 \oplus B4) \oplus B2 \oplus B2' \\
&= P \oplus B2 \oplus B2'
\end{aligned}
\tag{6-6}
$$

즉, 새로운 패리티는 원래의 패리티와 원래 데이터 및 새로운 데이터 사이에 exclusive-OR 연산을 수행하면 구할 수 있다. 이를 위해서는 원래의 패리티와 원래의 데이터를 읽어오고, 새로운 데이터와 새로운 패리티를 각각 쓰면 된다. 결과적으로, 디스크 쓰기 동작을 위해서는 네 번의 디스크 액세스(두 번의 읽기와 두 번의 쓰기)만 필요하게 되며, 이것은 데이터 디스크들의 수가 몇 개이든 항상 동일하다.

그러나 이 조직에서는 어떤 디스크에든 데이터 블록을 쓸 때마다 패리티 디스크가 반드시 두 번씩 액세스되어야 한다. 따라서 패리티 디스크에 액세스들이 집중되기 때문에 병목 현상이 발생하여 성능이 저하되는 문제가 있다. 이러한 문제를 해결하기 위하여 다음에 설명할 RAID-5가 제안되었다.

5) RAID-5

RAID-5의 기본적인 설계 개념은 RAID-4와 동일하며, 패리티 블록들을 모든 디스크들에 분산 저장한다는 점만 다르다. 그림 6-11은 다섯 개의 디스크들이 하나의 그룹을 형성하고 있고, 각 디스크는 블록들을 다섯 개씩 저장하고 있는 예를 보여주고 있다. 그런데 RAID-4와는 달리, B_1, B_2, B_3 및 B_4에 대한 패리티 블록인 $P(1-4)$는 다섯 번째 디스크에 저장하고, B_5, B_6, B_7 및 B_8에 대한 패리티 블록인 $P(5-8)$은 네 번째 디스크, 그리고 나머지 패리티 블록들도 같은 방법으로 서로 다른 디스크에 저장하고 있다. 만약 디스크들에 더 많은 블록들이 저장된다면, 그 다음의 패리티 블록인 $P(21-24)$는 다시 다섯 번째 디스크에 저장하는 라운드-로빈(round-robin) 방식을 적용한다.

이와 같은 분산 저장 방식을 사용하면, 패리티 갱신을 위한 디스크 액세스들이 분산되어 패리티 디스크에 대한 병목 현상이 완화될 뿐 아니라, 쓰기 동작들을 병렬로 수행할 수도 있게 된다. 예를 들어, 그림 6-11에서 블록 B_1에 대한 쓰기 동작이 수행될 때는 첫 번째 디스크와 (패리티 갱신을 위하여) 다섯 번째 디스크가 액세스된다. 그 쓰기 동작과 동시에 B_7에 대한 쓰기 동작도 요구되었다면, 그 블록에 대한 패리티 블록은 네 번째 디스크에 저장되어 있으므로 세 번째 디스크와 네 번째 디스크를 액세스하여 쓰기 동작을 수행할 수 있다. 따라서 데이터 블록 B_1과 B_7에 대한 쓰기 동작들이 동시에 이루어질 수 있게 되는 것이다. 결과적으로, 데이터 디스크들의 수가 G개라면, 최대 $(G+1)/2$번의 쓰기 동작들이 동시에 수행될 수 있다. 그리고 패리티 정보가 분산 저장되어 있으므로, 액세스 요구들이 모든 디스크들에 적절히 분배된다. 따라서 이 구조는 액세스할 데이터 블록의 크기 및 입출력 요구의 패턴에 관계없이 좋은 성능을 보여준다 [LEE93].

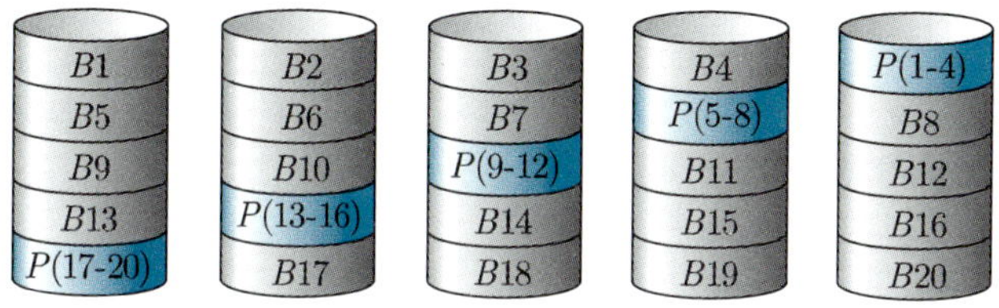

그림 6-11 RAID-5의 조직

지금까지 소개한 RAID들 중에서 입출력 요구의 블록 크기에 관계없이 좋은 성능을 가지는 조직은 RAID-1과 RAID-5이다. 이 두 조직의 성능 특성을 동일한 수의 디스크들에 대하여 비교한 결과를 보면 다음과 같다. 먼저, 디스크 미러링을 이용한 RAID-1의 조직에서도 읽기 동작의 속도는 두 배가 되므로, RAID-5와 유사한 성능을 보여준다. 그러나 RAID-1에서는 쓰기 동작이 두 개의 디스크에 동시에 이루어지기 때문에 다른 데이터를 동시에 쓰는 것은 불가능해져, 쓰기 성능은 절반으로 줄어든다.

RAID-5에서 순차적인 여러 블록들을 동시에 쓰는 '큰 쓰기(large write)'의 경우에는 별 문제가 없지만, 어느 한 블록만 쓰는 '작은 쓰기(small write)'의 경우에는 매 쓰기 동작 때마다 네 번의 액세스가 요구되기 때문에 성능이 현저히 떨어진다. 이것을 작은 쓰기 문제(small write problem)라고 부르며, 이에 대한 보완 방법이 다양하게 연구되고 있다. 비교 결과를 전체적으로 정리하면, 읽기 및 작은 쓰기가 많은 환경에서는 RAID-1이 더 높은 성능을 보여준다. 그러나 용량과 비용을 중요시하는 응용이나 큰 쓰기 요구가 많은 경우에는 RAID-5가 더 높은 성능을 보이며, 특히 가격 대 성능비 측면에서 RAID-5가 더 우수하다.

6.3 광 저장장치

디지털 음향 매체로 널리 사용되고 있는 컴팩트 디스크(compact disk : 이하 CD라 함)는 1983년에 개발된 이래 가장 성공한 전자 제품들 중의 하나로 평가받고 있다. CD는 한 면에 60분 이상의 음향 정보를 저장할 수 있는 삭제불능 디스크(non-erasable disk)이다. 음향은 아날로그 신호를 저장하지만, 유사한 원리를 이용하여 디지털 신호도 저장할 수 있다. 그 원리를 이용하여 개발한 것이 광 디스크 저장장치(optical disk storage device)이며, 지난 수년 동안 여러 형태의 제품들이 소개되었다. 이 절에서는 그들 중에서 특히 컴퓨터 보조저장장치로서 널리 사용되고 있는 CD-ROM, CD-R/RW 및 DVD의 동작 원리와 내부 구조에 대하여 간략히 설명하고자 한다. 그리고 최근 HD급 영상을 위한 저장매체로서 보급이 확대되고 있는 블루-레이(BD)에 대해서도 살펴보기로 한다.

6.3.1 CD-ROM

음향 CD와 컴퓨터 데이터 저장용 CD-ROM(Compact Disk Read-Only Memory)은 유사한 기술을 사용한다. 다만 CD-ROM 플레이어는 보다 더 정교하고, 데이터가 디스크에서 컴퓨터로 오류 없이 전달되는 것을 보장하기 위하여 오류-정정 장치(error-correction device)를 포함하고 있다는 것이 주요 차이점이다. 이들은 제조 방법도 동일하다. 디스크는 폴리카보네이트(polycarbonate)와 같은 수지로 만들어진 평판 위에 알루미늄과 같이 반사도가 매우 높은 물질을 코팅한 것이다. 디지털 방식으로 기록된 정보(음악 또는 컴퓨터 데이터)는 매끄러운 표면 위에 매우 작은 흠집 형태의 피트(pit)들에 저장되는데, 이 과정에서 정밀한 초점을 가진 고강도(high-intensity)의 레이저가 사용된다. 그런 과정을 통하여 제조되는 마스터 디스크는 다시 복사본을 찍어내기 위한 형판(die)을 만드는 데 사용된다. 데이터 복사가 완료된 CD-ROM의 표면은 먼지나 긁힘으로부터 보호하기 위하여 래커(lacquer)로 코팅된다.

CD-ROM에 저장되어 있는 정보는 광디스크 플레이어 혹은 드라이브 장치에 포함된 저전력 레이저에 의해 읽혀지는데, 그 과정은 다음과 같다. 모터가 디스크를 회전시키는 동안에 깨끗한 보호막을 통하여 레이저 광선이 트랙을 따라 비쳐지는데, 피트를 만나면 저장된 값(0 혹은 1)에 따라 반사되어 돌아오는 빛의 양이 달라진다. 이러한 차이가 광센서(optical sensor)에 의해 검출되어 디지털 신호로 변환된다.

그림 6-12는 CD-ROM에서의 트랙과 섹터의 구성을 보여주고 있다. 그림에서 보는 바와 같이 트랙은 하나의 나선형으로 모두 연결되어 있으며, 같은 길이의 섹터들로 분할되어 있다(비교 : 하드 디스크는 분리된 다수의 동심원 트랙들로 이루어져 있고, 트랙의 위치에 따라 섹터의 길이도 서로 다르다.). 그리고 모든 섹터들의 저장 밀도는 위치에 상관없이 동일하다. 그 대신에 등선 속도(constant linear velocity : CLV) 방식을 이용함으로써, 액세스할 위치에 따라 회전 속도를 계속 변화시켜 데이터 전송률을 일정하게 유지시키고 있다. 즉, CLV 방식은 헤드가 중심부 가까이 위치한 트랙 부분을 액세스할 때는 회전 속도를 높여주고 바깥쪽 트랙 부분을 액세스할 때는 속도를 낮추기 때문에, 섹터의 위치에 상관없이 표면을 지나가는 헤드의 속도가 항상 일정해지는 것이다. 이 방식을 사용하면 회전 구동장치가 더 복잡해지지만, 트랙 전체의 저장 밀도를 균일하게 할 수 있기 때문에 CAV 방식과는 달리 바깥쪽 트랙 부분의 저장 공간이 낭비되지 않아서 전체 저장 용량이 커진다.

그림 6-12에서 데이터는 트랙을 따라 순차적으로 저장된다. 그러나 액세스는 순차적이 아닌 직접 액세스 방식을 사용한다. 즉, 데이터가 저장된 특정 섹터를 찾아가는 과정은 다음과 같다.

① 헤드를 그 섹터 근처의 영역으로 이동시킨다.
② 회전 속도를 조정하면서 섹터의 주소를 검사한다.
③ 미세 조정을 통하여 원하는 특정 섹터를 찾는다.
④ 데이터에서 읽고 전송한다.

다양한 밀도를 가진 CD-ROM들이 생산되고 있는데, 그 중의 한 예로서 트랙 간 간격이 1.6미크론(micron : 1.6×10^{-6}미터)인 것이 있다. CD-ROM의 기록 가능한 부분은 반경이 32.55mm, 즉 32,550미크론인데, 이것을 트랙 간격으로 나누면 전체 트랙 수는 20,344개가 된다. 그런데 실제로는 그들이 모두 하나의 나선형 트랙으로 연결된다. 결과적으로, 그 트랙의 길이는 평균 원둘레에 나선형의 회전수를 곱하면 대략 5.27km 정도가 된다.

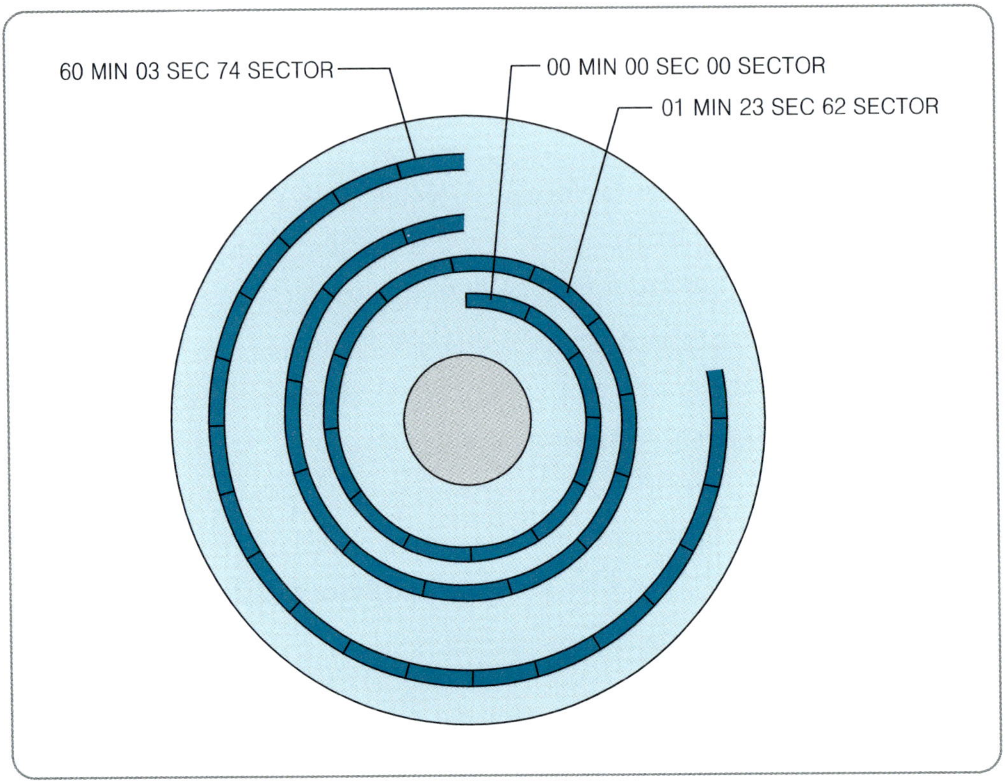

그림 6-12 등선속도를 이용하는 CD-ROM의 배치도

CD-ROM의 등선속도는 $1.2m/sec$이며, 그 속도로 전체 트랙을 검색하는 데는 4392초(73.2분)가 걸린다. 이 시간은 음향 컴팩트 디스크의 표준 최대 플레이 시간과 거의 같다. CD-ROM으로부터의 데이터 전송 속도는 0.15[Mbytes/sec]이며, CD-ROM의 저장 용량은 774.57Mbyte이다. 이것은 530개 이상의 3.5인치 플로피 디스켓들의 저장 용량에 해당한다.

그런데 최근에는 더 높은 회전 속도(rpm)를 가지는 CD-ROM 드라이브들이 개발되어 데이터 전송률이 계속 높아지고 있다. 위에서 설명한 최초 CD-ROM의 전송률인 0.15[Mbytes/sec]를 기준 속도인 1배속(1X-rating)이라고 하는데, 그 두 배의 회전 속도를 가지는 드라이브를 사용하면 2배속(2X)인 0.3[Mbytes/sec]의 데이터 전송률을 제공할 수 있다. 그리고 12배속 드라이브의 경우에는 전송률이 1.8[Mbytes/sec]가 되며, 그 이상으로 전송률을 높이려면 중심부 가까이 위치한 트랙 부분을 액세스할 때는 회전 속도가 매우 높아져야 하기 때문에 소음과 열이 많이 발생하게 된다. 따라서 20배속 이상의 드라이브에서는 CLV 방식 대신에 CAV 방식을 사용하는 추세인데, 그 경우에 트랙 전체의 저장 밀도가 균일한 상태에서 회전 속도는 일정하기 때문에 섹터의 위치에 따라 데이터 전송률이 크게 달라진다. 즉, 중심부의 섹터들을 액세스 할 때는 단위 시간당 헤드가 이동하는 거리가 짧아지기 때문에 데이터 전송률이 낮아지고, 바깥쪽 섹터들을 액세스 할 때는 헤드의 속도가 더 높아지므로 데이터 전송률이 증가한다. 예를 들어, 48배속 드라이브는 최소 전송률이 1.8[Mbytes/sec], 최대 전송률은 7.2[Mbytes/sec], 그리고 평균 전송률은 4.5[Mbytes/sec]가 된다.

CD-ROM에서도 데이터가 섹터 단위로 저장된다. 섹터의 형식은 일반적으로 그림 6-13과 같으며, 다음과 같은 필드들로 구성된다.

- SYNC 필드 : 이 필드는 섹터의 시작을 나타낸다. 이 필드는 모든 비트들이 '0'인 한 개의 바이트와 모두 '1'인 10개의 바이트들, 그리고 모두 '0'인 한 개의 바이트로 구성된다.
- ID 필드 : 4바이트의 ID 필드는 섹터 주소와 모드(mode) 바이트를 포함하고 있다. 섹터 주소는 각각 한 바이트 길이의 MIN, SEC 및 SECTOR 번호로 구성된다. 모드에는 다음과 같은 세 가지가 있다. 모드 0에서는 데이터 필드가 비어 있다. 모드 1에서는 데이터 필드에 2048바이트의 데이터가 포함되고, ECC 필드에는 오류-정정 코드가 포함된다. 마지막으로, 모드 2에서는 오류-정정 코드가 없고 데이터 필드와 ECC 필드를 합하여 전체 2336바이트의 데이터가 저장된다.
- 데이터 필드 : 데이터 블록이 저장되는 필드로서, 전체 길이는 2048바이트이다.
- ECC 필드 : 288바이트의 오류-정정 코드가 저장되는 필드이며, 모드 2에서는 데이터 필드로 사용된다.

앞의 그림 6-12에 표시된 섹터 주소의 예들 중에서 60 MIN 03 SEC 74 SECTOR는 60번째 MIN의 3번째 SEC의 74번째 섹터를 가리킨다. 여기서 60, 03 및 74는 그림 6-13의 블록 형식에서 ID 필드 내의 MIN, SEC 및 SECTOR 부분에 각각 저장되어 있으며, 액세스 과정에서 섹터의 위치를 찾는 데 사용된다.

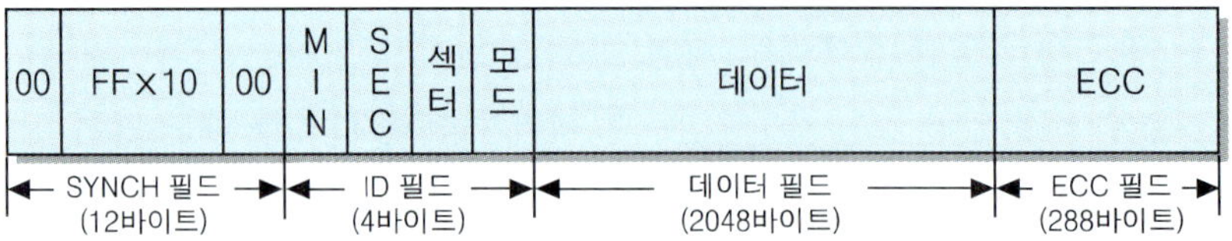

그림 6-13 CD-ROM의 블록 형식

CD-ROM은 많은 양의 데이터들을 저장할 수 있고, 복제도 용이하다. 그러나 초기의 제작 과정에 소요되는 비용이 높기 때문에 대량의 복제품을 생산 및 판매할 수 있는 응용에 적합하다. 자기 디스크와 비교할 때 CD-ROM은 다음과 같은 중요한 장점들을 가지고 있다.

- 정보 저장 용량이 매우 크다.
- 저렴한 가격으로 대량 복제될 수 있다(비교 : 자기 디스크의 경우에는 두 개의 디스크 드라이브들을 사용하여 한 번에 한 개씩만 복사할 수 있다).

반면에, CD-ROM은 다음과 같은 단점들도 가지고 있다.

- 읽기만 가능하고, 내용을 변경할 수 없다.
- 액세스 시간이 자기 디스크보다 훨씬 길며, 대략 0.5초 정도이다.

6.3.2 CD-R/RW

CD-R(CD-Recordable)은 WORM(Write-Once Read-Many)이라고도 부르는데, 사용자가 데이터를 한 번은 기록할 수 있는 CD-ROM이다. 즉, CD-R은 비어있는 디스크 원판으로서, 적당한 강도의 레이저 광선을 이용하여 사용자가 데이터를 한 번은 기록할 수 있다. 그러나 일단 데이터를 기록하고 나면, 다른 내용으로 바꿀 수 없다.

그림 6-14(a)는 데이터가 기록되지 않은 상태의 CD-R의 디스크 표면을 보여주고 있다. CD-R에서는 그림에서 보는 바와 같이 디스크 표면의 트랙에 해당하는 부분을 따라, 열을 가하면 태워져 없어지는 성질을 가진 물질을 이용하여 유기 광전도성 염료 층

(organic photoconductive dye layer ; 이하 염료층이라 함)이 만들어 있다. 데이터를 기록하는 동작은 CD-R 기록장치(recorder) 내에서 레이저 광선을 이용하여 염료층의 해당 피트(pit) 부분을 저장할 데이터(1 혹은 0)의 값에 따라 태우거나 혹은 그대로 지나감으로써 이루어진다.

그림 6-14(b)는 기록(쓰기) 동작이 완료된 후의 트랙들의 모습을 보여주고 있다. 염료층에서 태워진 부분은 그림에서 원으로 표시한 것과 같은 형태가 되는데, 그 부분의 광 반사율은 태워지지 않은 부분보다 낮아지게 된다. 따라서 읽기 동작에서는 강도가 더 낮은 레이저 광선을 비추고, 반사되어 오는 빛의 양에 의해 1과 0을 구분하게 되는 것이다. 그리고 염료층에서 일단 한 번 태워진 부분은 복구될 수 없기 때문에 한 번만 기록이 가능한 것이다.

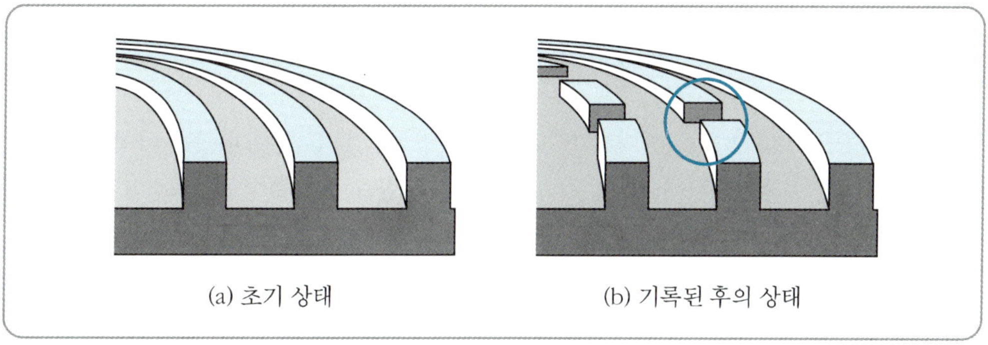

그림 6-14 CD-R의 디스크 표면 상태

그림 6-15는 CD-R의 표면 구조를 구체적으로 보여주고 있다. 먼저, 가장 안쪽의 PCA(Power Calibration Area) 영역은 디스크 전체에 대한 기록(recording)을 시작하기 전에 해당 디스크에 가장 적절한 레이저 광선의 강도를 찾아내기 위하여 시험적으로 쓰기를 해보는 부분이다. 이 과정이 정확하게 이루어지지 않으면 실제 쓰기 동작 중에 'Power Calibration Error'가 발생한다. 두 번째 영역인 PMA(Programmable Memory Area)는 기록 동작이 진행되는 동안에 저장되는 데이터들에 대한 각종 정보의 집합인 TOC(table of contents)를 임시로 저장해두는 부분이며, 기록이 모두 종료된 후에는 그 내용을 Lead In 영역으로 이동시켜 영구 저장하게 된다. 그리고 실제 데이터가 저장되는 영역은 그림 6-15에서 Program Area라고 불리는 부분이며, Lead Out은 데이터가 끝났다는 것을 알려주는 영역이다.

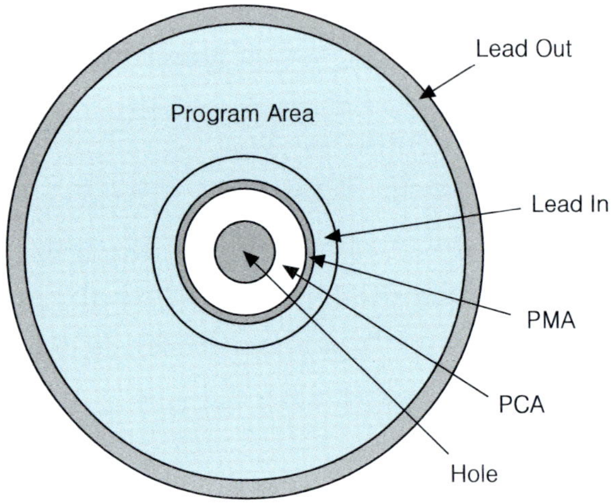

그림 6-15 CD-R 표면의 구조(layout)

CD-RW(CD-ReWritable)는 여러 번 쓰기가 가능한 CD를 말한다. 즉, 어떤 데이터를 기록하였더라도 지우고 다른 내용을 다시 기록할 수 있다. 일반적으로 1000번 정도 재기록이 가능하므로 사실상 거의 무한정 읽기/쓰기가 가능한 것이다.

CD-RW는 기본적인 구조가 CD-R과 동일하지만, 염료층 대신에 상태 변화(phase change)를 통하여 정보의 반복 저장이 가능한 물질로 만들어지는 기록층(recording layer)을 가지고 있다. 이 층은 silver, indium, antimony 및 tellurium의 혼합물로 제조되며, 기본적으로 원자들이 규칙적으로 배열되는 결정 상태(crystal phase)로 있다. 그런데 이 물질은 일정 온도 이상의 열이 가해지면 액체 상태로 변하며, 냉각되는 과정에서 열을 서서히 줄이면 다시 결정 상태로 돌아간다. 그러나 냉각 과정에서 열을 차단하여 급속히 냉각되게 하면 원자들이 무질서하게 배열되는 비정질 상태(amorphous phase)로 바뀌게 된다. 결정 상태에 있는 부분은 입사되는 빛에 대하여 일정한 각도로 반사하는 성질을 가지는 반면에, 비정질 상태로 있는 부분은 불규칙적으로 난반사한다. CD-RW에서는 데이터가 저장되는 각 피트를 그 두 상태 중의 어느 한 상태에 있게 함으로써 1과 0이 구분되도록 한다.

사용되지 않은 CD-RW 디스크의 기록층은 처음에 결정 상태로 있다. 데이터를 쓰기 위해서는 먼저 기록장치의 광 발생장치에 의해 일정한 강도의 레이저 광선을 발생시켜 해당 피트의 기록 층을 녹여 액체 상태가 되게 한다. 그런 다음에 '0'을 저장하는 경우에는 레이저 광선을 차단하여 급속 냉각시킴으로써 비정질 상태로 변하게 만든다. 반면에 '1'을 저장하기 위해서는 레이저 광선의 강도를 약하게 줄여줌으로써 서서히 냉각되어 다시 결정 상태로 돌아가게 한다. 그리고 이미 어떤 내용이 저장되어 있는 CD-RW를 다른 내용으로 변경하여 기록하는 동작도 같은 방법으로 이루어진다.

읽기 동작에서는 일반적인 CD-ROM과 마찬가지로 반사되어 오는 빛의 양에 따라 '1'과 '0'을 구분하게 된다. 즉, 결정 상태인 피트에서는 반사되어 오는 빛의 양이 많으므로 '1'로 구분되고, 난반사되는 비정질 부분은 빛이 약해지므로 '0'으로 구분된다. 기록층의 물질은 녹이는 과정과 냉각시키는 과정을 반복하더라도 그 성질이 거의 변하지 않고 유지되기 때문에 많은 횟수의 재기록이 가능할 수 있는 것이다.

6.3.3 DVD

DVD는 디지털 비디오 디스크(Digital Video Disk)의 약어로서, 처음에는 '비디오 기능의 강화'에 주된 목적을 두고 개발되었다. 그러나 구체적인 규격을 협의하는 과정에서 그 활용 범위가 점차 확대되어, DVD는 비디오 디스크로서 뿐 아니라 '다기능 디스크'로 발전하여 디지털 다기능 디스크(Digital Versatile Disk)로 불리기도 한다. DVD는 동영상과 같은 큰 용량을 디지털 신호로 변환하여 저장할 수 있어서, 비디오 카세트 레코더(VCR)에서 사용되는 비디오 테이프를 대체하고 있으며, 더 중요한 것은 개인용 컴퓨터와 서버에서 CD-ROM 대신에 저장장치로 사용되고 있다는 것이다. 결과적으로 DVD에 의해 비디오의 디지털 시대가 열리게 된 것이다.

DVD 원판의 모습은 CD와 동일하며, 크기와 모양도 같다. 직경 120mm(4.75인치)의 얇은 알루미늄 원판에 플라스틱 막이 보호막으로 덮여 있는데, 옆면을 자세히 보면 한 장으로 된 CD와는 달리 두 장의 얇은 디스크들이 겹쳐져 있다는 것을 알 수 있다. DVD의 두께는 1.2mm로서 CD와 같지만, 0.6mm 원판을 두 개 겹쳐 놓은 것이기 때문에 내부 구조는 CD와 완전히 다르다. 그리고 DVD 디스크는 CD만큼 견고한데, 외부 표면을 먼지나 긁힘으로부터 보호하기 위하여 플라스틱 막으로 코팅하기 때문이다.

그림 6-16은 DVD 드라이브의 내부 구성을 보여주고 있다. 그림에서 DVD 디스크는 트레이(tray)에 놓여져 드라이브 내에 장착된다. CPU가 IDE 혹은 SCSI 버스를 통하여 액세스 명령을 보내면 스핀들 모터(spindle motor)가 회전을 시작한다. 그러면 트래킹 모터(tracking motor)가 디스크 주소에 따라 광센서(light sensor)를 좌우로 이동시키면서 데이터 위치를 찾아낸다. 이때 가이드(guide)는 광센서가 이동할 수 있도록 지지대 역할을 해준다. DVD에서도 저장 용량을 극대화하기 위하여 액세스할 섹터의 위치에 따라 회전 속도를 변화시키는 등선속도(CLV) 방식이 사용된다.

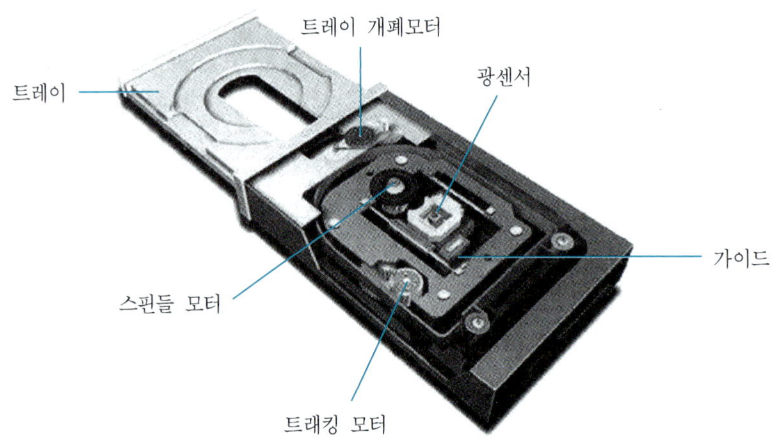

그림 6-16 DVD 드라이브의 내부 구조

기존의 비디오 테이프나 플로피 디스크는 자성에 약해서 장기간의 데이터 보관에는 어려움이 있었다. 또한 비디오 테이프에 수록된 동영상은 시간이 지나면 화질이 떨어지는 열화 현상이 나타난다. 그러나 DVD는 빛에 의한 디지털 저장 기술을 이용하므로 자성과는 전혀 관계가 없다. 따라서 장기간 데이터를 보관하는 데 훨씬 더 유리하다. 안정성 측면에서도 칼과 같은 날카로운 물체로 심하게 긁지만 않는다면 문제가 없다.

DVD 디스크는 단층(single layer)인지 혹은 복층(double layer)인지에 따라 그림 6-17과 같은 네 종류의 디스크 구조들이 형성될 수 있다. 초기에 가장 널리 사용된 것은 단면 단층(single-side single-layer) 구조로서 한 장에 4.7GByte의 데이터 저장이 가능한데, MPEG-2 방식으로 압축하면 3개 국어를 동시에 더빙하고 4개 국어의 대사와 고품

질의 디지털 입체 음향을 포함하고 있는 135분 길이의 영화를 수록할 수 있는 용량이다. 이것은 CD-ROM의 일곱 장 분량에 해당하는 대용량이다. 용량이 그 두 배(9.4GByte)인 양면 단층 구조도 개발되었지만 재생 중에 뒤집어야 하는 불편이 있기 때문에 사용되지는 않고 있다. 그리고 최근에는 단면 복층 구조를 가장 많이 사용하고 있는데 용량은 8.5GByte이다. 용량이 17GByte에 이르는 양면 복층 구조의 DVD도 개발되어 있다.

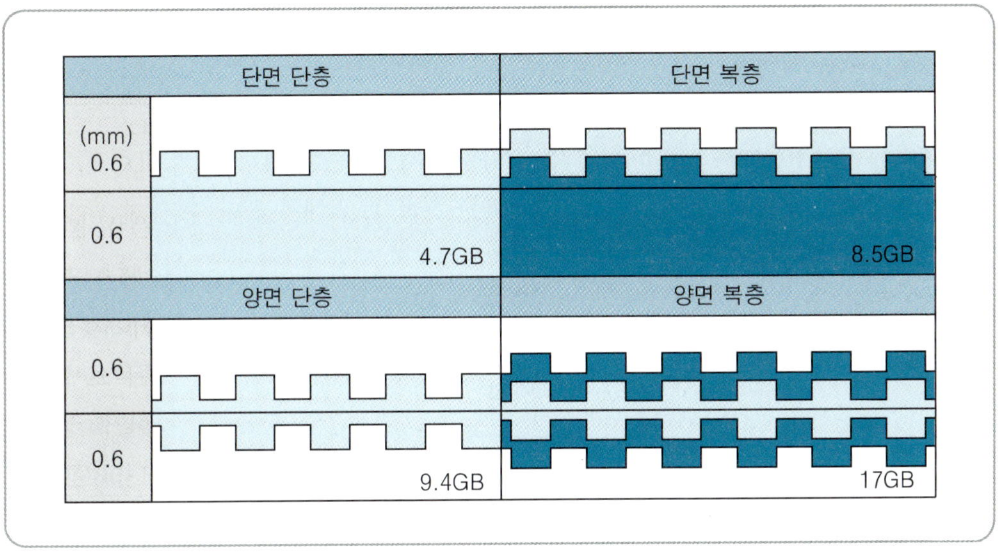

그림 6-17 DVD의 데이터 저장 방식

CD-ROM과 DVD를 비교해보면 근본적으로 몇 가지 다른 점들이 있다. 첫째, 디스크에서 정보를 저장하는 피트의 크기가 CD-ROM의 경우에는 0.83μm[3]인데 비해 DVD에서는 그보다 더 작은 0.4μm이다. 또한 CD-ROM의 트랙 폭이 1.6μm인데 비해, DVD는 0.74μm로 줄어들었다.[4] 따라서 DVD는 CD-ROM과 크기는 같지만, 저장할 수 있는 데이터 용량을 결정하는 트랙 길이와 피트의 수가 CD-ROM의 두 배 이상이나 되는 것이다.

3) μm는 $10^{-6}m$, 즉 만분의 1 밀리미터를 나타내는 길이 단위이다.

4) 피트의 크기와 트랙의 폭이 이와 같이 줄어들 수 있는 것은 파장이 더 짧은 레이저를 사용하기 때문인데, 그에 대해서는 다음 절의 블루-레이(BD)에서 좀 더 자세히 설명한다.

6.3.4 블루-레이 디스크(BD)

최근 컴퓨터에서도 고선명(High Definition : HD) 영상 데이터를 입력, 저장 및 출력하게 됨에 따라 더 큰 용량의 저장장치가 필요하게 되었다. 그에 따라 관련 업체들이 연합하여 새로운 광 저장장치 기술을 개발하고 규격을 제정하였는데, 그것이 블루-레이 디스크(Blu-ray Disc ; 이하 BD라 함)이다. DVD가 일반 동영상 두 시간 분량(4.7GByte)을 저장하는 매체인 반면에, BD는 HD급 동영상 두 시간 분량을 저장할 수 있는 용량(25GByte)을 제공한다. BD는 데이터의 기록 및 읽기 동작을 위하여 405*nm*[5]의 파장(wavelength)을 가진 청자색 레이저(blue-violet laser)를 사용하고 있다. 즉, BD는 720*nm* 파장의 적외선을 사용하는 CD-ROM과 650*nm*의 적색 레이저를 사용하는 DVD에 비하여 현격히 짧은 파장의 레이저를 사용함으로써, 피트의 크기와 트랙의 폭을 대폭 줄일 수 있게 됨에 따라 저장 용량이 크게 증가되었다. 그런데 청자색 레이저의 색깔을 나타내는 단어의 앞부분인 'blue'는 일반 명사이기 때문에 상표 등록상의 문제가 발생함에 따라, 실제 명칭으로는 'e'를 제외한 Blu-ray를 사용하게 되었다.

BD의 종류에는 제조 과정에서만 내용을 저장할 수 있는 BD-ROM 외에도, 한 번의 기록이 가능한 BD-R 및 재기록 가능한(rewritable) BD-RE와 같이 기능이 확장된 제품들도 출시되고 있다. BD는 외형상으로 CD나 DVD와 거의 차이가 없다. 디스크 평판의 크기가 120*mm*이며, 두께도 1.2*mm*로 동일하다. 그런데 다른 저장 매체들에 비하여 BD의 저장 용량이 대폭 증가될 수 있게 해준 기술의 핵심은 레이저 광의 파장과 보호층(cover layer) 두께의 조정이다.

그림 6-18은 각각 (a) BD, (b) DVD 및 (c) CD의 디스크 단면 구조와 파장에 따른 레이저 빔의 모습을 보여주고 있다. 그림에서 보는 바와 같이, 디스크는 기판(substrate)과 기록층(record layer) 및 보호층으로 이루어져 있다. BD에서는 DVD의 다섯 배에 달하는 저장 용량을 달성하기 위한 첫 번째 방법으로 레이저의 파장을 405*nm*로 줄였다. 이 길이의 파장은 디스크 표면에서 최소한의 투과율을 유지할 수 있는 한계 값에 해당한다. 파장이 짧아짐으로써 데이터를 저장하는데 필요한 공간이 줄어들었다. 그리고 먼지와 같은 물질에 의한 읽기 오류를 방지하기 위하여 기록층과 디스크 표면 사이의 설치하는 보호층의 두께를 0.1*mm*로 줄임으로써, 광 렌즈의 NA(numerical aperture)[6]를 0.85까지 높일

5) *nm*는 $10^{-9}m$, 즉 백만분의 1*mm*에 해당하는 길이를 나타내는 단위이다.

수 있게 되었다. 그 결과, 집광을 위한 레이저 빔의 지름이 줄어들게 됨에 따라, 데이터를 저장하는 피트의 최소 길이와 트랙의 폭이 각각 0.15μm와 0.32μm로 대폭 축소되었다. 반면에, 그림 8-18(b)와 (c)에서 보여주고 있는 DVD 및 CD의 경우에는 레이저 파장이 길고, 보호층의 두께가 각각 0.6*mm*와 1.2*mm*가 됨에 따라 NA 값을 더 이상 높일 수가 없었다.

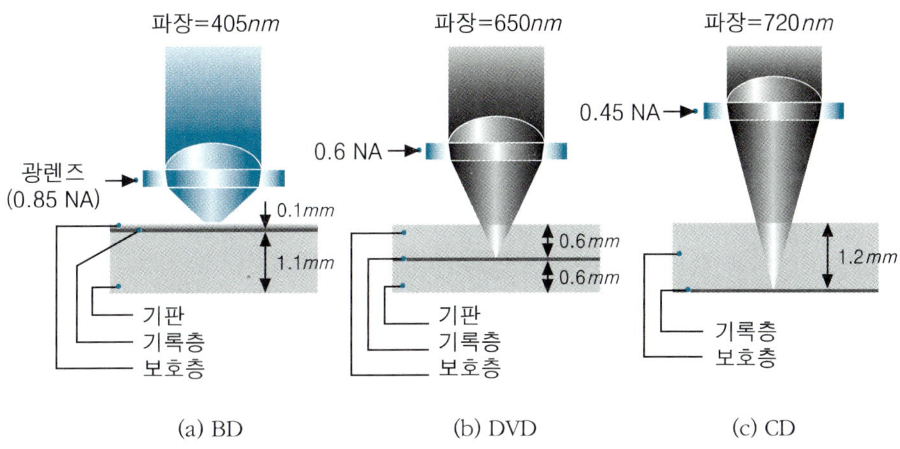

그림 6-18 광 저장장치들의 디스크 표면 구조와 레이저 빔의 모습

그림 6-19(a)는 데이터가 저장되어 있는 BD의 표면을 확대한 모습을 보여주고 있는데, 수직 방향으로 트랙들이 형성되어 있으며, 각 트랙에 연속적으로 나열된 피트들은 저장된 데이터의 값(0 혹은 1)에 따라 색이 다르게 나타나 있다. 그림에서 검게 보이는 부분은 '0'을 저장하기 위하여 높은 강도의 레이저로 피트에 흠집을 낸 모습이다. 작은 피트는 한 개의 '0'이 저장된 상태를 나타내고, 길게 보이는 검은 색 부분은 '0'들이 여러 개 연속적으로 저장된 위치에 해당한다. 그림 6-19(b)는 (a)와 동일한 확대 배율로 찍은 DVD의 표면을 보여주고 있는데, 피트의 길이와 트랙의 폭이 BD보다 훨씬 더 크다는 것을 확인할 수 있다.

6) NA란 레이저 장치의 대물 렌즈를 통하여 집속되는 빔의 기울기 각도(θ)에 대한 sine 값으로서, 집광 에너지의 약 80%가 (파장/NA)를 직경으로 하는 영역 내로 집속된다. 즉, NA가 커질수록, 작은 지름의 빔으로도 데이터를 인식하기 위한 빛의 양을 충분히 받아들일 수 있게 된다.

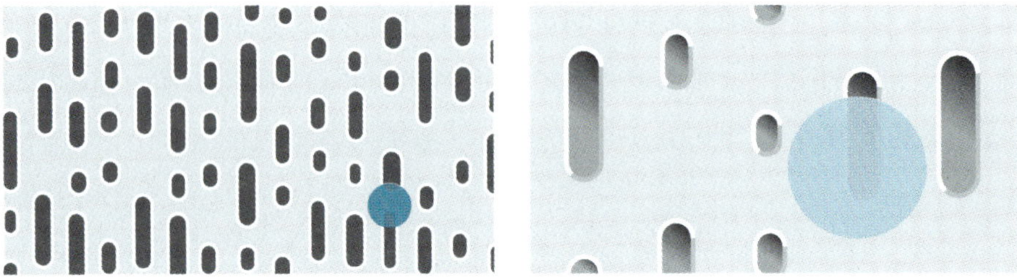

(a) BD (b) DVD

그림 6-19 BD와 DVD의 피트 및 트랙 크기에 따른 저장 밀도의 비교

BD는 지금까지 설명한 원리에 의해 더 높은 데이터 저장 밀도를 달성할 수 있게 되었으며, 결과적으로 DVD에 비하여 다섯 배 이상의 저장 용량을 가지게 된 것이다. [표 6-3]은 이 절에서 살펴보았던 광 저장장치들(CD-ROM, DVD 및 BD)의 주요 특징들을 비교한 결과를 보여주고 있다.

[표 6-3] CD-ROM, DVD 및 BD의 주요 특징들의 비교

구 분	CD-ROM	DVD	BD
디스크 지름	120*mm*	120*mm*	120*mm*
디스크 두께	1.2*mm*	1.2*mm*	1.2*mm*
디스크 구조	단층	2층(0.6*mm*×2)	2층(0.6*mm*×2)
레이저 파장	720*nm* (Infared)	650*nm* (Red)	405*nm* (blue)
피트 길이(최소)	0.8μm	0.4μm	0.15μm
트랙 폭	1.6μm	0.74μm	0.32μm
저장 밀도	0.41Gbits/inch^2	2.77Gbits/inch^2	14.73Gbits/inch^2
데이터 층(layer)	한 개	한 개 혹은 두 개	한 개 혹은 두 개
데이터 용량	680MByte	단층 : 4.7GByte	단층 : 25GByte
		복층 : 8.5GByte	복층 : 50GByte
데이터 전송률 [KBytes/sec]	153.6~176.4	1,103	4,608

기 본 문 제

6.1 다음 중에서 탐색 시간이 가장 짧은 디스크는 어느 것인가?

가. 단일-헤드 디스크 나. 다중-헤드 디스크
다. 이동-헤드 디스크 라. 고정-헤드 디스크

6.2 다중-평판 디스크 드라이브에서 동일한 반경에 위치한 트랙들의 집합을 무엇이라 부르는가?

가. 실린더 나. RAID
다. 윈체스터 디스크 라. 패리티 블록

6.3 회전 속도가 7200rpm인 디스크의 최대 회전지연 시간은 얼마인가?

가. $36ms$ 나. $16.6ms$
다. $8.33ms$ 라. $4.17ms$

6.4 등각속도(CAV) 방식의 특징이 아닌 것은?

가. 모든 트랙의 저장 밀도가 같다.
나. 회전 구동장치가 간단하다.
다. 디스크 평판이 일정한 속도로 회전한다.
라. 디스크 저장 공간이 비효율적으로 사용된다.

6.5 다음 중에서 디스크 배열을 구성함으로써 얻을 수 있는 이점이 아닌 것은?

가. 여러 블록들을 동시에 액세스할 수 있다.
나. 저장 용량이 증가된다.
다. 데이터 전송률이 높아진다.
라. 신뢰도가 높아진다.

6.6 MTTF = 2000시간인 디스크들을 8개 접속하여 구성한 디스크 배열의 MTTF는 얼마가 되는가?

가. 200 시간　　나. 250 시간
다. 400 시간　　라. 1600 시간

6.7 다음 중에서 디스크 미러링 방식을 사용하는 RAID-1의 특징이 아닌 것은?

가. 읽기 속도가 두 배이다　　나. 신뢰도가 높다
다. 쓰기 속도가 두 배이다　　라. 비용이 많이 든다

6.8 다음 중에서 오류 검출을 위하여 해밍 코드를 이용하는 것은?

가. RAID-1　　나. RAID-2
다. RAID-3　　라. RAID-5

6.9 RAID-5는 RAID-4의 어떤 문제점을 보완하기 위하여 개발되었는가?

가. 비용이 많이 든다　　나. 병렬 액세스가 불가능하다
다. 쓰기 동작의 시간이 길다　　라. 패리티 디스크가 성능 병목이 된다

6.10 다음 중에서 등선속도(CLV) 방식의 장점에 해당하는 것은?

가. 회전 구동장치가 간단하다　　나. 저장 용량의 손실이 없다
다. 회전 속도가 높아진다　　라. 액세스 시간이 단축된다

6.11 CD-ROM에서 트랙의 수는 몇 개인가?

가. 한 개　　나. 200개
다. 2400개　　라. 2400개 이상

6.12 다음 중에서 디스크와 비교한 CD-ROM의 장점이 아닌 것은?

가. 저장 용량이 크다
나. 대량 복제가 용이하다
다. 이동과 보관이 용이하다
라. 액세스 속도가 디스크 보다 높다

6.13 다음 중에서 DVD의 저장 용량이 CD-ROM보다 더 큰 이유에 해당하지 않는 것은?

가. 디스크가 복층 구조이다
나. 트랙 폭이 더 좁다
다. 디스크 지름이 더 크다
라. 피트의 크기가 더 작다

6.14 다음의 블루-레이 디스크(BD)에 관한 설명 중에서 잘못된 것은?

가. 가장 짧은 파장의 레이저를 사용한다
나. 양면 복층 구조도 생산되고 있다.
다. 트랙의 폭이 가장 좁다
라. 디스크의 지름은 CD-ROM과 동일하다

6.15 다음 중에서 블루-레이 디스크의 유형이 아닌 것은?

가. BD-R
나. BD-RE
다. BD-RW
라. BD-ROM

연습문제

6.1 어떤 디스크에서 표면당 트랙의 수가 1200개, 트랙당 섹터의 수는 32개이며, 섹터당 512바이트가 저장된다.

(1) 이 디스크의 저장 용량은 몇 MByte인가?
(2) 회전축의 속도가 3600rpm이라면, 평균 회전지연시간은 몇 ms인가?

6.2 규격이 다음과 같은 하드 디스크에 대하여 아래 물음에 답하라.

표면당 트랙 수 = 2400
트랙당 섹터 수 = 32
섹터당 데이터 필드의 길이 = 512바이트
트랙당 탐색 시간 = 0.02ms
회전 속도 = 7200rpm
데이터 전송률 = 4[MBytes/sec]

(1) 디스크의 표면당 저장 용량은 몇 MByte인가?
(2) 디스크 헤드가 250번째 트랙에 위치하고 있을 때, 980번째 트랙의 한 섹터에 대한 액세스 요구가 도착하였다. 탐색 시간은 몇 ms가 걸리는가?
(3) 헤드가 해당 트랙에 도달한 순간에 원하는 섹터는 정반대 편을 통과하고 있었다고 가정한다면, 회전지연시간은 몇 ms가 되는가?
(4) 한 섹터의 데이터를 모두 전송하는 데 걸리는 시간을 구하라. 단, 디스크 제어기의 동작 시간은 무시한다.
(5) 한 섹터를 액세스하는데 걸리는 전체 시간을 구하라.

6.3 6.2번과 같은 디스크 표면이 양면(double-sided)으로 구성된 평판들을 네 개 이용하여 디스크 드라이브를 구성하였다면, 한 실린더(cylinder)당 저장 용량은 몇 KByte가 되는가?

6.4 디스크에서는 등각속도(CAV) 방식을 사용하므로 트랙의 위치에 따라 데이터 저장 밀도가 서로 다르다. 이 방식의 장단점을 설명하라.

6.5 20개의 디스크들을 이용하여 디스크 배열을 구성하였다. 만약 각 디스크의 MTTF가 10000 시간이라면, 디스크 배열의 MTTF는 어떤 값이 되는지 구하라.

6.6 RAID-1의 가장 중요한 장점과 단점을 각각 한 가지씩 들라.

6.7 RAID-3은 RAID-2의 어떠한 점을 개선하기 위하여 제안되었는가?

6.8 RAID-5는 RAID-4의 어떠한 점을 개선하기 위하여 제안되었는가?

6.9 RAID-5에서는 각 쓰기(write) 동작을 위하여 네 번의 디스크 액세스 동작들이 필요하다. 그 이유를 설명하라.

6.10 RAID-5에서 어느 한 디스크에 결함이 발생한 경우에 어떤 방법으로 그 디스크의 원래 내용을 복구할 수 있는가?

6.11 컴퓨터시스템에 디스크 캐시를 도입함으로써 평균 디스크 액세스 시간이 20ms에서 8.3ms로 감소되었다. 디스크 캐시의 적중률(hit ratio)이 60%라면, 디스크 캐시의 액세스 시간은 얼마인가?

6.12 캐시, 주기억장치, 디스크 캐시 및 디스크로 이루어진 계층적 기억장치시스템의 평균 액세스 시간을 구하라. 단, 그들의 액세스 시간은 각각 10ns, 200ns, 100μs 및 20ms이며, 캐시의 적중률은 85%, 주기억장치의 적중률은 95%, 디스크 캐시의 적중률은 디스크 액세스 요구들에 대하여 70%인 것으로 가정한다.

6.13 CD-ROM에서는 자기 디스크와 달리, 트랙이 하나의 나선형으로 모두 연결되어 있다. CD-ROM의 액세스 방식을 설명하라.

6.14 CD-ROM은 등선속도(CLV) 방식을 사용하기 때문에 트랙의 위치에 상관없이 데이터 저장 밀도가 동일하다. CLV 방식의 장점과 단점을 쓰라.

6.15 20배속 이상의 CD-ROM 드라이브에서는 CLV 방식 대신에 CAV 방식을 사용한다. 그 주요 이유를 설명하라.

6.16 CD-R에서 데이터를 기록하는 원리를 설명하라. 그리고 재기록이 불가능한 이유를 설명하라.

6.17 CD-RW에서는 재기록이 거의 무한정 가능한 이유를 설명하라.

6.18 DVD의 저장 용량을 CD-ROM보다 더 크게 할 수 있는 요인이 되는 구조적 특징을 세 가지 이상 쓰라.

6.19 블루-레이 디스크(BD)에서 DVD보다 저장 용량을 더 높이기 위하여 사용한 두 가지 핵심 기술을 설명하라.

Computer Architecture

7 시스템 버스, I/O 및 인터럽트

컴퓨터시스템을 구성하는 주요 요소인 CPU, 주기억장치 및 입출력장치(input/output device ; 이하 I/O 장치라 함)들은 시스템 버스를 통하여 서로 접속된다. 이 장에서는 먼저 시스템 버스의 조직과 동작 원리, 그리고 버스 경합이 발생한 경우에 필요한 중재 방법에 대하여 공부하기로 한다. 다음으로는 제6장에서 설명하였던 보조저장장치들을 시스템 버스와 접속하는 방법에 대하여 설명한다. 또한, 그 외의 I/O 장치들인 키보드, 디스플레이 장치 및 네트워크 제어기 등을 시스템과 연결하는 방법을 제시한다. 이 과정에서 인터럽트 메커니즘이 어떻게 사용되는지에 대한 설명도 포함된다. 마지막으로는 시스템 성능 향상을 위하여 사용되는 직접 기억장치 액세스(DMA) 방식에 대하여 살펴볼 것이다.

7.1 시스템 버스

제1장에서 CPU, 주기억장치 및 I/O 장치들을 시스템 버스를 이용하여 서로 접속함으로써 컴퓨터시스템을 구성할 수 있다는 것을 설명하였다. 그림 7-1은 그와 같이 구성된 컴퓨터시스템을 다시 보여주고 있다. 이 절에서는 컴퓨터시스템의 구성 요소들을 상호 연결해주는 중심 통로인 시스템 버스의 기본 조직과 동작 원리에 대하여 설명하고자 한다.

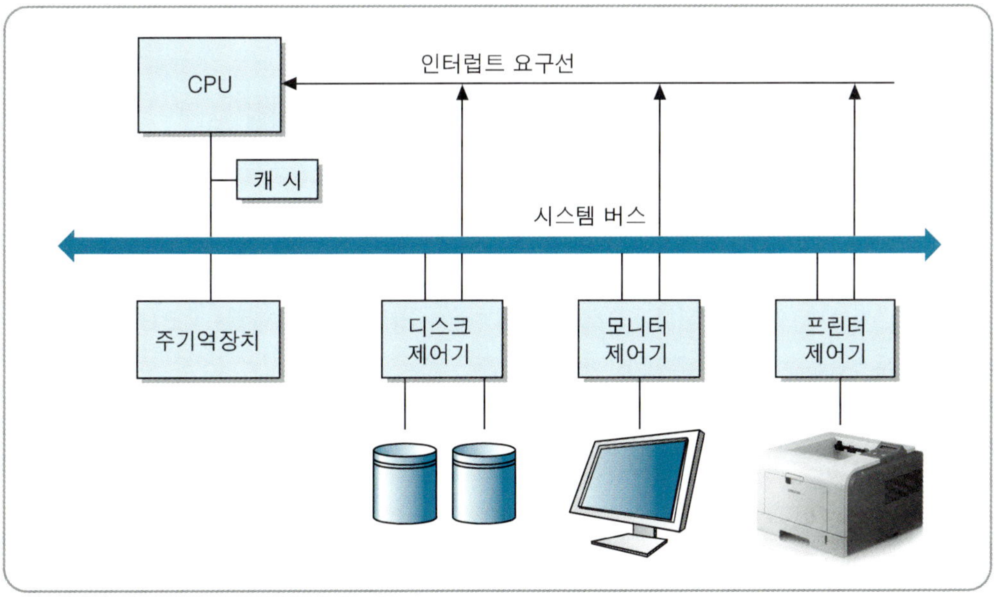

그림 7-1 시스템 버스를 이용한 컴퓨터시스템의 구성도

7.1.1 시스템 버스의 조직

시스템 버스에 접속되는 모든 요소들은 버스를 통하여 상호간에 정보(프로그램 코드, 데이터, 제어 명령 등)를 교환하고, 동작 시간을 조정하기 위한 클록 신호도 전송한다. 따라서 버스는 많은 수의 전기 도체 선들로 구성되는데, 일반적으로 소형 컴퓨터에서는 50개에서 100개 정도이고 중대형급 시스템에서는 그 이상이다. 시스템 버스를 구성하는 선(line)들의 수는 한 번에 전송하는 데이터 비트들의 수와 기억장치 주소 비트들의 수 및 제어 신호들의 수에 따라 결정된다. 이 선들은 기능에 따라 다음과 같이 크게 세 가지 버스들로 나누어지며, 각 버스는 전송되는 정보의 종류를 나타내는 이름을 가지고 있다.

- 데이터 버스(data bus)
- 주소 버스(address bus)
- 제어 버스(control bus)

데이터 버스는 시스템 요소들 사이에 데이터를 전송하는 데 사용되는 선들의 집합이다. CPU가 기억장치로부터 한 번에 8비트씩 읽어 온다면 필요한 데이터 버스 선의 수는 8개가 필요하며, 32비트씩 읽어오는 시스템에서는 32개로 구성된다. 데이터는 CPU와 기억장치, CPU와 I/O 장치, 및 기억장치와 I/O 장치 사이에 양방향으로 전송되기 때문에, 데이터 버스는 양방향 전송(bidirectional transfer)을 지원할 수 있어야 한다.

주소 버스는 CPU가 기억장치로 (혹은 기억장치로부터) 데이터 쓰기 (혹은 읽기) 동작을 할 때, 해당 기억 장소를 지정하기 위한 주소를 전송하는 선들의 집합이다. CPU가 I/O 장치를 사용할 때도 주소가 필요하므로 각 I/O 장치로도 주소 버스가 연결되어야 한다. 그러나 주소는 CPU에 의해서만 발생되기 때문에 단방향 전송(unidirectional transfer) 기능만 있으면 된다. 주소 버스의 폭(width : 비트 수)은 CPU가 주소지정할 수 있는 전체 기억장치 용량을 결정해준다. 예를 들면, 16-비트 주소 버스로 주소를 지정할 수 있는 기억 장소들의 수는 $2^{16} = 65,536$(즉, 64K)개, 24비트인 경우에는 $2^{24} = 16,777,216$(즉, 16M)개가 된다. 즉, CPU가 발생하는 주소 비트의 수에 따라 직접 주소지정 될 수 있는 기억장치의 최대 용량이 결정되는 것이다. 그런데 그 용량은 주소지정 단위에 따라 달라진다. 단어의 길이가 32비트(4바이트)인 시스템에서 만약 주소지정이 바이트 단위로 이루어진다면, 16-비트 및 24-비트 주소의 경우에 최대 기억장치 용량은 각각 64 Kbyte 및 16 Mbyte가 된다. 그러나 만약 주소지정이 각 기억 장소마다 한 단어씩 저장되는 단어 단위라면, 최대 기억장치 용량은 각각 그 네 배인 256Kbyte 및 64Mbyte이 된다.

제어 버스를 구성하는 제어 신호 선들은 각각 고유의 기능을 가지고 있다. 따라서 시스템의 구성과 동작에 따라 제어 신호의 종류와 수도 달라지게 된다. 먼저 CPU가 기억장치 및 I/O 장치와 데이터를 교환하는 데 필요한 제어 신호들은 다음과 같다.

- 기억장치 쓰기(memory write) 신호 : 지정된 기억 장소에 데이터가 쓰여지게(저장되게) 한다.
- 기억장치 읽기(memory read) 신호 : 지정된 기억 장소의 데이터를 읽어서 버스에 실리게 한다.
- I/O 쓰기(I/O write) 신호 : 지정된 I/O 장치로 데이터가 출력되게 한다.
- I/O 읽기(I/O read) 신호 : 지정된 I/O 장치로부터 데이터를 읽어서 데이터 버스에 실리게 한다.

시스템 버스에 접속되는 요소들 중에서 버스 사용의 주체가 되는 요소들을 버스 마스터(bus master)라 한다. 일반적인 컴퓨터시스템에서는 CPU와 I/O 제어기 등이 버스 마스터가 되며, 뒤에서 설명할 동기식 버스(synchronous bus)를 사용하는 시스템에서는 기억장치 모듈도 버스 마스터가 될 수 있다. 이들은 서로 간에 정보를 교환하기 위하여 공통의 시스템 버스를 사용한다. 그러나 어느 한 순간에 한 개의 버스 마스터만 시스템 버스를 사용할 수 있기 때문에, 두 개 또는 그 이상의 마스터들이 동시에 버스를 사용하고자 할 때는 순서대로 사용하도록 중재(arbitration)를 해주어야 한다. 그 동작을 수행하기 위해서는 다음과 같은 제어 신호들이 필요하다.

- 버스 요구(bus request) 신호 : 버스 마스터가 버스 사용을 원하고 있다는 것을 나타낸다.
- 버스 승인(bus grant) 신호 : 버스 사용을 요구한 마스터에게 사용을 허가한다는 것을 나타낸다.
- 버스 사용중(bus busy) 신호 : 현재 어떤 마스터가 버스를 사용하고 있는 중이라는 것을 나타낸다.

버스 중재를 위한 이 신호들은 중재 방식에 따라 각각 한 개 또는 여러 개로 구성된다 (자세한 사항은 7.2절에서 설명됨). 이러한 신호 선들의 집합을 별도로 중재 버스(arbitration bus)라고 부르기도 한다.

CPU와 I/O 장치 간의 비동기적 동작을 지원하는 인터럽트 메커니즘을 위한 제어 신호들은 다음과 같다.

- 인터럽트 요구(interrupt request) 신호 : 어떤 I/O 장치가 인터럽트를 요구하고 있다는 것을 나타낸다.
- 인터럽트 확인(interrupt acknowledge) 신호 : CPU가 인터럽트 요구를 인식했다는 것을 나타낸다.

이 신호 선들의 수도 시스템의 인터럽트 메커니즘에 따라 달라지며, 이들의 집합을 별도로 인터럽트 버스(interrupt bus)라고 부르기도 한다. 그 이외의 제어 신호들은 다음과 같다.

- 버스 클록(bus clock) : 동기식 버스에서 버스 동작들의 시작 시간을 일치시키기 위하여 제공되는 공통 클록 신호이다.
- 리셋(reset) : 모든 시스템 요소들의 동작을 초기화시키는 신호이다.

버스의 속도를 나타내는 버스 대역폭(bus bandwidth)은 버스를 통하여 단위 시간당 전송할 수 있는 데이터 량을 가리키는데, 이것은 버스 클록의 주파수에 의해 결정된다. 예를 들어, 버스 클록의 주파수가 20MHz(클록 주기 : 50ns)이고 데이터 버스의 폭이 64비트(8바이트)라면, 버스 대역폭은 $8 \times (20 \times 10^6) = 160$ [Mbytes/sec]가 된다. 즉, 이 버스를 통하여 초당 1억 6천만 바이트의 데이터가 전송될 수 있다.

7.1.2 시스템 버스의 기본 동작

버스 상에서의 모든 동작들은 쓰기 동작과 읽기 동작으로 구분될 수 있다. 먼저 쓰기 동작(write operation)의 순서를 보면 다음과 같다.

① 버스 마스터가 버스 사용권을 획득한다.
② 버스를 통하여 주소와 데이터 및 쓰기 신호를 보낸다.

읽기 동작(read operation)의 순서는 다음과 같다.

① 버스 마스터가 버스 사용권을 획득한다.
② 주소와 읽기 신호를 보내고, 데이터가 전송되어 올 때까지 기다린다.

버스 사용권을 획득하는 과정은 다음 절에서 자세히 설명하기로 하고, 여기서는 데이터 전송 방법에 대해서만 살펴보자. 시스템 버스에서 모든 버스 동작들이 발생하는 시간이 공통의 버스 클록을 기준으로 결정되는 버스를 동기식 버스(synchronous bus)라고 부른다. 그와는 달리, 버스 동작들의 발생 시간이 다른 버스 동작의 발생 여부에 따라 결정되는 비동기식 버스(asynchronous bus)도 있다. 그림 7-2는 이 두 가지 방법에 대한 읽기 동작의 시간 흐름도(timing diagram)를 보여주고 있다. 이 예는 CPU가 기억장치로부터 데이터를 읽어오는 경우에 대한 것이다.

동기식 버스에서 기억장치로부터 데이터를 읽어오는 과정은 그림 7-2(a)와 같다. 먼저, 버스 클록의 첫 번째 주기 동안에 CPU가 주소와 읽기 제어 신호를 기억장치로 보낸다. 이때 버스 동작의 시작을 알리는 신호가 함께 보내지기도 한다. 두 번째 주기 동안에 기억장치에서 데이터 인출 동작이 일어나며, 세 번째 주기에서 기억장치가 인출된 데이터를 버스를 통하여 CPU로 전송한다. 이와 함께 기억장치는 전송 확인 신호를 보내며, 이 신호를 받은 CPU는 자신이 요청한 데이터가 버스에 실려있다는 것을 알고 받아들이게 된다. 여기서는 기억장치에서 데이터가 인출되는 데 걸리는 시간이 버스 클록의 주기와 같은 것으로 가정하였다. 만약 기억장치 액세스 시간이 클록의 한 주기보다 더 길 경우에는 그만큼 더 많은 주기가 경과한 후에 기억장치가 데이터와 확인 신호를 보내게 되며, CPU는 그 동안 기다려야 한다.

동기식 버스는 인터페이스 회로가 간단하다는 장점이 있다. 그러나 버스 클록의 주기가 가장 오래 걸리는 버스 동작의 소요 시간을 기준으로 정해져야 하기 때문에, 클록 주기보다 더 짧은 시간이 걸리는 버스 동작의 경우에는 동작이 완료된 후에도 다음 주기가 시작될 때까지 기다려야 하는 단점이 있다.

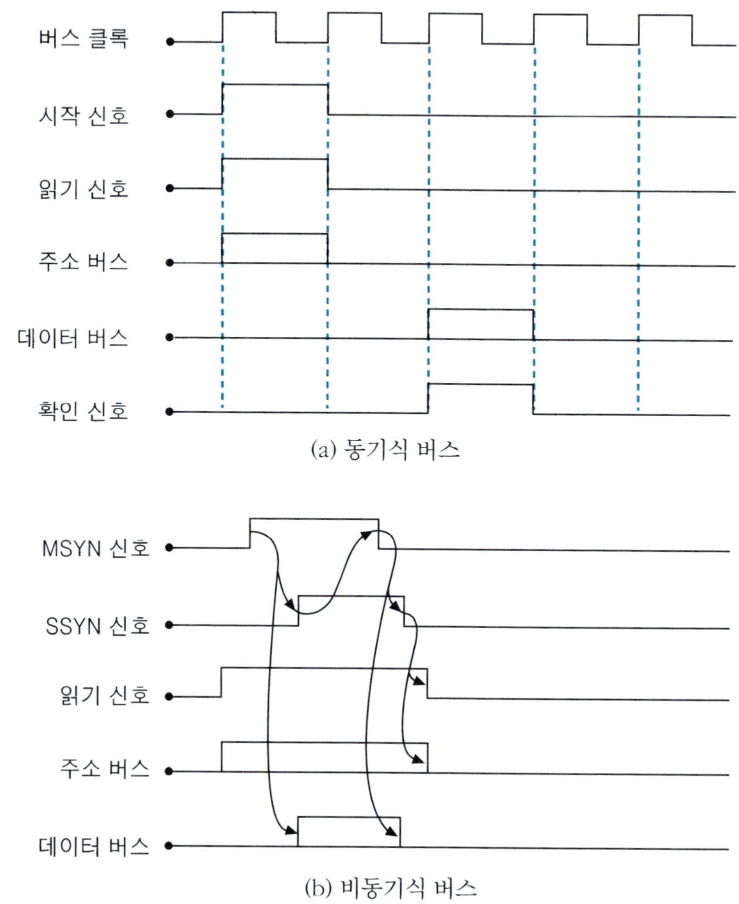

그림 7-2 기억장치 읽기 동작의 시간 흐름도

비동기식 버스에서는 그림 7-2(b)에서 보는 바와 같이 기억장치 읽기 동작이 다음과 같은 순서로 수행된다. CPU는 버스 상에 주소와 읽기 신호를 싣고, 신호가 안정될 때까지 잠시 기다린 후에, 주소와 제어 신호가 보내졌음을 알리기 위하여 마스터 동기 신호(master synch signal : MSYN)를 보낸다. 그러면 기억장치는 주소를 받아서 데이터를 인출한 다음에, 데이터를 버스에 싣고 슬레이브 동기 신호(slave synch signal : SSYN)를 보냄으로써 응답하게 된다. CPU는 SSYN 신호를 받은 즉시 데이터를 버스로부터 받아들이고, 주소와 읽기 신호 및 MSYN 신호를 제거한다. MSYN 신호가 제거되는 것은 CPU가 데이터를 받아들였다는 것을 나타내므로, 기억장치도 SSYN 신호를 제거함으로써 읽기 동작이 완료된다.

그와 같이 비동기식 버스에서는 각 버스 동작이 완료되는 즉시, 연관된 다음 동작이 발생되므로 동기식 버스에서와 같이 낭비되는 시간이 없다. 그러나 이러한 연속적 동작들을 처리하기 위한 인터페이스 회로가 복잡해지는 단점이 있다. 일반적으로 소규모 컴퓨터 시스템에서는 비동기식 버스를 사용하며, 중형급 이상의 시스템에서는 하드웨어가 더 간단한 동기식 버스를 사용한다.

7.2 버스 중재

한 개의 시스템 버스에 접속된 여러 개의 버스 마스터들이 동시에 버스 사용을 요구하는 경우에는 경쟁이 발생하게 된다. 이러한 현상을 버스 경합(bus contention)이라고 하는데, 이 문제를 적절히 해결하지 못하면 시스템이 정상적으로 동작하지 못할 수도 있고, 동작을 하더라도 성능이 떨어지게 된다.

버스 경합이 발생한 경우에 버스 마스터들 중에서 한 개씩 선택하여 순서대로 버스를 사용할 수 있게 해주는 동작을 버스 중재(bus arbitration)라 하며, 이러한 기능을 수행하는 하드웨어 모듈을 버스 중재기(bus arbiter)라 한다.

버스 중재 방식은 시스템 성능에 많은 영향을 주기 때문에 시스템의 특성에 따라 적절히 설계되어야 한다. 특히 기능상 중요도가 높은 버스 마스터가 버스를 우선적으로 사용할 수 있도록 해주어야 한다. 그러나 만약 모든 버스 마스터들이 동등한 우선순위(priority)를 가진 시스템이라면, 그들이 공정(fair)하게 버스를 사용할 수 있도록 해주어야 한다. 어떤 시스템에서든, 특정 버스 마스터가 매우 오랫동안 버스를 사용하지 못하게 되는 기근(starvation) 현상은 일어나지 않도록 해야 한다.

버스 중재 방식은 제어 신호들(버스 요구 신호 및 버스 승인 신호)의 연결 구조에 따라 다음과 같이 두 가지로 분류될 수 있다 [WIL92].

- 병렬 중재 방식(parallel arbitration scheme)
- 직렬 중재 방식(serial arbitration scheme)

병렬 중재 방식에서는 각 버스 마스터가 독립적인 버스 요구 신호 선을 가지고 있으며,

이들이 모두 중재 회로로 입력된다. 또한 버스 승인 신호도 각 버스 마스터에 대하여 별도로 발생된다. 따라서 버스 마스터들의 수와 같은 수의 버스 요구 선 및 승인 신호 선들이 각각 필요하며, 이들이 모두 버스 중재기로 연결된다.

반면에 직렬 중재 방식에서는 버스 요구 및 승인 신호 선이 각각 한 개씩만 있으며, 각 신호 선이 버스 마스터들 간에 직렬로 접속된다. 이 경우에, 접속되는 순서는 마스터들의 우선순위에 따라 결정된다.

버스 중재 방식은 버스 중재기의 위치에 따라 다음과 같이 분류될 수도 있다.

- 중앙집중식 중재 방식(centralized arbitration scheme)
- 분산식 중재 방식(decentralized arbitration scheme)

중앙집중식 중재 방식에서는 시스템 내에 버스 중재기가 한 개만 존재하며, 모든 버스 중재 기능은 이 중재기에 의해 이루어진다. 즉, 버스 마스터들이 발생하는 버스 요구 신호들은 하나의 중재기로 보내지고, 중재기는 정해진 중재 원칙에 따라 하나의 버스 마스터만 선택하여 승인 신호를 보내게 된다.

반면에 분산식 중재 방식에서는 여러 개의 버스 중재기들이 존재한다. 일반적으로 각 버스 마스터가 중재기를 한 개씩 가지며, 버스 중재 동작은 각 마스터의 중재기에 의해 이루어진다.

이와 같이 분류된 방식들을 적절히 조합하면 다양한 버스 중재 방식들을 구성할 수 있는데, 각각의 동작 원리 및 하드웨어 구성 방법을 살펴보면 다음과 같다.

7.2.1 병렬 중재 방식

1) 중앙집중식 고정-우선순위 방식

우선순위에 의한 버스 중재 방식에는 각 버스 마스터에 지정된 우선순위가 변하지 않는 고정-우선순위 방식(fixed-priority scheme)과 우선순위가 계속 변하는 가변-우선순위 방식(dynamic-priority scheme)이 있다. 후자의 경우는 다음 절에서 설명하기로 하고, 여기서는 고정 우선순위의 경우에 대하여 먼저 살펴보자.

그림 7-3은 버스 마스터가 네 개인 경우에 중앙집중식 고정-우선순위 중재 방식(centralized fixed-priority arbitration scheme)의 회로 구성도를 보여주고 있다. 이 구성에서 중재기에 가까이 위치한 순서대로 우선순위가 정해졌다고 가정한다면, 버스 마스터 1이 가장 높은 우선순위를 가지며, 버스 마스터 4가 가장 낮은 우선순위를 가지게 된다.

이 방식에서는 각 버스 마스터가 자신의 버스 요구(BREQ) 선을 가지고 있으며, 이들은 모두 하나의 버스 중재기로 접속된다. 버스 중재기는 한 개 또는 그 이상의 버스 요구 신호를 받아서, 그 중에서 우선순위가 가장 높은 마스터의 버스 승인(BGNT) 신호만 세트한다. BBUSY 신호는 어떤 버스 마스터가 버스를 사용하고 있는 중이라는 것을 가리킨다. 따라서 버스 승인을 받은 마스터는 그 신호가 세트되어 있는 동안에는 기다렸다가, 해제되는 순간부터 버스 사용을 시작하게 된다. 또한, 그 마스터는 버스 사용을 시작하는 순간에 BBUSY 신호를 세트함으로써, 다른 마스터가 버스를 사용하지 못하도록 막아야 한다.

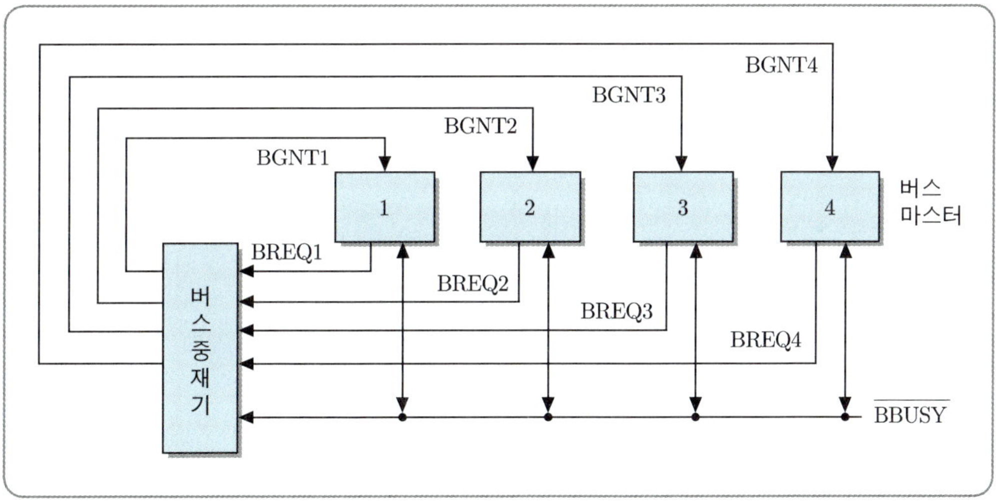

그림 7-3 중앙집중식 고정 우선순위 중재 방식의 구성도

그림 7-4의 시간 흐름도(timing diagram)는 버스가 사용되고 있는 중의 어느 한 순간에 대한 제어 신호들의 관계를 보여주고 있다. 예를 들어, 버스 마스터 1이 현재 버스를 사용하고 있는 중일 때 버스 마스터 3이 버스 사용을 요구한 경우의 중재 과정을 보면 다음과 같다.

① 마스터 3이 BREQ3 신호를 세트한다.

② 버스 중재기가 마스터 3에게 BGNT3 신호를 세트하여 버스 사용을 허가한다.

③ 마스터 1이 버스 사용을 끝내고 BBUSY 신호를 해제한다.

④ 마스터 3이 BBUSY 신호를 다시 세트하고 버스 사용을 시작한다. 이때 BREQ3와 BGNT3는 제거된다.

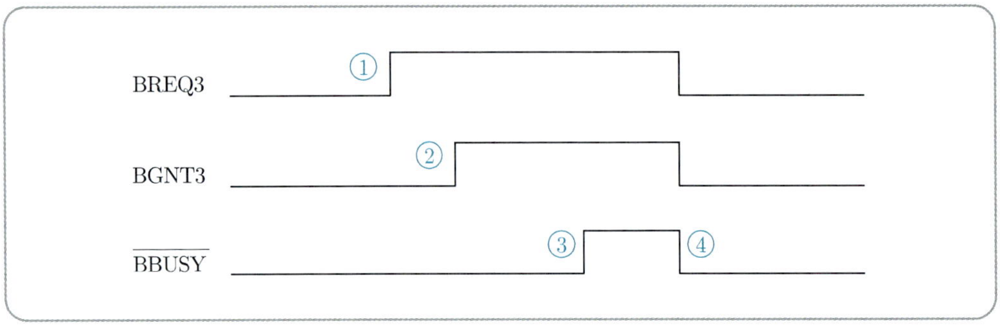

그림 7-4 버스 중재 신호의 시간 흐름도

이 예에서 만약 버스 마스터 3이 버스 요구를 보내기 전에 우선순위가 더 낮은 버스 마스터 4가 버스를 사용하고 있었더라도, 마스터 4에 의한 버스의 사용은 도중에 중단되지 않고 계속된다. 또한 이 예에서 버스 마스터 2와 3이 동시에 버스 요구를 보냈다면, 우선순위가 더 높은 버스 마스터 2가 선택되어 BGNT2가 세트된다. 그림 7-4에서 ①과 ② 사이의 시간 간격은 버스 중재기의 내부 회로에서의 지연 시간을 나타낸다.

이와 같이 각 버스 마스터의 우선순위가 고정된 방식에서 버스 중재에 대한 부울 식들은 다음과 같다.

$$\text{BGNT1} = \text{BREQ1}$$
$$\text{BGNT2} = \overline{\text{BREQ1}} \cdot \text{BREQ2}$$
$$\text{BGNT3} = \overline{\text{BREQ1}} \cdot \overline{\text{BREQ2}} \cdot \text{BREQ3}$$
$$\text{BGNT4} = \overline{\text{BREQ1}} \cdot \overline{\text{BREQ2}} \cdot \overline{\text{BREQ3}} \cdot \text{BREQ4}$$

즉, 각 마스터에 대한 BGNT 신호는 더 높은 우선순위를 가진 마스터가 버스 요구를 발생하지 않은 상태에서 BREQ를 1로 세트했을 때만 활성화될 수 있다. 이 부울 식들에 따른 중재기의 내부 회로는 그림 7-5와 같은 조합회로로 구성될 수 있다.

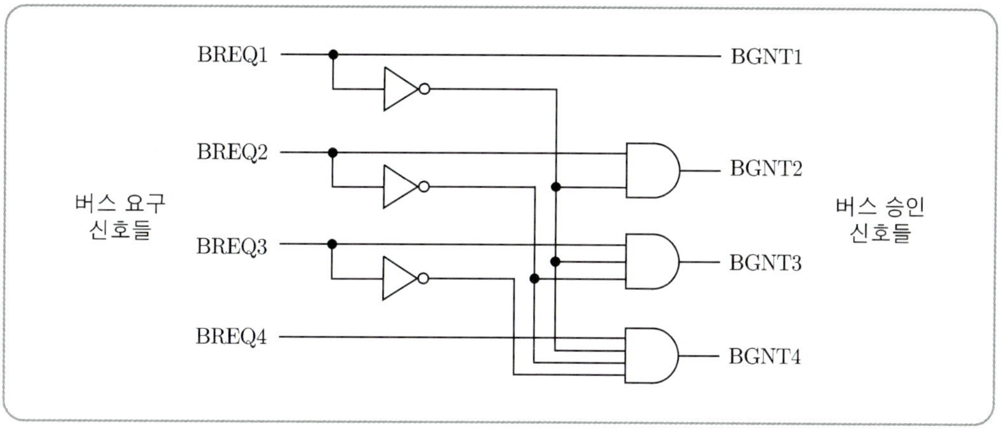

그림 7-5 병렬 중재기의 내부 회로도

2) 분산식 고정-우선순위 방식

이 방식에서는 모든 버스 마스터들이 중재기를 한 개씩 가지고 있다. 각 버스 마스터의 중재기는 자신보다 더 높은 우선순위를 가진 버스 마스터들의 버스 요구 신호들을 입력으로 받아서 검사하고, 그들 중의 어느 것도 버스 사용 요구를 하지 않은 경우에만 자신의 버스 승인 신호를 세트한다. 그림 7-6은 네 개의 버스 마스터들이 있는 시스템에서 이 방식을 위한 구성도와 버스 중재기들의 내부 회로를 보여주고 있다.

이 구성에서는 버스 마스터 1이 가장 높은 우선순위를 가지며, 마스터 4가 가장 낮은 우선순위를 가진다. 그림 7-6의 중재기 내부 회로에서 보는 바와 같이, 각 마스터의 버스 요구 신호는 그보다 우선순위가 더 낮은 다른 마스터들의 중재기로만 입력된다. 따라서, 더 높은 우선순위를 가진 마스터가 버스 요구를 한 경우에는 하위 마스터들은 버스 사용 승인을 받을 수가 없게 된다. 예를 들어, 마스터 1의 중재기는 자신의 버스 요구 신호만 입력으로 받기 때문에 자신이 원할 때는 언제나 버스 사용 승인을 받을 수 있다. 그러나 마스터 4의 중재기는 다른 모든 버스 요구 신호들을 입력으로 받기 때문에, 다른 마스터들이 버스 요구를 발생하지 않은 경우에만 버스 사용 승인을 받을 수 있다. 승인을 받은 버스 마스터는 BBUSY 신호를 검사하여서, 비활성화 상태(다른 마스터가 버스를 사용하지 않는 상태)이면 즉시 버스 사용을 시작한다.

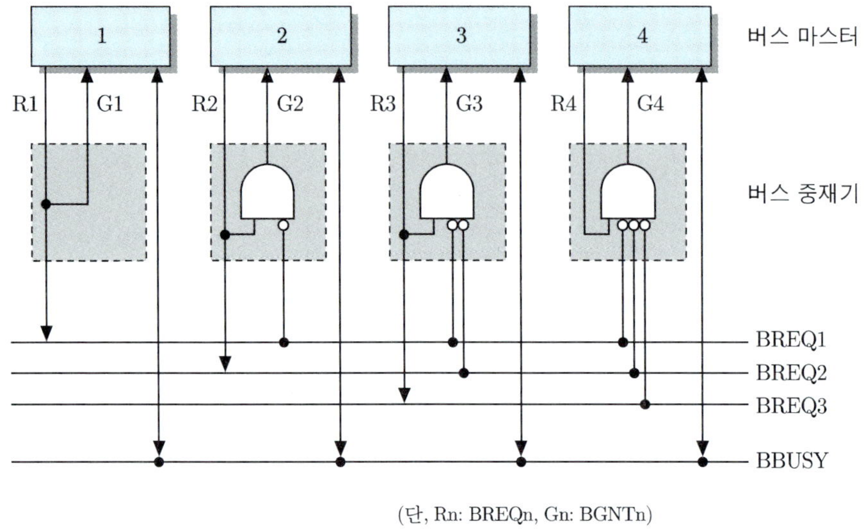

그림 7-6 분산식 고정 우선순위 중재 방식의 구성도

분산식 중재 방식은 중앙집중식에 비하여 중재 회로가 간단하기 때문에 동작 속도가 더 빠르다는 장점이 있다. 그러나 고장을 일으킨 중재기를 찾아내는 방법이 복잡하다는 점과, 한 중재기의 고장이 전체 시스템의 동작에 영향을 줄 수도 있다는 단점도 가지고 있다. 예를 들면, 고장난 중재기가 버스 승인 신호를 잘못 발생시키는 경우에는 두 개의 마스터들이 동시에 버스를 사용하게 될 수도 있다.

3) 가변 우선순위 방식

이 방식에서는 버스 중재기가 시스템의 상태(또는 조건)에 따라 각 버스 마스터들의 우선순위를 계속 바꾸어 준다. 이 방식을 사용하면 중재 회로는 더 복잡해지지만, 버스 마스터들이 버스를 균등하게 사용할 수 있도록 해준다. 이 방식은 우선순위가 고정되어 있는 방식에서 최상위 우선순위를 가진 마스터가 버스를 독점하거나, 최하위 우선순위를 가진 마스터가 오랫동안 버스를 사용하지 못하는 기근 현상이 발생하는 것을 방지하기 위한 것이다. 여기에는 다음과 같은 알고리즘들이 사용되고 있다.

- 회전 우선순위(Rotating priority)
- 임의 우선순위(Random priority)

- 동등 우선순위(Equal priority)
- 최소-최근 사용(Least-recently used)

회전 우선순위 방식에는 아래와 같은 두 가지 구현 방법이 있다.

- 중재 동작이 끝날 때마다 모든 마스터들의 우선순위가 한 단계씩 낮아지고 가장 우선순위가 낮았던 마스터가 최상위 우선순위를 가지도록 하는 방법
- 일단 버스 사용 승인을 받은 마스터는 최하위 우선순위를 가지며 바로 다음에 위치한 마스터가 최상위 우선순위를 가지도록 하는 방법

특히 두 번째 방법을 acceptance-dependent식 회전 우선순위 방식이라 하는데, 그림 7-7은 이 방식을 실제 구현한 사례를 보여주고 있다. 여기서는 어떤 마스터가 버스 중재기에 의하여 버스 승인을 받게 되면, 포인터(pointer)는 그 마스터의 번호를 가리키게 되며, 그 다음 번호를 가진 마스터에게 다음 중재 사이클에서 최상위 우선순위가 주어진다. 예를 들어, 그림 7-7(a)에서 마스터 3이 버스 승인을 받은 후에는 마스터 4의 우선순위가 가장 높아지고, 마스터 5가 그 다음이 되며, ..., 마스터 3은 최하위 우선순위를 가지게 된다는 것을 보여주고 있다. 그림 7-7(b)에서는 마스터 6이 버스 승인을 받은 후에 우선순위가 같은 방법으로 바뀐 모습을 보여주고 있다.

임의 우선순위 방식에서는 각 중재 동작이 끝날 때마다 마스터들의 우선순위가 임의로 정해진다. 이때 각 버스 마스터의 우선순위를 나타내는 숫자는 난수 발생기(random number generator)에 의하여 생성된다.

동등 우선순위 방식은 비동기식 버스 시스템에서만 사용될 수 있는 방식으로서, 모든 마스터들이 동등한 우선순위를 가진다. 이 방식에서 만약 두 개 혹은 그 이상의 마스터들이 동시에 버스 요구를 보낸다면 중재기는 정해진 기준에 의하여 그 충돌을 해결하는데, 일반적으로 조금이라도 먼저 도착한 요구를 먼저 승인해주는 FIFO(First-In First-Out) 알고리즘이 사용된다.

최소-최근 사용(Least-Recently Used : LRU) 방식은 최근 가장 오랫동안 버스를 사용하지 않은 버스 마스터에게 최상위 우선순위를 할당하는 방식이다. 이 방식은 하드웨어로 구현할 때 회로가 복잡해지는 단점이 있다.

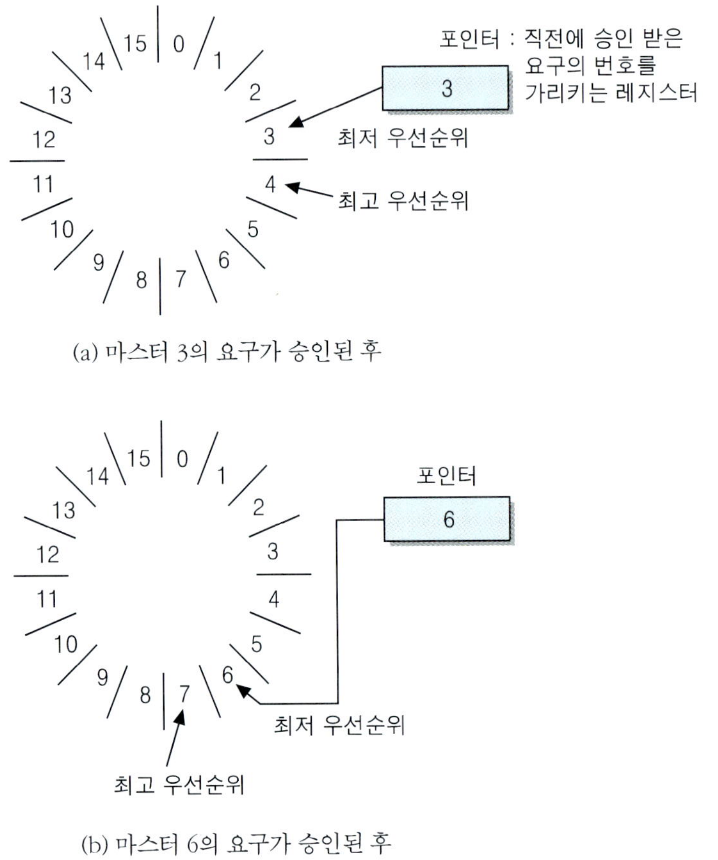

그림 7-7 회전 우선순위 방식

7.2.2 직렬 중재 방식

1) 중앙집중식 직렬 중재 방식

직렬 중재 방식의 주요 특징은 그림 7-8에서 보는 바와 같이 하나의 중재 신호선에 의해 모든 버스 마스터들이 직렬로 연결되어 데이지 체인(daisy chain) 형태를 이룬다는 것이다. 그리고 마스터들의 우선순위는 버스 중재기를 시작점으로 하여 승인 신호 선이 연결된 순서대로 정해진다. 결과적으로, 버스 중재기에 가장 가까이 위치한 마스터가 가장 높은 우선순위를 가지며, 멀어질수록 우선순위는 더 낮아진다.

버스 마스터들로부터 발생되는 모든 버스 요구들은 그림 7-8과 같이 하나의 공통 신호 선을 통하여 버스 중재기로 들어온다. 또한 하나의 공통 신호 선을 사용하여 구현되는 BBUSY 신호는 어떤 마스터가 버스를 사용하고 있을 때는 세트되고, 그렇지 않은 경우에는 리셋된다. 이 방식도 한 개의 버스 중재기가 모든 중재 기능을 통제하므로 중앙집중식으로 분류된다.

버스 중재기의 내부 회로는 여러 가지 기능들이 추가된 중재 회로로 구성되지만, 여기서는 그림 7-8에서와 같이 BREQ 신호 선을 직접 BGNT 신호 선으로 연결한 간단한 구조를 살펴보자. 한 개 또는 그 이상의 버스 마스터가 버스 사용을 요구하면(BREQ 신호를 활성화하면), 버스 중재기는 데이지 체인의 첫 번째에 접속된 마스터로 승인 신호(BGNT)를 보낸다. 버스 중재기에 가장 가까이 위치한 첫 번째 마스터는 가장 먼저 버스 승인 신호를 받기 때문에, 버스 사용에 있어서 최상위 우선순위를 가지게 된다. 만약 그 마스터가 버스 요구를 발생하지 않은 상태에서 승인 신호를 받았다면, 승인 신호를 그 다음에 연결된 마스터로 넘겨준다. 이와 같이 승인 신호는 버스를 요구한 마스터에게 도달할 때까지 계속 통과하게 되며, 버스 요구를 보낸 마스터들 중에서 중재기에 가장 가까이 위치한(우선순위가 가장 높은) 마스터에게 승인 신호가 전달되면, 그 마스터가 버스 사용권을 가지게 된다.

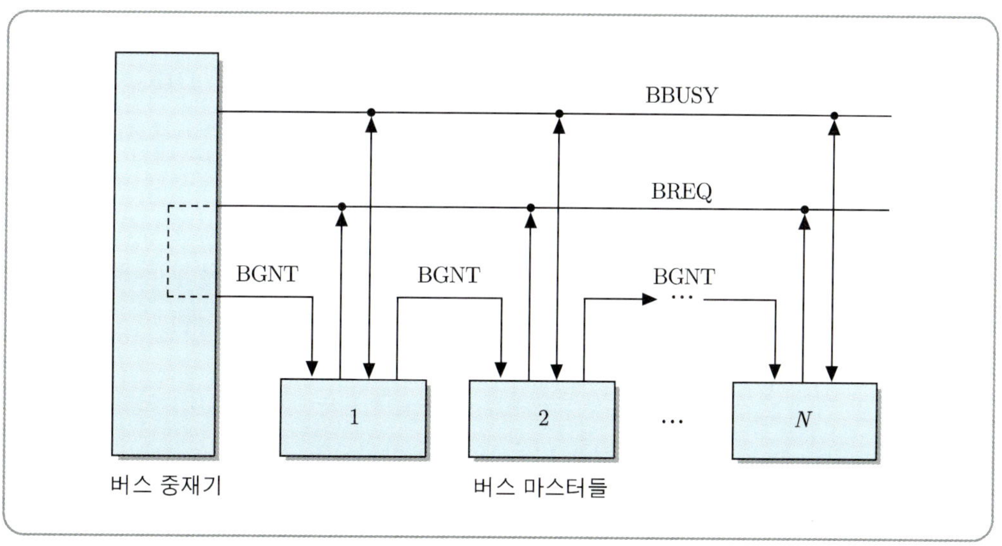

그림 7-8 BGNT 신호가 데이지 체인으로 연결된 중앙집중식 직렬 중재 방식

이 방식에서도 이미 버스를 사용하고 있는 마스터가 버스 사용을 끝낼 때까지는 새로이 버스 승인 신호를 받은 마스터가 버스 사용을 시작하지 않도록 해야 한다. 이를 보장하기 위해서는 어떤 마스터도 버스를 사용하지 않을 때만 버스 중재기가 승인 신호를 발생하도록 설계되어야 한다. 만약 버스 중재기에 그러한 기능이 없다면, 각 마스터의 버스 인터페이스 회로가 다음과 같은 두 가지 중의 어느 한 기능을 가져야 한다.

- BBUSY 신호가 해제될 때까지는 버스 마스터들이 요구 신호를 보내지 않도록 한다.
- 버스 요구 신호는 항상 발생시킬 수 있지만, 승인 신호를 받은 후에도 BBUSY 신호가 해제될 때까지는 버스를 사용할 수 없도록 한다.

위의 첫 번째 경우에는 버스 마스터가 승인 신호를 받는 즉시 버스 사용을 시작할 수 있다. 그러나 두 번째 경우에는 승인 신호를 받은 후에도 먼저 버스를 사용하고 있던 다른 마스터가 사용을 완료할 때까지는 기다려야 한다.

2) 분산식 직렬 중재 방식

각 버스 마스터가 자신의 중재기를 가진 분산식 직렬 중재 방식은 그림 7-9와 같이 데이지-체인 버스 승인 신호(daisy-chained bus grant signal : DBGNT) 선이 버스 중재기들을 순환형(circular)으로 접속한 형태로 구성된다. 이 방식에서는 버스 사용권을 부여받은 마스터가 버스 사용을 시작하는 순간에 (그 마스터의 중재기가) DBGNT 신호를 세트하여 자신의 바로 우측에 연결된 마스터의 중재기로 보내준다. 만약 그 신호를 받은 중재기의 마스터가 버스 사용을 신청하고 기다리던 중이었다면, 그 중재기는 즉시 자신의 BGNT 신호를 발생시켜 마스터로 보낸다. 그러나 만약 DBGNT 신호를 받은 중재기의 마스터가 버스 요구를 하지 않은 상태라면, 그 신호를 우측에 접속된 다음 중재기로 넘겨주는데, 그러한 과정은 버스를 요구한 마스터에 도달할 때까지 계속된다.

이 방식의 특징은 각 마스터의 우선순위가 계속 변한다는 것이다. 즉, 어떤 마스터가 버스 사용 승인을 받으면 그 마스터는 다음 중재 동작에서는 최하위 우선순위를 가지게 되고, 그 마스터의 바로 우측에 위치한 마스터가 최상위 우선순위를 가지게 된다. 그 다음부터는 순환형 구조에서 DBGNT 신호가 연결된 순서대로(시계 방향으로) 우선순위가 하나씩 낮아진다. 따라서 여러 개의 마스터들이 동시에 버스 사용을 신청한 경우에는 현재 버스를 사용하고 있는 마스터로부터 우측으로 가장 가까이 위치한 마스터가 버스 승인 신호를 받게 되고, 다른 마스터들은 기다려야 한다.

여기서 유의할 사항은 버스 승인 신호를 받은 마스터는 먼저 버스를 사용하고 있던 마스터가 버스 사용을 끝내고 BBUSY 신호를 리셋 시킬 때까지 기다렸다가 버스를 사용해야 한다는 것이다. 이 방식은 분산식이지만, 어느 한 지점에만 결함이 발생해도 전체 시스템이 영향을 받는다. 그 이유는 어떤 중재기에 결함이 발생하면 DBGNT 신호가 통과하지 못하여 전체 동작이 중단되기 때문이다.

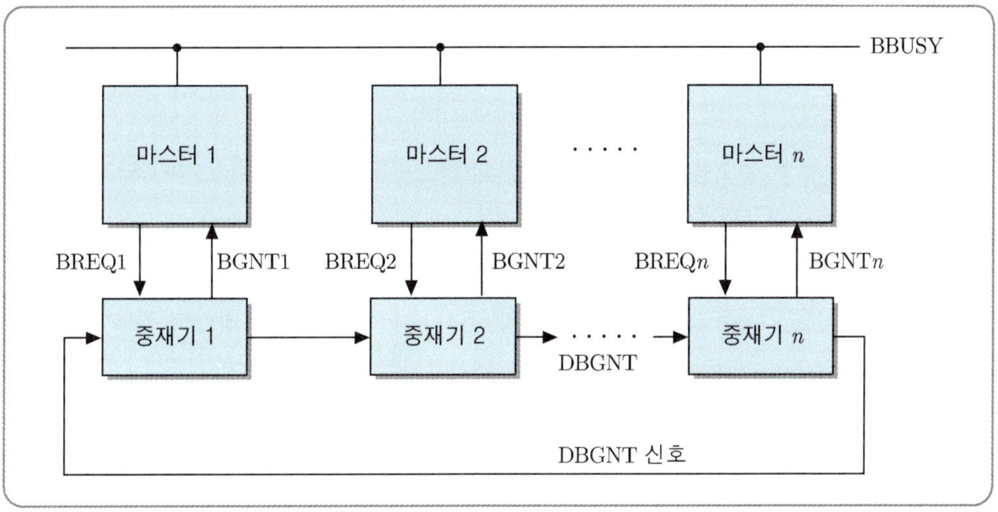

그림 7-9 분산식 직렬 중재 방식의 구성도

7.2.3 폴링 방식

폴링 방식(polling scheme : 주기적 검사 방식이라고도 함)에서는 버스 중재기가 각 마스터들이 버스 사용을 원하는지를 주기적으로 검사하여 버스 승인 여부를 결정한다. 이 방식에는 폴링 순서와 중재 동작이 모두 중재기의 내부에 하드웨어로 구현되어 있는 하드웨어 폴링 방식과 프로그램을 이용한 소프트웨어 폴링 방식이 있다.

1) 하드웨어 폴링 방식

버스 중재기 내의 고정된 하드웨어에 의하여 모든 폴링 동작들과 중재 기능이 수행되는 것을 하드웨어 폴링 방식이라 한다. 이 방식에서는 버스 중재기와 각 버스 마스터 사이에 폴링 동작을 위한 별도의 폴링 선(polling line)이 존재한다. 따라서 N개의 마스터를 가진 시스템에는 N개의 폴링 선들이 필요하다. 각 선은 중재기가 버스 마스터의 버스 요구 여부를 검사하고자 할 때만 사용하기 때문에 한 번에 한 개씩만 세트된다. 그러나 2진 코드화된 폴링 주소(binary encoded polling address)를 사용하면 폴링 선을 $\log_2 N$개로 줄일 수 있다. 이 경우에는 중재기가 검사할 마스터의 주소 코드를 순서대로 발생시키면서 폴링 동작을 수행하면 된다.

폴링 선 외에도 공통의 BREQ 선과 BBUSY 선이 각각 한 개씩 필요하다. 이와 같은 신호 선들이 포함된 폴링 방식의 구성도는 그림 7-10과 같다. 여기서는 2진 코드화된 폴링 주소가 사용되었으며, 동작 순서는 다음과 같다.

① 중재기는 폴링 주소를 발생하여 검사할 마스터를 지정한 다음에, 그 마스터가 버스 사용을 원하는지 묻는다.
② 지정된 마스터가 버스 사용을 원하는 경우에는 BREQ 신호를 세트한다.
③ BREQ 신호가 세트되면, 중재기는 현재 검사 중인 마스터에게 버스 사용을 허가한다. 그렇지 않으면, 다음 마스터들에 대한 검사를 순서대로 진행한다.

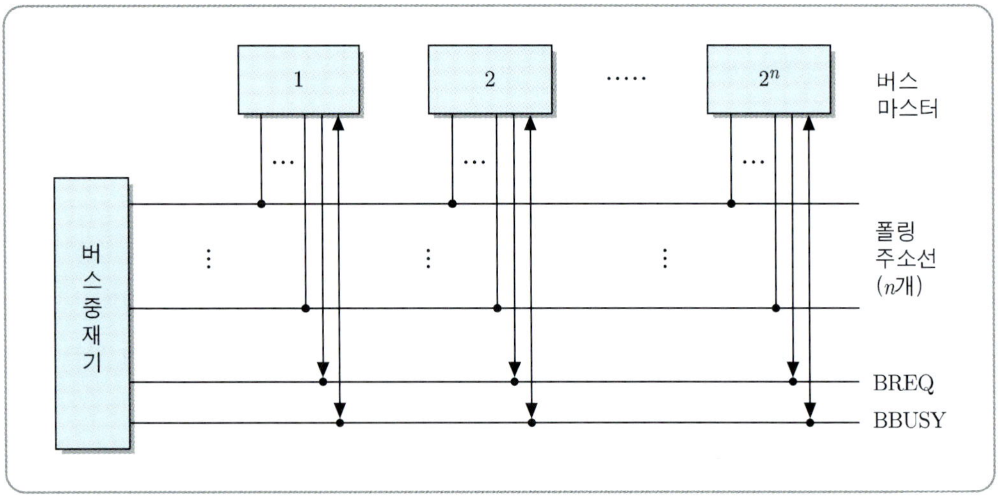

그림 7-10 하드웨어 폴링 방식

이 방식에서 각 마스터들의 우선순위는 중재기가 마스터를 검사하는 순서에 의하여 결정된다. 즉, 중재기가 가장 먼저 검사하는 마스터가 최상위 우선순위를 가지며, 그 다음부터 순서대로 더 낮은 우선순위를 가지게 된다. 이 순서는 마스터의 번호에 따라 정해질 수도 있고, 가변 우선순위 알고리즘이 적용될 수도 있다. 검사할 마스터의 번호를 지정하는 메커니즘은 2진 카운터(binary counter)를 이용하여 쉽게 구현할 수 있다. 즉, 2진 카운터의 출력을 폴링 주소로 사용하여 차례대로 마스터를 지정하면서 검사하는 것이다.

일단 어떤 마스터가 버스 사용을 시작하면 BBUSY 신호가 세트되고, 그에 따라 2진 카운터의 동작도 중단된다. 일정 시간 후에 그 마스터가 버스 사용을 완료하고 BBUSY 신호를 해제하면, 중재기는 다시 중재 동작을 시작한다. 이때 2진 카운터가 지난 번 중단된 순간의 다음 값부터 출력하도록 구현하면 회전 우선순위 방식이 되며, 첫 번째 마스터의 번호부터 다시 시작하도록 구현하면 고정 우선순위 방식이 된다.

2) 소프트웨어 폴링 방식

이 방식은 하드웨어 폴링 방식(그림 7-10)과 동일하게 구성되며, 다만 버스 중재기에 프로그램을 실행할 수 있는 간단한 프로세서가 포함되어 있어서 '지능'을 가지고 있다는 점이 다르다. 즉, 중재 동작이 중재기의 고정된 하드웨어에 의하여 일률적으로 이루어지는 것이 아니라, 프로세서에 의해 조정되는 방식이다. 따라서 소프트웨어 폴링 방식은 하드웨어 방식에 비하여 속도가 더 느리지만, 융통성(flexibility)이 높다는 장점이 있다.

중재 프로세서는 다음에 폴링할 마스터의 주소를 기억할 수가 있고, 필요에 따라 폴링 순서를 변경할 수도 있다. 또한, 만약 어떤 버스 마스터에 결함이 발생한다면, 그 마스터를 폴링 순서에서 제외시킴으로써 시스템 결함 허용도를 높힐 수도 있다. 그리고 어느 순간에 더 중요한 작업을 실행하거나 큰 작업부하가 걸리는 마스터의 폴링 우선순위를 일시적으로 높여줄 수도 있다. 그러나 이 방식은 중재에 소요되는 시간이 비교적 길다는 단점을 가지고 있다.

7.3 I/O 장치의 접속

I/O 장치란 컴퓨터시스템에서 사용자 혹은 외부와의 정보 교환을 위한 장치들을 말하며, 주변장치(peripheral device)라고도 부른다. 여기에는 디스크 드라이브, CD-ROM, DVD와 같은 보조저장장치들과 디스플레이 모니터, 프린터 등이 모두 포함된다. 이 절에서는 I/O 장치들의 제어 및 주소지정 방법에 대하여 설명하고자 한다.

7.3.1 I/O 제어

각종 I/O 장치들은 그림 7-1에서와 같이 시스템 버스를 통하여 CPU 혹은 주기억장치와 정보를 교환하게 된다. 그런데 I/O 장치들은 다음과 같은 이유 때문에 직접 시스템 버스에 접속되지는 못한다.

- I/O 장치들은 종류가 매우 다양하며, 동작을 제어하는 방법이 서로 다르다. 그러한 제어를 위한 회로들을 CPU 내부에 모두 포함시키는 것이 불가능하기 때문에, CPU가 그들을 직접 제어할 수가 없다.
- I/O 장치들의 데이터 전송 속도가 CPU의 데이터 처리 속도에 비하여 훨씬 더 느리다. 따라서 고속의 시스템 버스를 통하여 I/O 장치들과 직접 데이터를 교환하는 것은 불가능하다.
- I/O 장치들과 CPU가 사용하는 데이터 형식의 길이가 서로 다른 경우가 많다.

따라서 I/O 장치들은 시스템 버스에 직접 접속되지 못하며, 위의 문제들을 해결해줄 수 있는 인터페이스(interface)가 필요하다. 이러한 인터페이스 역할을 하는 장치를 I/O 제어기(I/O controller)라고 부른다. 각 I/O 제어기는 한 개 혹은 그 이상의 I/O 장치들의 동작을 제어하며, 그들과 CPU 및 주기억장치 간의 데이터 전송도 담당한다. 각 I/O 제어기의 주요 기능을 보면 다음과 같다.

- I/O 장치의 제어와 타이밍을 조정한다.
- CPU와의 통신을 담당한다.

- I/O 장치와의 통신을 담당한다.
- 데이터 버퍼링(data buffering) 기능을 수행한다.
- 오류를 검출한다.

그러나 어느 한 제어기가 여러 종류의 I/O 장치들을 공통적으로 제어할 수는 없으며, 일반적으로 각 I/O 장치를 위한 별도의 제어기가 시스템 버스와의 인터페이스를 담당하도록 하고 있다. CPU는 프로그램을 수행하는 동안에 필요에 따라 하나 혹은 그 이상의 I/O 장치들과 데이터 교환을 하게 된다. 그런 때마다 CPU는 해당 I/O 제어기를 통하여 데이터 입력(혹은 출력) 동작을 수행하게 된다. 예를 들어, CPU가 프린터로 데이터를 출력하는 동작은 다음 순서에 따라 이루어진다.

① CPU가 프린터 제어기에게 프린터의 상태를 검사하도록 요청한다.
② 제어기는 프린터의 상태를 검사하여 CPU에게 알려준다. 이때 프린터의 상태란 데이터를 받아 프린트할 준비가 되었는지, 혹은 다른 데이터를 프린트하는 중인지를 나타낸다.
③ 프린터가 다음 데이터를 받아서 프린트 할 준비가 된 상태라면, CPU는 제어기에게 출력 명령과 데이터를 보낸다.
④ 제어기는 프린트 동작을 위한 제어 신호와 함께 데이터를 프린터로 보낸다.

이러한 동작을 수행하기 위한 제어기의 내부 구조를 간략히 살펴보면 그림 7-11과 같다. 상태/제어 레지스터(status/control register)는 내부적으로 두 개의 레지스터들로 구성되지만 주소는 하나만 지정된다. 상태 레지스터는 프린터의 상태와 오류 검사 결과 등을 나타내는 비트들로 구성되어 있어서, CPU가 프린터의 상태를 검사할 때는 그 주소를 이용하여 상태 레지스터의 내용을 읽게 된다. CPU가 제어기에게 출력 명령을 보낼 때는 제어 레지스터에 해당 명령 단어(command word)를 쓰면 된다.

프린터의 상태(status)는 그림 7-11의 프린터 제어 회로를 통하여 프린터로부터 들어오는 상태 신호에 따라 상태 레지스터의 특정 비트 값으로 표시된다. 예를 들어, 만약 프린터가 다음 데이터를 받아서 출력할 준비가 된 상태라면 RDY 비트가 '1'로 세트되고, 아직 이전에 받은 데이터를 프린트하는 중이라면 그 비트가 '0'으로 세트된다. 따라서 위의 순서에서 ①번과 ②번은 CPU가 상태 레지스터의 내용을 읽어서 RDY 비트의 값을 검사함으로써 동시에 수행될 수 있다.

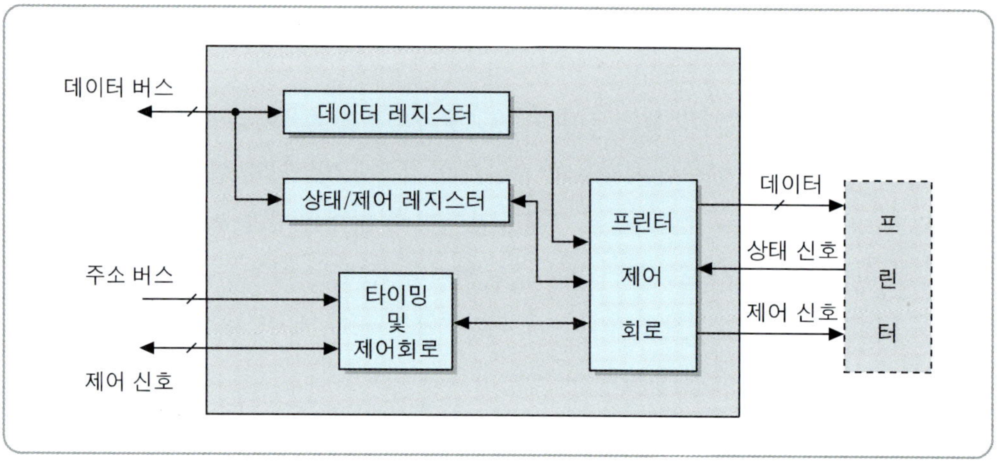

그림 7-11 프린터 제어기의 내부 구성도

위의 순서에서 ③번 동작은 프린터가 준비된 상태인 경우에 CPU가 프린트할 데이터를 데이터 레지스터(data register)에 쓰고, 프린트 동작을 지시하는 비트를 '1'로 세트한 명령 단어를 제어 레지스터에 쓰는 것으로서 수행된다. CPU가 상태 레지스터로부터는 읽기만 하고, 제어 레지스터로는 쓰기만 하기 때문에, 두 레지스터들에게 주소를 한 개만 지정해도 되는 것이다. 그러나 데이터 레지스터에는 별도의 주소가 지정되어야 한다. 마지막 단계로서, 프린터 제어기가 데이터를 프린터로 보내면서 동시에 제어 신호도 발생함으로써 프린트 명령의 수행을 완료한다.

그런데 프린터는 CPU에 비하여 속도가 매우 느린 장치이기 때문에, 위의 순서에서 CPU가 프린터의 상태를 검사하는 ①번과 ②번 과정은 여러 번 반복되어야 할 것이다. 따라서 위의 순서는 그림 7-12와 같은 흐름도로 표현할 수 있다.

이와 같이 CPU가 반복적으로 I/O 장치의 상태를 검사하여 I/O 동작을 처리하는 방식을 '프로그램을 이용한 I/O' 혹은 '프로그램된 I/O(programmed I/O)'라고 부른다. 이 방식은 간단하며 별도의 하드웨어가 필요하지 않은 장점이 있지만, CPU가 I/O 동작에 전적으로 개입해야 하기 때문에 그 동안에 다른 일을 하지 못한다는 단점을 가지고 있다.

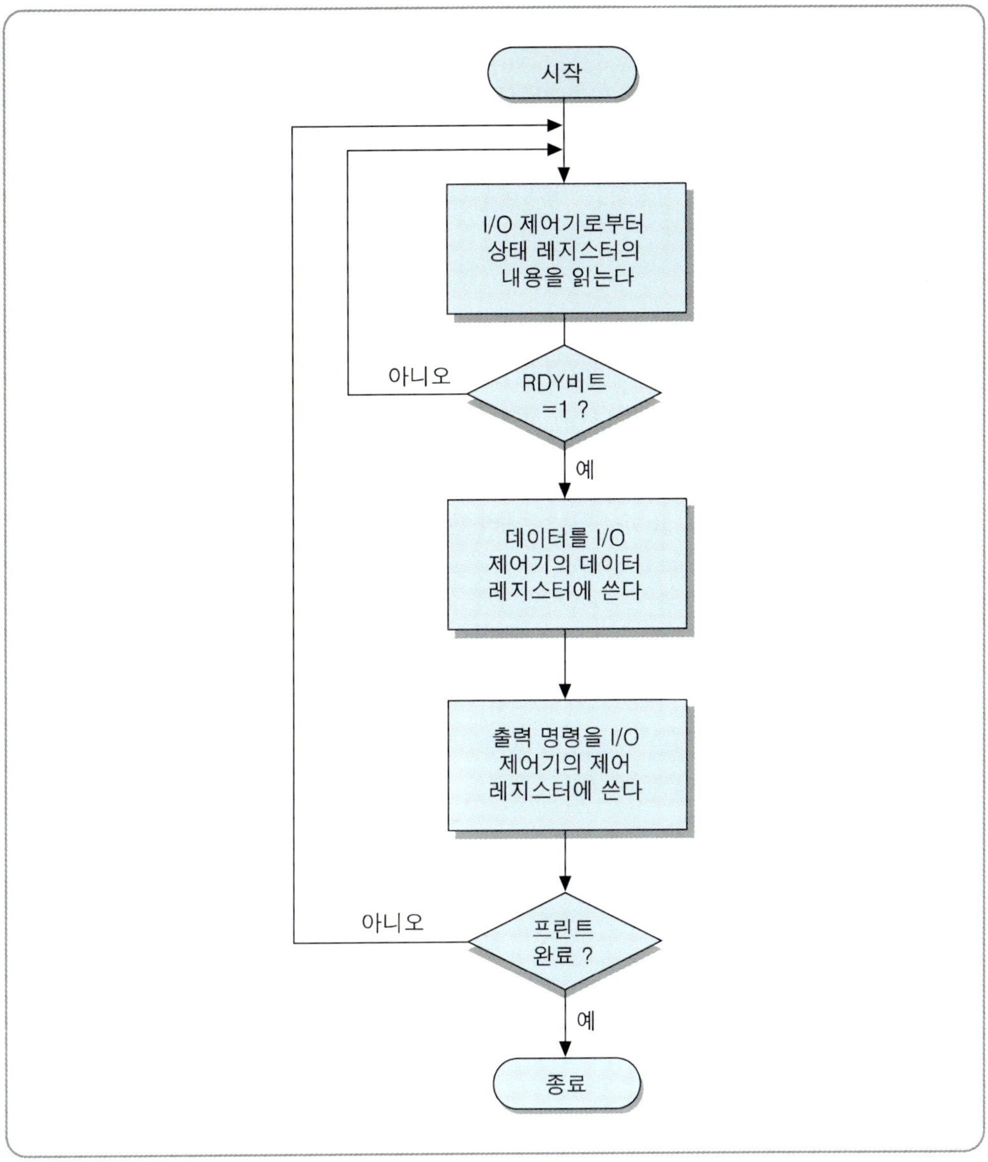

그림 7-12 프로그램을 이용한 I/O의 흐름도

7.3.2 I/O 주소지정

앞 절에서 설명한 바와 같이, CPU가 I/O 장치로 데이터를 출력하거나 입력하는 동작은 I/O 제어기의 상태/제어 레지스터와 데이터 레지스터를 통하여 이루어진다. 따라서 CPU는 기계 부품들이 포함되는 I/O 장치의 동작을 직접 제어할 필요가 없다. 다시 표현하면, CPU에게 I/O 장치는 보이지 않고 그 레지스터들만 보인다.

시스템 버스를 통하여 접속된 I/O 장치들에는 각각 두 개씩의 주소가 할당되는데, 하나는 데이터 레지스터의 주소이고, 다른 하나는 상태/제어 레지스터의 주소이다. 이러한 I/O 레지스터들의 주소를 지정하는 방법에는 다음과 같은 두 가지가 있다.

1) 기억장치-사상 I/O

기억장치-사상 I/O(memory-mapped I/O) 방식에서는 I/O 제어기 내의 레지스터들을 기억장치 내의 기억 장소들과 동일하게 취급하고, 레지스터들의 주소도 기억장치 주소 영역의 일부분을 할당한다. 따라서 기억장치와 I/O 레지스터들을 액세스할 때 동일한 기계 명령어들을 사용할 수 있다. 또한 CPU로부터 발생되는 기억장치 읽기 신호와 쓰기 신호를 이용하여 I/O 장치에 대한 읽기와 쓰기도 수행할 수 있다.

이 방식을 사용하는 경우에 그림 7-12의 프린터 쓰기 동작을 위한 프로그램을 작성하여 보자. 여기서 데이터 레지스터와 상태/제어 레지스터는 길이가 각각 8비트라고 가정한다. 그리고 데이터 레지스터의 주소로는 512번지, 상태/제어 레지스터의 주소로는 513번지를 각각 할당한다. 상태 레지스터의 최하위 비트(b_0)를 준비 완료 상태를 나타내는 RDY 비트로 사용하고, 제어 레지스터의 최상위 비트(b_7)를 프린트 동작의 시작 명령을 나타내는 START 비트로 사용하기로 하자. 그러면 프린터 출력을 위한 어셈블리 프로그램은 그림 7-13과 같아진다.

```
TEST : LOAD    513    ; 상태 레지스터의 내용을 읽는다.
       ANI      01    ; RDY 비트를 제외한 모든 비트들을 '0'으로 리셋 시킨다.
       JZ     TEST    ; 만약 RDY 비트가 ‘0’이라면, TEST로 점프한다.
                      ;
       LOAD      M    ; 프린트할 데이터를 기억장치로부터 읽어온다.
       STOR    512    ; 프린트할 데이터를 데이터 레지스터에 쓴다.
       LOAD    80H    ; AC에 2진수 ‘10000000’을 적재한다(START 비트 ← '1')
       STOR    513    ; 프린트 시작 명령을 보낸다.
```

그림 7-13 기억장치-사상 I/O 방식을 이용한 프린터 제어 프로그램의 예

그림 7-13의 프로그램에서 처음 세 명령어들은 프린터가 준비 상태가 될 때까지 RDY 비트를 반복하여 검사하면서 기다리는 루프(loop)이다. RDY 비트가 세트되었다는 것이 확인되면, 루프로부터 벗어나서 기억 장소(M번지)로부터 프린트 할 데이터를 읽어와서 데이터 레지스터(주소 : 512번지)에 쓴다. 그리고 START 비트로 사용하는 최상위 비트를 '1'로 세트한 명령 단어를 제어 레지스터(주소 : 513번지)에 저장함으로써 프린트 동작을 시작시킨다. 이 방식에서는 프로그램에서 보는 바와 같이 I/O 레지스터들에 대하여 읽기 및 쓰기를 할 때도 그들을 기억장치와 동일하게 취급하여, 기억장치 액세스에 사용하는 명령어들인 LOAD 및 STOR 명령어를 사용할 수 있다.

그런데 이 방식에서는 I/O 레지스터들에 대한 주소로서 기억장치 주소 공간의 일부를 할당하기 때문에 기억장치를 위한 주소 공간이 그만큼 감소하게 된다. 예를 들어, 주소 비트들이 10비트인 시스템에서 주소지정이 가능한 전체 기억 장소들의 수는 1024개이다. 그러나 기억장치-사상 I/O 방식이 사용되면 그 수가 절반으로 줄어든다. 즉, 그림 7-14에서 보는 바와 같이, 0번지부터 511번지까지의 상위 512개 주소들은 기억장치에 할당되고, 512번지부터 1023번지까지의 하위 512개의 주소들은 I/O 장치들에 할당된다. 이와 같이 기억장치 주소 공간이 절반으로 줄어드는 것이 기억장치-사상 I/O 방식의 주요 단점이다.

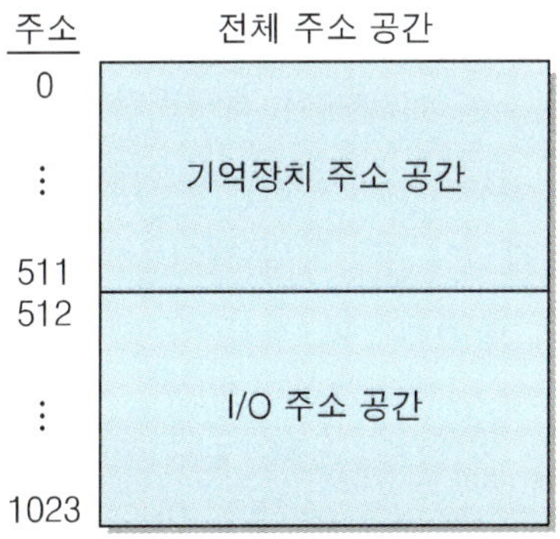

그림 7-14 기억장치-사상 I/O에서의 주소 공간 할당

2) 분리형 I/O

분리형 I/O(isolated-I/O ; 고립형 I/O라고도 함) 방식에서는 I/O 장치들의 주소 공간이 기억장치 주소 공간과는 별도로 할당된다는 점이 기억장치-사상 I/O와의 차이점이다. 이

방식을 사용하는 시스템에서는 I/O 레지스터들을 액세스할 때는 반드시 별도의 명령어들, 즉 I/O 전용 명령어들을 사용해야 한다. 그리고 이러한 I/O 명령어들이 수행될 때는 액세스 동작이 기억장치에 대한 것인지 I/O 장치에 대한 것인지를 구분할 수 있도록 I/O 읽기(I/O RD)와 I/O 쓰기(I/O WR) 신호가 CPU로부터 발생되어야 한다.

이 방식이 사용되는 경우에는 그림 7-13의 프로그램이 그림 7-15와 같이 변경된다. 단, 여기서 I/O 장치의 데이터 레지스터의 주소는 0 번지, 상태/제어 레지스터의 주소는 1번지인 것으로 가정한다.

```
TEST : IN        1   ; 상태 레지스터의 내용을 읽는다.
       ANI      01   ; RDY비트를 제외한 모든 비트들을 '0'으로 리셋 시킨다.
       JZ     TEST   ; 만약 RDY비트가 '0'이라면, TEST로 점프한다.
                     ;
       LOAD      M   ; 프린트할 데이터를 기억장치로부터 읽어온다.
       OUT       0   ; 프린트할 데이터를 데이터 레지스터에 쓴다.
       LOAD    80H   ; AC에 2진수 '10000000'을 적재한다(START 비트 ← '1').
       OUT       1   ; 프린트 시작 명령을 보낸다.
```

그림 7-15 분리형 I/O 방식을 이용한 프린터 제어 프로그램의 예

이 예에서 CPU가 데이터 및 상태/제어 레지스터의 내용을 읽는 동작은 I/O 전용 명령어인 IN *addr* 명령어를 이용하여 수행하고, I/O 레지스터로 쓰는 동작은 OUT *addr* 명령어를 이용하여 수행하였다. 즉, I/O 제어를 위해서는 그 두 명령어들만 이용해야 하기 때문에 프로그래밍이 불편해지는 것이 이 방식의 단점이다.

그러나 이 방식을 사용하는 경우에는 I/O 주소 공간이 기억장치 주소 공간과는 별도로 지정될 수 있는 장점이 있다. 예를 들어 주소 비트의 수가 10개라면, 그림 7-16에서 보는 바와 같이 기억장치 주소와 I/O 주소가 각각 1024개씩 할당될 수 있다.

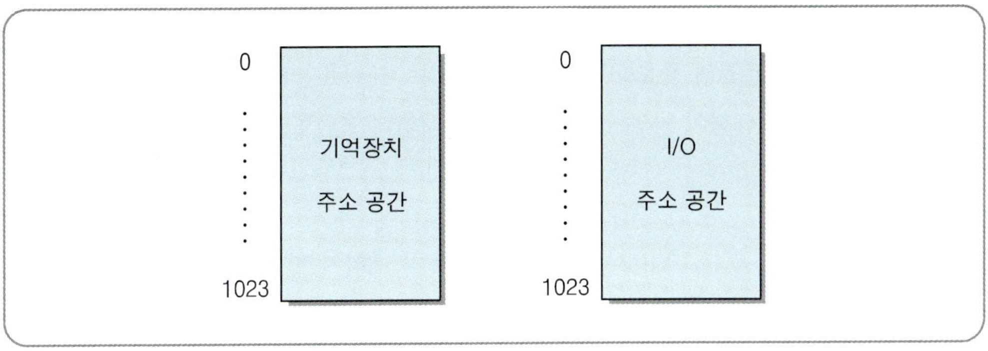

그림 7-16 분리형 I/O에서의 주소 공간 할당

7.4 인터럽트를 이용한 I/O

앞 절에서 설명하였던 '프로그램을 이용한 I/O' 방식은 그림 7-12에서 보는 바와 같이 CPU가 I/O 동작에 계속 관여해야 하기 때문에 CPU 시간이 낭비되었다. 특히 속도가 느린 I/O 장치와 데이터를 교환하는 경우에는 CPU가 매우 긴 시간 동안 상태 검사를 위한 반복 루프를 수행하면서 기다려야 하기 때문에 시스템 성능이 크게 저하된다. 그러나 제2장에서 설명한 인터럽트 메커니즘을 이용하면 I/O 동작이 I/O 제어기와 I/O 장치에 의해 수행되는 동안 CPU는 다른 작업을 처리할 수 있게 되어, 시간을 유용하게 활용할 수 있게 된다. 이러한 방법을 인터럽트-구동 I/O(interrupt-driven I/O)라고 부르며, 동작 순서는 다음과 같다.

① CPU가 I/O 제어기에게 명령을 보낸다. 그런 다음에 CPU는 다른 작업을 수행한다.
② 제어기는 I/O 명령을 이용하여 I/O 장치를 제어한다.
③ I/O 장치가 명령 수행을 완료하면, 제어기는 CPU로 인터럽트 신호를 보낸다.
④ CPU는 인터럽트 신호를 받는 즉시 원래의 프로그램으로 돌아와서 다음 작업을 계속한다.

위의 과정에서 ②번과 ③번이 진행되는 동안에 CPU는 다른 프로그램을 수행할 수 있으므로, I/O 장치의 속도가 느린 경우에도 CPU 시간이 낭비되지 않는다. 결과적으로 CPU가 프린터로 데이터를 출력하는 과정은 다음과 같아진다.

① CPU가 데이터와 프린트 명령을 프린터 제어기로 보낸다.
② 그 데이터의 프린트가 종료되면, 프린터 제어기는 CPU로 인터럽트 요구 신호를 보낸다.
③ 만약 프린트할 내용이 남아 있다면, CPU는 다음에 프린트할 데이터를 준비하여 ①번부터 반복한다.

이 과정은 원하는 모든 데이터들의 프린트를 마칠 때까지 반복된다. 이 순서의 흐름도는 그림 7-17과 같다.

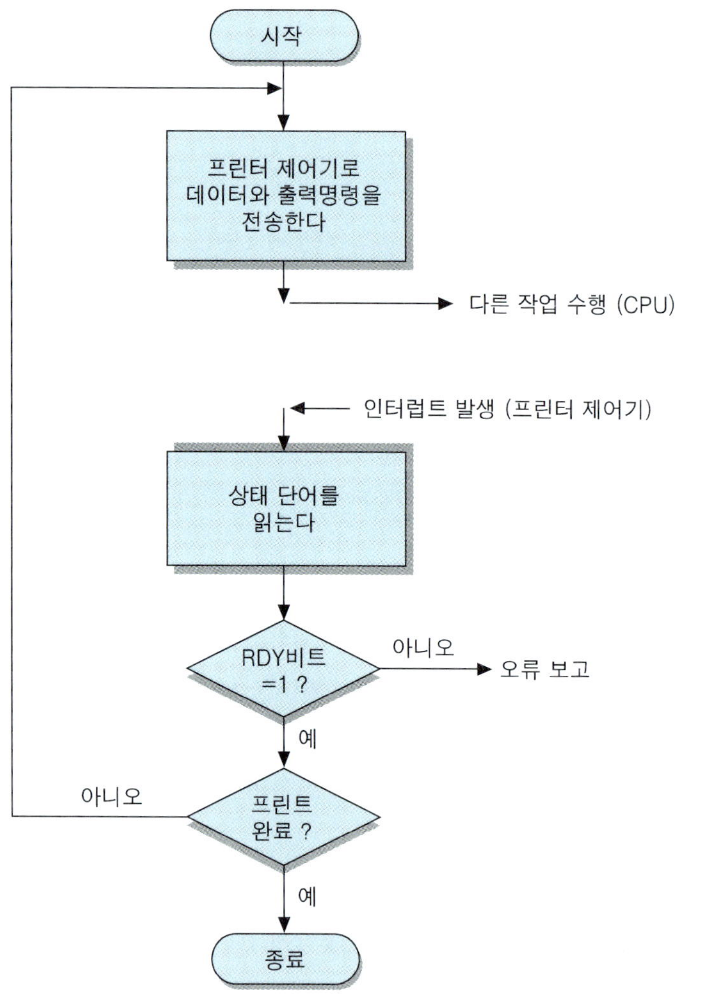

그림 7-17 인터럽트-구동 I/O 방식을 이용한 프린터 출력 흐름도

여러 종류의 I/O 장치들이 접속되어 있는 컴퓨터시스템에서 CPU가 그들을 이용하여 데이터 입력 혹은 출력 동작들을 연속적으로 수행한다고 하자. 각 I/O 장치의 제어기는 I/O 동작의 수행이 종료되는 즉시 CPU로 인터럽트 신호를 보낸다. 그런 경우에 CPU는 인터럽트를 보낸 제어기를 확인할 수 있어야 그에 대한 적절한 처리를 할 수 있다. 또한, 두 개 이상의 I/O 제어기들이 동시에 인터럽트 신호를 발생한 경우에 어느 제어기에 대한 서비스부터 처리할 것인지도 결정할 수 있어야 한다. 이와 같이 인터럽트를 발생할 수 있는 I/O 장치들이 여러 개가 존재하는 시스템에서 그러한 문제들을 해결하는 방법들은 다음과 같다.

- 다중 인터럽트(multiple interrupt) 방식
- 데이지-체인(daisy-chain) 방식
- 소프트웨어 폴링(software polling) 방식

이 방법들의 동작 원리와 시스템 구성을 자세히 분석해 보기로 하자.

7.4.1 다중 인터럽트 방식

이 방식에서는 각 I/O 제어기와 CPU 사이에 별도의 인터럽트 요구(interrupt request : INTR) 신호 선과 인터럽트 확인(interrupt acknowledge : INTA) 신호 선이 한 개씩 존재한다. 따라서 그림 7-18에서와 같이 네 개의 I/O 장치들이 제어기를 통하여 CPU와 접속되는 시스템에서는 네 개의 INTR 선과 네 개의 INTA 선이 필요하다. CPU가 각 I/O 제어기로부터 인터럽트 요구를 받았을 때, 만약 즉시 응답할 수 있는 상태라면 해당 인터럽트 확인 신호를 보내준다. 예를 들어, 그림에서 I/O 제어기2가 인터럽트를 요구하는 경우에는 다음과 같은 동작들이 순서대로 수행된다.

① I/O 제어기2가 INTR2 신호를 세트한다.
② CPU는 INTA2 신호를 세트함으로써 그 제어기에게 인터럽트 요구를 인식하였음을 알리고, 인터럽트를 위한 서비스를 시작한다.
③ I/O 제어기2는 INTR2 신호를 해제(0으로 리셋)한다.
④ CPU도 INTA2 신호를 해제한다.

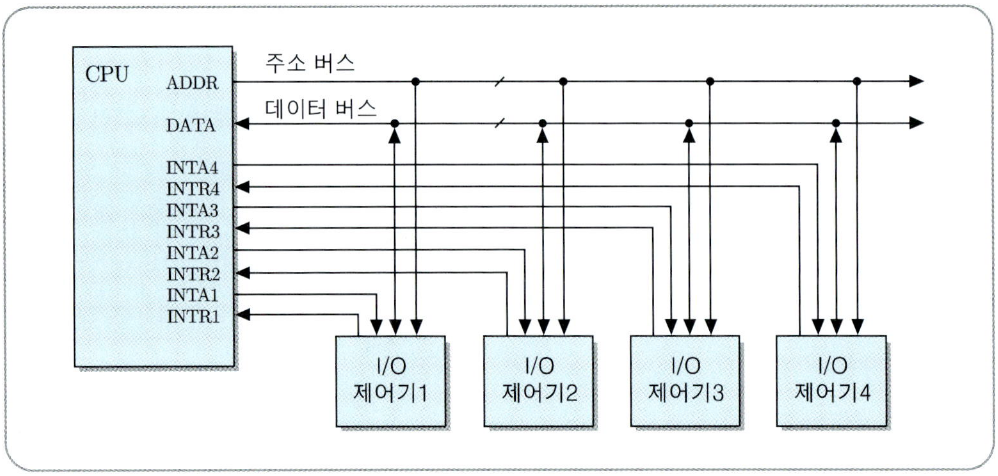

그림 7-18 다수의 인터럽트 선들을 사용하는 시스템의 구성도

만약 두 개 혹은 그 이상의 I/O 장치들이 동시에 인터럽트 요구 신호들을 보낸다면 어떻게 할 것인가? 각 I/O 장치에 대하여 우선순위를 정하고, 더 높은 우선순위를 가진 장치의 인터럽트 요구부터 확인 신호를 보내고 서비스한다. 예를 들어, 그림 7-18에서 CPU와 가장 가까이 위치한 I/O 제어기1의 우선순위가 가장 높고, I/O 제어기4의 우선순위가 가장 낮은 것으로 정할 수 있다.

이 방법의 장점은 각 I/O 장치가 별도의 인터럽트 선을 가지고 있기 때문에 CPU가 인터럽트를 요구한 장치를 쉽게 찾아낼 수 있다는 점이다. 반면에, 이 방법은 각 I/O 장치에 대하여 두 개씩의 신호 선들이 필요하므로 하드웨어가 복잡해지고, 접속 가능한 I/O 장치들의 수가 그 신호들을 위해 할당되는 CPU 칩의 핀(pin) 수에 의해 제한된다.

CPU가 어떤 인터럽트 요구에 대한 서비스를 시작하는 순간에 인터럽트 플래그(interrupt flag)를 인터럽트 불가능(interrupt disable) 상태로 세트한다면, 그 요구에 대한 서비스를 처리하는 동안에는 다른 인터럽트 요구가 들어오더라도 응답하지 않도록 할 수 있다. 만약 그러한 상태로 세트하지 않은 경우에는 더 높은 우선순위를 가진 인터럽트 요구가 들어온다면, 현재의 서비스 처리를 중단하고 새로운 인터럽트에 대하여 응답해야 한다.

7.4.2 데이지-체인 방식

이 방식은 그림 7-19에서 보는 바와 같이 모든 I/O 제어기들은 한 개의 INTR 선을 공유한다. 그리고 CPU로부터 발생되는 INTA 출력 선은 가장 가까이 위치한 I/O 제어기1의 인터럽트 확인 입력(AI_1) 선으로 연결된다. 그리고 제어기1의 인터럽트 확인 출력(AO_1) 선은 다음에 위치한 I/O 제어기의 AI_2로 연결되고, AO_2는 AI_3로, AO_3는 AI_4로 직렬 연결되는데, 그 형태가 마치 데이지 꽃들을 연속적으로 연결한 모습과 같다고 하여 데이지-체인(daisy-chain) 방식이라고 부른다. 만약 다섯 번째 I/O 장치가 있다면, AO_4는 그 제어기의 AI 입력으로 연결될 것이다.

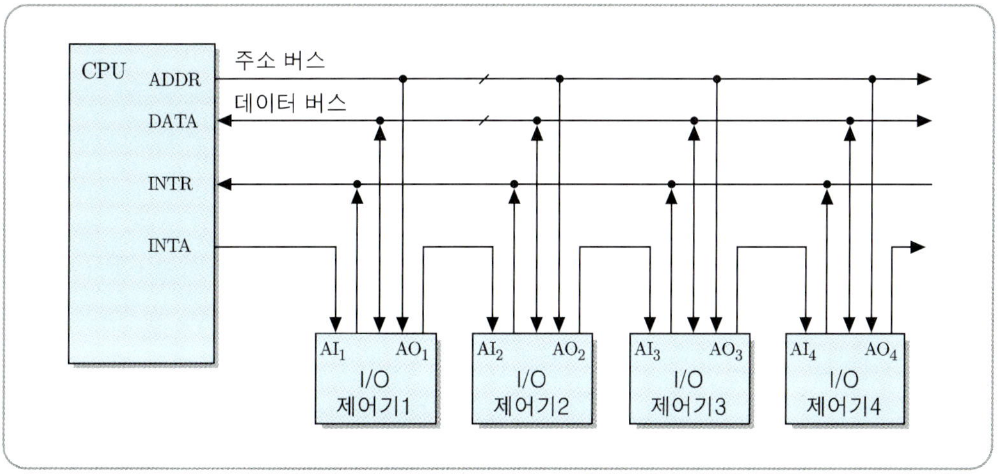

그림 7-19 데이지-체인 인터럽트 방식의 구성도

이 구성에서는 어떤 순간에 하나 혹은 그 이상의 I/O 제어기가 인터럽트 요구를 보낸다면, INTR 선이 세트된다. 그러면 CPU는 즉시 INTA 신호를 세트하는데, 그 신호는 첫 번째 I/O 제어기로 보내진다. 만약 그 제어기가 인터럽트를 요구한 상태라면, 즉시 데이터 버스를 통하여 자신의 식별(ID) 번호를 CPU로 보낸다. 이 번호는 인터럽트 벡터(interrupt vector)라고 불리는데, CPU가 해당 I/O 장치를 위한 인터럽트 서비스 루틴의 시작 주소를 찾는데 사용된다.

그러나 만약 첫 번째 I/O 제어기가 인터럽트를 요구한 상태가 아니라면, 그 제어기는 확인 신호를 AO_1을 통하여 두 번째 제어기로 통과시킨다. 이러한 확인 신호의 전달 과정은 실제 인터럽트를 요구한 제어기에 도달할 때까지 계속된다. 결과적으로 이 방식에서는 INTA 신호가 연결된 순서가 우선순위를 나타낸다. 결과적으로, 그림 7-19에서는 CPU와 가까이 위치한 I/O 제어기1의 우선순위가 가장 높고, I/O 제어기4가 가장 낮다.

만약 여러 개의 I/O 장치들이 동시에 인터럽트 요구를 보낸다면, INTA 신호는 그들 중에서 우선순위가 가장 높은 장치에 의해 먼저 인식된다. 그에 따라 그 장치에 대한 인터럽트 서비스가 이루어지지만, 그 동안에도 아직 서비스 받지 못한 I/O 장치들에 의하여 INTR 선은 여전히 세트된 상태로 있다. CPU는 그 장치에 대한 서비스를 완료한 다음에 다시 INTA 신호를 세트하게 되며, 다른 장치들은 그 때까지 계속 기다려야 한다.

이 방식은 신호 선의 수가 적기 때문에 하드웨어가 간단하지만, 많은 수의 I/O 장치들이 접속된 시스템에서는 우선순위가 낮은 장치들이 서비스를 받지 못하고 매우 오랫동안 기다리게 되는 단점이 있다.

7.4.3 소프트웨어 폴링 방식

이 방식에서는 그림 7-20에서 보는 바와 같이 한 개의 TEST I/O 선이 CPU와 모든 제어기들 사이에 연결된다. 각 제어기 내에는 해당 I/O 장치의 인터럽트 요구 상태를 가리키는 인터럽트 플래그가 있는데, TEST I/O 신호는 그 플래그의 상태를 검사하는 데 사용된다.

이 방식에서도 인터럽트 요구(INTR) 선은 모든 I/O 제어기들에 의해 공통으로 사용된다. 어떤 I/O 장치가 인터럽트 요구를 발생하면, 해당 제어기 내에 있는 인터럽트 플래그가 세트됨과 동시에 공통 INTR 신호가 세트된다. 그러면 CPU는 즉시 다음과 같은 검사 과정을 수행한다.

먼저 TEST I/O 선을 이용하여 첫 번째 I/O 제어기의 인터럽트 플래그가 세트되어 있는 지 검사한다. 만약 세트되어 있다면, 검사 과정은 완료되는 것이다. 그러나 만약 그 플래그가 세트되어 있지 않다면, CPU는 인터럽트를 요구한 장치를 찾을 때까지 검사 과정을 모든 제어기들에 대하여 차례대로 수행한다. 이 과정에서 검사하는 순서가 I/O 장치들의 우선순위를 나타낸다.

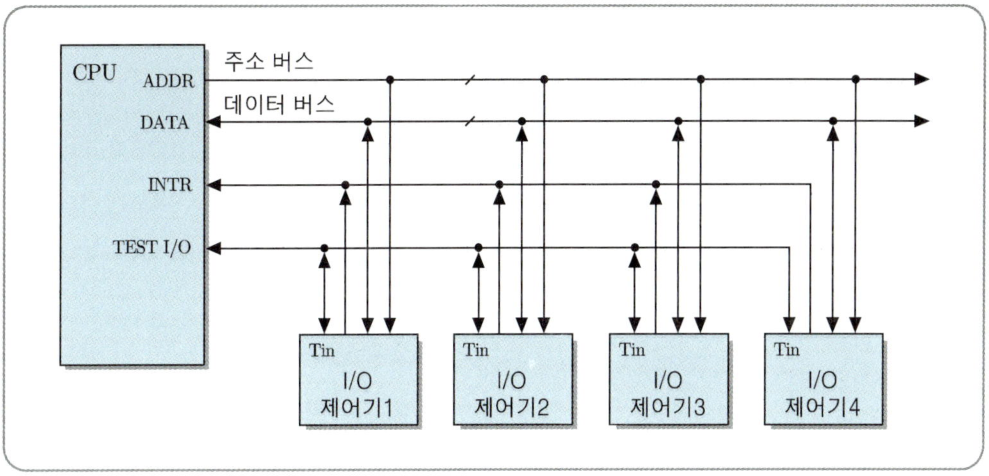

그림 7-20 소프트웨어 폴링을 위한 시스템 구성도

인터럽트를 요구한 I/O 장치를 확인하면, CPU는 그 장치를 위한 인터럽트 서비스 루틴으로 분기하여 서비스를 수행한다. 이 방법은 인터럽트를 요구한 장치를 찾아내는 과정에서 마이크로프로그램을 이용하기 때문에 소프트웨어 폴링(software polling) 방식이라고 불린다. 이 방식은 하드웨어가 간단하다는 장점이 있는 반면에, 검사를 위한 시간이 많이 걸린다는 단점도 가지고 있다.

7.5 DMA를 이용한 I/O

앞에서 설명한 '인터럽트-구동 I/O' 방식이 '프로그램을 이용한 I/O' 방식보다는 더 효율적이다. 그러나 아직도 기억장치와 I/O 장치간의 데이터 이동에 CPU가 직접 개입해야 하며, 이동되는 데이터들이 반드시 CPU를 경유해야 하는 문제점이 있다. 예를 들어, 주기억장치의 데이터를 I/O 장치에 저장하는 I/O 쓰기인 경우에, CPU가 주기억장치로부터 데이터를 한 개씩 읽어서 내부 레지스터에 적재한 다음에 I/O 장치로 내보내고, I/O 명령도 보내야 한다.

만약 큰 데이터 블록을 전송하는 경우에는 CPU가 그 동작들을 수행하는데 많은 시간을 소모해야 하며, 시스템 버스도 대부분의 시간 동안 그러한 I/O 동작들을 위해 사용될 수밖에 없을 것이다. 이러한 문제점을 해결하기 위하여 직접기억장치액세스(Direct Memory

Access : DMA)가 널리 사용되고 있다. DMA란 CPU의 개입 없이 I/O 장치와 기억장치 사이에 데이터 전송을 수행하는 메커니즘을 말한다.

DMA 방식을 사용하기 위해서는 그림 7-21과 같이 시스템 버스에 DMA 제어기(DMA controller)가 추가되어야 한다. 주기억장치의 데이터를 I/O 장치로 내보내거나(I/O write), I/O 장치로부터 데이터를 주기억장치로 읽어들일(I/O read) 때, CPU는 DMA 제어기로 다음과 같은 정보들이 포함된 명령을 보낸다.

- I/O 장치의 주소
- 연산(쓰기 혹은 읽기) 지정자
- 데이터가 읽혀지거나 쓰여질 주기억장치 영역의 시작 주소
- 전송될 데이터 단어들의 개수

여기서 I/O 장치가 디스크인 경우에는 주소가 디스크 드라이브 번호, 트랙(혹은 실린더) 번호 및 섹터 번호를 모두 포함해야 한다. CPU는 이러한 정보들이 포함된 명령을 DMA 제어기로 보낸 다음에는 다른 일을 계속한다. 즉, CPU는 I/O 동작을 DMA 제어기에게 맡기고, 모든 데이터 전송 동작이 완료될 때까지 전혀 개입하지 않는다.

그림 7-21과 같은 시스템 구성에서 DMA 제어기가 DMA 동작을 수행하기 위해서는 시스템 버스를 통하여 주기억장치를 액세스하게 된다. 즉, CPU와 DMA 제어기가 시스템 버스를 공유하는 것이다. 그런데 DMA 제어기는 가능한 한 CPU의 정상적인 동작을 방해하지 않으면서 시스템 버스를 사용한다. 즉, CPU가 시스템 버스를 사용하지 않는 시간(예를 들면, CPU가 내부적으로 명령어를 해독하거나 ALU 연산을 수행하는 시간) 동안에 시스템 버스를 사용한다. 그 이유 때문에 DMA를 사이클 스틸링(cycle stealing)이라고도 부른다.

그런데 큰 데이터 블록을 전송하는 경우에 그러한 사이클만 이용하게 되면 I/O 처리 시간이 너무 길어지게 된다. 따라서 일반적으로는 DMA 제어기가 시스템 버스 사용을 요구하면, CPU는 현재 사이클이 끝나는 즉시 사용 허가를 해주어서 DMA 동작이 신속하게 일어날 수 있도록 해주며, 그 동안에 CPU는 기다린다. DMA 제어기는 데이터를 한 번에 한 개씩 이동시킨 다음에 시스템 버스를 CPU에게 되돌려준다. 그리고 그러한 동작을 모든 데이터 블록을 전송할 때까지 반복한다.

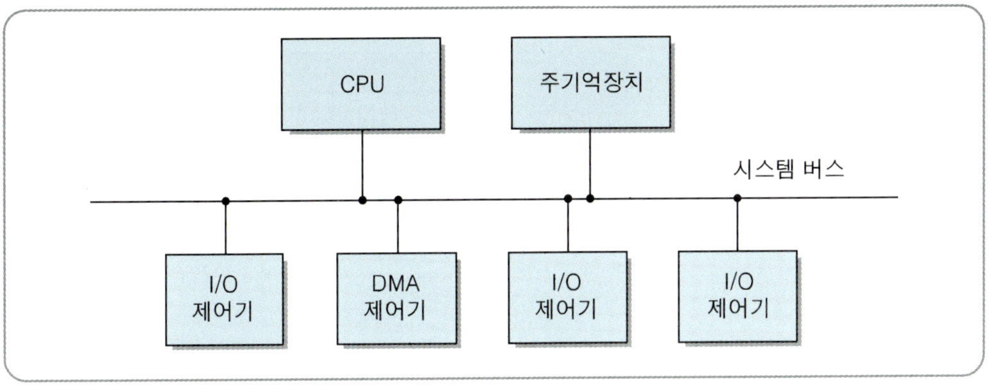

그림 7-21 DMA 제어기가 포함된 시스템 구성도

DMA 제어기가 CPU에게 버스 사용을 요구하는 신호를 버스 요구(BUS REQ) 신호라고 하며, CPU가 DMA 제어기에게 버스 사용을 허가하는 신호를 버스 승인(BUS GRANT) 신호라고 한다. 그리고 DMA 동작이 완료되면 DMA 제어기는 CPU로 인터럽트 요구(INTR) 신호를 보내어 그 사실을 알리며, CPU는 그에 따른 다음 절차를 진행하게 된다. 한 예로서, 주기억장치 내의 어떤 데이터 블록을 디스크에 저장하기 위한 DMA 과정을 정리하면 다음과 같다.

① CPU가 DMA 제어기에게 명령을 보낸다.
② DMA 제어기는 CPU로 BUS REQ 신호를 보낸다.
③ CPU가 DMA 제어기로 BUS GRANT 신호를 보낸다.
④ DMA 제어기가 주기억장치로부터 데이터를 읽어서 디스크에 저장한다.
⑤ 전송할 데이터가 남아있으면, ②번부터 ④번까지를 다시 반복한다.
⑥ 모든 데이터들의 전송이 완료되면, CPU로 INTR 신호를 보낸다.

이러한 기능들을 수행하기 위한 DMA 제어기의 내부 구조는 그림 7-22와 같다. 먼저 DMA 명령에 포함되는 내용들을 저장하는 레지스터들이 있다. 즉, I/O 장치의 주소를 저장하는 주소 레지스터와 데이터 버퍼 역할을 하는 데이터 레지스터, 그리고 전송될 데이터 수를 저장하는 카운트 레지스터(count register) 등이 있다. 이들은 앞에서 설명하였던 I/O 제어기와 마찬가지로 각각 별도의 주소를 할당받으며, CPU는 그 주소를 이용하여 레지스터들을 액세스한다. 그리고 위에서 설명한 각종 제어 신호들을 발생하거나 받아들이기 위한 제어 회로들이 있다.

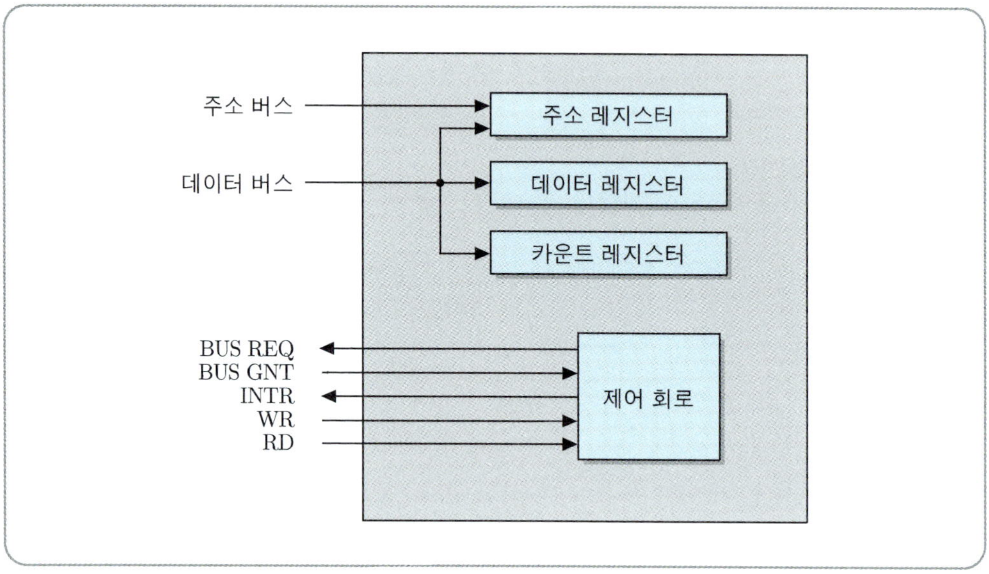

그림 7-22 DMA 제어기의 내부 구조

DMA 동작은 주기억장치와 I/O 제어기 사이에 데이터를 한 번에 한 개씩 전송시키는데, 그림 7-21과 같은 시스템 구성에서는 그 때마다 시스템 버스를 두 번씩 사용한다. 예를 들어, 디스크 쓰기 동작을 위하여 주기억장치의 데이터를 디스크 제어기로 전송하는 경우를 고려해보자. 먼저 데이터를 주기억장치로부터 DMA 제어기로 이동시키기 위하여 시스템 버스를 한 번 사용하며, DMA 제어기로부터 데이터를 디스크 제어기로 이동시키기 위하여 다시 시스템 버스를 사용한다. 따라서 1024바이트 크기의 데이터 블록을 저장한다면, 시스템 버스를 모두 2048번 사용하게 된다. 결과적으로, 그림 7-21과 같은 구조에서는 DMA 동작을 위하여 시스템 버스가 너무 많이 사용되어 전체 시스템 성능이 저하된다.

그러한 문제를 해결하기 위한 방법으로서 그림 7-23과 같은 구조를 고려할 수 있다. 즉, I/O 제어기를 시스템 버스에 직접 접속하지 않고 DMA 제어기에 접속하는 것이다. 이 경우에는 DMA 제어기가 데이터를 I/O 제어기로(부터) 이동시킬 때는 시스템 버스를 사용할 필요가 없다. 따라서 1024바이트 블록을 DMA로 전송하는 데 시스템 버스를 1024번만 사용하면 된다.

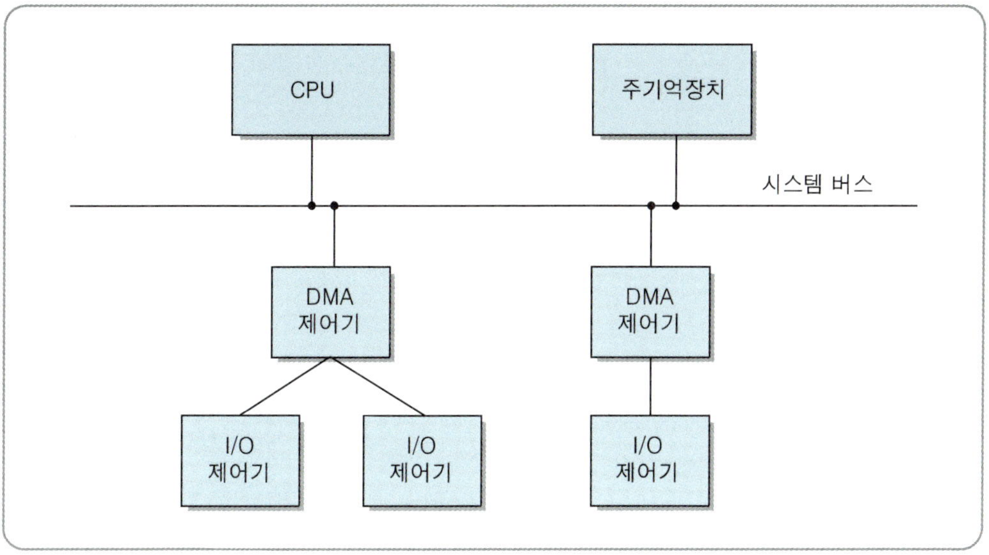

그림 7-23 DMA 제어기를 이용한 I/O 접속 방법

그런데 그림 7-23과 같은 시스템 구조에서는 각 DMA 제어기에 직접 접속할 수 있는 I/O 제어기의 수가 제한된다. 따라서 다양한 종류의 많은 I/O 장치들을 포함하고 있는 시스템에서는 여러 개의 DMA 제어기들을 시스템 버스에 접속해야 한다. 이러한 문제를 개선한 것이 그림 7-24의 구성이다. 이 구성에서는 DMA 제어기가 시스템 버스와 I/O 버스 사이에 위치한다. 그리고 I/O 버스에는 각종 I/O 장치들이 제어기들을 통하여 접속된다. 즉, 하나의 DMA 제어기가 I/O 버스를 통하여 여러 I/O 장치들을 위한 DMA 동작들을 지원하는 것이다. 이 경우에는 DMA 제어기의 내부(그림 7-22)에 I/O 버스 인터페이스 회로가 추가되어야 한다.

그러나 DMA 제어기를 이용한 I/O 데이터 전송은 다음과 같은 문제점들을 가지고 있다.

- I/O 장치들은 종류와 속도가 다양하고 제어 방법도 복잡하기 때문에, 간단한 구조를 가진 DMA 제어기로 지원하는 데는 한계가 있다.
- 디스크 쓰기 혹은 읽기 동작의 경우에는 데이터 블록의 크기가 512바이트 이상이기 때문에 그 데이터들을 버퍼링(임시 저장)하기 위한 내부 기억장치가 필요하다.

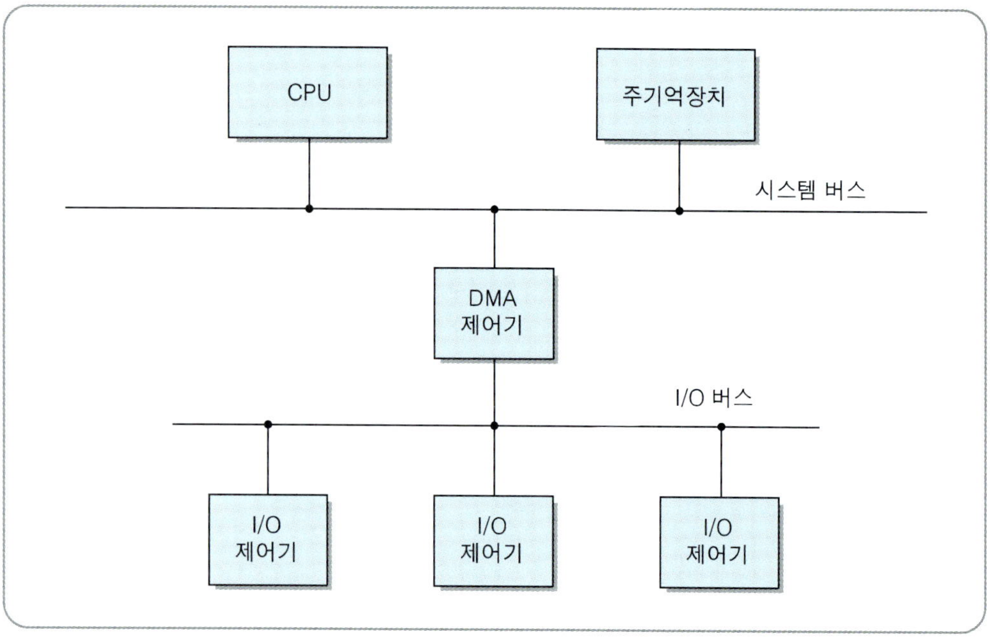

그림 7-24 I/O 버스를 이용한 DMA 구성도

이러한 문제점들을 해결하기 위하여 최근의 고성능 컴퓨터시스템들에서는 DMA 제어기를 확장시킨 I/O 프로세서(I/O processor : IOP)를 사용하고 있다. IOP는 I/O 채널(I/O channel)이라고도 부르는데, 다음과 같은 하드웨어들을 가지고 있다.

- I/O 명령어들을 실행할 수 있는 프로세서
- 데이터 블록(들)을 임시 저장할 수 있는 용량의 지역 기억장치(local memory)
- 시스템 버스 인터페이스 및 버스 마스터 회로
- I/O 버스 인터페이스 및 중재 회로

IOP가 데이터 입출력을 위한 모든 동작들을 지원하게 됨에 따라, CPU는 I/O 동작에 대한 부담을 거의 가지지 않게 되었다. 또한 IOP는 프로세서와 내부 기억장치도 포함하고 있기 때문에, 운영체제(OS)의 장치 구동(device driver) 프로그램들이 IOP에서 실행되기도 한다. 결론적으로, 그림 7-1의 시스템 구성을 그림 7-25와 같이 변경하면 성능이 크게 향상될 수 있다.

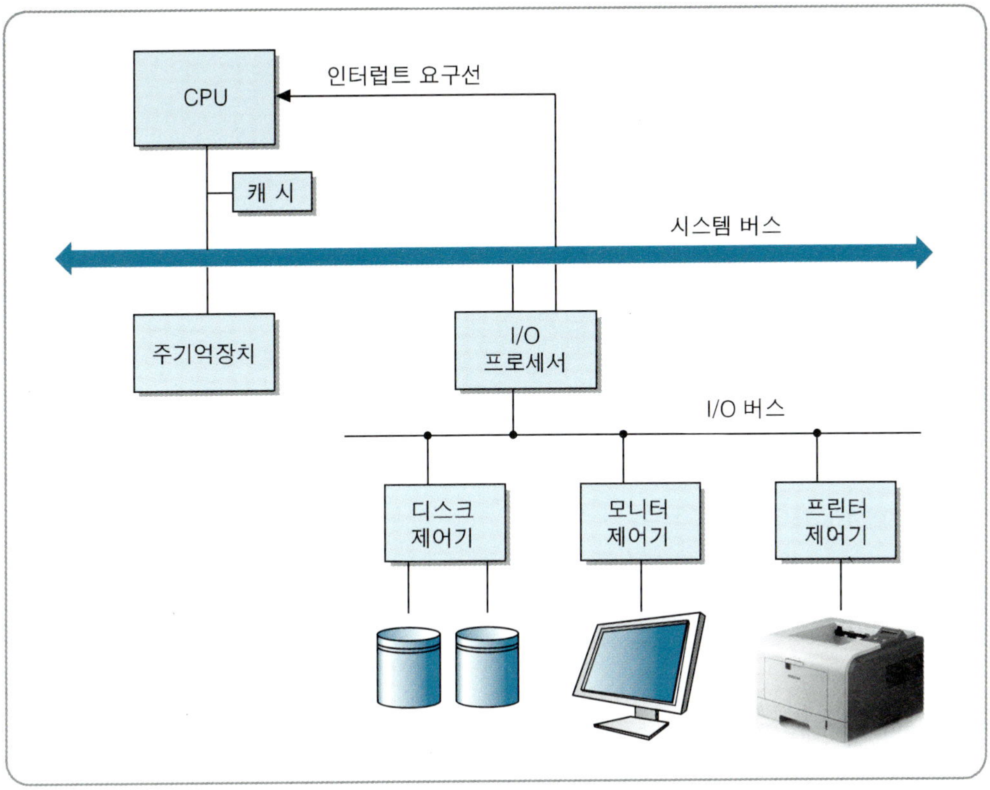

그림 7-25 I/O 프로세서가 사용된 시스템의 구성도

기 본 문 제

7.1 다음 버스들 중에서 양방향 전송 기능을 가져야 하는 버스는 어느 것인가?

가. 주소 버스　　나. 데이터 버스
다. 제어 버스　　라. 인터럽트 버스

7.2 펜티엄 4 마이크로프로세서의 주소 버스 폭은 36비트이다. 주소지정이 가능한 최대 기억장치 용량은?

가. 16MByte　　나. 64MByte
다. 32GByte　　라. 64GByte

7.3 다음 중에서 기본적인 시스템 버스에 속하지 않는 것은?

가. 제어 버스　　나. 데이터 버스
다. 주소 버스　　라. I/O 버스

7.4 버스 클록의 주파수가 100MHz이고, 데이터 버스 폭이 64비트라면, 이 버스의 대역폭은 몇 [Mbytes/sec]가 되는가?

가. 800　　나. 64
다. 640　　라. 80

7.5 다음 중에서 각 버스 마스터가 버스 요구 선과 승인 선을 별도로 가지고 있는 버스 중재 방식이 아닌 것은?

가. 데이지-체인 방식　　나. 중앙집중식 고정 우선순위 방식
다. 분산식 고정 우선순위 방식　　라. 분산식 직렬 중재 방식

7.6 다음 중에서 모든 버스 마스터들이 균등하게 버스를 사용할 수 있게 해주는 버스 중재 방식은?

가. 고정 우선순위 방식　　나. 분산식 직렬 중재 방식
다. 회전 우선순위 방식　　라. 하드웨어 폴링 방식

7.7 다음 중에서 버스 중재기가 여러 개 필요한 중재 방식은 ?

가. 데이지-체인 방식　　나. 중앙집중식 고정 우선순위 방식
다. 분산식 고정 우선순위 방식　　라. 소프트웨어 폴링 방식

7.8 CPU가 I/O 장치를 직접 접속하여 제어하지 못하는 이유가 아닌 것은?

가. I/O 장치마다 제어 방식이 서로 다르다.
나. I/O 장치의 데이터 전송 속도가 시스템 버스의 속도보다 더 느리다.
다. I/O 장치의 데이터 형식이 다양하다.
라. 공급되는 전원이 다르기 때문이다.

7.9 다음 중에서 I/O 제어기의 구성 요소가 아닌 것은?

가. 데이터 레지스터　　나. 산술논리연산장치
다. 상태 레지스터　　라. 장치 제어회로

7.10 기억장치-사상 I/O 방식을 사용하는 시스템에서 주소가 12비트이면, I/O 장치를 최대 몇 개까지 접속할 수 있는가?

가. 12개　　나. 2048개
다. 4096개　　라. 1024개

7.11 다음 중에서 분리형 I/O 방식의 가장 큰 장점에 해당하는 것은?

가. 프로그래밍이 용이하다.　　나. 기억장치 공간이 줄어들지 않는다.
다. 제어 신호의 수가 줄어든다.　　라. I/O 인터페이스가 간단하다.

7.12 데이지-체인 방식으로 인터럽트를 요구한 장치를 찾아내는 방법에 관한 설명으로 잘못된 것은?

가. 모든 장치들이 직렬로 연결된다.
나. 장치들의 우선순위가 고정된다.
다. 접속할 수 있는 장치의 수가 CPU의 인터럽트 입력 핀의 수에 의해 제한된다.
라. 인터럽트 벡터를 이용하여 장치의 ID를 CPU로 알려준다.

7.13 소프트웨어 폴링 방식을 이용한 인터럽트-구동 I/O의 단점은 다음 중 어느 것인가?

가. 처리 시간이 오래 걸린다.
나. 하드웨어가 복잡하다.
다. 우선순위가 고정된다.
라. 연결될 수 있는 장치의 수가 제한된다.

7.14 인터럽트 처리에서 I/O 장치들의 우선순위를 지정하는 이유는 무엇인가?

가. 인터럽트 발생 빈도를 확인하기 위하여
나. CPU가 하나 이상의 인터럽트를 처리하지 못하게 하기 위하여
다. 중요도가 더 높은 장치에 대한 서비스를 먼저 처리하기 위하여
라. 인터럽트 처리 루틴의 주소를 알기 위하여

7.15 CPU가 DMA 제어기로 보내는 정보가 아닌 것은?

가. 전송될 데이터의 수　　나. 연산 지정자
다. I/O 장치의 주소　　라. CPU 레지스터 번호

7.16 DMA에 관한 설명으로 옳은 것은?

가. 저속 I/O 장치를 위하여 사용된다.

나. 대형 컴퓨터에서만 사용된다.

다. CPU 개입 없이 I/O 장치와 기억장치 간에 데이터를 전송한다.

라. 수행되는 동안 CPU는 상태 검사를 반복한다.

7.17 DMA 제어기의 한계를 극복하기 위하여 사용하는 방식은 어느 것인가?

가. I/O 프로세서　　나. 다중 인터럽트

다. 프로그램을 이용한 I/O　　라. 멀티플렉싱

연습문제

7.1 버스 클록이 300MHz이고 데이터 버스의 폭이 64비트인 시스템 버스의 대역폭은 몇 [GBytes/sec]가 되는지 구하라.

7.2 동기식 버스와 비동기식 버스의 상대적 장점을 각각 설명하라.

7.3 병렬 중재 방식과 직렬 중재 방식의 상대적 장점을 각각 설명하라.

7.4 중앙집중식 중재 방식과 분산식 중재 방식의 상대적 장점을 각각 설명하라.

7.5 네 개의 버스 마스터들이 한 개의 버스 중재기에 의해 중재되는 중앙집중식 고정 우선순위 방식에 대하여 다음 물음에 답하라. 단, 버스 마스터1이 가장 높은 우선순위를 가지며, 버스 마스터4가 가장 낮은 우선순위를 가지는 것으로 가정한다.

(1) 전체 구성도를 그려라.
(2) 버스 마스터3이 버스를 사용하고 있는 중에 버스 마스터1이 버스 요구를 발생한 경우에 대한 시간 흐름도를 그려라.
(3) (2)번의 경우에 만약 BBUSY 신호가 없다면 어떤 문제점이 발생할 수 있는지 설명하라.

7.6 가변 우선순위 중재 방식들 중에서 회전 우선순위 방식을 구현하는 두 가지 방법을 설명하고, 장단점을 비교하라. 또한, 버스를 빈번히 사용하는 버스 마스터가 존재하는 경우에 어느 방식이 더 효율적인가?

7.7 주소 버스가 12비트인 시스템에서 I/O 주소지정을 위하여 아래의 방식들이 사용되는 경우에, 최대 몇 개의 I/O 장치들을 접속할 수 있는가?

(a) 분리형 I/O
(b) 기억장치-사상 I/O

7.8 기억장치-사상 I/O 방식과 분리형 I/O 방식의 장단점을 비교하라.

7.9 인터럽트를 처리하기 위한 다음 방법들에 대하여 아래 물음에 답하라.

(a) 데이지-체인 방식
(b) 소프트웨어 폴링 방식
(c) 다중 인터럽트 방식

(1) 하드웨어가 가장 간단한 방식은 어떤 것인가?
(2) 우선순위를 쉽게 변경할 수 있는 방식은 어떤 것인가?
(3) 처리 속도가 가장 빠른 것은 어떤 방식인가?

7.10 데이지-체인 I/O 접속 방식에서 어느 한 I/O 장치가 기근(starvation)될 가능성은 없는가? 만약 있다면, 그 이유를 설명하라.

7.11 시스템 버스에 네 개의 I/O 제어기들과 한 개의 DMA 제어기가 접속되어 있다. 이 구성의 문제점을 들라.

7.12 문제 7.11과 같은 시스템 구성에 대한 개선 방안으로서, 모든 I/O 제어기들을 DMA 제어기에 접속할 수 있다.

(1) 이와 같은 구성은 어떤 문제점을 가지는가?
(2) 만약 I/O 장치들이 모두 서로 다른 유형이라면, 추가적으로 어떤 어려움이 발생하는가?

Computer Architecture

8 고성능 컴퓨터시스템 구조

컴퓨터를 이용하는 응용 분야들 중에는 현존하는 최고속 컴퓨터의 성능으로도 처리 시간이 매우 오래 걸리는 것들이 많이 있다. 그 예로는 인공지능, 로보틱스, 신호처리, 유체역학, 일기예보, 입자물리학 및 우주과학 분야 등이 있다. 또한, 인터넷의 발달과 더불어 주요 웹사이트의 서버는 동시에 수많은 사용자 요구들을 처리하고 있으며, 그 요구들의 대부분은 대규모 데이터베이스 검색 및 멀티미디어 정보 처리를 포함하고 있다. 그러한 필요성에 따라 더 빠른 컴퓨터의 개발에 대한 요구는 끊임없이 계속되고 있다. 이 장에서는 그러한 요구에 부응하기 위하여 개발되고 있는 슈퍼컴퓨터 및 고성능 서버시스템들의 설계 원리에 대하여 설명하고자 한다.

8.1 •• 병렬처리의 개념 및 필요성

프로세서의 처리 속도는 물리적인 특성에 의해 한계점을 가지고 있다. 실리콘 칩(silicon chip) 상에서 전자 흐름의 최대 속도는 빛의 속도(진공 상태에서 $3\times10^8 m/sec$)의 1/10 정도인 $3\times10^7 m/sec$이다. 만약 CPU 칩의 직경이 $3cm$라고 가정한다면, 전기적 신호가 칩을 통과하는 데는 $10^{-9}sec$(즉, $1nsec$)가 걸리게 된다. 한 번의 신호 전송이 이루어지는 과정에서 하나의 부동소수점 연산이 수행된다고 가정하더라도(실제로는 그 이상의 신호 전송이 필요함), 그러한 칩들로 구성되는 컴퓨터의 최대 계산 속도는 10^9 FLOPS(floating-point operations per second)[1)] = 10^3 MFLOPS = 1 GFLOPS가 된다. 즉, 초당 최대 10억 번의 부동소수점 연산 처리가 단일 프로세서 속도의 한계라고 볼 수 있다. 그러나 최근 슈퍼컴퓨터들의 성능은 그 속도의 1000배인 TFLOPS를 넘어서고 있으며, 계속 더 향상되고 있는 추세이다.

반도체 소자의 물리적인 특성에 의한 프로세서 속도 상의 한계를 극복할 수 있게 해주는 기술이 병렬처리이다. 병렬처리(parallel processing)란 다수의 프로세서들을 이용하여 여러 개의 프로그램들 혹은 한 프로그램의 분할된 부분들을 분담하여 동시에 처리하는 기술을 말한다. 실제로 최근 대부분의 고성능 컴퓨터시스템의 설계에서는 성능 향상을 위한 방법으로서 병렬처리 기술이 널리 사용되고 있다. 그러나 병렬처리를 실제 구현하기

1) FLOPS는 초당 처리할 수 있는 부동소수점 연산의 횟수로서, 주로 슈퍼컴퓨터의 성능을 나타내는데 사용되는 단위이다.

위해서는 먼저 다음과 같은 조건들이 만족되어야 한다.

- 많은 수의 프로세서들로 하나의 시스템을 구성할 수 있도록, 작고 저렴하며 고속인 프로세서들의 사용이 가능해야 한다.
- 한 프로그램을 여러 개의 작은 부분들로 분할하는 것이 가능해야 하며, 분할된 부분들을 병렬로 처리한 결과가 전체 프로그램을 순차적으로 처리한 경우와 동일한 결과를 얻을 수 있어야 한다.

첫 번째 조건은 반도체 기술의 발전과 더불어 VLSI의 집적도가 크게 증가함에 따라 만족되고 있다. 즉, 작은 크기의 칩 상에 수천만 개의 트랜지스터들이 집적될 수 있고, 이러한 칩들을 이용하면 저렴한 가격으로 수백 개 이상의 프로세서들을 한 시스템 내에 통합할 수 있게 되었다. 그러나 두 번째 조건을 만족시키기 위해서는 다음과 같은 문제들을 해결해야 한다.

- 문제 분할(problem partition)
- 프로세서간 통신(interprocessor communication)

문제 분할이란 병렬처리를 위하여 하나의 문제(혹은 프로그램)를 여러 개로 나누는 것을 말한다. 그러나 프로그램들 중에는 반드시 순차적으로 처리되어야 하는 것들도 있기 때문에, 병렬처리가 근본적으로 불가능한 경우도 있다. 또한 많은 수의 프로세서들이 제공되더라도 프로그램을 그 수만큼 분할할 수 없거나 균등한 크기로 분할할 수 없는 경우에는, 프로세서의 이용률(utilization)이 낮아져서 원하는 만큼의 성능 향상을 얻을 수 없기 때문에 문제 분할은 매우 중요하다. 이러한 경우에 병렬처리의 효과를 높이기 위해서는 순차적으로 처리해야 하는 부분을 최소화할 수 있는 병렬 알고리즘의 개발이 필요하게 된다.

하나의 프로그램이 여러 개의 작은 부분들로 나누어져서 서로 다른 프로세서들에 의해 처리되는 경우에는 프로세서들 간에 데이터 교환을 위한 통신이 필요하게 된다. 그런데 프로세서의 수가 증가하면 통신 선로의 수도 그만큼 더 많아지고, 인터페이스를 위한 하드웨어도 복잡해진다. 그에 따라 프로세서간 통신을 제어하기 위한 소프트웨어 오버헤드(software overhead)와 하드웨어상의 지연 시간 때문에 통신에 소모되는 시간이 길어져 시스템의 성능 향상에 한계가 있게 된다 [CVE87].

그 외에도 알고리즘의 병렬성을 표현해줄 수 있는 병렬 프로그램 언어와 컴파일러의 개발도 요구된다. 또한 프로세서들이 각종 하드웨어 자원들(기억장치 및 I/O 장치)을 공유할 수 있도록 상호 배타 메커니즘(mutual exclusion mechanism)이 설계되어야 하고, 공유자원들에 대한 경합을 줄이고 이용률을 극대화할 수 있도록 운영체제에 특별한 기능도 추가되어야 한다. 따라서 고성능 병렬처리시스템을 개발하기 위해서는 하드웨어 구조, 운영체제, 알고리즘, 프로그래밍 언어, 컴파일러 등 거의 모든 컴퓨터 기술들이 통합되어야 한다.

8.2 병렬처리의 단위

앞에서 병렬처리란 여러 개의 프로그램들 혹은 한 프로그램의 분할된 부분들을 다수의 프로세서들을 이용하여 동시에 처리하는 것이라고 정의하였다. 그런데 병렬처리에 참여하는 각 프로세서에 분담되는 단위 프로그램의 크기에 따라 다양한 수준의 병렬성(parallelism)들이 존재할 수 있다. 즉, 병렬처리는 다음과 같은 다양한 크기의 단위에 대하여 이루어질 수 있다.

- 작업-단위 병렬성(job-level parallelism) : 이것은 서로 다른 사용자들에 의해 제출된 작업 프로그램들 혹은 한 사용자에 의해 제출된 여러 개의 독립적인 작업 프로그램 단위로 병렬처리를 수행하는 것을 의미한다. 예를 들어, 어느 교수가 성적관리 프로그램과 실험 데이터 통계 프로그램을 동시에 처리하려고 한다면, 그 프로그램들은 서로 독립적으로 처리될 수 있을 것이다. 만약 컴퓨터시스템 내에 두 개 이상의 프로세서들이 있다면, 이 두 작업 프로그램들은 각 프로세서에 의하여 병렬로 처리될 수 있다. 이러한 단위의 병렬처리는 주로 다수의 사용자 요구들을 처리해주는 서버급 시스템이나 슈퍼컴퓨터에서 채택하는 형태이다. 이 분류의 시스템들은 대부분 다중프로세서 구조(multiprocessor architecture)를 가지고 있으며, 수십 개 혹은 그 이상의 프로세서들로 구성된다.
- 태스크-단위 병렬성(task-level parallelism) : 하나의 큰 작업 프로그램은 내부적으로 서로 다른 기능을 수행하는 더 작은 프로그램들로 분리될 수 있다. 예를 들어, 팔과 다리를 가진 로봇(robot)이 있다고 하자. 이 로봇을 움직이기 위해서는 부착된 여러

개의 센서(sensor)들로부터 정보를 입력받아서 팔과 다리를 적절히 제어하도록 명령하는 컴퓨터 프로그램이 필요할 것이다. 그 프로그램은 하나의 작업 프로그램이지만, 그것은 여러 개의 태스크(혹은 프로세스)들로 분할될 수 있다. 즉, 두뇌 기능을 처리하는 태스크, 팔의 움직임을 제어하기 위한 태스크, 그리고 다리의 움직임을 제어하기 위한 태스크 등으로 나누어질 수 있으며, 그들은 병렬로 처리될 수 있다. 물론 그 태스크들은 처리되는 도중에 상호 연관되는 정보를 교환해야 할 필요도 있을 것이다. 이와 같은 병렬처리도 다중프로세서시스템이나 대규모 계산을 분할하여 처리하는 슈퍼컴퓨터에 의해 지원되는 유형이며, 최근에는 멀티-코어 프로세서들도 이 단위의 병렬처리를 칩 내부에서 지원하고 있다.

- 스레드-단위 병렬성(thread-level parallelism) : 사용자 프로그램 혹은 OS 프로그램은 여러 개의 스레드들로 분할될 수 있다. 여기서 스레드란 동시에 처리될 수 있는 가장 작은 크기의 독립적인 단위 프로그램을 말한다. 이 단위의 병렬처리를 멀티스레딩(multi-threading)이라고 부르며, 주로 다중프로세서시스템에 의해 지원되지만 동적실행(dynamic execution) 능력을 가진 슈퍼스칼라 프로세서에서도 처리될 수 있다.

- 명령어-단위 병렬성(instruction-level parallelism) : 컴퓨터 프로그램은 여러 개의 어셈블리 명령어들로 이루어지는데, 각 명령어는 필요한 입력 데이터를 받아서 연산을 수행한 후에 출력 값을 생성한다. 그런데 만약 명령어가 사용할 데이터들 간에 의존관계가 존재하지 않는다면, 여러 명령어들을 동시에 수행하는 것이 가능해진다. 그것을 명령어 단위 병렬성이라고 부르며, 슈퍼스칼라 구조를 가진 프로세서들은 이 단위의 병렬성을 이용하여 처리 속도를 높이는 것이다.

병렬컴퓨터의 성능과 효율을 높이기 위해서는 이와 같은 다양한 수준의 병렬성을 최대한 이용할 수 있어야 하며, 그를 위해서는 시스템 구조와 프로세서 구조가 적절히 설계 및 구현되어야 한다.

8.3 병렬컴퓨터의 분류

이 절에서는 먼저 컴퓨터시스템의 일반적인 분류에 대하여 살펴본 다음에, 구조적 특징에 따른 병렬컴퓨터의 분류 방법에 대하여 설명하고자 한다.

8.3.1 Flynn의 분류

컴퓨터시스템을 분류하는 방법으로는 프로그램 처리의 동시성을 기준으로 하는 Flynn의 분류(Flynn's classification)가 가장 널리 사용되고 있다 [FLY72]. 이 분류에서는 프로세서들이 처리하는 명령어와 데이터의 스트림(stream)의 수에 따라 디지털 컴퓨터를 네 가지로 분류하고 있다. 여기서 스트림이란 하나의 프로세서에 의해 순서대로 처리되는 일련의 명령어들과 데이터들의 흐름을 말한다. 즉, 명령어 스트림(instruction stream)이란 프로세서에 의해 실행되기 위하여 순서대로 들어오는 명령어 코드들을 의미하며, 데이터 스트림(data stream)이란 그 명령어들의 실행에 사용되기 위하여 프로세서로 들어오는 일련의 데이터들을 의미한다.

명령어 스트림과 데이터 스트림을 처리하기 위한 하드웨어 구조에 따른 Flynn의 분류는 다음과 같으며, 이들 각각에 대한 간략화된 구성도는 그림 8-1과 같다.

- 단일 명령어 스트림 - 단일 데이터 스트림(SISD) 조직
- 단일 명령어 스트림 - 복수 데이터 스트림(SIMD) 조직
- 복수 명령어 스트림 - 단일 데이터 스트림(MISD) 조직
- 복수 명령어 스트림 - 복수 데이터 스트림(MIMD) 조직

■ SISD 조직 : 이 조직은 그림 8-1(a)에서 보는 바와 같이 한 번에 한 개씩의 명령어와 데이터를 순서대로 처리하는 단일프로세서시스템에 해당된다. 이러한 시스템에서는 명령어가 한 개씩 순서대로 실행되지만, 실행 과정은 파이프라이닝 되어 있다.

■ SIMD 조직 : 이 분류의 시스템은 배열 프로세서(array processor)라고도 부르는데, 구성도는 그림 8-1(b)와 같다. 이러한 시스템은 여러 개의 프로세싱 유니트 processing unit : PU)들로 구성되고, PU들의 동작은 모두 하나의 제어 유니트에 의해 통제된다. 제어 유니트는 명령어를 해독하고, 그 실행을 위한 제어 신호를 모든 PU들로 동시에 보낸다. 그에 따라 PU들은 동일한 연산을 수행하게 되지만, 각 연산에서 처리하는 데이터는 서로 다르다. 결과적으로 모든 PU들은 하

나의 명령어 스트림을 실행하지만, 여러 개의 데이터 스트림들을 동시에 처리하게 되는 것이다. 이러한 조직을 사용하는 병렬컴퓨터는 고속의 계산처리를 위하여 사용되던 과거의 슈퍼컴퓨터 유형이며, 최근에는 이 개념이 디지털 신호처리용 VLSI 칩 등에 주로 적용되고 있다.

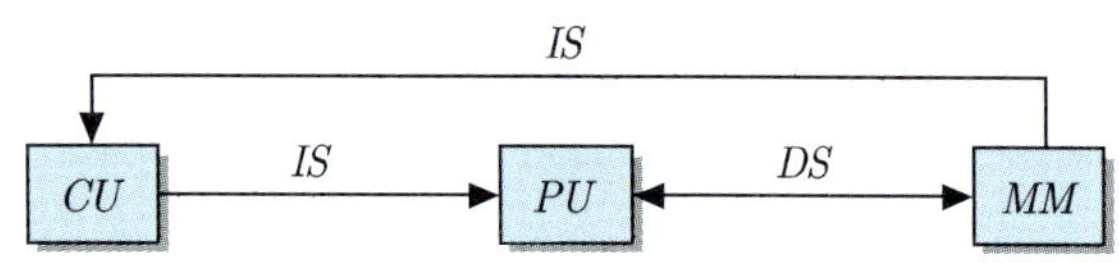

(a) SISD 시스템

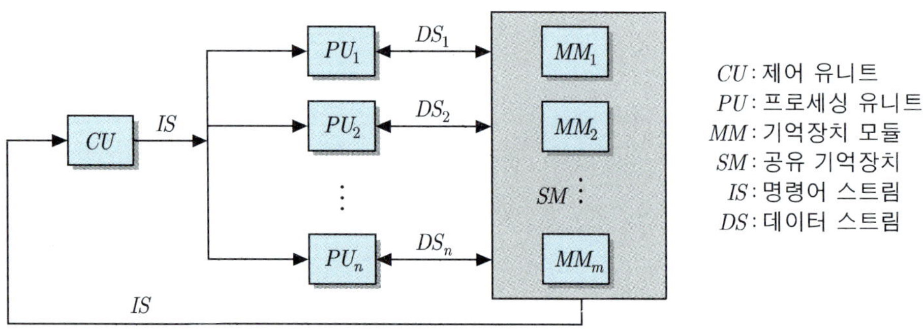

(b) SIMD 시스템

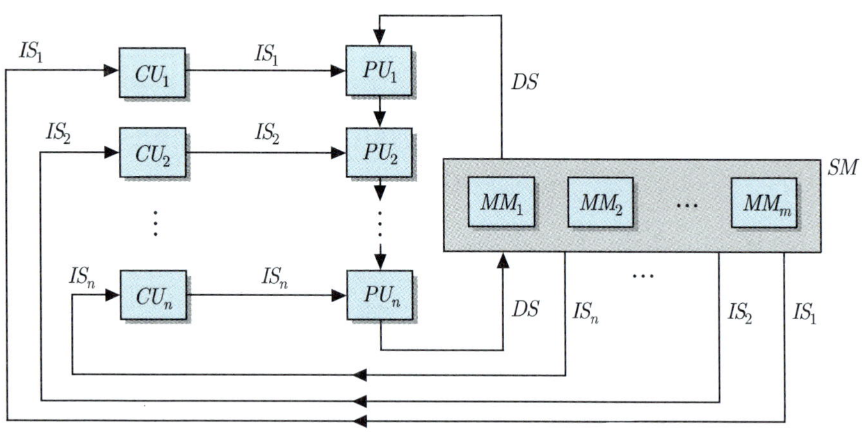

(c) MISD 시스템

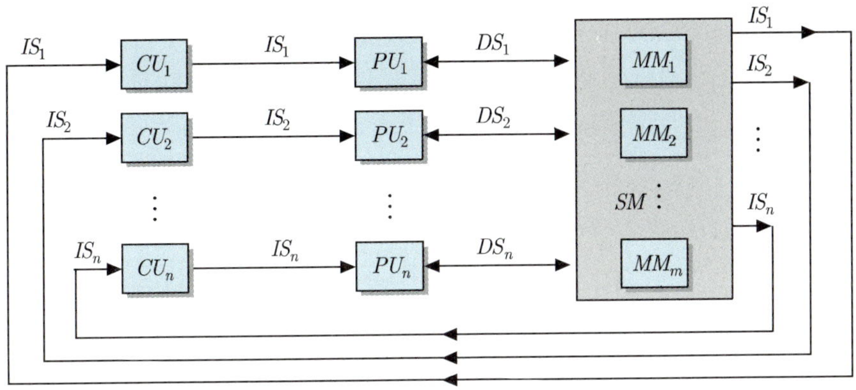

(d) MIMD 시스템

그림 8-1 Flynn의 분류 방식에 따른 컴퓨터시스템의 구성도

- **MISD 조직** : 이 조직의 개념은 8-1(c)와 같다. 즉, 한 시스템 내에 N개의 프로세서들이 있고, 각 프로세서들은 서로 다른 명령어들을 실행하지만, 처리하는 데이터들은 하나의 스트림이다. 다시 표현하면, 프로세서들이 배열 형태로 연결되고, 한 프로세서가 처리한 결과가 다음 프로세서로 보내져 다른 연산이 수행되는 방식이다. 그러나 이 조직은 실제 구현된 경우가 거의 없으며, 분류상으로 존재할 뿐이다.
- **MIMD 조직** : 대부분의 다중프로세서시스템들과 다중컴퓨터시스템(multiple-computer system)들이 이 분류에 속한다(그림 8-1(d)). 이 조직에서는 N개의 프로세서들이 서로 다른 명령어들과 데이터들을 처리한다. MIMD 시스템은 프로세서들간의 상호작용 정도에 따라 두 가지로 나누어지는데, 그 정도가 높은 구조를 밀결합 시스템(tightly-coupled system)이라고 부르며, 그 정도가 낮은 구조를 소결합 시스템(loosely-coupled system)이라 한다. 밀결합 시스템의 전형적인 구조는 기억장치가 모든 프로세서들에 의해 공통으로 사용되는 공유-기억장치 구조(shared-memory architecture)이다. 다중컴퓨터 시스템(multiple-computer system)이라고도 불리는 소결합 시스템은 각 프로세서들이 자신의 지역 기억장치(local memory)를 가진 독립적인 컴퓨터 모듈로 구성되고, 프로세서들 간의 통신은 메시지 전송(message-passing) 방식에 의해 이루어지는 구조를 가지고 있다.

병렬컴퓨터는 프로그램 코드와 데이터를 병렬로 처리하는 시스템이므로, Flynn의 컴퓨터 분류들 중에서 SIMD 조직과 MIMD 조직이 그에 해당한다. SIMD 조직에 해당하는 배열 프로세서와 MIMD 조직으로 분류되는 다중프로세서시스템의 근본적인 차이점은 프로세서들의 독립성에 있다. 배열 프로세서에서는 모든 프로세서들이 동일한 프로그램을 동기적으로 실행하고, 다중프로세서시스템에서는 각 프로세서들이 서로 다른 별도의 프로그램을 비동기적으로 실행한다. 이 조직들 중에서 최근 서버급 시스템 및 슈퍼컴퓨터에서 널리 사용되고 있는 MIMD 조직을 기반으로 하는 시스템들에 대해서는 8.4절에서 좀 더 자세하게 분석하기로 한다.

8.3.2 기억장치 액세스 모델에 따른 분류

최근 고성능 컴퓨터시스템 구조로서 가장 널리 채택되고 있는 MIMD 조직은 기억장치의 위치와 주소지정 방식 및 기억장치 액세스 유형에 따라 아래와 같은 세 가지 모델로 구분된다.

- 균일 기억장치 액세스(Uniform Memory Access : UMA) 모델
- 불균일 기억장치 액세스(Non-uniform Memory Access : NUMA) 모델
- 무-원격 기억장치 액세스(No-Remote Memory Access : NORMA) 모델

UMA 모델에서는 모든 프로세서들이 상호연결망에 의해 접속된 기억장치들을 공유(share)한다. 그리고 프로세서들은 기억장치의 어느 영역이든 액세스할 수 있으며, 그에 걸리는 시간이 모두 동일하다. 이 모델에 기반을 둔 시스템은 하드웨어가 간단하고 프로그래밍이 용이하다는 장점이 있는 반면에, 공유 자원들(상호연결망, 기억장치 등)에 대한 경합이 높아지기 때문에 시스템 규모에 한계가 있다. 이 모델의 시스템은 상호연결망으로서 버스가 사용되는 경우에는 최대 30개 정도의 프로세서들로 구성될 수 있으며, 크로스바스위치(crossbar switch) 혹은 다단계 상호연결망(multistage interconnection network : MIN) 등이 사용되는 경우에는 그보다 더 많은 프로세서들로 구성될 수 있다. 그림 8-2는 상호연결망을 통하여 프로세서들과 공유-기억장치 모듈들 및 I/O 프로세서가 접속된 일반적인 UMA 모델의 개념적 구성도를 보여주고 있다.

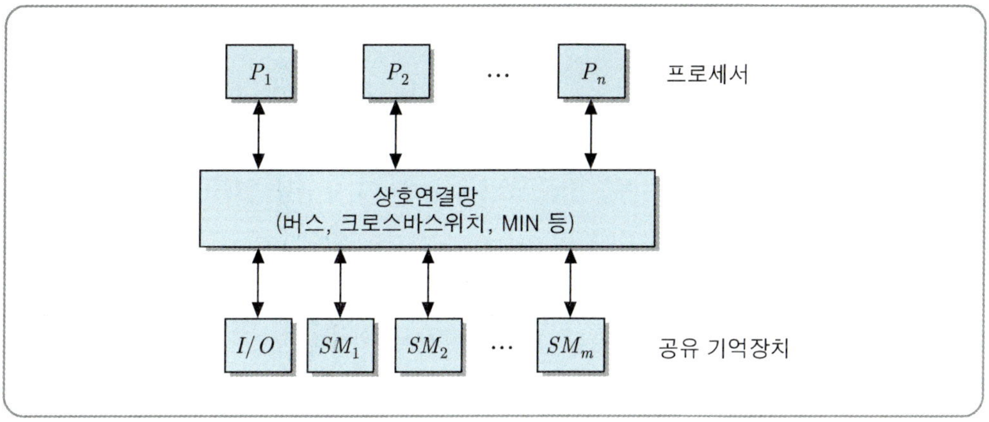

그림 8-2 UMA 모델의 일반적인 구성도

NUMA 모델은 시스템 크기에 대한 UMA 모델의 한계를 극복하고 더 큰 규모의 시스템을 구성하기 위한 것으로서, 그림 8-3에서 보는 바와 같이 다수의 UMA 모듈들이 상호연결망에 의해 접속되며, 전역 공유-기억장치(global shared-memory : GSM)도 가질 수 있다. 시스템 내 모든 기억장치들이 하나의 주소 공간을 형성하는 분산 공유-기억장치(distributed shared-memory) 형태로 구성되기 때문에, 프로세서들은 자신이 속한 UMA 모듈 내의 지역 공유-기억장치(local shared-memory : LSM)뿐 아니라 GSM 및 다른 UMA 모듈의 LSM들도 직접 액세스할 수 있다. 그러나 기억장치 액세스 시간은 어느 위치의 기억장치를 액세스하는지에 따라 달라진다. 즉, 프로세서에 의한 기억장치 액세스들은 아래와 같은 세 가지 패턴으로 분류될 수 있다.

- 지역 기억장치 액세스(local memory access) : 자신이 속한 UMA 모듈 내의 기억장치(LSM)에 대한 액세스로서, 가장 짧은 시간이 소요된다.
- 전역 기억장치 액세스(global memory access) : 프로세서가 원하는 데이터가 전역 공유-기억장치(GSM)에 있는 경우에 이루어지는 액세스이다.
- 원격 기억장치 액세스(remote memory access) : 다른 UMA 모듈에 위치한 기억장치(LSM)로부터 데이터를 액세스하는 경우로서, 가장 긴 시간이 소요된다.

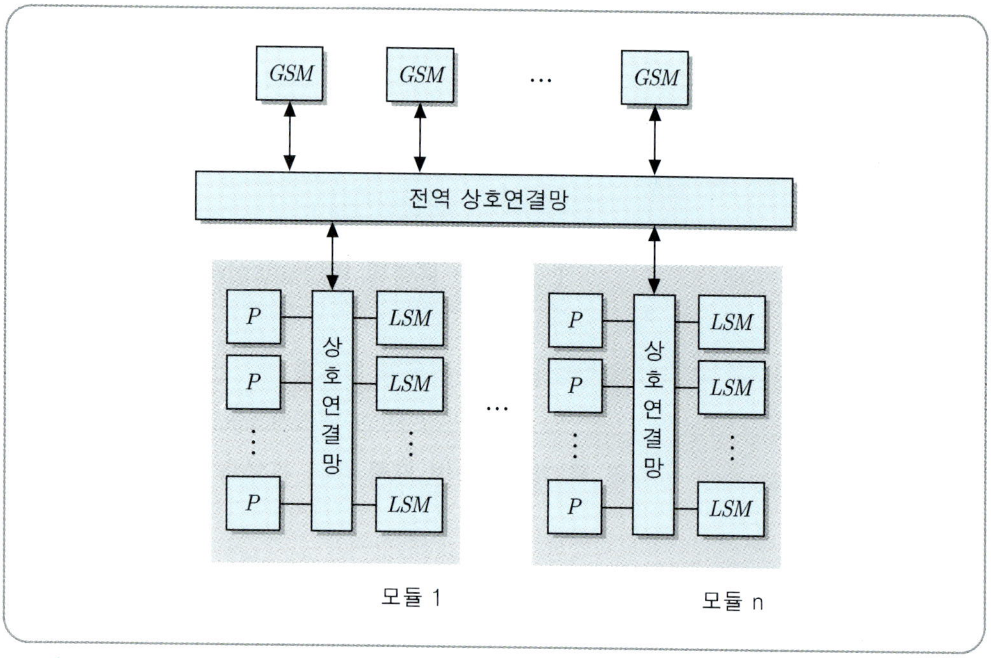

그림 8-3 NUMA 모델의 일반적인 구성도

NORMA 모델은 명칭(no-remote memory)이 의미하듯이, 프로세서가 원격 기억장치(다른 노드의 기억장치)는 직접 액세스할 수 없는 시스템 구조이다. 이 모델을 기반으로 하는 시스템에서는 그림 8-4와 같이 프로세서와 기억장치로 구성되는 노드들이 메시지-전송 방식을 지원하는 상호연결망에 의해 서로 접속된다. 그러나 어느 한 노드의 프로세서가 다른 노드의 기억장치에 저장되어 있는 데이터를 필요로 하는 경우에, 그 기억장치를 직접 액세스하지 못한다. 대신에, 그 노드로 기억장치 액세스 요구 메시지(memory access request message)를 보내며, 메시지를 받은 노드는 해당 데이터를 인출하여 그것을 요구한 노드로 다시 보내준다. 이러한 시스템에서는 각 노드가 별도의 기억장치를 가지고 있기 때문에 분산-기억장치 시스템(distributed-memory system)이라고도 부른다. 이 모델을 위한 상호연결망으로는 매시(mesh), 하이퍼큐브(hypercube), 링(ring), 토러스(torus) 등이 사용되는데, 이들에 대해서는 8.4절에서 좀 더 자세히 설명하기로 한다.

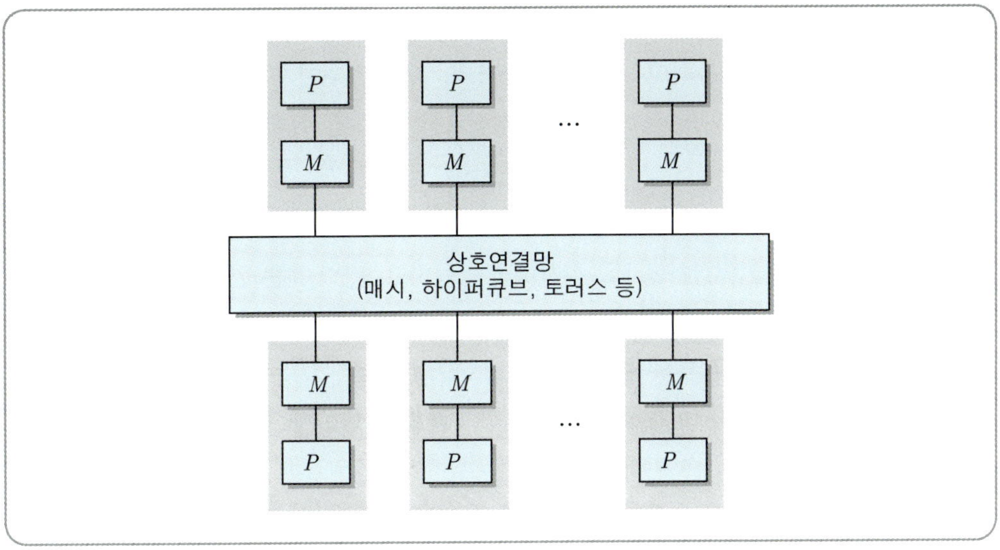

그림 8-4 NORMA 모델의 일반적인 구성도 (P : 프로세서, M : 기억장치)

8.3.3 시스템 구성 방법에 따른 분류

최근 컴퓨터시스템의 고성능화를 위하여 여러 가지 시스템 구성 방법들이 사용되고 있다. 그들은 시스템 규모, 용도, 사용자(프로그래밍) 환경, 비용, 프로세서 간 통신 방법, 그리고 OS의 수에 있어서 매우 다양하다. 고성능 컴퓨터시스템들은 프로세서와 기억장치 및 상호연결망의 접속 방법에 따라 일반적으로 아래와 같이 분류되고 있다.

- 대칭적 다중프로세서(Symmetric Multiprocessors : SMP)
- 대규모 병렬프로세서(Massively Parallel Processors : MPP)
- 캐시-일관성 NUMA(Cache-Coherent NUMA: CC-NUMA) 시스템
- 분산 시스템(Distributed system)
- 클러스터 컴퓨터(Cluster computer)

SMP는 대략 16~64개 정도의 프로세서들로 구성되는 중형급시스템으로서, 일반적으로 완전-공유 구조(shared-everything architecture)를 가진다. 즉, 프로세서들이 시스템 내의 모든 자원들(버스, 기억장치, I/O 장치 등)을 공유한다. 그리고 시스템 내에는 하나의 운영체제(OS)만 존재하며, 어느 프로세서든 공유 기억장치에 적재된 OS 코드를

수행할 수 있다. 대칭적(symmetric)이라는 명칭이 의미하듯이 모든 프로세서들은 동등한 권한으로 자원들을 공유하고, OS를 수행하며, 자신을 위한 작업 스케줄링도 직접 한다. 이 분류에 속하는 시스템들의 주요 특징들을 정리하면 아래와 같다.

- 능력이 비슷한 다수의 프로세서들로 구성된다.
- 프로세서들은 주기억장치와 I/O 장치들을 공유하고, 버스 혹은 간단한 연결 방식에 의해 상호연결된다.
- 모든 프로세서들은 동등한 권한을 가지며, 같은 수준의 기능들을 수행할 수 있다.
- 프로세서들 간의 통신은 공유-기억장치를 통하여 이루어진다.
- 작업(job ; 혹은 태스크) 스케줄링 및 파일/데이터 수준에서의 프로그램들 간 상호 작용은 하나의 OS에 의해 통합적으로 지원된다.
- 상호연결망의 병목 현상으로 인하여 시스템 규모(프로세서 수)에 한계가 있다.

그림 8-5는 하나의 시스템 버스에 모든 자원들이 접속된 공유-기억장치 다중프로세서 시스템(shared-memory multiprocessor system)의 개념적인 구성도를 보여주고 있다.

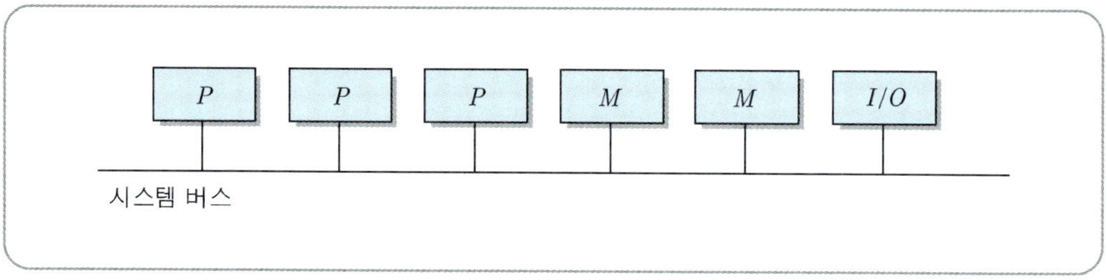

그림 8-5 공유-기억장치 다중프로세서시스템의 기본 구성도

MPP는 SMP와 반대되는 설계 개념으로서, 무공유 구조(shared-nothing architecture)를 기반으로 구성되는 대규모 병렬처리시스템이다. 이 시스템은 고속의 상호연결망을 통하여 서로 연결되는 수백 혹은 수천 개의 프로세싱 노드(processing node)들로 이루어진다. 각 노드는 일반적으로 간단한 구조의 프로세서와 기억장치로 구성되며, 때로는 여러 개의 프로세서들이 하나의 노드에 포함되기도 한다. 또한 노드들 중의 일부분은 디스크와 같은 주변장치들과의 인터페이스를 가지고 있다. 그리고 각 노드에는 내부 자원 관리와 통신 지원을 위한 독립적인 OS가 탑재되어 있다. 노드들 간의 통신은 메시지-전송 방식을 주로

사용하며, 통신 거리를 최대한 단축시키고 대역폭을 높이기 위하여 복잡도가 높은 상호연결망들을 사용한다. 이 분류에 속하는 시스템들의 일반적인 구성도는 그림 8-4의 NORMA 모델과 유사하다.

CC-NUMA에서는 노드로서 UMA 혹은 NUMA 시스템이 사용되며, 그러한 노드들이 상호연결망에 의해 접속된다. 그리고 캐시 일관성 프로토콜에 의해 모든 노드에 포함된 캐시들과 주기억장치들 간에 데이터 일관성(data consistency)이 유지된다. 이 모델의 시스템을 구성하기 위해서는 모든 노드들이 가지고 있는 기억장치들이 전체적으로 하나의 공통 주소 공간을 가지는 분산 공유-기억장치시스템(distributed shared-memory system)으로 구성되어야 한다.

그림 8-6은 독립적인 노드들이 상호연결망에 의해 접속된 전형적인 CC-NUMA 조직을 보여주고 있다. 이 경우에는 각 노드가 사실상 하나의 SMP에 해당한다. 즉, 각 노드는 주기억장치를 공유하는 여러 개의 프로세서들을 포함하고 있으며, 각 프로세서는 캐시를 가지고 있다. 시스템 전체적으로 보면 각 노드가 별도의 기억장치를 가지고 있지만, 프로세서의 관점에서 보면 시스템 내 모든 기억장치들이 직접 액세스할 수 있는 하나의 거대한 기억장치이다. 따라서 각 기억 장소는 시스템 전체적으로 유일한 주소를 가지고 있다.

프로세서가 어떤 데이터를 액세스 할 때, 만약 원하는 데이터가 그 프로세서의 캐시에 있지 않다면, 주기억장치 액세스 동작이 시작된다. 만약 그 데이터를 포함하는 블록이 그 노드 내의 기억장치에 있다면, 그 블록은 지역 버스(local bus)를 통하여 즉시 인출된다. 그러나 만약 그 블록이 다른 노드의 기억장치에 저장되어 있다면, 그 블록을 인출하기 위한 요구(request)가 자동적으로 상호연결망을 통해 해당 노드로 보내져서 인출 동작이 진행된다. 이러한 모든 동작들은 하드웨어에 의해 자동적으로 발생하며, 프로세서에게는 보이지 않는다. 이와 같은 시스템에서 데이터 일관성은 디렉토리(directory)[2)]를 이용하여 유지된다.

2) 디렉토리란 캐시에 적재된 주기억장치 블록들에 대한 상태 정보 및 포인터 등을 포함하는 데이터 구조를 말한다.

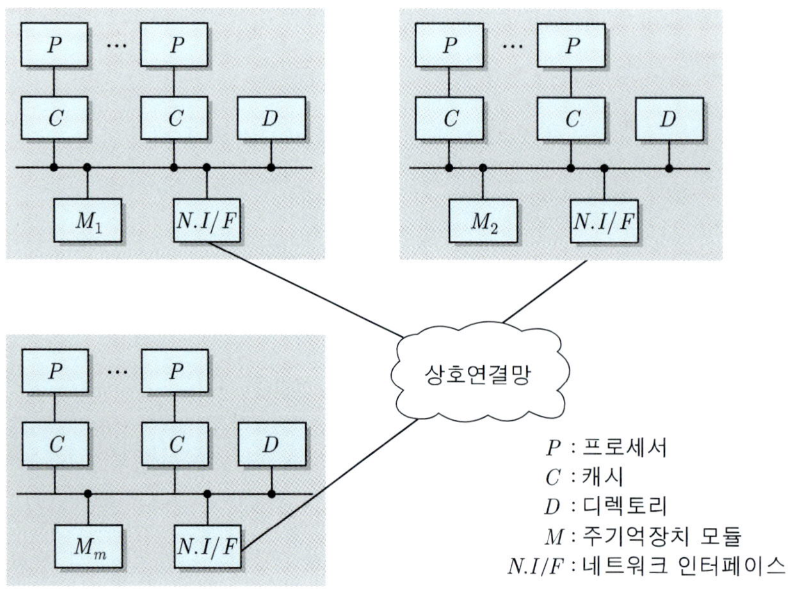

그림 8-6 CC-NUMA 시스템의 일반적인 구성도

CC-NUMA의 주요 장점은 소프트웨어를 거의 변경하지 않고도 SMP 수준의 병렬성을 이용할 수 있는 대규모 병렬컴퓨터시스템을 구성할 수 있다는 점이다. 그러나 만약 기억장치 액세스의 많은 부분이 원격 노드에 대한 것이라면, 성능은 떨어질 것이다. 그러한 성능 저하는 캐시를 사용함으로써 어느 정도 방지될 수 있다. 그리고 프로그램 코드와 데이터들의 지역성(locality)이 높다면, 원격 기억장치 액세스의 빈도는 낮아지게 된다.

분산 시스템은 독립적인 컴퓨터시스템들이 전통적인 네트워크에 의해 연결되어 있는 컴퓨팅 환경을 말한다. 이것은 노드 수만큼의 시스템 이미지들(system images)을 가진다. 즉, 각 노드는 별도의 OS를 가지고 독립적인 컴퓨터로서 기능을 수행하며, 다른 노드들과 정보를 교환하거나 병렬처리를 수행할 때만 네트워크를 통하여 서로 통신한다. 노드는 PC, 워크스테이션, SMP, MPP 혹은 그들의 조합으로 이루어진다.

클러스터 컴퓨터란 고속 LAN이나 네트워크 스위치에 의해 서로 연결된 PC 혹은 워크스테이션들의 집합체(a collection of PCs or workstations)를 말한다. 그리고 분산시스템과는 달리, 클러스터 컴퓨터에서는 모든 노드들에 포함된 자원들이 단일 시스템 이미지

(single system image : SSI)에 의해 사용될 수 있다. 즉, 어느 한 노드에 접속한 사용자는 클러스터를 모든 노드들에 포함된 프로세서들과 주기억장치 및 디스크들로 구성되는 하나의 큰 시스템으로 간주하고 사용할 수 있다. 또한, 클러스터 내의 어느 한 컴퓨터에 결함이 발생하더라도 다른 컴퓨터가 신속히 대체될 수 있기 때문에 가용성(availability)이 높다. 이 새로운 시스템 개념을 이용하면, 저렴한 가격으로 높은 성능 및 신뢰도를 가진 병렬처리 시스템을 구축할 수 있기 때문에, 최근 슈퍼컴퓨터 및 고성능 서버의 개발에 널리 사용되고 있다. 클러스터에 대해서는 8.5절에서 좀 더 자세하게 설명하기로 한다.

8.4 다중프로세서시스템 구조

이 절에서는 Flynn의 분류 중에서 고성능 컴퓨터시스템 구성을 위하여 가장 널리 채택되고 있는 MIMD 조직의 다중프로세서 구조에 대하여 좀 더 자세히 설명하고자 한다. 이 구조를 가진 시스템들은 비동기적으로 동작하는 여러 개의 프로세서들과 독립적인 액세스가 가능한 여러 개의 기억장치 모듈들로 구성되는데, 프로세서들이 기억장치 모듈을 사용하는 (소유하는) 방식에 따라 크게 다음과 같이 분류할 수 있다.

- 공유-기억장치 시스템(shared-memory system)
- 분산-기억장치 시스템(distributed-memory system)

8.4.1 공유-기억장치 시스템 구조

이 시스템 구조는 밀결합 형태로서, 주기억장치가 어느 한 프로세서에 속하지 않고 모든 프로세서들에 의해 공유된다. 각 프로세서는 특수 프로그램(하드웨어 초기화와 진단 프로그램)을 저장하고 있는 적은 용량의 지역 기억장치(local memory)를 별도로 가질 수는 있으나, 운영체제와 사용자 프로그램 및 데이터들은 모두 공유 기억장치에 저장된다. 이 구조의 주요 장점들은 다음과 같다.

- 프로세서들이 공통으로 사용하는 데이터들이 공유 기억장치에 저장되므로, 별도의 프로세서 간 통신 메커니즘이 필요하지 않다.

- 프로그램 실행시간 동안에 각 프로세서들이 처리할 작업들을 동적으로 균등하게 할당할 수 있기 때문에, 프로세서 이용률을 극대화할 수 있어서 시스템 효율이 높아진다.

그러나 이 구조는 다음과 같은 단점들도 가지고 있다.

- 프로세서들과 기억장치들 간의 통로(버스 또는 상호연결망) 상에 통신량이 많아지기 때문에 경합으로 인한 지연 시간이 길어질 수 있다.
- 두 개 이상의 프로세서들이 공유자원(기억장치 모듈 또는 I/O 장치)을 동시에 사용하려는 경우에는 한 개 이외의 프로세서들은 기다려야 한다.

결과적으로, 이 구조를 가진 시스템에서는 프로세서 수가 증가하더라도 성능 향상이 선형적으로 이루어지지 못하게 된다. 이러한 단점을 보완하기 위하여 여러 가지 방법들이 사용되고 있는데, 대표적인 것으로는 고속 상호연결망과 캐시의 사용을 들 수 있다. 이 절에서는 공유-기억장치 다중프로세서시스템에서 가장 널리 사용되고 있는 다음과 같은 상호연결 구조들에 대하여 소개하기로 한다.

- 버스(bus)
- 크로스바 스위치(crossbar switch)
- 다단계 상호연결망(Multistage Interconnection Network : MIN)

버스 구조는 가장 간단한 연결 방식으로서, 앞의 그림 8-5에서와 같이 모든 시스템 요소들(프로세서, 기억장치 및 I/O 장치)이 하나의 시스템 버스에 접속된다. 이 구조는 하드웨어가 매우 간단하다는 장점이 있으나, 모든 요소들 간의 통신이 하나의 버스를 통하여 이루어지기 때문에 버스 경합이 높아져서 지연 시간이 길어지는 것이 가장 큰 단점이다. 이에 따른 성능 저하를 보완하기 위하여 버스의 전송 속도를 높이거나, 그림 8-7과 같이 각 프로세서가 캐시를 가지도록 하는 방법이 사용되고 있다. 현재 공유-버스 구조는 프로세서의 수가 20개 정도인 중형급 컴퓨터시스템에서 주로 채택되고 있다.

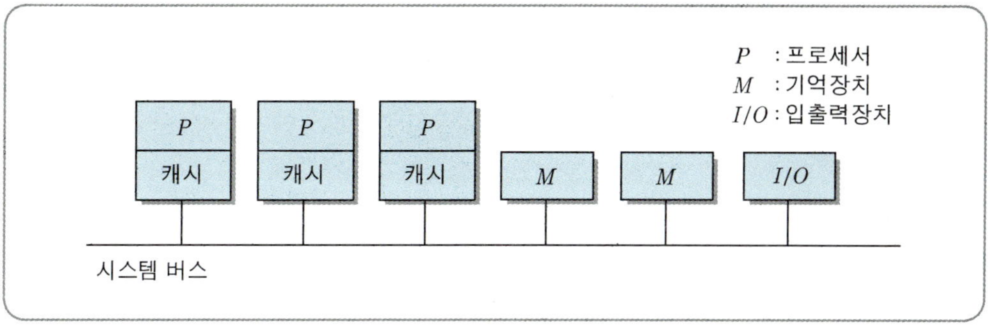

그림 8-7 공유-버스 다중프로세서 시스템의 구조

버스 경합을 줄이기 위하여 버스의 수를 증가시킨 다중-버스(multiple-bus) 구조도 사용될 수 있다. 그림 8-8은 그러한 구조의 한 예로서, 각 프로세서가 자신의 지역 기억장치 및 I/O 프로세서와 연결되는 지역 버스(local bus)를 가지고 있고, 공유 기억장치를 사용할 때만 시스템 버스를 사용하는 계층적-버스 구조(hierarchical-bus structure)를 보여주고 있다. 이러한 시스템에서는 각 프로세서가 실행할 프로그램 코드와 그에 필요한 데이터는 지역 기억장치에 저장하고, 모든 프로세서들이 공통으로 사용하는 프로그램과 데이터만 공유 기억장치에 저장하게 된다.

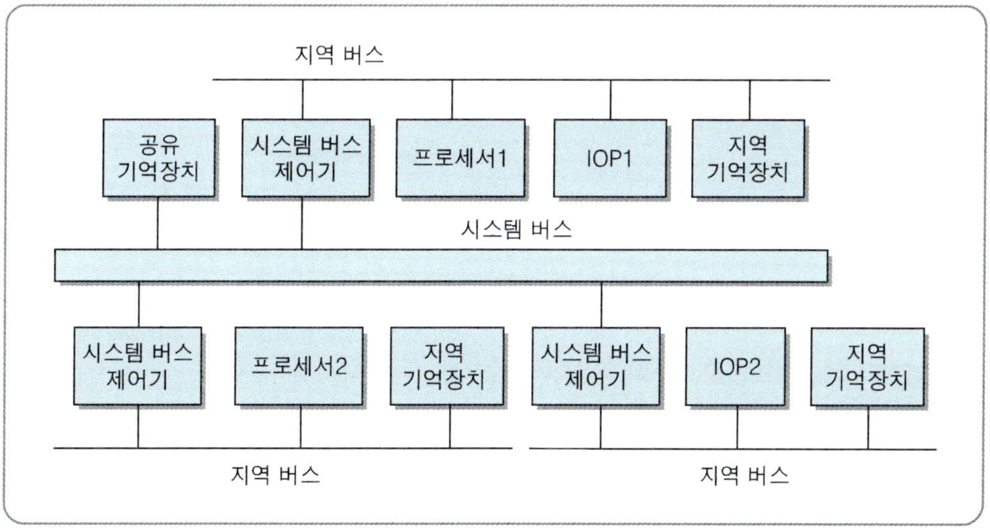

그림 8-8 계층적-버스 구조를 가진 다중프로세서 시스템의 구조

프로세서의 수가 많은 시스템에서는 버스 병목 현상을 줄이기 위하여 높은 연결성

(connectivity)을 제공하는 상호연결망 구조가 사용된다. 한 예로서 크로스바 스위치의 구조는 그림 8-9와 같다 [WIL83]. 이 시스템 구조에서 각 프로세서가 서로 다른 기억장치 모듈을 액세스하는 경우에는 최대 N개의 기억장치 액세스들이 동시에 수행될 수 있다. 그러나 만약 두 개 혹은 그 이상의 프로세서들이 동일한 기억장치 모듈을 동시에 액세스하고자 할 때는 충돌이 발생하게 되며, 이런 경우에는 중재를 받아서 순서대로 액세스해야 한다.

이 구조는 프로세서들과 기억장치들 사이에 완전 연결성(full connectivity)을 제공해 주지만, 비용이 많이 들고 하드웨어가 복잡해지는 단점이 있다. 즉, 프로세서의 수가 N개이면, N^2개의 크로스바 스위치들이 필요하고 연결선들도 그만큼 많이 필요하게 된다.

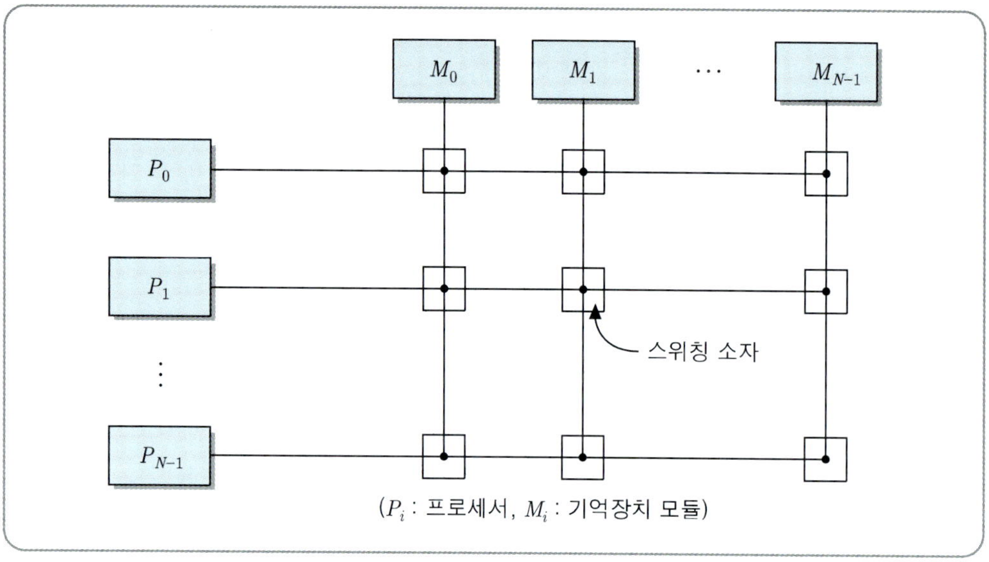

그림 8-9 크로스바 스위치를 이용한 시스템 구조

크로스바 스위치의 기본 개념을 이용하면서도 하드웨어 복잡성을 줄여주는 다단계 상호연결망도 여러 가지 유형들이 제안되어 있다. 여기서는 한 예로서, 오메가 네트워크(omega network)를 분석해 보기로 하자. 그림 8-10은 8개의 근원지 노드(예 : 프로세서)들과 8개의 목적지 노드(예 : 기억장치 모듈)들이 오메가 네트워크에 의해 연결되어 있는 구조를 보여주고 있다.

MIN 구조에서 입력단과 출력단이 각각 N개인 경우에 필요한 단계(stage)의 수(s)와 각 단계의 스위칭 소자(switching element)들의 수(m)를 구하는 일반식은 다음과 같다.

$$s = \log_2 N \quad (8\text{-}1)$$

$$m = N/2 \quad (8\text{-}2)$$

따라서 그림 8-10과 같은 8×8 시스템은 세 개의 단계들로 구성되며, 각 단계는 네 개씩의 스위칭 소자들로 이루어진다.

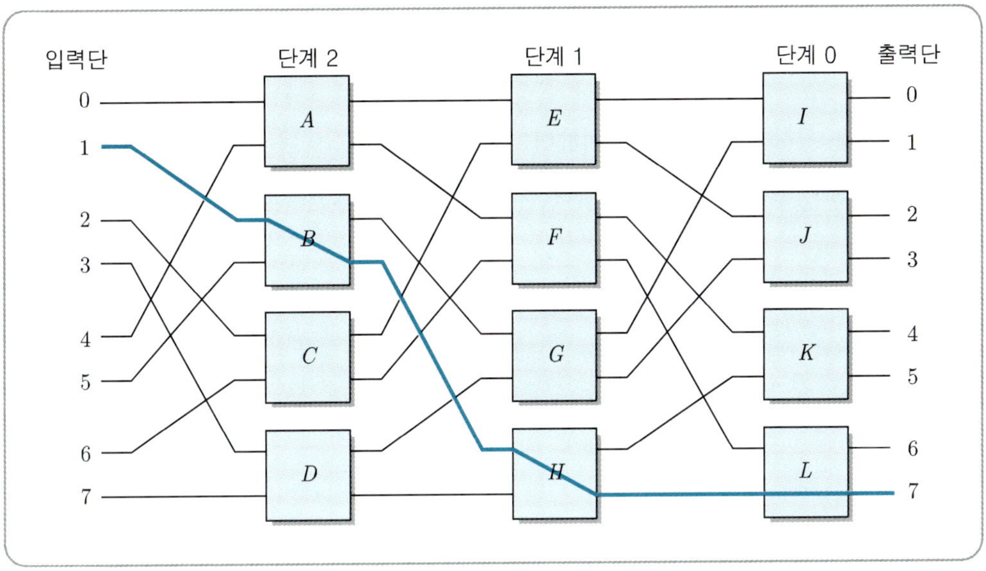

그림 8-10 오메가 네트워크의 구조

각 스위칭 소자는 두 개의 입력단과 두 개의 출력단을 가지는 논리 회로로 구성되며, 각 입력과 출력을 연결해주는 연결 모드(connection mode)에는 다음과 같은 네 가지가 있다.

- 직진(straight) : 같은 위치의 입출력 단자들이 서로 접속되는 모드
- 교차(swap) : 서로 다른 위치의 입출력 단자들이 접속되는 모드
- 하위 방송(lower broadcast) : 하단의 입력 단자가 모든 출력 단자들로 접속되는 모드
- 상위 방송(upper broadcast) : 상단의 입력 단자가 모든 출력 단자들로 접속되는 모드

그림 8-10에는 1번 노드와 7번 노드가 스위칭 소자들의 직진 혹은 교차 접속을 통하여 서로 연결된 예를 보여주고 있다. 이와 같은 연결이 서로 충돌되지 않는다면, 최대 8개

의 근원지-목적지 노드들 간의 동시 연결도 가능해진다.

8.4.2 분산-기억장치 시스템 구조

소결합 형태의 분산-기억장치 시스템에서는 프로세서들이 기억장치를 공유하지 않고, 각 프로세서가 자신의 기억장치를 별도로 가지고 있다. 이와 같은 시스템에서는 각 프로세서가 실행할 프로그램이 컴파일 단계에서부터 별도로 작성되어 각 프로세서의 기억장치로 적재되며, 프로세서들에 의해 공유되는 데이터들만 서로 교환된다. 따라서 프로세서간 통신량은 공유-기억장치 시스템에 비하여 크게 줄어든다. 그러나 프로세서간 통신은 일반적으로 메시지-패싱 방식으로 이루어지기 때문에 통신 시간이 증가한다. 통신 채널은 캐비닛 내의 백 프레인(backplane)을 통하여 구성되기도 하고, 이더넷(Ethernet)과 같은 통신 네트워크를 이용하여 독립적인 컴퓨터시스템들을 접속한 분산 시스템(distributed system)으로 구성하는 경우도 있다. 이 절에서는 이러한 시스템들에서 사용되는 상호연결망 구조들을 소개하고, 그 특성과 성능에 대하여 살펴보기로 한다.

1) 선형 배열 구조

이 연결 구조는 그림 8-11과 같이, N개의 노드들이 $(N-1)$개의 링크들에 의하여 차례대로 연결되며, 선형 배열(linear array)라고 부른다. 이 구조의 네트워크 지름은 $(N-1)$로서 다른 구조들에 비하여 평균 통신 시간이 매우 길다. 여기서 네트워크 지름(network diameter)이란 네트워크 내에서 가장 멀리 떨어져 있는 노드들 간의 거리(즉, 링크의 수)를 말한다. 이 구조에서 가장 멀리 떨어진 노드들은 배열의 양쪽 끝에 위치한 것들이며, 그들 간의 통신은 $(N-1)$개의 링크들을 통해야 이루어질 수 있다.

선형 배열 구조는 연결 토폴로지가 간단하다. 또한, 이 구조에서는 각 링크에서 동시에 전송 동작이 일어날 수 있으므로, 버스 구조보다 동시성이 더 높다는 장점이 있다. 그러나 통신에 소요되는 시간이 노드들 간의 거리에 따라 서로 다르며, 노드의 수가 많아지면(N이 커지면) 통신 시간이 그에 비례하여 길어진다는 단점을 가지고 있다.

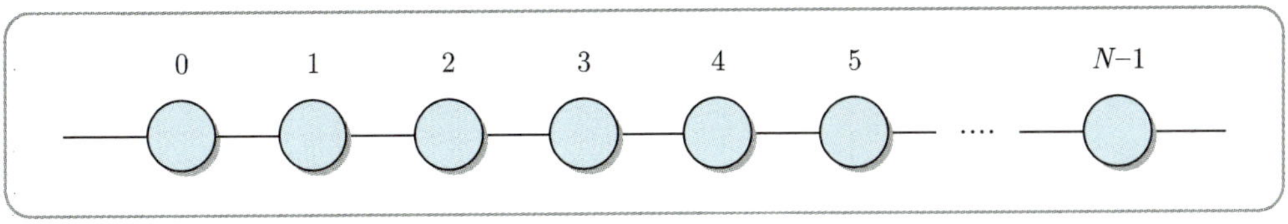

그림 8-11 선형 배열 구조

2) 링 구조

앞에서 설명한 그림 8-11의 선형 배열 구조에서 0번 노드와 $(N-1)$번 노드를 서로 연결해주는 링크를 하나 추가하면, 그림 8-12(a)와 같은 링(ring) 구조가 된다.

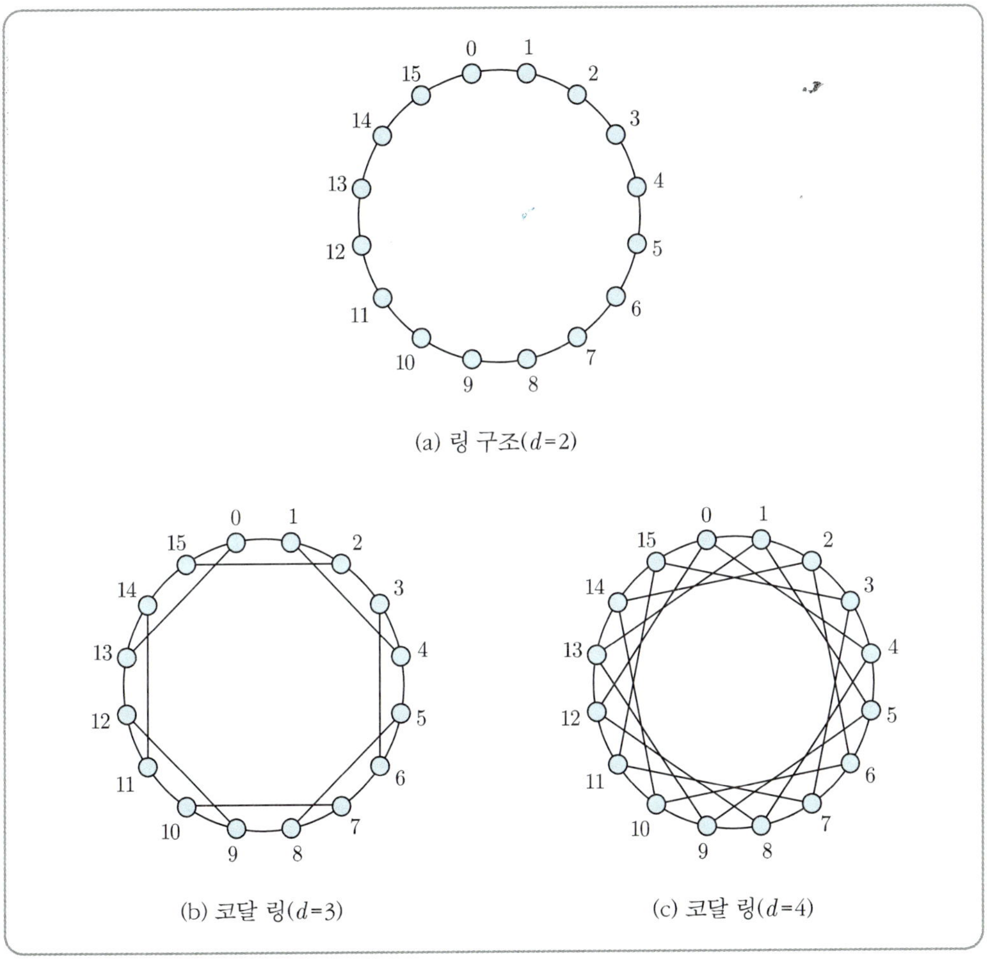

그림 8-12 링 구조와 코달 링 구조

이 구조의 네트워크 지름은 각 링크가 양방향성(bi-directional)이라면 $\lfloor N/2 \rfloor$ 이 되고, 단방향성(uni-directional)이라면 $(N-1)$이 된다.

링 구조에서 링크의 수를 추가시킴으로써 각각 그림 8-12(b) 및 (c)와 같은 새로운 구조를 구성할 수 있다. 이러한 변형된 구조를 코달 링(chordal ring) 구조라고 부르며, 링크의 수가 증가될수록 네트워크 지름은 감소된다. 그림 8-12에서 d(degree)는 각 노드가 가지는 링크의 수를 의미한다.

3) 트리 구조

그림 8-13은 31개의 노드들이 다섯 층의 2진 트리(binary tree) 구조로 연결된 모습을 보여주고 있다. 이러한 트리 구조가 완전히 안정된 모습을 가지기 위해서는 층(level)의 수를 k라고 할 때 $N=(2^k-1)$개의 노드들이 필요하다. 이 구조의 네트워크 지름은 $2(k-1)$이다. 이 구조는 시스템 요소들의 수가 증가함에 따라 성능이 선형적으로 향상되는 구조로 알려져 있으나, 네트워크 지름은 비교적 큰 편이다.

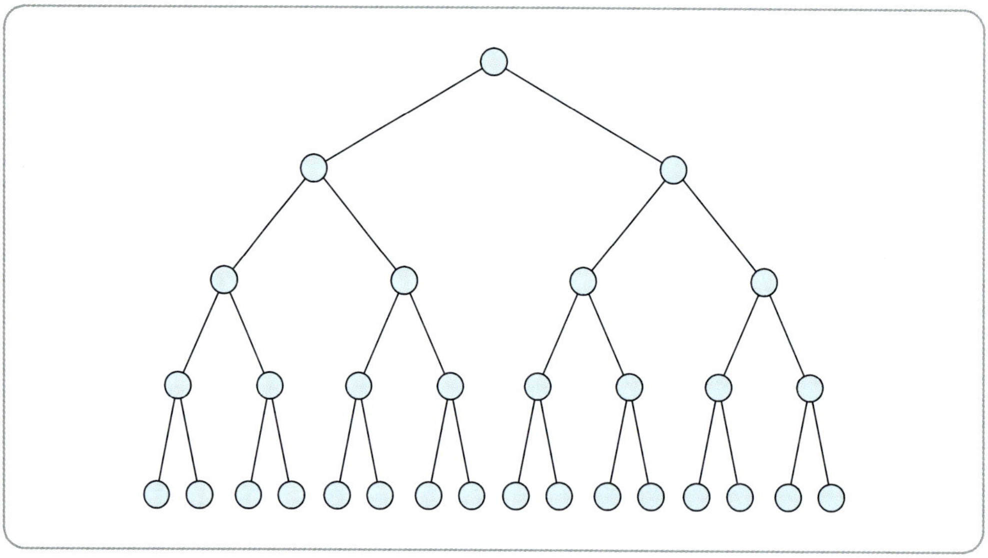

그림 8-13 2진 트리 구조

이와 같은 2진 트리 구조는 그림 8-14과 같은 팻 트리(fat tree) 구조로 변형될 수 있다 [LEI85]. 이 변형된 구조는 상위 층으로 올라갈수록 노드간의 통신 채널 수가 증가하는 특징을 가지고 있다. 따라서 이 구조는 트리 구조에서 상위 층으로 올라갈수록 통신량이 많아져서 채널이 병목이 되는 문제점을 해결할 수 있으며, Thinking Machine사가 개발한 슈퍼컴퓨터인 CM-5시스템에서 실제 사용되었다.

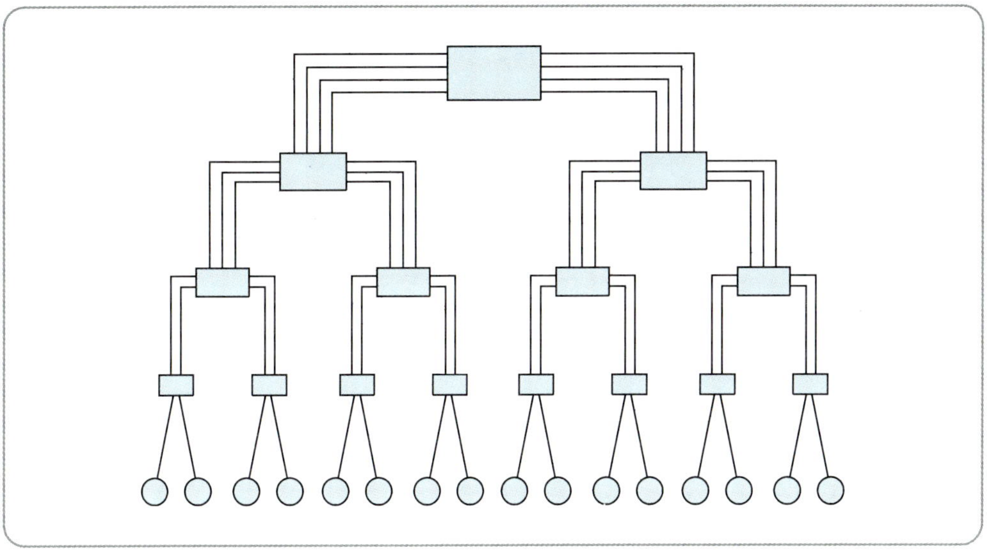

그림 8-14 팻 트리 구조

4) 매시 구조

노드들을 2차원 배열로 연결하여 각 노드가 네 개의 주변 노드들과 직접 연결되는 구조를 매시 네트워크(mesh network)라고 부른다. 그림 8-15는 4×4 매시 네트워크의 기본 구조를 보여주고 있다. 이 구조는 Illiac IV, MPP, DAP, CM-2 및 Intel Paragon과 같은 병렬컴퓨터들에서 실제로 사용되었는데, 이 시스템들에서는 연결성을 높이기 위하여 기본 구조에 약간씩의 링크들을 추가하였다.

매시 네트워크의 변형된 구조로서 그림 8-16과 같은 토러스 네트워크(torus network)가 있다. 토러스 구조는 앞에서 설명한 매시 구조와 링 구조가 결합된 것이다. 즉, 행과 열의 노드들은 기본적으로 매시 구조로 연결되며, 같은 행과 열의 노드들은 별도의 링으로 한 번 더 접속된다. 이 구조는 시스템 확장이 용이하다는 특징을 가지고 있다. 네트워크 지름은 $k \times k$ 토러스의 경우에 $2\lfloor k/2 \rfloor$ 로서, 다른 구조에 비하여 짧은 편이다.

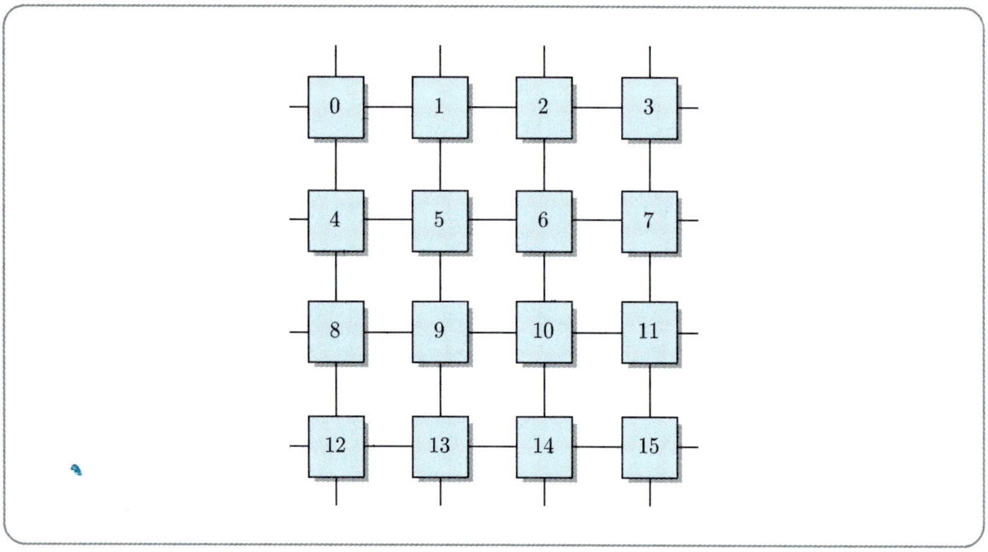

그림 8-15 매시 네트워크의 기본 구조

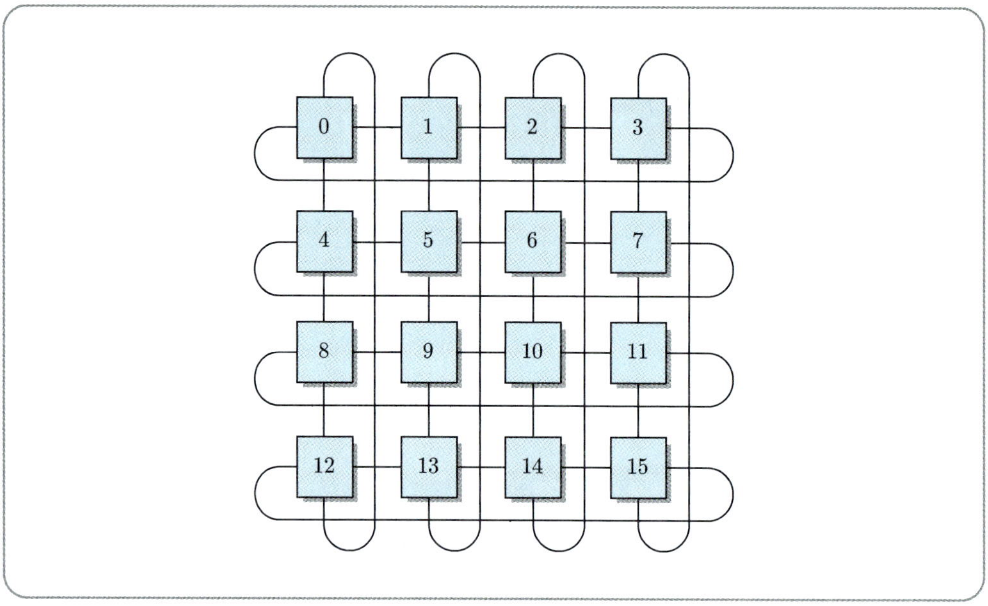

그림 8-16 토러스 네트워크의 구조

매시 및 토러스는 3차원 혹은 그 이상의 입체형 네트워크로 확장될 수도 있다 [DAL90]. 그 경우에 전체 노드 수는 k^n으로 표현할 수 있다. 여기서 k는 각 방향에 접속되는 노드의 수를 가리키며, n은 차원(dimension)의 수이다. 그림 8-16의 구조는 $k =$

4, $n=2$인 경우에 해당하므로, 전체 노드 수는 $N=4^2=16$개이다. 그리고 만약 3차원 토러스로 구성한다면, $N=4^3=64$개가 된다. 3차원 토러스는 Cray T3E 슈퍼컴퓨터에서 사용되었다.

5) 하이퍼큐브 구조

하이퍼큐브(hypercube)는 $k=2$인 n-차원 네트워크를 말한다. 이 네트워크는 2×2 노드 구조들을 3차원 혹은 그 이상으로 접속하여 구성할 수 있다. 하이퍼큐브에서는 노드들이 아래의 식 (8-3)과 같은 상호연결 함수(interconnection function)에 의해 서로 연결된다 [HAY86][SEI85].

$$C_i(b_{m-1}\ b_{m-2}\ \dots\ b_i\ \dots\ b_1\ b_0) = b_{m-1}\ b_{m-2}\ \dots\ \overline{b_i}\ \dots\ b_1\ b_0 \qquad (8\text{-}3)$$

단, $m=\log_2 N$, $N=$ 전체 노드 수

여기서, b는 노드 번호에 대한 2진수 표현의 각 비트를 나타낸다. 그리고 i는 시스템의 차원을 가리킨다. 예를 들어, $n=3$인 3차원 하이퍼큐브의 경우에는 전체 노드 수가 8개이므로, 노드 번호는 3비트로 구성된다. 따라서 식 (8-3)의 함수에서 $i=0$, 1, 2에 대한 상호연결 함수들을 각각 구하고, 그에 따라 노드들을 접속하여 구성하면 된다. 결과적으로, 1차원, 2차원 및 3차원 방향으로 서로 접속될 노드들의 번호를 가리키는 상호연결 함수들은 아래와 같아진다.

$$C_0(b_2b_1b_0) = b_2b_1\overline{b_0}$$
$$C_1(b_2b_1b_0) = b_2\overline{b_1}b_0$$
$$C_2(b_2b_1b_0) = \overline{b_2}b_1b_0$$

C_0 함수는 1차원(x) 방향으로 노드 번호의 최하위 비트(b_0)의 값이 서로 보수인 노드들 간에 접속하면 된다는 것을 가리키고 있다. 그에 따라 x 방향으로 서로 접속되는 노드들의 번호를 나열하면, 000 ↔ 001, 010 ↔ 011 및 110 ↔ 111이 된다. 그리고 2차원(y) 방향으로는 두 번째 비트(b_1), 3차원(z) 방향으로는 최상위 비트(b_2)가 서로 다른 노드들 간을 접속하면 된다. 결과적으로, 3차원 하이퍼큐브는 그림 8-17과 같이 구성될 수 있다.

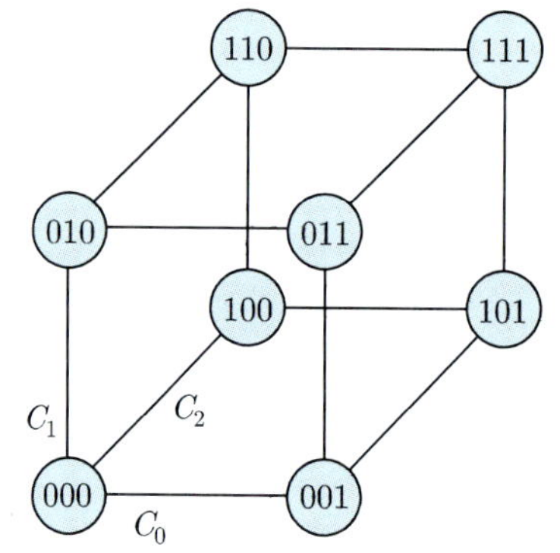

그림 8-17 3차원 하이퍼큐브의 구성도

4차원 하이퍼큐브는 두 개의 3차원 구조를 이용하여 구성할 수 있다. 이 경우에는 전체 노드의 수가 2^4=16개이므로, 노드 번호는 4비트로 이루어진다. 따라서 식 (8-3)의 함수로부터 $C_3(b_3b_2b_1b_0) = \overline{b_3}b_2b_1b_0$를 구할 수 있으며, 노드 번호의 최상위 비트인 b_3의 값이 서로 다른 노드들을 서로 접속하면 된다는 것을 알 수 있다. 결과적으로, 그림 8-18에서와 같이 두 개의 3차원 구조에서 같은 위치에 있는 노드들을 네 번째 링크를 이용하여 서로 접속하면 4차원 하이퍼큐브가 구성된다.

이와 같이 구성된 하이퍼큐브에서는 노드들이 서로 간에 통신을 위하여 매시지-전송 방식을 이용한다. 즉, 전송할 노드가 데이터와 목적지 노드를 포함하는 패킷(packet)을 생성하여 수신할 노드로 보낸다. 그런데 패킷 전송을 위해서는 패킷이 두 노드 간의 경로를 스스로 찾아갈 수 있게 해주는 자동 경로설정(self-routing) 방법이 필요하다. 그 방법들 중의 한 예로서, E-큐브 라우팅(E-cube routing)이라고 불리는 경로설정 방식은 아래와 같다 [PAD90].

① 두 노드의 번호를 나타내는 2진수 비트들 간에 exclusive-OR 연산을 수행하여 방향 단어(direction word)를 구한다.

② 방향 단어의 LSB부터 검사하여, 비트값이 1이면 x 방향으로 이동(move)하고, 0이면 이동하지 않는다.

③ MSB까지의 모든 비트들에 대하여 ②번을 차례대로 반복하면서, 각 방향에 대하여 이동할 지를 결정한다.

예를 들어, 6번 노드가 13번 노드로 패킷을 보내려한다면, 그 두 노드 번호들 간의 exclusive-OR 연산 결과로 얻게 되는 방향 단어($d_3d_2d_1d_0$)=0110⊕1101=1011이 된다. 따라서 방향 단어의 비트들에 따라 아래와 같은 경로 이동이 수행되며, 그에 따른 패킷 이동 경로는 그림 8-18에서 청색 화살표로 표시되어 있다.

$d_0 = 1$ ⇒ x 방향으로 이동

$d_1 = 1$ ⇒ y 방향으로 이동

$d_2 = 0$ ⇒ z 방향으로의 이동은 없음

$d_3 = 1$ ⇒ 4차원 방향으로 이동

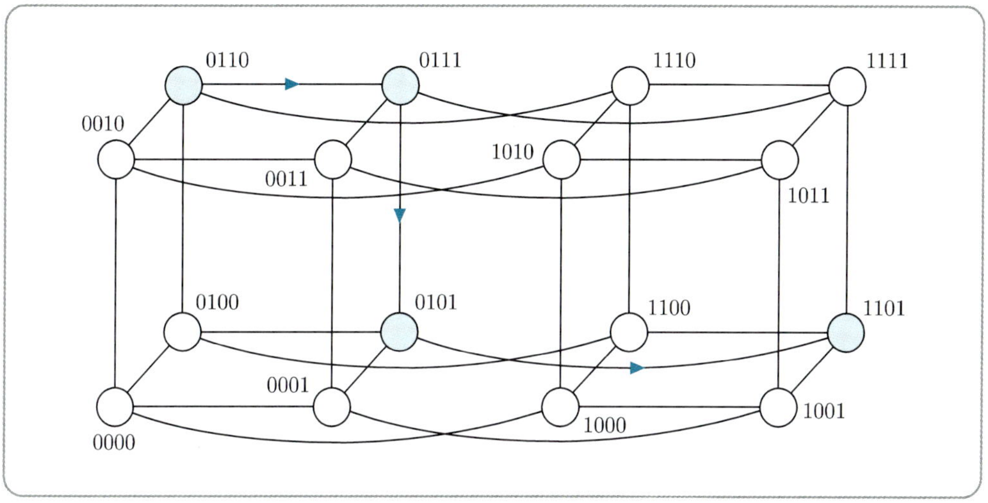

그림 8-18 4차원 하이퍼큐브의 구성도 및 E-큐브 라우팅을 이용한 패킷 전송 경로

하이퍼큐브에서는 각 노드에 링크를 한 개씩만 추가하면, 전체 노드의 수를 두 배씩 증가시킬 수 있다. 즉, 그림 8-18과 같은 구조 전체를 그 아래에 하나 더 위치시키고 같은 위치의 노드들을 서로 연결한다면, 노드의 수가 32개인 5차원 하이퍼큐브가 구성된다. 또한 그보다 더 큰 시스템도 같은 방법을 이용하여 쉽게 구성할 수 있다. 즉, 차원을 하나씩 증가시킬 때마다 각 노드에 링크를 한 개씩만 추가하면 되며, 그때마다 노드의 수는 두 배가 된다. 이와 같이 하이퍼큐브 구조는 약간의 하드웨어 추가를 통하여 시스템을 쉽게 확장시킬 수 있다는 장점을 가지고 있다. 이 구조는 Intel iPSC 및 NCUBE/10과 같은 미니슈퍼급 컴퓨터시스템에서 사용되었다.

8.5 클러스터 컴퓨터

1990년대 초반 이후에 컴퓨터시스템 분야에서는 높은 가격의 고성능 서버나 슈퍼컴퓨터를 사용하는 대신에, 네트워크에 접속된 다수의 컴퓨터들(PC, 워크스테이션, 혹은 다중프로세서시스템)을 통합하여 하나의 거대한 병렬 컴퓨팅 환경을 구축하기 위한 연구들이 활발히 진행되어 왔다. 그러한 시스템 설계 개념이 출현하게 된 동기는 아래와 같다 [BUY99].

- 대부분 컴퓨터들에서 프로세서들이 연산을 수행하지 않는 유휴 사이클(idle cycle)들이 상당히 많다.
- 고속의 네트워크가 개발됨으로써 컴퓨터들 간의 통신 시간이 현저히 줄어들게 되었다.
- 컴퓨터의 주요 부품들(프로세서, 기억장치, 등)의 고속화 및 고집적화로 인하여 PC 및 워크스테이션들의 성능이 크게 높아졌다.
- 슈퍼컴퓨터 및 고성능 서버의 가격이 여전히 매우 높다.

개인이나 조직이 보유하고 있는 컴퓨터들은 실제 작업을 수행하는 시간보다도 아무런 일을 하지 않고 낭비되고 있는 시간이 훨씬 더 많은 것으로 알려져 있다. 즉, 프로세서 이용률(processor utilization)이 상당히 낮다. 따라서 그러한 컴퓨터들을 네트워크로 통합하여 병렬처리시스템의 노드들로 사용함으로써, 유휴 사이클을 유용하게 사용하자는 것이 클러스터 컴퓨터(cluster computer)의 개발 동기였다.

최근 어느 조직이든 많은 컴퓨터들을 보유하고 있기 때문에, 그들을 네트워크로 통합하여 클러스터 컴퓨터로도 사용할 수 있다면 고가의 서버를 별도로 구입할 필요가 없을 것이다. 그와 같은 컴퓨팅 환경에서는 각 컴퓨터가 독립적으로 작업을 처리하다가, 병렬처리를 필요로 하는 대규모 응용이 처리될 때는 클러스터 컴퓨터의 한 노드로서 동작을 수행하게 된다. 과거에는 네트워크의 속도가 느렸기 때문에, 그러한 시도는 노드간의 높은 통신 오버헤드로 인하여 효과를 기대하기 어려웠다. 그러나 최근 네트워크 속도가 고속화되고 간략화 된 프로토콜들이 출현함에 따라, 그러한 문제점들이 상당 부분 해결되었다. 또한 효율적인 미들웨어(middleware)들과 병렬 프로그래밍 도구들이 개발됨에 따라, 편리한 사용자 인터페이스 및 프로그래밍 환경이 제공되고 있다. 최근 VLSI 설계 및 반도체 제조 기술의 향상으로 프로세서와 기억장치 등과 같은 컴퓨터 주요 부품들의 성능도 급속히 높아짐에 따라, 다수의 고성능 컴퓨터들을 통합하여 구성한 클러스터 컴퓨터의 성능은 슈퍼컴퓨터들 중에서도 상위권에 위치하기에 이르렀다 [TOP08].

8.5.1 클러스터 컴퓨터의 기본 구조

클러스터 컴퓨터란 독립적인 컴퓨터들이 네트워크를 통하여 상호 연결되어 하나의 통합된 컴퓨팅 자원으로서 동작하는 병렬처리 혹은 분산처리 시스템의 한 형태라고 볼 수 있다. 클러스터 컴퓨터의 각 노드는 기억장치, I/O 장치 및 OS를 가진 단일프로세서시스템 혹은 다중프로세서시스템으로 구성될 수 있다. 그리고 클러스터를 구성하는 컴퓨터들을 하나의 캐비닛(cabinet)에 모두 넣을 수도 있고, 분리된 상태에서 LAN으로 접속할 수도 있다. 이와 같이 클러스터 컴퓨터는 다수의 독립적인 컴퓨터들을 상호 연결하여 구성되지만, 사용자에게는 하나의 시스템으로 보이도록 해야 한다는 것이 클러스터 설계의 핵심 개념이다. 클러스터 컴퓨터의 전형적인 기본 구조를 하드웨어 및 소프트웨어 계층으로 표현하면 그림 8-19와 같다 [AND95].

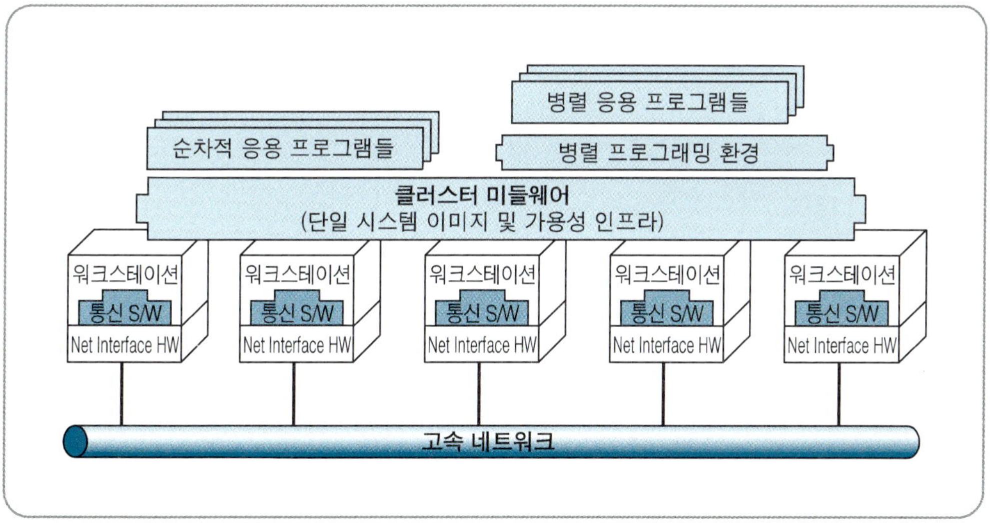

그림 8-19 클러스터 컴퓨터의 기본 구조

그림 8-19에서 보는 바와 같이, 클러스터 컴퓨터는 다음과 같은 요소들로 구성된다.

- 노드 컴퓨터들(PC, 워크스테이션, 혹은 SMP)
- 운영체제(OS)
- 고속 네트워크
- 네트워크 인터페이스 하드웨어
- 통신 소프트웨어
- 클러스터 미들웨어(단일 시스템 이미지 및 시스템 가용성 지원)
- 병렬 프로그래밍 환경 및 도구들(병렬 컴파일러, PVM, MPI 등)
- 직렬, 병렬 혹은 분산 응용들

클러스터 노드들은 통합된 컴퓨팅 자원으로서 동작할 수도 있고, 각각 독립적인 컴퓨터로서 사용될 수도 있다. 네트워크 인터페이스 하드웨어는 네트워크를 경유하여 클러스터 노드들 간에 데이터 패킷을 송수신하는 기능을 수행한다. 통신 소프트웨어는 클러스터 노드들 간이나 외부와의 빠르고 신뢰도 높은 통신 메커니즘을 제공해준다.

클러스터 미들웨어는 단일 시스템 이미지(single system image : 통합 시스템 이미지(unified system image))를 제공해주며, 시스템 가용성(system availability)을 지원하기 위한 시스템 소프트웨어이다. 그리고 병렬 프로그래밍 환경은 이식성이 높고 효율적인 응용 프로그램 개발을 위하여 메시지-패싱 라이브러리(message-passing libraries), 디버거(debugger), 프로파일러(profiler) 등과 같은 도구들을 제공해준다. 이렇게 구성된 클러스터 소프트웨어 환경에서는 직렬 응용 및 병렬 응용 프로그램들이 모두 처리될 수 있다.

8.5.2 클러스터 컴퓨터의 분류

클러스터 컴퓨터는 여러 형태로 구성될 수 있는데, 먼저 노드의 하드웨어 구성에 따라 분류하면 아래와 같다 [BAK99][BUY99].

- PC 클러스터(cluster of PCs : COPs)
- 워크스테이션 클러스터(cluster of workstations : COWs)
- 다중프로세서 클러스터(cluster of multiprocessors : CLUMPs)

즉, 클러스터 노드가 PC, 워크스테이션, 혹은 대칭적 다중프로세서시스템인지에 따라 다양한 형태 및 규모의 클러스터 컴퓨터가 구성될 수 있다. 특히, 세 번째의 CLUMPs는 가장 큰 규모의 클러스터를 구성하는 방법이다.

위의 각 클러스터는 노드의 내부 하드웨어 및 OS가 동일한 지 혹은 서로 다른 지에 따라 아래와 같이 분류된다.

- 동일형 클러스터(homogeneous cluster) : 모든 노드들이 유사한 하드웨어 구조를 가지며, 동일한 OS를 탑재하고 있다.
- 혼합형 클러스터(heterogeneous cluster) : 노드들이 서로 다른 구조와 하드웨어 부품들(프로세서 포함)로 구성되며, 서로 다른 OS를 탑재하고 있다.

혼합형 클러스터는 미들웨어 및 통신 인터페이스의 구현이 동일형 클러스터에 비하여 훨씬 더 복잡해진다. 동일형 클러스터는 탑재되는 OS에 따라 아래와 같이 불려진다.

- Linux 클러스터
- Solaris 클러스터
- NT 클러스터
- AIX 클러스터
- Digital VMS 클러스터
- HP-UX 클러스터
- Microsoft Wolfpack 클러스터

클러스터 노드들을 서로 연결해주는 상호연결망으로는 인터넷과 같은 공공 네트워크(public network)가 사용될 수도 있고, Myrinet과 같은 특수 네트워크를 이용한 사설 네트워크(private network)가 사용될 수도 있다. 전자의 경우에는 클러스터가 외부에 노출되어 외부 사용자들도 접속하거나 이용할 수 있기 때문에 개방형 클러스터(exposed cluster)라고 부르며, 후자의 경우에는 외부와 차단되어 있기 때문에 폐쇄형 클러스터(enclosed cluster)라고 부른다 [PFI98].

개방형 클러스터는 그림 8-20과 같이 구성되며, 다음과 같은 특징들을 가지고 있다.

- 클러스터 노드들은 반드시 메시지를 이용하여 통신해야 하는데, 그 이유는 공공의 표준 통신망들은 대부분 메시지-기반 통신을 사용하기 때문이다.
- 다양한 통신 환경들을 지원해야 하는 표준 프로토콜을 사용해야 하기 때문에, 통신 오버헤드가 상당히 높다.
- 통신 채널이 안전하지 못하다. 즉, 보안이 보장되지 못한다. 따라서 클러스터 내부 통신의 보안을 위해서는 추가적인 작업이 필요하다.
- 구축하기 매우 용이하다. 사실상 하드웨어는 추가될 것이 거의 없고, 각 노드에 클러스터링을 위한 소프트웨어들만 탑재하면 된다.

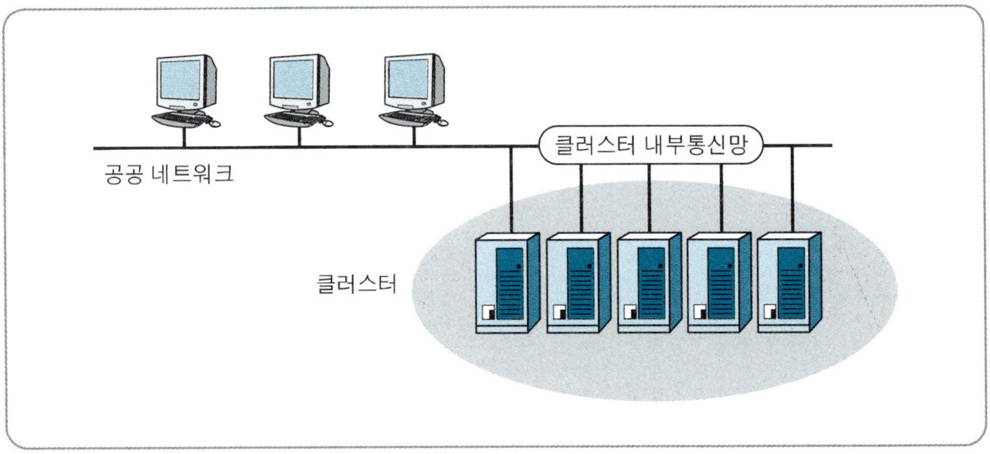

그림 8-20 개방형 클러스터의 구성도

반면에, 폐쇄형 클러스터는 그림 8-21과 같이 외부 네트워크와는 분리된 별도의 통신 설비를 이용하여 구성된다. 이더넷이나 토큰링과 같은 표준 네트워크를 사용할 수도 있지만, 통신 대역폭과 보안성을 높이기 위하여 더욱 다양한 통신 기술들을 사용할 수 있다. 이 방식의 특징들은 아래와 같이 요약될 수 있다.

- 노드들 간의 통신이 공유 기억장치, 공유 디스크, 혹은 메시지 등과 같은 여러 수단에 의해 이루어질 수 있다.
- 표준 프로토콜을 사용할 필요가 없기 때문에 통신 오버헤드가 매우 낮아지며, 프로토콜을 각 시스템에 적합하도록 더욱 효과적으로 정의하고 구현할 수 있다.
- 통신 보안이 보장될 수 있어서, 노드들 간의 데이터 전송이 노드 내부 통신만큼 안전하

게 이루어질 수 있다.

- 외부 트래픽(traffic)의 영향을 받지 않기 때문에 통신 지연이 줄어든다.
- 공개형에 비하여 구현 비용이 더 많이 들고, 외부 통신망과의 접속은 어느 한 노드를 통해서만 이루어질 수 있다.

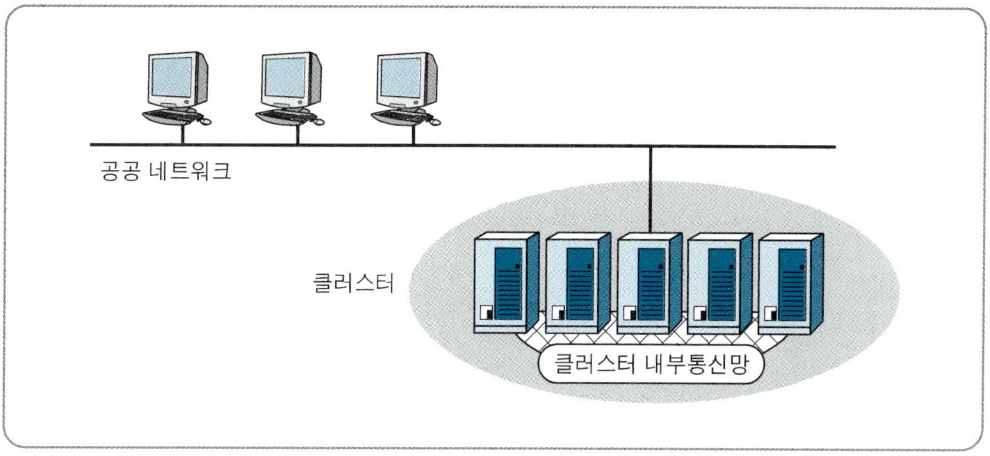

그림 8-21 폐쇄형 클러스터의 구성도

마지막으로, 클러스터는 각 노드의 소유권(ownership)에 따라 아래와 같이 분류될 수도 있다.

- 전용 클러스터(dedicated cluster)
- 비전용 클러스터(non-dedicated cluster)

전용 클러스터의 경우에는 특정 사용자가 어느 한 노드 컴퓨터를 별도로 소유할 수 없다. 즉, 클러스터 내의 모든 자원들은 공유되며, 병렬 컴퓨팅이 전체 클러스터를 통하여 수행된다. 반면에, 비전용 클러스터의 경우에는 각 사용자가 특정 노드 컴퓨터에 대한 소유권을 가지고 사용할 수 있다. 즉, 사용자가 클러스터 내의 지정된 어느 한 노드 컴퓨터를 사용하며, 큰 응용을 병렬로 처리하기 위하여 클러스터 전체 혹은 일부 노드들을 이용하고자 할 때만 노드 컴퓨터들을 통합하여 사용한다. 이러한 경우에는 병렬처리를 위하여 프로세서들을 사이클 스틸링(cycle stealing) 방식으로 이용하게 된다. 앞에서도 언급한 바와 같이, 대부분 컴퓨터들의 프로세서에는 최대 사용 시간 중에도 유휴 사이클들이 존재하기 때문에 이 방식을 이용하는 것도 가능하지만, 노드 컴퓨터의 소유자들과 병렬 컴퓨팅을 수행하는 원격 사용자 사이에 공유 자원에 대한 경합이 존재할 수 있다.

8.5.3 클러스터 미들웨어와 단일 시스템 이미지

여러 개의 컴퓨터들을 상호 연결하여 구성되는 컴퓨터 클러스터가 하나의 통합된 자원(unified resource)으로서 사용될 수 있다면, 그 시스템은 '단일 시스템 이미지를 가지고 있다'라고 말한다. SSI는 OS와 프로그래밍 환경(도구)/응용 프로그램 사이에 위치하는 미들웨어 계층에 의해 지원된다(그림 8-19 참조). 이 미들웨어는 근본적으로 아래와 같은 두 계층의 소프트웨어 하부구조(software infrastructure)들로 구성된다.

- SSI(Single System Image) 인프라
- SA(System Availability) 인프라

SSI 인프라는 OS와 접착되어(glued) 있으며, 모든 노드들로 하여금 시스템 자원들을 통합적으로 액세스할 수 있도록 해준다. 클러스터의 핵심 개념인 SSI가 지원됨으로써 얻을 수 있는 이점들은 아래와 같다.

- 사용자들로 하여금 자신의 응용 프로그램이 실제 어느 노드에서 실행되고 있는지 알 필요가 없게 해준다.
- 시스템 운영자 혹은 사용자로 하여금 특정 자원(프로세서, 기억장치, 디스크 등)이 실제 어디에 위치하고 있는지를 알 필요가 없게 해준다. 또한, 필요할 경우에는 시스템 운영자가 자원들의 위치를 파악할 수 있도록 지원한다.
- 시스템 관리가 중앙집중식 혹은 분산식 중 어느 것으로든 가능하다.
- 시스템 관리를 단순화시켜 준다. 즉, 여러 자원들에 영향을 미치는 동작들이 하나의 명령에 의해 수행될 수 있다.
- 시스템 운영자 및 시스템 프로그래머의 작업 영역을 제한하지 않는다. 즉, 어느 노드에서든 시스템 관리 및 시스템 프로그래밍이 가능해진다.

SA 인프라는 클러스터 내의 모든 노드들에게 다음과 같은 기능들을 가지도록 함으로

써, 부분적인 결함 발생 시에도 클러스터 컴퓨터가 계속하여 프로그램들을 처리할 수 있도록 해준다 [HWA99].

- 체크포인팅(checkpointing) : 결함 발생에 대비하여 정기적으로 중간 결과들을 저장한다.
- 자동 페일오버(automatic failover) : 어떤 노드에 결함이 발생하면, 다른 노드가 자동적으로 그 작업을 대신 수행하도록 해준다.
- 페일백(failback) : 노드의 결함이 복구되면, 원래 노드로 작업 수행을 복원시킨다.

기 본 문 제

8.1 가장 작은 단위의 병렬처리는 다음 중의 어느 병렬성을 이용하는 것인가?

가. 명령어-단위 병렬성　　나. 태스크-단위 병렬성
다. 작업-단위 병렬성　　라. 스레드-단위 병렬성

8.2 여러 개의 데이터들에 대하여 같은 연산을 동시에 처리하는 데 적합한 시스템 조직은 어느 것인가?

가. SISD　　나. SIMD
다. MISD　　라. MIMD

8.3 다수의 프로세서들이 독립적으로 프로그램을 수행하는 시스템 조직은 어느 것인가?

가. SISD　　나. SIMD
다. MISD　　라. MIMD

8.4 계층-버스 다중프로세서시스템은 아래의 어느 분류에 속하는가?

가. NORMA 모델　　나. NUMA 모델
다. UMA 모델　　라. CC-NUMA 모델

8.5 데이터가 저장된 기억장치의 위치에 상관없이 액세스 시간이 항상 같은 시스템 구성은 어느 것인가?

가. UMA 모델　　나. NUMA 모델
다. NORMA 모델　　라. MPP

8.6 SMP 시스템의 명칭에서 '대칭적(symmetric)'은 시스템의 어떤 특성 때문에 붙여진 것인가?

가. 모든 프로세서들이 같은 유형의 OS를 별도로 가지고 있다.
나. 시스템 하드웨어의 모습이 대칭형이다.
다. 모든 프로세서들이 동등한 권한으로 시스템 자원들을 공유한다.
라. 모든 프로세서들이 같은 유형의 I/O 장치들을 별도로 가지고 있다.

8.7 밀결합 MIMD 시스템에서는 프로세서들 간의 통신이 주로 무엇을 통해 이루어지는가?

가. I/O 장치 나. 공유 기억장치
다. 메시지 전송 라. 캐시 기억장치

8.8 소결합 MIMD 시스템에서는 프로세서들 간의 통신이 주로 무엇을 통해 이루어지는가?

가. I/O 장치 나. 공유 기억장치
다. 메시지 전송 라. 캐시 기억장치

8.9 다음 중에서 시스템 내에 설치될 수 있는 프로세서의 수가 가장 제한되는 것은?

가. 클러스터 컴퓨터 나. MPP
다. CC-NUMA 라. SMP

8.10 공유-기억장치 컴퓨터시스템에서 사용되는 상호연결 구조가 아닌 것은?

가. 버스 나. 다단계 상호연결망
다. 매시 라. 크로스바 스위치

8.11 다음 중에서 하드웨어 복잡도가 가장 높은 연결 구조는 어느 것인가?

가. 크로스바 스위치 나. 다단계 상호연결망
다. 버스 라. 계층 버스

8.12 공유-버스 시스템에서 버스에 대한 경합을 줄이기 위한 방법으로 볼 수 없는 것은?

가. 캐시의 사용
나. 버스 수의 증가
다. 버스의 고속화
라. 슈퍼스칼라의 사용

8.13 16개의 프로세서들과 16개의 기억장치 모듈들을 오메가 네트워크로 연결하는 데 필요한 2×2 스위칭 소자의 수는 모두 몇 개인가?

가. 4개
나. 8개
다. 16개
라. 32개

8.14 9개의 노드들이 링(ring) 구조로 연결되어 있다. 링크가 양방향이라면 네트워크 지름은 얼마인가?

가. 2
나. 4
다. 5
라. 8

8.15 4층 트리 구조로 연결할 수 있는 노드의 수는 모두 몇 개인가?

가. 6개
나. 15개
다. 16개
라. 31개

8.16 다음 중에서 3차원 하이퍼큐브에서 C_1 연결에 의해 접속되는 노드들로서 짝이 맞지 않는 것은?

가. 001 - 010
나. 100 - 110
다. 001 - 011
라. 111 - 101

8.17 다음 중에서 클러스터 컴퓨터가 출현하게 된 동기로 볼 수 없는 것은?

가. 컴퓨터들의 프로세서 이용률(processor utilization)이 상당히 낮다.
나. 슈퍼컴퓨터와 고성능 서버들의 가격이 여전히 매우 높다.
다. 고속 네트워크의 출현으로 노드들 간의 통신 시간이 줄어들고 있다.
라. 각 컴퓨터의 독립성이 요구되고 있다.

8.18 실험실의 PC들을 모두 접속하여 구성한 클러스터는 다음 중에서 어느 분류에 속하는가?

가. CLUMPs　　나. COPs
다. CONs　　라. COWs

8.19 다음 중에서 개방형 클러스터의 특징으로 볼 수 없는 것은?

가. 시스템 보안이 보장되지 못한다.
나. 메시지-기반 통신을 이용한다.
다. 통신 오버헤드가 상당히 낮다.
라. 구축하기가 매우 용이하다.

8.20 다음 중에서 폐쇄형 클러스터의 특징으로 볼 수 없는 것은?

가. 노드들 간의 통신이 공유 자원들에 의해 이루어질 수 있다.
나. 외부 통신 트래픽의 영향을 받기 때문에 통신 지연이 증가한다.
다. 시스템 보안이 거의 보장된다.
라. 시스템 구축 비용이 많이 든다.

연 습 문 제

8.1 병렬처리의 개념을 설명하라.

8.2 대칭적 다중프로세서(SMP)에서 '대칭적(symmetric)'이란 시스템의 어떠한 특징을 의미하는가?

8.3 아래의 구조를 가진 다중프로세서시스템들이 각각 UMA 모델인지 혹은 NUMA 모델인지 구분하라.

(1) 크로스바-스위치를 이용한 다중프로세서시스템
(2) 단일-버스 다중프로세서시스템
(3) 계층-버스 다중프로세서시스템
(4) 다단계 상호연결망을 이용한 다중프로세서시스템

8.4 CC-NUMA 시스템의 기본적인 설계 기반이 되는 분산 공유-기억장치(distributed shared-memory)의 개념을 설명하라.

8.5 그림 8-1(d)의 MIMD 조직은 프로세서들이 기억장치를 공유하는 밀결합 시스템의 구성도를 보여주고 있다. 이것을 분산 기억장치 구조를 가진 소결합 시스템의 구성도로 수정하라.

8.6 그림 8-9와 같이 완전 연결성이 제공되는 크로스바 네트워크 구조에서는 프로세서와 기억장치 사이의 연결 경로에 대한 경합은 발생하지 않지만, 여전히 약간의 경합이 발생할 수 있다. 그 경합의 원인을 설명하라.

8.7 2×2 스위칭 소자를 이용하는 16×16 오메가 네트워크에 대하여 다음 물음에 답하라.

(1) 필요한 단계의 수를 결정하라.
(2) 각 단계를 이루는 스위칭 소자들의 수를 구하라.

8.8 4×4 스위칭 소자를 이용하는 64×64 오메가 네트워크에 대하여 다음 물음에 답하라. [힌트 : 4×4 스위칭 소자의 경우에는 식 (8−1)이 $s=\log_4 N$으로 변경된다.]

(1) 필요한 단계의 수를 결정하라.
(2) 각 단계를 이루는 스위칭 소자들의 수를 구하라.

8.9 16개의 노드들이 다음과 같은 네트워크로 접속된 경우의 네트워크 지름을 각각 구하라.

(1) 양방향 선형 배열
(2) 단방향 링 구조
(3) 양방향 링 구조
(4) 매시 구조
(5) 토러스 네트워크
(6) 4차원 하이퍼큐브

8.10 다섯 층으로 이루어진 트리 구조의 네트워크 지름을 구하라.

8.11 16개의 노드들로 이루어진 아래의 네트워크들에서 노드 7번(0111)과 직접 연결되는 노드들의 번호를 나열하라.

(1) 4×4 매시 네크워크
(2) 4×4 토러스 네트워크
(3) 하이퍼큐브

8.12 매시 네트워크에서 널리 사용되는 X-Y 경로설정(X-Y routing) 방식은 근원지 노드에서 먼저 X 방향으로 목적지 노드가 위치한 열(column)까지 경로를 설정한 다음에 Y 방향의 경로를 따라 목적지 노드까지 도달하도록 하는 방식이다. 그림 8-15의 4×4 매시 네트워크에 그 방식을 적용하여 다음 노드들 간의 경로를 설정하라.

(1) 1번 노드 → 11번 노드
(2) 3번 노드 → 12번 노드

8.13 E-큐브 라우팅을 이용하는 4차원 하이퍼큐브에서 패킷이 아래와 같은 노드들 간에 전송되는 경우에 설정되는 경로를 표시하라.

(1) 0번 노드 → 14번 노드
(2) 11번 노드 → 4번 노드

8.14 클러스터 컴퓨터의 대표적인 특징들 중의 하나인 단일 시스템 이미지(SSI)란 무엇을 말하는가?

8.15 개방형 클러스터와 폐쇄형 클러스터를 아래의 각 시스템 특성 측면에서 비교한다면 어느 유형이 더 우수(혹은 편리)한 지 쓰라.

(1) 시스템 보안
(2) 통신 시간
(3) 시스템 구축 비용
(4) 외부 통신망 접속

8.16 전용 클러스터와 비전용 클러스터의 장단점을 비교하라.

8.17 클러스터 컴퓨터에서 어느 한 노드에 결함이 발생하였을 때, 미들웨어의 SA 인프라가 제공하는 기능들(체크포인팅, 페일오버 및 페일백)이 어떤 순서로 어떠한 서비스를 제공해주는지 설명하라.

참 고 문 헌

[ABR89] S. Abraham and K. Padmanabhan, "Performance of the Direct Binary n-cube Network for Multiprocessors," IEEE Transactions on Computers, Vol. C-38, No. 7, July 1989, pp. 1000-1011.

[AKE91] J. Akella and D. Siewiorek, "Medeling and Measurement of the Impact of Input/Output on System Performance," Proceedings of International Conference on Computer Architecture, 1991, pp. 390-399.

[ALP93] D. Alpert and D. Avnon, "Architecture of the Pentium Microprocessor," IEEE Micro, June 1993, pp. 11-21.

[AND95] T.E. Anderson et al., "A Case for Networks of Workstations: NOW," IEEE Micro, February 1995.

[ARC86] J. Archibald and J. Baer, "Cache Coherence Protocols: Evaluation Using a Multiprocessor Simulation Model," ACM Transactions on Computer Systems, Vol. 4, No. 4, November 1986, pp. 273-298.

[ARL88] R. Arlauskas, "iPSC/2 System: A Second Generation Hypercube," Proceedings of the 3rd Conference on Hypercube Concurrent Computers and Applications, Vol. 1, ACM, January 1988, pp. 38-42.

[ATH88] W. C. Athas and C.L. Seitz, "Multicomputers: Message-Passing Concurrent Computers," IEEE Computer, August 1988, pp. 9-24.

[AUG89] M. C. August et al., "Cray X-MP: The Birth of a Supercomputer," IEEE Computer, January 1989, pp. 45-52.

[BAE87] J. L. Baer and W. H. Wang, "Architectural Choices for Multi-level Cache Hierarchies," Proceedings of 16th International Conference on Parallel Processing, 1987, pp. 258-261.

[BAE88] J.L. Baer and W.H. Wang, "On the Inclusion Properties for Multi-Level Cache Hierarchies," Proceedings of International Symposium on Computer Architecture, 1988, pp. 73-80.

[BAK99] M. Baker and R. Buyya, "Cluster computing at a Glance," in High-Performance Cluster Computing: Architectures and Systems, New York, NY: Prentice-Hall, 1999.

[BAR02] W. Barrett, et al, "An Overview of the BlueGene/L Supercomputer," Technical Report from the BlueGene/L Team in IBM and Lawrence Livermore National Lab., 2002.

[BHU87] L. N. Bhuyan, "Interconnection Networks for Parallel and Distributed Processing," IEEE Computer, May 1987, pp. 9-12.

[BHU89] L. N. Bhuyan and Q. Yang and D.P. Agrawal, "Performance of Multiprocessor

Interconnection Networks," IEEE Computer, February 1989, pp. 25-37.

[BUY99] R. Buyya, *High Performance Cluster Computing: Architectures and Systems.* Upper Saddle River, NJ: Prentice Hall, 1999.

[CAT95] V. Catania et al., "Design and Performance Analysis of a Disk Array System," IEEE Transactions on Computers, Vol. C-44, No. 10, October 1995, pp. 1236-1247.

[CHA90] D. Chaiken et al., "Directory-Based Cache Coherence in Large-Scale Multiprocessor," IEEE Computer, Vol. 23, No. 6, 1990, pp. 49-59.

[CHE90] P. M. Chen and D. A. Patterson, "Maximizing Performance in a Striped Disk Array," The 17th Annual International Symposium on Computer Architecture, May 1990, pp. 322-330.

[CHE93] S. Chen and D. Towsley, "The Design and Evaluation of RAID-5 and Parity Striping Disk Array Architectures," Journal of Parallel and Distributed Computing, Vol. 17, 1993, pp. 58-74.

[CHE01] A. X. Chen et al., "Some Design and Prototyping Issues on a 20000rmp HDD Spindle Motor with a Ferro-Fluid Bearing System," IEEE Transactions on Magnetics, Vol. 37, No. 2, March 2001, pp. 805-809.

[CVE87] Z. Cvetanovic, "The Effects of Problem Partitioning, Allocation, and Granularity on the Performance of Muliple-Processor Systems," IEEE Transactions on Computers, Vol. C-36, No. 4, April 1987, pp. 421-432.

[DAL87] W.J. Dally and C.L. Seitz, "Deadlock-Free Message Routing in Multiprocessor Interconnection Networks," IEEE Transactions on Computers, Vol. C-36, No. 5, May 1987, pp. 547-553.

[DAL90] W.J. Dally, "Performance Analysis of k-ary n-cube Interconnection Networks," IEEE Transactions on Computers, Vol. 39, No. 6, June 1990, pp. 775-785.

[DUL98] C. Dulong, "The IA-64 Architecture at Work," IEEE Computer, July 1998, pp. 24-32.

[DUN90] R. Duncan, "A Survey of Parallel Computer Architectures," IEEE Computer, February 1990, pp. 5-16.

[FEN81] T. Y. Feng, "A Survey of Interconnection Networks," IEEE Computer, December 1981, pp. 12-27.

[FLY72] M.J. Flynn, "Some Computer Organization and Their Effectiveness," IEEE Transactions on Computers, C-21, No. 9, September 1972, pp. 948-960.

[FRU05] J. Fruehe, "Multicore Processor Technology," Dell Power Solution, May 2005, also in *http://www.dell.com/downloads/global/power/ps2q05-20050103-Fruehe.pdf*

[HAY86] J. P. Hayes and T.N. Mudge and Q.F. Stout, "Architecture of a Hypercube Supercomputer," Proceedings of International Conference on Parallel Processing, 1986.

[HEN05] J. L. Hennessy and D. A. Patterson, *Computer Organization & Design: The*

Hardware/Software Interface. San Mateo, CA: Morgan Kaufmann Publishers, 2005.

[HGS08] Hitachi Global Storage Technologies, "IBM Hard Disk Drives," *http://www.hgst.com/hdd/support/ibmredirect.html*

[HIL88] M.D. Hill, "A Case for Direct-Mapped Caches," IEEE Computer, December 1988, pp. 25-40.

[HWA99] K. Hwang, et. al, "Designing SSI Clusters with Hierarchical Checkpointing and Single I/O Space," IEEE Concurrency, January-March 1999, pp. 60-69.

[INT01] Intel Corp., *Intanium Processor Hardware Developer's Manual*, 2001.

[JOH91] M. Johnson, *Superscalar Microprocessor Design*, Englewood Cliffs, NJ: Prentice Hall, 1991.

[KAT89] R. H. Katz et al., "Disk System Architectures for High Performance Computing," Proceedings of IEEE, Vol. 77, No. 12, December 1989, pp. 1842-1858.

[KIM04] 김종현, *병렬컴퓨터구조론 <개정판>*. 생능출판사, 2004.

[LAN82] T. Lang and M. Valero and I. Alerge, "Bandwidth of Crossbar and Multiple-Bus Connections for Multiprocessors," IEEE Transactions on Computers, Vol. C-31, No. 12, December 1982, pp. 1227-1234.

[LEB86] T.J. LeBlanc, "Shared Memory Versus Message-Passing in a Tightly-Coupled Multiprocessor: A Case Study," Proceedings of International Conference on Parallel Processing, 1986, pp. 463-466.

[LEE93] E. Lee and R. Katz, "The Performance of Parity Placements in Disk Arrays," IEEE Transactions on Computers, Vol. 42, No. 6, June 1993, pp. 651-663.

[LEI85] C.E. Leiserson, "Fat-Tree: Universal Networks for Hardware-Efficient Supercomputing," IEEE Transactions on Computers, Vol. 34, No. 10, October 1985, pp. 892-901.

[MAH94] S.M. Mahmud, "Performance Analysis of Multi-level Bus Networks for Hierarchical Multiprocessors," IEEE Transactions on Computers, Vol. C-43, No. 7, July 1994, pp. 789-805.

[MAN93] M. Mano, *Computer System Architecture*, 3rd edition. Upper Saddle River, NJ: Prentice Hall Inc., 1993.

[MUD87] T.N. Mudge, J.P. Hayes and D.C. Winsor, "Multiple Bus Architectures," IEEE Computer, June 1987, pp. 42-48.

[PAD90] K. Padmanabhan, "Cube Structures for Multiprocessors," Communications of ACM, Vol. 33. No. 1, January 1990, pp. 43-52.

[PAT88] D.A. Patterson, G. Gibson and R.H. Katz, "A Case for Redundant Arrays of Inexpensive Disks(RAID)," ACM SIGMOD Conference, January 1988.

[PFI98] G.F. Pfister, *In Search of Clusters*, Upper Saddle River, NY: Prentice Hall, 1998.

[PRZ88] S. Przybylski, M. Horowitz. and J. Hennessy, "Performance Tradeoffs in Cache Design," Proceedings of International Symposium on Computer Architecture, 1988, pp. 290-298.

[PRZ90] S. Przybylski, "The Performance Impact of Block Sizes and Fetch Strategies," Proceedings of International Symposium on Computer Architecture, May, 1990, pp. 160-169.

[RAO78] G. S. Rao, "Performance Analysis of Cache Memories," Journal of ACM, Vol. 25, No. 3, July 1978, pp. 378-395.

[REE85] D.A. Reed and R.M. Fujimoto, *Multicomputer Networks, Message-Based Parallel Processing*, Cambridge, MA: MIT Press, 1985.

[RED87] D.A. Reed and D.C. Grunwald, "The Performance of Multicomputer Interconnection Networks," IEEE Computer, June 1987, pp. 63-73.

[SEI85] C.L. Seitz, "The Cosmic Cube," Communications of the ACM, Vol. 28, No. 1, January 1985, pp. 22-30.

[SKI88] D.B. Skillicorn, "A Taxamony for Computer Architectures," IEEE Computer, November 1988, pp. 46-57.

[SMI82] A.J. Smith, "Cache Memories," Computing Surveys, Vol. 14, No. 3, September 1982, pp. 473-530.

[SMI85] A. J. Smith, "Disk Cache: Miss Ratio Analysis and Design Considerations," ACM Transactions on Computer Systems, Vol. 3, No. 3, August 1985, pp. 161-203.

[SMI87] A.J. Smith, "Line (Block) Size Choice for CPU Cache Memories," IEEE Transactions on Computers, Vol. C-36, No. 9, September 1987, pp. 1063-1075.

[STA06] W. Stallings, *Computer Organization and Architecture*, 7th edition. Upper Saddle River, NJ: Prentice Hall Inc., 2006.

[TOP08] TOP500 Supercomputer Sites, *http://www.top500.org*

[USB02] USByte, "Compact Disk," *http://www.usbyte.com/common/compact_disk.htm*

[WIK08] Wikipedia, "Multi-core Processor," *http://en.wikipedia.org/wiki/Multi-core*

[WIL83] B. Wilkinson and H. Abachi, "Crossbar Switch Multiprocessor System," Microprocessors and Microsystems, Vol. 7, No. 2, 1983, pp. 75-79.

[WIL91] B. Wilkinson, *Computer Architecture: Design and Performance*. New York, NY: Prentice-Hall, 1991.

[WIL92] B. Wilkinson, "Design and Analysis of Arbitration Protocols," IEEE Transactions on Computers, Vol. C-41, No. 3, March 1992, pp. 348-351.

찾 아 보 기

한 글

기본문제 정답

[제1장] …

1.1 나	1.2 다	1.3 나	1.4 다	1.5 다
1.6 라	1.7 다	1.8 라	1.9 다	1.10 다
1.11 라	1.12 나	1.13 다	1.14 다	1.15 다
1.16 가	1.17 라	1.18 나	1.19 다	1.20 나
1.21 라				

[제2장] …

2.1 라	2.2 나	2.3 다	2.4 다	2.5 나
2.6 다	2.7 라	2.8 다	2.9 나	2.10 나
2.11 나	2.12 다	2.13 다	2.14 라	2.15 라
2.16 나	2.17 나	2.18 나	2.19 다	2.20 다

[제3장] …

3.1 라	3.2 나	3.3 다	3.4 가	3.5 다
3.6 나	3.7 라	3.8 나	3.9 나	3.10 다
3.11 가	3.12 나	3.13 나	3.14 다	3.15 다
3.16 가				

[제4장] …

4.1 나	4.2 다	4.3 다	4.4 가	4.5 나
4.6 다	4.7 다	4.8 나	4.9 다	4.10 라

[제5장] …

5.1 라	5.2 나	5.3 다	5.4 나	5.5 가
5.6 다	5.7 라	5.8 나	5.9 나	5.10 나
5.11 다	5.12 다	5.13 나	5.14 나	5.15 라
5.16 다	5.17 다	5.18 라	5.19 다	5.20 다
5.21 나	5.22 가	5.23 라	5.24 나	5.25 나
5.26 나	5.27 다	5.28 가	5.29 다	5.30 나
5.31 다	5.32 가	5.33 나		

[제6장] …

6.1 라	6.2 가	6.3 다	6.4 가	6.5 라
6.6 나	6.7 다	6.8 나	6.9 라	6.10 나
6.11 가	6.12 라	6.13 다	6.14 나	6.15 다

[제7장] …

7.1 나	7.2 라	7.3 라	7.4 가	7.5 가
7.6 다	7.7 다	7.8 라	7.9 나	7.10 라
7.11 나	7.12 다	7.13 가	7.14 다	7.15 라
7.16 다	7.17 가			

[제8장] …

8.1 가	8.2 나	8.3 라	8.4 나	8.5 가
8.6 다	8.7 나	8.8 다	8.9 라	8.10 다
8.11 가	8.12 라	8.13 라	8.14 나	8.15 나
8.16 가	8.17 라	8.18 나	8.19 다	8.20 나

김 종 현

- 연세대학교 공과대학 전기공학과 (공학사)
- 연세대학교 대학원 전기공학과 (공학석사)
- 미국 아리조나주립대 컴퓨터공학과 (Ph.D)
- 국방과학연구소 연구원
- 한국전자통신연구소 컴퓨터연구단 프로세서구조연구실 실장
- **현재**: 연세대학교 과학기술대학 컴퓨터정보통신공학부 교수

저서 및 역서
논리회로설계, 병렬컴퓨터구조론, 컴퓨터조직과 구조 (역서)

관심분야
컴퓨터구조, 병렬처리, 시뮬레이션, 클라우드컴퓨팅

- 제3판 -
컴퓨터구조론

저 자 김종현
펴낸곳 연세대학교 대학출판문화원
주 소 서울시 서대문구 연세로 50
전 화 2123-3380~2
팩 스 2123-8673
ysup@yonsei.ac.kr
http://www.yonsei.ac.kr/press
등 록 1955년 10월 13일 제9-60호
인 쇄 (주)동국문화

2009년 2월 20일 1판 1쇄 2014년 3월 3일 1판 5쇄
ISBN 978-89-7141-871-0 (93560)

값 25,000원